KB041759

개정판

부동산·형사소송 변호사의

생활법률

강민구 저

박영사

개정판 머리말

필자가 이 책을 집필한 지도 벌써 5년이 흘렀다. 그 동안 각 분야의 여러분들로부터 실무에 매우 도움이 되었다며 칭찬과 격려를 과분하게 받아왔다. 이 책은 인터넷에서 쉽게 답을 찾을 수 있는 너무 상식적인 내용보다는 나름대로 좀 깊이가 있는 내용들로 채워져 있어 법에 문외한인 분들에게는 다소 어려운 면도 있으리라 우려된다. 하지만 많은 독자들이 이 책은 판례를 토대로 결론을 명쾌하게 내려줘서 내용이 복잡하고 애매한 이론서보다 오히려 이해하기 쉬웠다는 평을 많이 해주셨다. 특히 실무에 종사하는 동료 법조인이나 세무사, 법무사, 공인중개사와 같은 전문가들로부터 평소 헷갈리거나 애매한 부분에 관하여 도움이 되었다는 평도 받아왔다.

그 동안 여러 법규가 개정되고 판례도 일부 변경된 부분이 있어 이번에 개정판을 내게 되었는데, 내용 중 일부는 아예 기존의 문제를 빼고 보다 더 중요한 쟁점으로 교체된 부분도 있다.

특히 부동산 관련 법규와 세법은 수시로 변경이 자주 있어서 너무 오래된 내용의 책은 자칫 잘못하면 오히려 잘못된 정보로 독자들을 혼선에 빠뜨릴 수도 있다고 본다.

이번 개정판은 실무에 더 밀접한 내용들로 가득 채워져 있어서 실생활에 큰 도움이 되리라 믿는다. 서재 안의 작은 개인 고문변호사와 같은 이 책이 법적인 고민에 빠진 독자들의 궁금증을 속 시원하게 해소해 주길 바란다.

2023. 1

저자　강 민 구

머 리 말

필자가 몇 해 전 동창회에 갔다가 오랜만에 예전에 같은 반 급우를 만났다. 그 친구는 자신은 변호사가 필요 없을 만큼 '법 없이도 살 수 있는 사람'이라고 말하면서 일 때문에 필자를 볼 일을 없을 거라고 호언장담을 했다. 하지만 그 말이 화가 되었던지 그 친구는 불과 보름만에 필자에게 다급히 전화를 걸어 자신이 억울하게 피의자로 몰렸다면서 도와달라고 부탁한 적이 있다. 세상에 과연 법 없이 살 수 있는 사람이 있을까? 우리는 때로는 피해자, 때로는 가해자가 되어 어쩔 수 없이 크고 작은 법의 테두리 속에서 살아야만 한다.

많은 사람들은 법이라고 하면 보통 딱딱하고 안 좋은 느낌을 받는다. 그래서 싸울 때 흔히 "법대로 하자", "법이면 다냐"라고 큰 소리로 외치곤 한다. 그것은 오랜 역사 속에서 우리에게 법은 늘 힘 있는 자의 편에서 약한 자를 괴롭히는 수단으로 인식되어 왔기 때문인지도 모른다. 하지만 법은 상식과 정의이고, 우리를 보호하는 안전장치이며, 질서를 유지하고 평화롭게 살 수 있는 터전이기도 하다. 법은 결코 먼 남의 얘기가 아니라 바로 우리가 직면한 현실이고 반드시 알아둬야 할 숙제이다. 따라서 우리는 현명하게 살고 큰 손해도 피하기 위해서는 법에 친숙해져야 한다. '나중에 법적 문제가 생기면 변호사를 선임하면 되지', '서로 믿고 살아야지 의심하면 쓰냐' 이런 막연한 생각을 하는 이들도 있을 것이다. 하지만 유비무환(有備無患)이란 말을 명심해야 한다. 병에 안 걸리는 것이 최선이지, 불치병에 걸린 후 아무리 명의를 찾아가본들 이미 때는 늦으리다.

필자는 11년 동안 검사생활, 그리고 15년간 변호사로 일하면서 수많은 사람들을 만나 그들 나름대로의 애환을 접해 보았고, 최근 수년 동안 TV방송, 신문, 인터넷 등에 기사와 칼럼을 통해 일반인들이 가장 많이 고민하는 부분을 얘기한 바 있다. 그 중에는 간단한 법상식을 몰라 큰 실수를 범해 돌이킬 수 없었던 안타까운 사연도 있었고, 때로는 필자의 도움으로 대역전극이 펼쳐져 의뢰인과 함께 울고 웃은 가슴 벅찬 순간들도 있었다.

이 책은 필자가 실제로 의뢰인들과 접하면서 생생하게 체득한 자료들을 토대로, 실생활에서 흔히 겪게 되는 사안들 위주로 만들어졌다. 일반인에게 너무 어려운 부분은 쉽게 풀어쓰고, 특히 중요한 부분은 구체적 사례를 통해 강조하여 설명하였다. 또한 이론적인 부분보다는 실무에 직접 필요한 최신법령과 판례들을 위주로 실질적 도움을 주려고 노력하였다. 이 책 한 권만 통독해도 어디 가서 법에 대한 얘기가 나오면 결코 기죽지 않으리라 확신한다. 그리고 책의 이해도를 높이고 지루함을 없애기 위해 질문과 대답 방식(Q&A)으로 구성하였다. 이 책이 독자들에게 꼭 필요한 순간 결정적인 도움이 되었으면 하는 간절한 바람이다.

서초동 빌딩숲 속에서

저자 강 민 구

차 례

| 부동산 · 민사 편

| 친족·상속 편

| 보전·집행 편

| 세무 · 행정 편

| 형사 편

| 성범죄 편

부동산 · 민사 편

1 | 주택임대차보호법상 주택이란?

Q 주택임대차보호법으로 임차인이 보호를 받을 수 있다고 하는데 모든 주택의 임차인이 다 보호받을 수 있는 것인가? 보호를 받으려면 어떤 요건을 갖춰야 하나?

주택임대차보호법에 의하면 주민등록을 이전하고 실제로 거주할 경우에는 대항력이 인정되어 보증금을 보호받게 된다. 하지만 모든 주택이 보호대상이 되는 것은 아니다. 사례별로 살펴보자.

첫째, 영업을 위한 부수적인 공간이 주거용인 경우에는 주택임대차보호법에 의해 보호받지 못한다. 예컨대 방 2개와 주방이 딸린 다방이 영업용으로서 비주거용 건물인데 그 중 방 및 다방의 주방을 주거목적에 사용하는 경우이다. 이러한 경우 주거용으로 사용하는 공간은 어디까지나 다방의 영업에 부수적인 것으로서 그러한 주거목적 사용은 비주거용 건물의 일부가 주거목적으로 사용되는 것일 뿐이기 때문에, 주택임대차보호법 제2조 후문에서 말하는 '주거용 건물의 일부가 주거 외의 목적으로 사용되는 경우'에 해당한다고 볼 수 없다.

둘째, 주거용이 상당한 면적이고 유일한 주거공간인 경우는 비주거용보다 면적이 좁더라도 전체적으로 주거용 건물로 인정된다. 실제로 A씨는 주거 및 슈퍼마켓 경영 목적으로 임차하여 가족들과 함께 입주하여 그 곳에서 일상생활을 영위하는 한편 슈퍼마켓을 경영하고 있었다. 그런데 비주거용으로 사용되는 부분이 더 넓기는 하지만 주거용으로 사용되는 부분도 상당한 면적이고, 위 각 부분이 A씨의 유일한 주거인 경우 주택임대차보호법 제2조 후문에서 정한 주거용 건물로 인정된다.

셋째, 미등기 건물도 주택임대차보호법에 의해 보호된다. 주거생활의 용도로 사용되는 주택에 해당하는 이상 비록 그 건물에 관하여 아직 등기를 마치지 아니하였거나 등기가 이루어질 수 없는 사정이 있다고 하더라도 다른 특별한 규정이 없는 한 같은 법의 적용대상이 된다.

넷째, 임차인이 주거용으로 개조 내지 증축한 경우는 주택임대차보호법 상 주택이 아니다. 예컨대 원래 비주거용 근린상가의 임차인이 거실 및 부엌을 설치하여 개조하여 건물의 일부 혹은 전부가 비주거용 건물에서 주거용 건물로 변경된 경우이다. 이러한 경우 임차인이 주택임대차보호법 소정의 대항요건을 갖추기 이전에 임대인이 그 개조를 승낙하였다는 등의 특별한 사정이 없는 한 주택임대차보호법에 의해 보호받지 못한다.

2 | 가계약금의 성격

Q A씨는 살 집을 보러 다니던 중 좋은 집을 찾았다. 그런데 부동산 중개업자가 당장 가계약을 하지 않으면 다른 사람이 오후에 계약할 것 같다고 하였다. 급한 마음에 A씨는 일단 가계약이라도 하려고 구두로 가계약을 한 뒤 가계약금 200만원을 걸고 영수증을 받아놓았다. 그런데 A씨는 그 후 마음이 바뀌어 가계약을 취소하려고 하는데 가계약금 200만원을 돌려받을 수 있을까?

가계약도 계약의 일종이므로 설사 구두로 한 약속이라고 해도 유효하다. 민법에 따르면 당사자 간의 주요부분 즉 매매 목적물, 매매 대금 및 대금 지급 방법 등에 관한 합의가 있으면 계약은 성립한 것으로 본다. 결국 가계약금을 건다는 것은 어느 일방이 계약을 위반할 경우 그 돈을 해약금으로 하여 매도인이 위반할 경우는 배액을 돌려주고, 매수인이 위반할 경우는 이를 몰취 당한다는 것을 의미하는 것이다. 판례도 가계약서 작성 당시 매매계약의 중요 사항인 매매목적물과 매매대금 등이 특정되고 중도금 지급방법에 관한 합의가 있었으므로 원·피고 사이에 이 사건 부동산에 관한 매매계약은 성립되었다고 판단하였다(대법원 2006. 11. 24. 선고 2005다39594 판결). 따라서 A씨는 가계약금 200만원을 돌려받을 수 없다.

해결방안

그렇다면 가계약 취소 시 가계약금을 돌려받으려면 어떻게 해야 할까? 가계약을 조건부로 할 경우에는 그 조건이 달성되면 돌려받을 수도 있다. 예컨대 가계약을 하면서 집의 내부를 확인한 뒤에 마음에 들지 않으면 계약을 취소할 수 있고 가계약금도 돌려받기로 약속한 경우에는 나중에 가계약금을 돌려받을 수 있다.

3 | 계약금 일부만 지급한 경우

Q A씨는 B씨 소유 아파트 한 채를 5억원에 매수하였는데 계약당시 5천만원을 계약금으로 정하였다. 그런데 마침 계약일이 금요일 오후라 은행문이 닫혀 A씨는 일단 소지하고 있던 1천만원만 계약금으로 B씨에게 지급하고 그 다음 주 월요일 오후까지 나머지 4천만원을 입금하기로 약정했다. 그런데 월요일 오전에 매도인 B씨가 갑자기 A씨에게 2천만원을 돌려주면서 계약을 해제하겠다고 통보하였다. 이 경우 A씨는 B씨에게 해약금을 더 요구할 수 있을까?

매매계약에서 계약금은 해약금의 일종으로 취급한다. 그 결과 매수인은 계약금을 포기하고 계약을 해제할 수 있고, 매도인은 계약금의 배액을 물어주고 역시 계약을 해제할 수 있는 것이다. 만약 계약금의 일부만 수령된 경우라도 그 법리는 같다. 따라서 약정된 계약금 중 일부만 받았더라도 전체 계약금을 기준으로 정해야 한다.

판례도 "실제 교부받은 계약금'의 배액만을 상환하여 매매계약을 해제할 수 있다면 이는 당사자가 일정한 금액을 계약금으로 정한 의사에 반하게 될 뿐 아니라, 교부받은 금원이 소액일 경우에는 사실상 계약을 자유로이 해제할 수 있어 계약의 구속력이 약화되는 결과가 되어 부당하기 때문에, 계약금 일부만 지급된 경우 수령자가 매매계약을 해제할 수 있다고 하더라도 해약금의 기준이 되는 금원은 '실제 교부받은 계약금'이 아니라 '약정 계약금'이라고 봄이 타당하므로, 매도인이 계약금의 일부로서 지급받은 금원의 배액을 상환하는 것으로는 매매계약을 해제할 수 없다"라고 판시하였다(대법원 2015. 4. 23. 선고 2014다231378 판결).

따라서 A씨는 계약금을 5천만원 중 1천만원만 집주인 B씨에게 주었지만 계약금은 여전히 5천만원이므로 B씨는 해약금 5천만원과 A씨에게 받은 1천만원 다 돌려줘야 한다. 즉 A씨는 B씨로부터 도합 6천만원을 받을 수 있다.

4 | 주택임차와 보증금의 성격

Q A씨는 보증금 5천만원, 월세 50만원에 세 들어 살고 있다. 그런데 회사에서 해고를 당해 3개월 치 월세 150만원을 연체하게 되었다. 그러자 집주인 B씨가 A씨에게 당장 짐을 빼라고 하는데 A씨는 보증금에서 제하라고 주장한다. 누구의 말이 맞는 것일까?

주택임대차의 경우 통상 2개월분 월세를 내지 아니하면 집주인은 계약을 해지할 수 있다. 집주인은 보증금에서 밀린 월세를 삭감할 권리는 있지만 의무는 없다. 따라서 세입자가 2개월분 월세를 내지 않을 경우 바로 계약을 해지할 수 있다. 다만 사전에 '제소 전 화해조서'를 받아놓지 않았을 경우 명도소송을 제기하여 강제집행을 해야 하고 임의로 세입자의 짐을 들어내선 안 된다.

대법원도 "임차인이 임대차계약을 체결할 당시 임대인에게 지급한 임대차보증금으로 연체차임 등 임대차관계에서 발생하는 임차인의 모든 채무가 담보된다 하여 임차인이 그 보증금의 존재를 이유로 차임의 지급을 거절하거나 그 연체에 따른 채무불이행 책임을 면할 수는 없다"라고 판시하였다(대법원 1994. 9. 9. 선고 94다4417 판결).

따라서 A씨는 보증금으로 제하라고 주장할 수 없으므로, B씨는 A씨를 상대로 바로 명도소송을 제기하여 퇴거시킬 수 있다.

5 | 상가차임을 연체하였을 경우 계약해지

Q 상가주인 A씨는 세입자 B씨에게 매달 100만원의 임대료를 받기로 하고 상가를 임대하였다. 그 후 B씨는 개인사정을 이유로 첫 째 달은 50만원, 두 번째, 세 번째 달은 월세를 전혀 지불하지 못하였다. 결국 A씨는 B씨에게 임대료가 세 번 밀렸으므로 계약을 끝내겠다며 소송을 제기했다. 과연 A씨는 계약을 해지할 수 있을까?

과거에는 상가건물보호법상 해당되는 상가가 아닌 경우에는 민법에 의해 2달치 연체의 경우 바로 계약해지를 할 수 있었지만 2015. 5. 13. 상가건물임대차보호법이 개정되어 이제는 모든 상가가 3달치 월세를 연체해야만 건물주가 계약을 해지할 수 있게 되었다(동법 제10조의8).[1]

---

1 법문에는 '3기의 차임액에 달하는 때'라고 되어 있으나 통상 매달 임대료를 지급하므로 '3달치 월세'라고 표현했다.

그리고 3달치 월세를 연체한 경우에는 세입자는 계약갱신요구권도 상실한다.

월세가 3달치 밀린다는 것은 반드시 3달 연속해서 연체를 해야 한다는 것은 아니고 총액 개념이다. 즉, 주택이나 상가 모두 임대차에 있어서의 월세는 연체 횟수 아닌 연체된 총 금액이 기준이라는 점을 꼭 기억해야 한다.

이 사건에서 세입자 B씨의 밀린 임대료는 총 250만원으로 3달치 임대료 300만원에 도달하지 않았기 때문에 상가주인 A씨는 강제로 계약을 해지할 수 없다.

하지만 만약 B씨가 그 뒤 250만원의 월세를 변제하지 않은 상태에서 또다시 50만원 이상의 월세를 연체하면 그 즉시 3달치 임료 상당이 연체된 것이므로 A씨는 바로 B씨를 상대로 계약을 해지할 수 있다.

그런데 이 경우 만약 임대인 A씨가 계약해지를 하기 전에 임차인 B씨가 월세 일부를 변제한 경우도 임대인은 계약해지권을 행사할 수 있을까?

상가건물 임대차보호법 제10조의8은 임대인이 차임연체를 이유로 계약을 해지할 수 있는 요건을 '차임연체액이 3기의 차임액에 달하는 때'라고 규정하였기 때문에 설사 월세 3달치를 밀렸다고 해도 그 뒤 바로 (임대인이 계약해지 전에) 월세를 지급하여 3달치 중 일부라도 낼 경우에는 임대인은 계약해지를 할 수 없다. 결국 임대인은 3달치 월세가 밀린 상태에서만 계약해지가 가능한 것이다.

그러나 이 경우 임대인은 그 후 임차인이 계약갱신을 요구할 경우 이를 거절할 수 있다. 왜냐하면 3달치를 밀린 사실 자체는 없어지지 않기 때문이다(대법원 2021. 5. 13. 선고 2020다255429 판결 참조).

6 | 보증금 제때 돌려주지 않은 임대인의 책임

Q A씨는 아파트에 전세 3억원에 세 들어 사는 임차인인데, 근무처가 지방으로 발령받는 바람에 계약기간이 만료되기 한 달 전에 집주인 B씨에게 더 이상 갱신하지 않겠다는 통보를 하였다. 그리고 A씨는 새로운 집을 계약금 400만원에 계약을 하였다. 그런데 B씨는 다른 세입자가 전세를 들어와야 전세금을 내줄 수 있다고 버티는 바람에 A씨는 계약금 400만원을 고스란히 손해를 보게 되었다. 이 경우 임차인 A씨가 B씨를 상대로 할 수 있는 대응방법은?

계약기간이 종료되었는데도 집주인이 보증금을 돌려주지 않는 바람에 세입자가 새롭게 체결한 전세계약을 못 지켜서 계약금을 몰취당하였다면 집주인에게 손해배상을 구할 수 있다. 통상적으로 집주인은 세입자가 다른 집을 구할 것을 충분히 예상할 수 있기 때문이다(서울서부지방법원 2007. 12. 20. 선고 2007나6127 판결 참조). 결국 세입자 A씨는 집주인을 상대로 400만원을 손해배상받을 수 있다.

그럼 이 경우 **세입자가 당장 이사를 가야하는데 어떤 해결방안이 있을까?** 이러한 경우 활용할 수 있는 것이 바로 '임차권등기명령' 제도이다. 즉 임대차가 끝난 후 보증금이 반환되지 아니한 경우 임차인은 임차주택의 소재지를 관할하는 법원 또는 시·군 법원에 임차권등기명령을 신청할 수 있다. 이는 집주인의 동의나 협조 없이도 일방적으로 할 수 있고 그 비용도 나중에 집주인한테 돌려받을 수 있다. 임차권등기를 하게 되면 그 뒤 세입자가 이사를 가더라도 대항력을 보장받을 수 있다.

7 | 옥탑방의 전세보증금

Q A씨는 옥탑방에 전세를 얻어 이사를 한 다음날 바로 전입신고를 해놓았다. 하지만 주위 사람들이 옥탑방은 통상 무허가 건물이라 전입신고를 해도 나중에 전세보증금을 못 돌려받는다고 하던데 사실인가?

가. 무허가 건물도 보호받는 주택

무허가 혹은 등기를 하지 아니한 건물이라고 해도 주택임대차보호법이 적용된다. 따라서 불법건물인 옥탑방 역시 실제로 거주하고 전입신고를 하면 전세보증금을 보호받을 수 있다. 문제는 전입신고이다. 또한 주민등록지와 실거주지가 달라도 임대차 보호를 받을 수 없다. 그런데 이러한 옥탑방이 다세대주택의 일부인지 다가구주택의 일부인지에 따라 결과가 달라진다.

나. 다가구주택 옥탑방만 법적 보호받을 수 있어

다세대주택의 경우는 연립주택이나 아파트처럼 구분하여 등기가 되는데 반해, 다가구주택은 한 개의 집안에 방만 따로 쓰는 것과 같아서 별도의 구분등기가 되지 않는다. 따라서 다세대주택의 경우 각각이 독립되어 거래가 되고, 주민등록도 별도로 할 수 있는 반면, 다가구주택은 여러 사람의 주소가 한 지번으로 되어 있게 된다. 이러한 이유때문에 다세대주택의 무허가 옥탑방의 경우는 별도의 구분등기가 불가능하여 주민등록을 할 수 없고, 그 때문에 결과적으로 보증금을 보호받지 못한다. 이에 반해 다가구주택의 옥탑방의 경우 비록 무허가라도 지번으로 전입신고가 가능하므로 보호받을 수 있다.

다. 다세대주택과 다가구주택의 전입신고 시 주의할 점

다가구주택에 전입신고를 하실 때는 지번까지만 기재하면 된다. 이 경우 반드시 부동산등기부나 건축물대장을 확인해야 한다. 둘 중 하나라도 맞아야만 보호받게 된다. 반면 다세대주택은 각 세대별 등기가 이루어지기 때문에 주소는 물론 호수까지 정확하게 써야 한다. 가끔 대문에 붙어 있는 호실이 부동산등기부와 달라 보호받지 못하는 경우도 종종 있기 때문이다.

라. 옥탑방을 계약할 때 주의할 점이 있다면?

대부분의 옥탑방은 불법건축물이다. 따라서 다세대주택의 경우는 전입신고 자체가 안 되므로 보증금을 보호받지 못한다. 가끔 집주인이 세입자에게 전입신고를 다른 곳에 해 줄테니 걱정마라고 유혹하는 경우가 있는데 실제거주지와 주민등록지가 다른 경우도 법에 보호를 받을 수 없으니 소용없다. 따라서 옥탑방에 세를 들 때는 가능한 중개업자를 통해 계약하는 것이 좋고, 만약 그렇지 못할 경우에는 본채의 건축물대장을 떼어봐서 다세대인지 다가구인지를 반드시 사전에 살펴보는 것이 좋다. 다세대주택의 경우 무허가 옥탑방은 전입신고를 못해 보호가 안 되니 보증금을 많이 걸면 안 되고 가능한 월세로 사는 것이 좋다.

마. 사례해설

사례로 돌아가 살피건대, A씨의 경우 전입신고를 한 것으로 보아 다세대가 아닌 다가구주택의 옥탑방에 해당되는 것으로 보인다. 따라서 A씨는 보증금을 보호받을 수 있다.

8 | 다가구주택 계약 시 주의할 점

Q K씨는 다가구주택을 전세로 계약하였는데 공인중개사 A씨는 근저당이 설정된 집이지만 아무 문제가 없다며 K씨를 안심시켰다. 그런데 얼마 후 그 다가구 주택이 경매로 넘어가게 되었다. 문제는 다른 세입자들이 먼저 대항력과 확정일자를 갖추었기 때문에 K씨가 후순위로 밀려나면서 보증금을 한 푼도 배당받지 못하게 되었다. 보증금을 받지 못하게 된 K씨는 이러한 설명이 부족했다며 A씨를 상대로 소송을 진행하였는데 승소할 수 있을까?

K씨는 A씨를 상대로 한 소송에서 승소할 수 있다. 공인중개사법에 의하면 중개사는 중개대상물의 상태 입지 및 권리 관계 사항을 확인하여 의뢰인에게 정확하게 설명해줘야 하는데 다가구주택의 경우 선순위대항력을 취득한 세입자 보증금 내역 등은 아주 중요한 권리 관계 사항에 해당된다. 따라서 공인중개업자가 다가구주택을 중개하면서 다른 임차인의 보증금 이런 현황을 설명하지 않아서 손해를 입었다면 당연히 세입자에게 배상책임이 있다. 하지만 통상적으로 세입자에게도 일정 부분 책임이 있으므로 일부 승소를 하게 된다.

다가구주택은 1인 단독 소유로 등기가 이루어지기 때문에 모든 세대가 하나의 건물 주소를 공유해 사용한다. 그 결과 등기부등본만으로는 건물의 계약 사항을 다 파악할 수 없다. 그래서 다가구 전세계약을 할 때 세입자는 공인중개사를 통해 다른 세입자의 임대차 보증금 액수, 계약 시기, 계약기간 등에 대한 사항을 꼼꼼히 확인하는 것이 중요하다. 특히 다가구주택의 경우 소액 보증금으로 입주하는 경우가 많다. 문제는 소액보증금의 경우 후순위라도 최우선 변제권이 있으므로 본인이 선순위라도 안심할 수 없다. 또한 선순위 다른 세입자의 보증금 현황을 알기가 어려우므로 입주 시 부동산 중개업자를 통해 집주인으로부터 관련 서류를 요구해서 이를 확실하게 확인할 필요가 있다. 통상 세대수와 총 보증금이 집값 시세의 70%를 초과할 경우는 위험하다고 생각해야 한다.

9 | 전대차 계약 시 주의할 점

Q K씨는 카페를 임차하였는데 상가주인 A씨와 계약을 체결한 것이 아니라 상가임차인 B씨로부터 다시 임차를 받았다. 즉 전대차를 받은 것인데 그 후 A씨가 K씨에게 찾아와서 전대차를 인정할 수 없다면서 상가를 빼라고 한다. K씨는 위 상가에서 퇴거해야 하나?

임대인과 세입자가 임대차 계약을 한 후 그 세입자가 다른 세입자, 즉 전차인에게 재 임대를 하는 경우가 있는데 이때 세입자와 전차인 사이에는 '전대차 계약'이 성립된다. 전대차 계약에서 가장 중요한 부분은 **임대인, 즉 건물주의 동의** 여부이다. 때문에 전차인은 임대인 동의서를 꼭 서면으로 받아두어야 한다. 그런데 K씨는 건물주의 동의를 받지 않고 전대차를 얻은 것이므로 건물주를 상대로 권리를 주장할 수 없어 가게를 빼야 한다. 아울러 그동안 점유한 것에 대해 부당이득 반환도 해야 한다.

임차인이 임대인의 동의 없이 목적건물의 전부 또는 일부를 전대한 경우에는 계약갱신요구권 및 권리금회수보호권이 모두 상실되므로 나중에 전차인 역시 임차인과 함께 피해를 입을 수 있는 점 유념해야 한다.

한편 전대차의 경우 임대차를 근거로 체결되는 계약인데 임차인이 월세를 얻었음에도 불구하고 이를 숨긴 채 거액의 보증금을 받고 전대차를 놓는 경우가 있다. 나중에 임대인이 도망가 버리거나 파산하면 전차인은 그 보증금을 건물주에게 직접 요구할 수 없으므로 큰 손해를 볼 수 있다.

그렇다면 임대인이 전대차 계약을 동의한 후에는 아무 문제가 없는 걸까? 그렇지 않다. 이 경우에도 만약 임차인(전대인)이 월세를 내지 않을 경우에는 건물주가 원래의 임대차계약을 해지할 수 있다. 그 경우에는 임대차계약이 사라지므로 그것을 전제로 체결된 전대차 역시 자동으로 해지되게 된다. 그 이유는 설사 전대차에 대해 건물주의 동의를 얻었다고 해도 전대차는 임대차가 유효한 경우에 인정되는 종속적 관계이기 때문이다. 다만 이 경우는 적법한 전대차이므로 건물주가 전차인에게 임대차 해지 사실을 통보해야만 전차인에게 계약 해지를 주장할 수 있다.

반면 임대인의 동의 없이도 전대차 계약이 가능한 경우가 있다. 건물 일부만 빌려준 경우에는 건물주의 동의 없이 전대차 계약을 할 수 있다. 또한 임차인이 전세권 설정등기를 마친 경우에는 자유롭게 처분내지 전대차 계약을 할 수 있으며 담보까지 설정할 수 있다.

10 | 주택임대차와 묵시의 갱신

Q 부동산 임차기간이 만료되기 한 달 전에 집주인 A씨는 세입자 P씨에게 부동산에 집을 내놓겠다고 예고하였다. 그러자 P씨는 A씨에게 7개월 후에 이사를 가게 도와달라고 사정하면서 일단 1년만 연장하고 7개월 후 집이 팔리면 바로 집을 비워주겠다고 간청하였다. A씨는 사정이 딱해 보여 P씨의 청을 받아들여 1년짜리 임대차계약서를 작성하였고, 특약으로 7개월 이후에는 언제든 비워주기로 하였다. 실제로 7개월 후 A씨의 집이 팔렸고, A씨는 약속대로 P씨에게 집을 비워달라고 요구하였는데 P씨는 갑자기 태도를

> 바뀌 임대차계약은 자동으로 2년 갱신되었다면서 집을 비워주지 못한다고 버틴다. 이 경우 누구의 주장이 맞는 것일까?

주택임대차 계약기간이 끝났을 때 임대인이 계약기간이 끝나기 6개월 전부터 2개월 전까지의 기간에 계약해지 의사표시를 하지 않으면 계약은 동일한 조건으로 자동으로 2년간 연장되는데 이를 '묵시의 갱신'이라고 부른다(주택임대차보호법 제6조 1항). 한편 당사자 사이에 특약으로 임대기간을 1년으로 단축하고 특약으로 집이 팔리면 그 전이라도 집을 비워주기로 약속했다고 해도 이는 모두 임차인에게 불리한 특약이므로 효력이 없다(동법 제10조). 또한 기간을 정하지 아니하거나 2년 미만으로 정한 임대차는 그 기간을 2년으로 본다. 다만, 임차인은 2년 미만으로 정한 기간이 유효함을 주장할 수 있다(동법 제4조 1항).

결국 이 사건에서 세입자 P씨는 주택 임대차보호법에 따라 계약내용과 상관없이 2년까지 임대차 보장을 받을 수 있다.[2] 왜냐하면 세입자에게 불리한 내용, 즉 임대차기간을 1년으로 단축한 것과 만기 전이라도 7개월만 경과한 상태에서 집이 팔리면 집을 비워주기로 한 특약은 모두 무효이기 때문이다. 반면 세입자 P씨는 특약 내용을 자신에게 유리하게 주장할 수는 있다. 따라서 P씨가 둘 사이 약속대로 7개월 후 집을 나가겠다고 주장할 경우에는, A씨는 P씨에게 임차보증금을 반환해야 한다.

---

2 이 경우 묵시의 갱신기간 혹은 계약갱신요구권 행사에 의한 갱신기간 중이라도 임차인은 언제든지 임대인에게 계약해지를 통지할 수 있으며, 그 해지는 임대인이 그 통지를 받은 날로부터 3개월이 지나면 그 효력이 발생한다(동법 제6조의2 제1항, 제2항, 제6조의3 제4항).

제소 전 화해조서

그럼 임대인의 입장에서 이러한 세입자의 변심으로 인한 손해를 예방할 방법은 무엇일까?

그 예방 방법은 바로 '제소 전 화해조서'이다. 분쟁이 일어나기 전에 판사 앞에서 '이런 분쟁 발생 시에는 (집주인과 세입자 간에) 이렇게 처리한다'는 화해조서를 작성해 두면 나중에 별도의 소송 없이 바로 집행할 수 있다. 이러한 조서내용이 주택임대차보호법상 강행규정에 위반된다고 해도 유효하므로(대법원 2002. 12. 6. 선고 2002다44014 판결), 세입자가 집을 안 비워주면 바로 강제집행을 할 수 있다.

11 | 상가건물의 대항요건

주택임차의 경우 이사하고 주민등록이전하면 대항력을 취득하고, 나아가 확정일자까지 받으면 우선변제권도 확보할 수 있다. 그럼 상가건물을 임차한 경우 대항력을 얻으려면 어떻게 해야 할까? 상가건물에는 입주할 수는 있지만 주민등록이전이 안 되므로 그 대안은 무엇인가?

주택임대차의 경우에는 건물의 인도와 주민등록이전이 대항력의 요건이다. 그럼 상가의 경우는 어떤가? 상가건물의 경우에는 주민등록이전이 불가능하므로 그 대신 사업자등록을 신청하면 된다. 즉 상가건물 임대차는 그 등기가 없는 경우에도 임차인이 △ '**건물의 인도**', △ 부가가치세법 제5조, 소득세법 제168조 또는 법인세법 제111조에 따른 '**사업자등록을 신청**'하면, △ 그 다음날부터 제3자에 대하여 효력이 생긴다.

이와 같은 요건을 갖춘 상가건물임차인에 대해서는 임차건물의 양수인(그 밖에 임대할 권리를 승계한 자를 포함)은 임대인의 지위를 승계한 것으로 보는데 이를 상가건물임차인의 입장에서는 '대항력'을 취득한 것이라고 한다.

통상 사업자등록을 신청하면 수리되는데 수일이 경과된다. 하지만 대항력은 실제로 수리된 날이 아니라 신청일에 소급해서 발생하게 된다. 하지만 만약 이러한 신고가 적법하지 아니하여 보완명령이 내려진 경우에는 요건을 갖추어서 재신청한 날을 신청일로 봐야 한다. 즉 상가건물임차인이 대항력을 획득하기 위한 요건의 사업자등록신청은 '적법한 신청'이어야 한다는 것이다.

그럼 사업자등록을 해 놓아 대항력을 일단 취득하면 그 뒤에 이를 상실해도 보호받을 수 있나? 사업자등록은 대항력 또는 우선변제권의 취득요건일 뿐만 아니라 존속요건이기도 하므로, 배당요구의 종기까지 존속하고 있어야 하므로 중간에 사업자등록이 취소된 경우에는 대항력 및 우선변제권을 모두 상실한다. 상가건물을 임차하고 사업자등록을 마친 사업자가 폐업한 경우에는 그 사업자등록은 상가건물임대차보호법이 상가임대차의 공시방법으로 요구하는 적법한 사업자등록이라고 볼 수 없다. 따라서 사업자가 폐업신고를 하였다가 다시 같은 상호 및 등록번호로 사업자등록을 하였다고 하더라도 원래의 상가건물임대차보호법상의 대항력 및 우선변제권이 상실되며 새롭게 갱신된 때부터 대항력 및 우선변제권이 새로 생기게 되는 것이다.

사업자가 사업자등록만 한 채 실제로 사업을 하지 않은 경우는 어떤가? 상가건물임대차보호법에 적용을 받으려면 서류상 사업자등록 상태만 유지해서는 안 되고, 실제로 사업도 영위해야 한다. 상가건물을 임차하고 사업자등록을 마친 사업자가 임차 건물의 전대차 등으로 당해 사업을 개시하지 않거나 사실상 폐업한 경우에는 그 사업자등록은 부가가치세법 및 상가건물임대차보호법이 상가임대차의 공시방법으로 요구하는 적법한 사업자등록이라고 볼 수 없기 때문이다.

12 | 상가건물(상임법[3] 적용)과 묵시의 갱신

Q A씨는 2017. 1. 1. 서울 강서구 화곡동 소재 B씨 소유의 상가건물 80㎡를 보증금 1억원에 월세 100만원에 2년간 임차하였다. 그 뒤 2번에 걸쳐 계약갱신을 하여 6년 뒤인 2023. 1. 1. 계약이 만료될 예정이었다. 그런데 A씨는 임대차기간이 만료되기 6개월 전부터 1개월 전까지 사이에 계약갱신을 요구해야 하는데 깜박 잊고 2023. 1. 5.에서야 그 사실을 깨닫고 임대인 B씨에게 계약갱신을 요구하였다. 하지만 B씨는 계약갱신요구 기간이 도과되었다는 이유로 이를 거절하고 계약해지를 통보한 뒤 상가에 대한 인도를 요구하였다. 이 경우 A씨는 가게를 비워줘야 하나?

가. 상임법 적용대상

먼저 위 상가의 환산보증금은 2억원(= 보증금 1억 + 월세 100만 ×100)이다. 서울의 경우 환산보증금이 9억원 이하의 경우 상가건물임대차보호법 적용대상이 되므로 위 상가는 이에 해당된다. 그런데 상임법 상 상가의 경우 계약갱신요구권 기간 내에 임차인이 계약갱신요구를 하지 않더라도 묵시의 갱신이 된다. 임대인이 계약만료 6개월에서 1개월 사이의 기간 이내에 임차인에게 갱신 거절의 통지 또는 조건 변경의 통지를 하지 아니한 경우에는 그 기간이 만료된 때에 전 임대차와 동일한 조건으로 다시 임대차한 것으로 본다. 이 경우에 임대차의 존속기간은 1년으로 본다(상임법 제10조 4항). 나아가 이렇듯 묵시의 갱신이 되는 경우 임차인은 언제든지 임대인에게 계약해지의 통고를 할 수 있고, 임대인이 통고를 받은 날로부터 3개월이 지나면 효력이 발생한다(동법 제10조 5항·4항).

따라서 이 사례의 경우, A씨는 묵시의 갱신을 주장하여 다시 1년간

---

3 '상가건물임대차보호법'의 약칭.

자동갱신이 된 것을 주장할 수 있다.

나. 그 뒤의 계약갱신요구권 행사가능 여부

이 사례의 경우 임차인이 묵시의 갱신을 주장할 경우 계약기간은 1년이 더 연장된다. 즉 2024. 1. 1.에서야 비로소 존속기간이 만료된다. 그런데 그 후 A씨는 다시 계약갱신요구권을 행사할 수 있을까? 묵시의 갱신도 법정갱신으로서 계약상 갱신과 효과 면에서 다를 게 없다. 다만 계약기간이 1년으로 바뀌는 것뿐이다. 따라서 A씨는 계약종료 1달 전이 2023. 12. 1.까지 B씨에게 계약갱신요구권을 행사할 경우 계약은 연장된다.

다. 차임의 증감부분

하지만 A씨와 B씨 사이에 계약기간은 이때부터 1년간으로 바뀌므로 B씨는 1년마다 보증금과 월세를 5% 범위 내에서 인상할 수 있다.

라. 10년 경과 후 묵시의 갱신

이 사례에 있어 A씨가 최장 위 상가임차를 할 수 있는 기간은 최초 계약일인 2017. 1. 1.부터 10년이 경과한 2027. 1. 1.까지이다. 그런데 만약 2026. 12. 1.까지 임대인이 계약갱신거절의 통지 또는 조건변경의 통지를 하지 아니한 경우에도 임차인은 묵시의 갱신을 주장할 수 있을까? 임대인의 입장에서는 임차인이 10년간 임차를 하였으므로 10년이 경과되는 때에는 자동으로 계약이 종료되는 것으로 착각할 수 있다. 그래서 위 기간 내에 계약갱신 거절 혹은 조건변경 통지를 하지 아니하는 경우가 종종 있다. 그런데 이 경우에도 대법원은 묵시의 갱신을 인정하고 있다(대법원 2010. 6. 10 선고 2009다64307 판결). 따라서 이 경우 임대인이 위 기간 내에 계약갱신 거절 등의 의사표시를 임차인에게 명시적으로 하지 아니할 경우 비록 이미 10년의 계약기간이 지났다고 하더라도 다시 1년간 계약이 자동 연장된다. 다만 이 경우에도 임차인은 언제든 계약을 해지 통고할 수 있고, 임대인이 그 통고를 받은 날로부터 3개월이 지나면 계약해지의 효력이 발생된다(상임법 제10조 5항).

13 | 상가건물(상임법 비적용)과 묵시의 갱신

Q A씨는 2017. 1. 1. 서울 강남구 역삼동 소재 B씨 소유의 상가건물 500㎡를 보증금 10억원에 월세 500만원에 2년간 임차하였다. 그 뒤 2번에 걸쳐 계약갱신을 하여 6년 뒤인 2023. 1. 1. 계약이 만료될 예정이었다. 그런데 A씨는 임대차기간이 만료되기 6개월 전부터 1개월 전까지 사이에 계약갱신을 요구해야 하는데 깜박 잊고 2023년 2. 1.에서야 그 사실을 깨닫고 임대인 B씨에게 계약갱신을 요구하였다. 하지만 B씨는 계약갱신요구 기간이 도과되었다는 이유로 이를 거절하고 계약해지를 통보한 뒤 상가에 대한 인도를 요구하였다. 이 경우 A씨는 가게를 비워줘야 하나?

가. 상임법 적용대상

위 상가의 환산보증금은 15억원(= 보증금 10억 + 월세 500만 × 100)이다. 현행 상임법상 적용되는 환산보증금의 범위는 서울의 경우 9억원 이하이므로 이를 초과하는 경우 원칙적으로 상임법 적용대상 상가가 아니다(상임법 제2조 1항). 다만 상임법 상 환산보증금이 초과되는 상가라도 예외적으로 상임법 적용이 되는 경우가 있다. 대항력(제3조), 계약갱신요구권(제10조 1항·2항·3항 본문), 권리금보호규정(제10조의 3~7) 등이 그 대표적 예이다.

나. 묵시의 갱신과 상임법 적용 여부

그런데 위 예외적 적용대상 중에 묵시의 갱신(제10조 4항)과 계약갱신 시 적용되는 차임과 보증금의 상한(제10조 3항 단서) 등은 포함되지 아니한다. 따라서 이 사례와 같이 임차인 A씨가 계약갱신요구권 행사기간 내에 이를 행사하지 아니할 경우 자동으로 상임법상 묵시의 갱신이 적용되지 아니한다. 다만 이 경우에도 민법상 묵시의 갱신은 적용될 수 있다. 즉 임대차기간이 만료한 후 임차인이 임차물의 사용, 수익을 계속하는 경우에 임대인이 상당한 기간 내에 이의를 하지 아니한 때에는 전임대차와 동일한 조건으로 다시 임대차한 것으로 본다(민법 제639조 1항 전문). 그런데 이 경우 임대차 기간은 기간의 약정이 없는 경우에 해당된다. 이 점이 상임법 상 묵시의 갱신이 1년의 기간으로 정하는 것과 차이점이다.

또한 민법 상 묵시의 갱신은 상임법 상 그것과 달리 임대인에게도 계약해지권이 인정된다(민법 제639조 1항 후문). 즉 임대차기간의 약정이 없는 때에는 당사자는 언제든지 계약해지의 통고를 할 수 있다. 상대방이 전항의 통고를 받은 날로부터 임대인이 해지를 통고한 경우에는 6월, 임차인이 해지를 통고한 경우에는 1월의 기간이 경과하면 해지의 효력이 생긴다(민법 제635조 1·2항).

다. 결어

사례로 돌아가 살피건대, A씨의 경우 상임법 상 적용대상 상가임차인이 아니며, 묵시의 갱신은 예외적 적용대상에도 해당되지 아니하므로 상임법 상 묵시의 갱신을 주장하여 계약을 연장할 수 없다. 다만 민법상 묵시의 갱신만이 적용될 뿐이다. 따라서 임대인 B씨는 임차인 A씨에게 계약해지를 통보할 수 있으며, 해지통보가 A씨에게 도달 된 뒤 6개월의 경과로 계약은 종료된다.

14 | 임차권등기명령

Q A양은 임대기간이 끝났는데 집주인 B씨가 세를 놔서 보증금을 주겠다고 버티면서 돌려주지 않는다. A양은 직장 문제로 당장 이사를 가야 하는데 이사 가게 되면 주민등록이 이전되어 대항력을 상실하게 되는데 어떻게 해야 할까?

이러한 경우 주소를 옮기면서도 임차권의 대항력을 유지할 수 있는 방법이 바로 '임차권등기명령' 제도이다. 임차권등기는 마치 근저당이나 전세권처럼 건물등기부에 임차권을 등기할 수 있는 제도인데, 대세적인 효력은 있으나 임의경매를 신청할 권한까지는 인정되지 않는다.

이러한 임차권등기는 임대인과 임차인이 상호 협의 하에 할 수도 있는데, 반대의 특약이 없는 한 임차인은 임대인에게 임차권등기절차에 협력할 것을 청구할 수 있다(민법 제621조 1항). 그리고 부동산임대차를 등기한 때에는 그때부터 제3자에 대하여 효력이 생기므로 점유와 주민등록이전 등의 요건을 상실한다고 해도 무방하게 된다.

그런데 **만약 임대차기간이 종료되었음에도 집주인이 보증금도 내주지 않고, 임차권등기에도 협력하지 아니할 경우에는 어떻게 해야 할까**? 위 민법 조항에 의거하여 법원에 소송을 제기할 경우 시간이 많이 소요되며 비용도 만만치 않게 든다. 이에 주택임대차의 경우에는 특별히 주택임대차보호법에서 간단하게 법원에 신청하는 제도가 마련되었는데 이것이 바로 '**임차권등기명령제도**'이다. 법원에서 세입자가 신청할 경우 집주인의 협력 없이도 일방적, 강제적으로 등기를 명령하는 것이다.[4]

---

4 경매절차에서 인도명령과 유사하다. 즉 인도명령 역시 명도소송을 제기하지 않고 바로 신청인의 신청만으로 법원에서 발하는 명령인 점에서 임차권등기명령제도와 공통점이 있다.

즉 임대차가 끝난 후 보증금을 반환받지 못한 임차인은 임차주택의 소재지를 관할하는 지방법원 · 지방법원지원 또는 시 · 군 법원에 임차권등기명령을 신청할 수 있다. 임차권등기명령의 신청서에는 ① 신청의 취지 및 이유 ② 임대차의 목적인 주택(임대차의 목적이 주택의 일부분인 경우에는 해당 부분의 도면을 첨부한다) ③ 임차권등기의 원인이 된 사실(임차인이 제3조 1항 또는 2항에 따른 대항력을 취득하였거나 제3조의2 제2항에 따른 우선변제권을 취득한 경우에는 그 사실) ④ 그 밖에 대법원규칙으로 정하는 사항을 적어야 한다. 또한 신청의 이유와 임차권등기의 원인이 된 사실을 소명(疎明)하여야 한다.

임차권등기명령의 신청을 기각하는 결정에 대하여 임차인은 항고할 수 있다. 임차인은 임차권등기명령의 집행에 따른 임차권등기를 마치면 대항력과 우선변제권을 취득한다. 다만, 임차인이 임차권등기 이전에 이미 대항력이나 우선변제권을 취득한 경우에는 그 대항력이나 우선변제권은 그대로 유지되며, 임차권등기 이후에는 대항요건을 상실하더라도 이미 취득한 대항력이나 우선변제권을 상실하지 아니한다. 임차권등기명령의 집행에 따른 임차권등기가 끝난 주택(임대차의 목적이 주택의 일부분인 경우에는 해당 부분으로 한정)을 그 이후에 임차한 임차인은 우선변제를 받을 권리가 없다. 또한 임차인은 임차권등기명령의 신청과 그에 따른 임차권등기와 관련하여 든 비용을 임대인에게 청구할 수 있다.

[주택임차권등기명령신청서양식]

주택임차권등기명령신청서

수입인지

신 청 인(임차인) 성 명: 홍길동 (751101 — 1○○○○○○)
주 소: 서울 서초구 서초동 ○○
연락 가능한 전화(FAX 또는 호출)번호 :
피신청인(임대인) 성 명: 황진이 (651010 – 2○○○○○○)
주 소: 서울 강남구 압구정동 ○○

신 청 취 지

별지목록 기재 건물에 관하여 아래와 같은 주택임차권등기를 명한다라는 결정을 구합니다.

아 래

1. 임대차계약일자 : 2015 . 1 . 1 .
2. 임차보증금액 : 금 3억원, 차임 : 금 0원
3. 주민등록일자 : 2015 . 1 . 3 .
4. 점유개시일자 : 2015 . 1 . 3 .
5. 확 정 일 자 : 2015 . 1 . 3 .

신 청 이 유

첨 부 서 류

1. 건물등기부등본
2. 주민등록등본
3. 임대차계약증서 사본

2017. 2. 2.

신 청 인 홍 길 동 (인)

서울중앙지방법원 귀중

(주) 1. 이 신청서를 접수할 때에는 당사자 1인당 3회분의 송달료(6,780원)를 현금으로 송달료수납은행에 납부하시기 바랍니다.
2. 임차보증금액란에는 신청 당시까지 반환받지 못한 금액을 기재하고, 주택임대차보호법 제12조의 등기하지 아니한 전세계약의 경우에는 차임란을 공란으로 하여 주십시오.
3. 주택의 일부에 대한 임차권등기명령신청을 하는 경우에는 예컨대 별지목록 기재 건물에 관하여 … 부분을 별지목록 기재 건물 중 별지도면 표시 ㉠, ㉡, ㉢, ㉣, …, ㉠의 각 점을 순차로 연결한 선내부분 방 ○○㎡에 관하여 … 라고 임대차의 목적을 특정하여 기재하고, 그 목적인 부분을 표시한 건물도면을 첨부하셔야 합니다.

15 | 임대료로 볼 수 있으려면?

Q A씨는 1985년 임야 9만 4000여㎡를 매입한 후 B씨에게 토지 관리를 위임하였고, B씨는 1985년부터 문제의 토지 위에 고추농사와 쌀농사를 짓기 시작하였다. 문제는 A씨가 2009년에 이르러 토지개발을 위해 B씨에게 나가달라 요청하면서 문제가 발생하였다. B씨는 A씨에게 매년 임대료 명목으로 쌀 4가마를 매면 보내왔으며 이를 통해 A씨가 임대료 수익을 얻었으므로 A씨와 자신 사이에는 '묵시적인 임대차계약'이 성립된 것으로 볼 수 있다고 주장하였다. B씨가 A씨에게 매년 보낸 쌀 4가마는 땅에 대한 임대료로 볼 수 있을까?

대부분의 경우 임대인이 임차인에게 건물을 임대하는 이유는 임차인에게서 임대료 수익을 얻기 위해서일 것이다. 이때 임차인이 임대인에게 지급하는 임대료는 반드시 금전일 필요는 없다. 이와 관련해 임대인이 임차인에게 쌀이나 고추 같은 농산물을 받은 것을 두고 임대인이 임대료 수익을 얻은 것으로 볼 수 있는지에 대한 분쟁이 발생한 바 있다. 이번 사건에서 1심 재판부는 B씨의 손을 들어주었지만 이어진 항소심 재판부는 1심 재판부와 다른 판결을 내놓았다.

항소심 재판부는 A씨가 B씨로부터 매년 받은 쌀 4~10가마는 그 양이 일정치 못하고 땅주인과 농작물 지급에 관해 의논한 적이 없기에 땅주인에 대한 감사의 표시로 지급한 것일 뿐 토지 사용료라고 보기에는 어려움이 있다고 본 것이다. 따라서 재판부는 A씨가 임대료 수익으로 쌀을 받은 것으로 볼 수 없어 A씨와 B씨 사이에 임대차관계가 존재할 수 없다고 보아 땅주인인 A씨의 손을 들어준 것이다.

결국 남의 땅을 빌려 농사를 짓는 경우에는 차임 명목으로 농작물을 준다는 약정을 하거나 정기적으로 같은 양의 농작물을 지급하여야 나중에 묵시적 임대차계약을 주장할 수 있을 것이다.

16 | 계약해지와 중개수수료

Q A씨는 상가건물을 임차하려고 개업공인중개인 B씨를 통해 계약을 했었는데 나중에 잔금을 치르려 하니 아무래도 권리금을 너무 비싸게 책정한 것 같아 계약금 300만원을 포기하고 계약을 해지하였다. 그럼에도 B씨는 A씨에게 중개수수료를 달라고 요구하는데 B씨의 주장은 타당한가?

흔히 부동산중개업소를 통해 계약하였다가 중간에 여러 사정으로 계약을 해제하는 경우가 있다. 그런데 공인중개사법 제32조 제1항에 의하면 "개업공인중개사는 중개업무에 관하여 중개의뢰인으로부터 소정의 보수를 받는다. 다만, 개업공인중개사의 고의 또는 과실로 인하여 중개의뢰인간의 거래행위가 무효·취소 또는 해제된 경우에는 그러하지 아니하다"라고 규정되어 있다. 따라서 거래 과정에서 공인중개사의 고의 또는 과실로 인해 계약이 파기된 경우가 아니면 설사 의뢰인의 변심으로 계약이 성사되지 아니하였다고 해도 공인중개사는 중개수수료를 요구할 수 있다. 다만 위 규정 단서와 같이 거래행위가 공인중개사의 고의 또는 과실로 무효, 취소 또는 해제된 경우에는 공인중개사에게 중개보수 청구권이 인정되지 않는다.

공인중개사법 시행령 제27조의2에 의하면 중개보수의 지급시기는 개업공인중개사와 중개의뢰인의 약정에 따르되, 약정이 없을 때에는 중개대상물의 거래대금 지급이 완료된 날로 한다. A씨와 B씨 사이에 중개보수 지급시기에 관한 약정이 체결된 사실이 없으므로 중개대상물의 거래대금 지급이 완료된 날이 중개보수의 지급시기가 되는바, 이는 불확정기한에 해당한다. 당사자가 불확정한 사실이 발생한 때를 이행기한으로 정한 경우에 있어서 그 사실이 발생한 때는 물론 그 사실이 불가능하게 된 때에도 이행기한은 도래한 것으로 보아야 한다. 결국 A씨가 계약금 3백만원을 포기하고 스스로 임대차계약을 해제하였으므로 A씨의 위 임대차계약에 따른 보증금 잔금 지급은 불가능하게 되었고, 이로써 A씨의 B씨에 대한 중개보수 지급채무의 변제기가 도래하게 된 것이다.

그런데 위 사건에서 A씨는 중개사 B씨가 자신에게 위 상가건물의 권리금이 1천 5백만원임에도 불구하고 3천만원이라고 거짓말을 하여 이에 속아 임대차계약을 체결하였으므로 B씨에게 중개보수 지급의무가 없다고 항변하였다. A씨의 항변은 "개업공인중개사의 고의 또는 과실로 인하여 중개의뢰인간의 거래행위가 무효·취소 또는 해제된 경우에는 중개의뢰인은 개업중개사에게 중개보수 지급의무가 없다"는 공인중개사법 제32조 제1항 단서를 근거로 하는 것이다. 하지만 위 주장에 대한 증거가 부족하여 A씨의 항변은 받아들여지지는 않았다. 만일 A씨의 항변에 대한 충분한 입증자료가 있었다면 공인중개사법 제32조 제1항 단서에 의해 중개보수금 지급의무가 인정되지 않았을 수도 있었을 것이다.

사례로 돌아가 살피건대, 공인중개사 B씨의 고의나 과실이 입증되지 않는 한, A씨는 B씨에게 중개료 지급의무가 있다.

17 | 임차인의 배당요구 필요 여부

Q A씨는 주택을 임차한 사람인데 집주인이 빚이 많아 A씨가 살던 집이 경매에 넘어가게 되었다. A씨는 경매절차에서 반드시 배당요구 해야만 하나?

사안의 경우는 **임차인이 아닌 제3자가 경매를 신청한 경우**이다. 즉 집주인을 상대로 승소판결문을 얻은 사람이 한 강제경매 혹은 저당권자가 한 임의경매의 경우이다. 이 경우에는 확정일자부 임차인과 소액임차인[5]은 임차인 본인이 직접 경매 신청한 경우와는 달리 반드시 배당요구를 해야 한다.

만약 배당요구를 하지 않을 경우, 확정일자부 임차인은 대항력을 행사하여 경락인에게 임대차계약을 인수시킬 수라도 있지만, 소액임차인은 우선변제권만 있을 뿐 대항력이 없으므로 권리를 잃을 수도 있다. 이 경우 배당요구는 당연히 배당요구종기일 전에 법원에 신고해야만 유효하다. 하지만 임차권등기가 설정된 임차인은 제3자가 경매신청한 경우에는 배당요구를 하지 않아도 자동으로 배당된다.

민사집행법 제148조 제4호에 의하면 배당받을 채권자들 중 '우선변

5 소액임차인인지 여부는 임대차계약체결 시점과 상관없고, '최선순위 담보물권이 설정된 날'을 기준으로 평가한다.

제청구권으로서 첫 경매개시결정등기 전에 등기되었고 매각으로 소멸하는 것을 가진 채권자'는 자동배당권자로 규정되어 있는데 임차권등기권자가 여기에 해당되는 것이다. 임차권등기명령에 의하여 임차권등기를 한 임차인은 우선변제권을 가지며, 위 임차권등기는 임차인으로 하여금 기왕의 대항력이나 우선변제권을 유지하도록 해 주는 담보적 기능을 주목적으로 하고 있다. 따라서 위 임차권등기가 첫 경매개시결정등기 전에 등기된 경우, 배당받을 채권자의 범위에 관하여 규정하고 있는 민사집행법 제148조 제4호의 "저당권·전세권, 그 밖의 우선변제청구권으로서 첫 경매개시결정등기 전에 등기되었고 매각으로 소멸하는 것을 가진 채권자"에 준하여, 그 임차인은 별도로 배당요구를 하지 않아도 당연히 배당받을 채권자에 속하는 것으로 보아야 한다.

하지만 임차권등기가 된 임차인이 임차인의 지위를 유지하는 한 우선변제권 대신 대항력을 행사해도 무방하므로 경매법원에 적극적으로 배당을 받지 않고 대항력을 행사하겠다고 의사표시를 해도 된다.

한편 **대항력 있는 임차인이 스스로 강제 경매신청한 경우**에는 임차인은 우선변제권을 인정받기 위해 배당요구를 따로 할 필요가 없다. 즉 자동으로 배당절차에서 우선변제를 받는다. 즉 주택임대차보호법상의 대항력과 우선변제권을 모두 가지고 있는 임차인이 보증금을 반환받기 위하여 보증금반환청구 소송의 확정판결 등 집행권원을 얻어 임차주택에 대하여 스스로 강제경매를 신청하였다면 특별한 사정이 없는 한 대항력과 우선변제권 중 우선변제권을 선택하여 행사한 것으로 보아야 하고, 이 경우 우선변제권을 인정받기 위하여 배당요구의 종기까지 별도로 배당요구를 하여야 하는 것은 아니다. 그리고 이와 같이 우선변제권이 있는 임차인이 집행권원을 얻어 스스로 강제경매를 신청하는 방법으로 우선변제권을 행사하고, 그 경매절차에서 집행관의 현황조사 등을 통하여 경매신청채권자인 임차인의 우선변제권이 확인되고 그러한 내용이 현황조사보고서, 매각물건명세서 등에 기재된 상태에서 경매절차가 진행되어 매각이 이루어졌다면, 특별한 사정이 없는 한 경매신청채권자인 임차인은 배당절차에서 후순위권리자나 일반채권자보다 우선하여 배당받을 수 있다.

배당요구 하지 않아도 배당받을 수 있는 채권자	배당요구를 해야 배당받을 수 있는 채권자
① 경매신청채권자 ② 경매개시결정등기 전에 등기한 권리자로서 매각으로 인하여 소멸되는 권리자 • 저당권자, 근저당권자 • 전세권자 • 임차권등기자 ③ 경매개시결정등기 전에 가압류한 채권자 ④ 체납처분에 의한 압류등기권자(세무관청)	① 집행권원(집행력 있는 정본)에 기한 채권자 ② 등기하지 아니한 임차권자(우선변제권, 최우선변제권 있는 경우) ③ 경매개시결정등기 후에 가압류한 채권자

18 | 임대회사의 일방적 임대료 인상의 적법 여부

Q A씨는 임대회사로부터 아파트를 임차한 사람인데 임대회사가 일방적으로 임대료를 인상하였다. 하지만 A씨는 이를 받아들일 수 없어 월세를 내지 않았더니 임대회사에서 이를 빌미로 임대차계약을 해지한다고 통보를 하였다. A씨는 어떻게 해야 하나?

아파트의 임대료를 인상할 경우 관련 법률에 따라 적법한 기준들을 준수하여야 한다. 만약 이를 어기고 임대 회사 측이 일방적으로 아파트임대료인상을 진행하였을 경우에는 입주자가 인상된 분만큼의 임대료를 지급하지 않아도 임대회사는 일방적으로 임대차계약을 해지할 수 없다. A씨는 B사가 임대한 한 아파트에 2001년 입주하였고 그에 대한 임대차 보증금으로 4,790만원을 지급한 뒤 2004년과 2005년 그리고 2006년에 각각 140만원, 170만원, 250만원의 아파트임대료인상분을 지급하지 않았으며 A씨 외에도 C씨 또한 2005년 3월 계약 당시에 지급하기로 한 임대차 보증금 중 430만원을 지급하지 않았으며 2006년과 2007년 각각 170만원과 250만원의 아파트임대료인상분을 B사에 지급하지 않았다. A씨와 C씨의 이 같은 행동을 두고 B사는 증액분의 납부 요구와 함께 3개월의 아파트임대료 연체가 이뤄질 경우 임대차계약해지가 가능하다고 주장하며 A씨와 C씨에게 이 같은 내용을 통보하였다. 하지만 A씨와 C씨는 이 같은 B사의 통보에도 불구 아파트임대료인상분을 납부하지 않았고 이에 B사가 두 사람을 상대로 임대차계약해지 소송을 제기하였지만 법원에서는 B사의 청구를 기각했다.

재판부의 이 같은 판단은 임대주택법상 표준임대차계약서에는 임대인과 임차인은 임대보증금과 임대료를 조정할 수 있다는 규정이 있을 뿐 일방적으로 변경한 임대조건을 상대에게 강요하는 것이 가능하다는 의무가 규정되어 있지는 않다는 점을 고려한 것이다. 따라서 이번 사건에서 재판부는 A씨 등이 임대조건변경에 동의한 사실이 없으며 그로 인해 A씨 등이 아파트임대료인상분을 납입하지 않은 것을 두고 계약상의 의무를 위반했다 볼 수 없다고 판단해 B사의 청구는 부당하다고 본 것이다. 결국 양측이 합의되지 않은 일방적인 임대료 인상은 부당하므로 그에 기한 계약해지통보 역시 인정되지 않는 것이다.

민간임대주택에 관한 특별법 제44조 제2항을 보면 '임대사업자가 임대의무기간 동안에 임대료의 증액을 청구하는 경우에는 연 5퍼센트의 범위에서 주거비 물가지수, 인근 지역의 임대료 변동률, 임대주택 세대수 등을 고려하여야 한다'라고 규정되어 있다. 한편 동법 56조 제1항 제1호를 보면 '임대사업자와 임차인대표회의는 임대료인상에 관한 분쟁에 관하여 조정위원회에 조정을 신청할 수 있다'라고 규정되어 있다. 즉 임대의무기간 중에 임대료를 상승하는 것은 위와 같이 5% 범위 내에서 상호 협의 하에서 조정되어야만 하고, 만약 조정이 성립되지 아니하면 임대주택분쟁조정위원회(위원장은 시장, 군수, 구청장)의 조정을 통해 조정된다. 만약 임대인회사와 임차인대표단 사이에 조정위원회의 조정안이 받아들여지지 아니하면 결국 소송을 통해 임대료가 결정되어야 한다.

19 | 상가권리금 산정방법

Q A씨는 상가건물을 임차한 사람인데 이번에 다른 사람에게 상가를 넘기면서 권리금을 받으려고 한다. 그런데 상가건물주 B씨가 권리금을 인정할 수 없다면서 버티는 바람에 A씨가 상가인수인으로부터 권리금을 받지 못하게 되어 손해를 입었다. 그래서 A씨는 B씨에게 권리금보호규정 위반을 이유로 손해배상을 청구하려고 하는데 구체적인 권리금의 산정방법은 어떻게 결정되나?

상가건물의 경우 보증금보다 어떨 때는 권리금이 더 비싼 경우도 있다. 특히 목이 좋은 상가의 경우는 권리금은 단지 시설비용의 의미를 넘어선 영업상 이익을 의미한다. 권리금이란 임대차 목적물인 상가건물에서 영업을 하는 자 또는 영업을 하려는 자가 영업시설·비품, 거래처, 신용, 영업상의 노하우, 상가건물의 위치에 따른 영업상의 이점 등 유형·무형의 재산적 가치의 양도 또는 이용대가로서 임대인, 임차인에게 보증금과 차임 이외에 지급하는 금전 등의 대가를 말한다.

권리금 계약이란 신규임차인이 되려는 자가 임차인에게 권리금을 지급하기로 하는 계약을 말한다. 권리금에 관한 규정은 개정된 동법에 신설된 조항인데, 개정 상가건물임대차보호법 하에서도 임차인이 임대인에게 직접적으로 권리금을 달라고 청구할 수는 없다. 다만 권리금을 회수할 수 있는 기회를 주는 것이며, 이를 위반하여 정당한 사유 없이 방해하는 경우에 임대인에게 손해배상청구를 할 수 있는 권리가 있을 뿐이다.

권리금 산정 방법에 관하여는 국토교통부장관은 권리금에 대한 감정평가의 절차와 방법 등에 관한 기준을 고시하도록 되어 있는데 그 내용에 따르면 권리금 감정평가 방법은 다음과 같다. ① 유형재산을 감정평가할 때에는 원가법을 적용하여야 한다. 원가법을 적용하는 것이 곤란하거나 부적절한 경우에는 거래사례비교법 등으로 감정평가할 수 있다. ② 무형재산을 감정평가할 때에는 수익환원법을 적용하여야 한다. 수익환원법을 적용하는 것이 곤란하거나 부적절한 경우에는 거래사례비교법이나 원가법 등으로 감정평가할 수 있다. 무형재산을 수익환원법으로 감정평가할 때에는 무형재산으로 인하여 발생할 것으로 예상되는 영업이익이나 현금흐름을 현재가치로 할인하거나 환원하는 방법으로 감정평가한다. 다만, 무형재산의 수익성에 근거하여 합리적으로 감정평가할 수 있는 다른 방법이 있는 경우에는 그에 따라 감정평가할 수 있다. 무형재산을 거래사례비교법으로 감정평가할 때에는 동일 또는 유사 업종의 무형재산만의 거래사례와 대상의 무형재산을 비교하는 방법 혹은 동일 또는 유사 업종의 권리금 일체 거래사례에서 유형의 재산적 가치를 차감한 가액을 대상의 무형재산과 비교하는 방법 중 하나를 사용하게 된다.

20 | 임대차 계약 중 파손부분 누가 책임?

Q A씨는 2년간 아파트를 임차한 세입자인데 이번에 아이 학교 문제로 집을 이사하게 되었다. 그런데 집주인 B씨는 A씨가 마루를 훼손했다면서 보증금에서 200만원을 공제한 후 나머지만 돌려주었다. 사실 A씨가 마루에 화분을 놓았는데 물을 주다가 그 물이 새어나와 화분 밑이 좀 썩었던 것이 원인이었다. 그런데 썩은 부위가 불과 A4용지 크기만 한데 B씨는 마루 전체를 갈아야 한다면서 200만원을 공제한 것. A씨는 너무 억울해 B씨를 상대로 보증금 반환소송을 하려고 하는데 이길 수 있을까?

집을 세 들어 사는 경우 집주인은 세입자에게 본래의 용도에 사용할 수 있도록 유지 보수해줘야 할 의무가 있고, 세입자는 계약기간이 종료될 경우 원상복구 해줘야 할 의무가 있다. 하지만 집을 임대차하여 사용하다 보면 흔히 벽지가 더러워지거나, 보일러 동파, 마루에 흠집나기 등 크고 작은 훼손이 발생하게 된다. 통상 집을 임대하는 경우 기간이 최소 2년이므로 원래의 모습 그대로 유지한다는 것은 사실상 불가능하다.

그럼 세입자는 어느 경우에 원상복구 비용을 부담해야 하는가? ① 먼저 벽지의 경우 통상적인 훼손이나 마모, 색 변색 등에 대해서는 세입자가 원상복구 의무가 따로 없다. 왜냐하면 그러한 것들은 자연스러운 변화이기 때문이다. 하지만 관리 잘못으로 벽지가 들떴다든가, 어린아이가 벽지에 낙서를 심하게 하였다든가 하는 경우는 세입자에게 원상복구 의무가 있다. ② 못자국 역시 일상적인 생활을 위한 경우는 세입자에게 책임이 없으나 너무 심하여 도저히 그대로 사용하기 어려운 정도라면 세입자는 원상복구 해줘야 한다. 하지만 만약 세입자가 집주인의 동의를 받고 벽지색깔을 바꾼 경우에는 세입자는 원상복구 의무가 없게 된다. ③ 마루의 경우도 통상적인 변색이나, 마모, 책상이나 카펫트 사용으로 인한 다른 부위와의 색깔 농도 차이 정도는 세입자에게 책임이 없으나, 바퀴달린 의자로 긁거나, 골프백을 장기간 두어 동그랗게 패인 정도, 화분에 물을 잘못 줘서 마루 일부가 변색되거나 들뜬 정도일 경우에는 세입자에게 책임이 있다. ④ 보일러의 경우도 세입자가 통상적인 주의의무로 관리한 경우에는 책임이 없으나, 동파 위험이 있음에도 전혀 보온장치를 하거나 그 외 관리의무를 현저히 게을리 한 경우에는 책임이 있게 된다.

사례로 돌아가 살피건대, A씨는 마루를 썩게 한 것에 대한 원상복구 의무를 부담하게 된다. 다음으로 복구범위가 문제되는데 마루 일부만 교체할 경우 색상이나 디자인에서 차이가 나므로 완전한 원상복구라 볼 수 없다. 따라서 그 썩은 부분과 연결된 거실 전체 마루를 교체할 수밖에 없다. 결국 집주인 B씨의 주장이 타당하므로 A씨가 B씨를 상대로 보증금반환소송을 제기할 경우 패소할 확률이 높다.

21 | 윗층의 누수로 인한 손해 누구에게 배상청구

Q 세입자 A씨는 집안 청소를 하던 중 윗층의 누수로 인해 아끼던 가구가 모두 곰팡이가 나서 못쓰게 되었다. A씨는 화가 나서 윗층에 올라가 수리 및 배상을 요구하였는데 그곳에 사는 B씨 역시 세입자였다. 그런데 윗층 세입자 B씨가 그의 집주인 b씨에게 연락을 해봐도 아무런 조치를 취해주지 않는 것이다. A씨는 B씨와 b씨 중 누구를 상대로 소송을 해야 하나?

공작물의 설치 또는 보존의 하자로 인하여 타인에게 손해를 가한 때에는 공작물점유자가 손해를 배상할 책임이 있다. 그러나 점유자가 손해의 방지에 필요한 주의를 게을리 하지 아니한 때에는 그 소유자에게 최종적으로 손해배상책임이 있는 것이다. 따라서 윗층에 세 들어 사는 임차인의 특별한 과실이 없는 경우 임대인에게 그 집에 대한 수선의무가 있게 되므로 최종적으로 윗층 집주인에게 배상책임이 인정된다. 따라서 A씨는 윗층 세입자 B씨가 아닌 그곳 집주인 b씨에게 손해배상을 청구해야 한다.

하지만 **윗층 집주인이 순순히 자신의 책임을 인정하지 않을 경우에는 어떻게 해야 하나**? 보통 윗층 주인이 항변하는 내용으로는 아파트 외벽에 금이 가서 그곳을 통해 빗물이 들어와 아래층에 손해를 주었다는 것이다. 실제로 건축한지 오래되거나 부실 시공된 아파트의 경우 그런 일이 종종 발생하기도 한다. 따라서 이런 주장이 제기될 경우 아래층 주인의 입장에서는 관리사무실에 연락해서 외벽에 대한 점검을 요구하여 외벽으로부터 물이 스며들지 않았다는 점을 입증해야 한다. 그리고 비가 오지 않는 맑은 날에 자신의 욕실이나 싱크대에 물을 내려서 아래층에 누수가 되는지를 실험해 누수의 원인을 찾아야 한다. 보통 관리사무실과 윗층 집주인은 서로 책임을 떠넘길 수가 있으니 책임소재를 명백하게 밝혀야 한다.

22 | 세입자와 집주인 사이 원상복구 및 유지의무

Q A씨는 아파트 세입자인데, 갑자기 보일러가 고장이 났다. A씨는 집주인 B씨에게 보일러를 고쳐달라고 요구하였는데 B씨는 세입자의 잘못으로 인한 것이라며 오히려 수리를 스스로 하라고 한다. 누구의 말이 옳을까?

기본적으로 임대에 관한 법은 임차인을 보호하는 방향으로 만들어졌는데, 임대인은 계약기간에 임차인이 주택을 불편함 없이 사용할 수 있도록 주택상태를 유지해야 할 의무가 있다(민법 제623조). 따라서 만약 전세 집 보일러가 고장 나서 난방은커녕 온수조차 사용할 수 없다면 고장 난 보일러 수리비 책임은 원칙적으로 집주인에게 있다. 결국 노후 보일러 고장으로 난방 불가, 천재지변으로 인한 파손 복구, 수도관 동파로 인한 온수 사용 불가 등 세입자가 집을 사용하는데 불편이나 손해를 발생시키는 문제에 대한 수리는 원칙적으로 집주인인 임대인이 책임을 진다. 그 이유는 집주인은 세입자가 그 집을 용도에 맞게 사용하게 해줘야 할 임대인으로서의 의무가 있기 때문이다.

하지만 실무상 수선의무에 대해 집주인과 세입자 중 누가 책임을 져야 하는지 애매한 경우가 많다. 결국 누구에게 고장에 대한 책임이 있는 것인가로 돌아가게 되는데 만약 보일러 고장이 세입자의 과실에 인한 것이라면 세입자가 그 수리비를 부담해야 하고 그 경우 외에는 집주인에게 책임이 있다.

그럼 세입자가 집주인의 허락 없이 임의로 벽지 전체를 더 고급스러운 것으로 바꾸거나 욕실의 욕조나 변기를 최신식으로 바꾼 경우, 방범창이나 디지털 도어락을 스스로 설치한 경우에는 어떨까? 이런 경우 세입자는 더 좋게 고쳤으니 원상복구 의무가 없을 것이라고 생각하기 쉽다. 하지만 집주인이 자신의 동의 없이 고쳤으니 원상회복하라고 주장할 경우 세입자에게 원상회복 의무가 있을 수도 있다. 따라서 세입자는 집을 수선할 경우 반드시 사전에 집주인의 동의를 얻어야 한다. 그 이유는 집주인은 세입자의 안전을 배려하여 주거나 도난을 방지하는 등의 보호 의무까지 부담하는 것은 아니므로 방범창을 설치하거나 현관 열쇠를 첨단 디지털 기기로 바꾸는 것은 집주인이 부담할 필요가 없기 때문이다. 오히려 세입자는 그런 것에 대해 나중에 원상회복 청구까지 받을 수 있으므로 조심해야 한다.

한편 예컨대 천장에서 비가 새는 경우, 벽이 갈라져 찬바람이 들어오는 경우에 세입자가 집주인 동의 없이 임의로 고쳤다면 어떨까? 이 경우에는 집주인은 세입자에게 수리비를 줘야 한다. 그 이유는 이러한 요소들은 세입자가 살아가는데 있어서 필수적인 사항에 관한 수리비이기 때문이다. 이러한 수리비를 법적으로 '필요비' 내지 '유익비'라고 부른다.[6] 따라서 세입자가 이러한 필요경비를 지출할 경우에는 견적서와 영수증을 반드시 챙겨 집주인에게 청구해야 한다.

사례로 돌아가 살피건대, 세입자 A씨가 보일러의 관리를 제대로 하지 못해 보일러가 고장난 특별한 경우라면 A씨가 이를 수리해야 하지만, 그 외에는 원칙적으로 집주인 B씨가 수리해야 한다.

23 | 약속 깨고 전입신고 한 오피스텔 세입자

Q A씨는 오피스텔 주인 B씨와 전입신고를 하지 않는 조건으로 임대차 계약을 했다. 그 이유는 전입신고가 되면 그 오피스텔이 주거용으로 되어 집주인 B씨가 1가구 2주택이 된다는 이유에서였다. A씨는 하는 수 없이 계약은 그렇게 하였지만 그 후 전입신고를 하지 않으면 보증금을 나중에 떼일 것 같아 너무 불안한 나머지 그 계약을 깨고 전입신고를 해 버렸다. 그러자 B씨는 A씨에게 약속을 어겼다면서 자신이 입은 손해 모두를 청구하였는데 A씨는 B씨에게 손해를 배상해야 하는가?

---

6 필요비란 부동산을 유지 보수하는데 필요한 유지비 및 수리비용을 뜻하고, 이에 반해 유익비는 꼭 필요하지는 않으나 목적물의 객관적 가치를 증가시키는 비용을 뜻한다. 유익비는 그것을 지출함으로써 생긴 가액의 증가가 현존하는 경우에 한하여 상환을 청구할 수 있다(민법 제626조 2항).

가. 구체적 사례

오피스텔 주인 B씨는 세입자 A씨와 임대차계약을 체결하면서 계약서상 "용도란에 '업무용'"이라 기재하였고, 특약사항으로 "전입신고 불가, 만약 전입신고를 할 경우에는 세입자가 집주인에게 손해배상 책임이 있다"는 내용을 추가하였다. 그런데도 불구하고 세입자 A씨는 전입신고를 하였고, 그 결과 B씨는 기존에 환급받은 부가세를 모두 국세청에 반환해야만 했다. 이에 화가 난 B씨는 A씨를 상대로 2,540만원을 배상하라고 손해배상 소송을 제기하였는데 패소하였다(서울중앙지방법원 2015. 4. 10. 선고 2014가단45902 판결).

나. 실질적으로 '주거용'으로 계약한 것이라면 주택임대차보호법 적용대상

세입자 A씨가 계약서 특약사항을 위반한 것이 분명한데 왜 승소하였을까? 이 사건의 쟁점은 세입자가 이 사건 오피스텔을 실질적으로 업무용으로만 사용하기로 약정하였는지 여부인데, 계약서 내용이 오히려 세입자가 거주용으로 사용한다는 것을 암시하는 것으로 비춰진 것 때문이었다. 즉 "전입신고 불가"라는 내용은 세입자 A씨가 실질적으로 거주용으로 사용한다는 점을 집주인 B씨가 알았다는 것이다. 그 결과 실질적인 계약은 주택임대차이므로 주택임대차보호법에 적용되는데, 세입자에게 불리한 특약내용은 모두 무효이므로 A씨가 승소한 것이다.

다. 임대인의 입장에서 이러한 경우 세입자의 전입신고를 막을 방법은?

결국 이 사건에서 B씨가 패소한 이유는 계약내용이 불분명하였기 때문이다. 즉 임대차 계약서 용도란에 '업무용'이라고 기재되었고, '전입신고 불가'라고 표시한 것만으로는 세입자가 업무용으로만 사용하라고 제한한 것으로 보기에 부족하다. 재판부는 "임대차계약서 용도란의 기재는 건축법상 오피스텔 용도가 업무시설로 분류된다는 것을 표시한 것이지 오피스텔의 사용방법을 제한한 약정으로 볼 수 없다"고 밝혔다. 만약 이 사건 계약에 있어 B씨와 A씨 사이의 계약내용에 명백하게 "주거용으로 사용하지 못한다"는 특약이 있었다면 B씨가 승소하였을 것이다.

라. 오피스텔 주인 B씨는 왜 세입자인 A씨에게 전입신고를 못하게 했을까?

건물주가 사무용 오피스텔이나 상가에 대한 임대사업자 신고를 할 경우에는 분양가 중 건물 가격의 10%인 부가세를 환급받게 된다. 그런데 만약 이를 주거용으로 임대한 사실이 드러나면 이미 받은 부가세를 다시 반환해야 하므로 세입자로 하여금 전입신고를 하지 못하게 하는 것이다. 또 오피스텔을 주거용으로 임대하면 해당 오피스텔이 주택으로 간주돼 소유자가 1세대 2주택이 되어 추후 한 채를 팔 경우 양도소득세가 많이 부과될 수도 있다.

마. 오피스텔 세입자 입장에서 피해를 막으려면?

오피스텔 주인이 세입자의 전입신고를 계속 거부한다면, 세입자는 주인과 합의해서 전세권, 임차권 내지 근저당권을 설정하여 등기를 해야 나중에 보증금을 보호받을 수 있다. 다만 설정비용이 드는데 통상 이것은 세입자가 부담하는 경우가 많다.

24 | 아파트 층간소음 문제

Q B씨는 아파트 10층에 살고 있는 사람인데 슬하에 개구쟁이 사내아이 2명이 있다. 그 개구쟁이 아이들이 매일 거실에서 뛰놀고 있다. 그러자 9층에 사는 A씨는 거의 매일 B씨 집에 항의를 하고 있다. 그럼 아파트 층간소음에 관한 이웃 간 분쟁에 관한 기준은 무엇인가?

가. 층간소음의 기준

아파트나 연립주택과 같이 집합건물의 경우 층간 방음이 제대로 되지 않아 고통을 받고, 심지어는 이웃 간의 법적 다툼까지 벌어지곤 한다. 그럼 어느 정도 층간 소음이 발생해야 법적으로 손해배상을 받을 수 있을까?

최근 대구지법 민사항소4부는 아파트 위층에 사는 A씨 모녀가 "층간소음으로 피해를 입었으니 치료비와 정신적 손해배상금으로 450만 원을 달라"며 아래층에 사는 B씨를 상대로 낸 손해배상 소송에서 1심과 마찬가지로 원고패소 판결했다(대구지방법원 2015. 11. 4. 선고 2015나8528, 8535 판결). 재판부는 "2014년 6월 3일부터 시행된 '공동주택 층간소음의 범위와 기준에 관한 규칙'에 따르면 공동주택 층간소음은 직접충격 소음은 주간 48dB(데시벨)·야간 43dB, 최고소음도는 주간 62dB·야간 57dB이고, 2005년 6월 30일 이전에 사업승인을 받은 공동주택은 각 5dB을 더한 값을 적용해야 한다"고 설명했다. 이어 "A씨의 주거지에서 소음이 발생하긴 했지만 기준을 넘지 않았고, 아파트와 같은 공동주택의 특성을 고려할 때 생활소음으로 인해 불쾌감이 들었다고 해서 그것만으로 불법행위에 의한 손해배상 책임을 인정할 수는 없다"고 밝혔다. 재판부는 "A씨 등이 사는 아파트가 지은 지 25년 가까이 되어 건물 노후화로 인해 소음이 심한 것으로 보여 층간 소음이

B씨 가족의 행동만으로 발생했다고 보기 어렵고, B씨 가족들이 일반적인 생활습관 및 관념에 비춰 수인한도를 넘는 소음을 일으켰다는 증거도 없다"고 덧붙였다.

나. 층간소음 항의 어떻게 … 초인종 누르기, 문 두드리기는 X; 전화, 문자메시지는 O

그럼 만약 층간소음이 발생할 경우 어떻게 대처해야 하나? 아무 때나 찾아가서 초인종을 누르거나 현관문을 마구 두르려 항의해도 되나? 이 점에 관하여 서울중앙지법에서 '층간소음' 관련 접근금지가처분신청 사건에서 그 기준 제시하였다.

서울중앙지법 민사51부는 아파트 위층에 사는 박모씨가 아래층에 사는 김모씨 등을 상대로 낸 접근금지 가처분신청에서 "김씨 등은 △박씨의 집에 들어가거나, △박씨 집의 초인종을 누르거나, △현관문을 두드리는 행위를 해서는 안 된다"며 일부 인용 결정을 했다(서울중앙지방법원 2013. 4. 9.자 2013카합67 결정). 위 판결에 의하면 층간 소음이 발생할 경우 전화나 문자 메시지, 천장을 가볍게 두드리는 정도의 항의는 용인될 수 있지만, 직접 찾아가서 문을 두드리거나 초인종을 누르는 등 위층 주민의 사생활 영역까지 침범해서는 안 된다는 것이다.

다. 아파트 층간소음 분쟁 관련 형사사건도 잇따라

층간소음으로 다투다 이웃 2명을 살해한 40대 남성이 항소심에서도 무기징역을 선고받았다. 이 남성은 설 명절에 내연녀가 사는 서울 면목동 한 아파트에 들렀다가 위층에 있던 30대 형제와 층간소음 문제로 다툼을 벌이다 흉기를 휘둘러 이들을 살해하였다. 이뿐만 아니라 층간 소음으로 인해 명예훼손, 재물손괴, 상해 등 형사사건이 잇따르고 있고, 접근금지가처분신청 등 민사적 분쟁도 상당수 있다.

25 | 새로 지은 아파트 하자배상

Q A씨는 새로 신축한 아파트에 입주하였다. 그런데 그 아파트 벽면에 물이 새고, 창문도 방한이 되지 아니하여 겨울에 웃풍이 너무 심하여 하자 배상을 받고 싶은데 어떻게 해야 하나?

아파트가 시공한지 얼마 안 된 경우, 담보책임기간에 공사상 잘못으로 균열이나 침하, 파손, 혹은 누수와 같은 하자가 발생한 경우 입주자대표회의 등의 청구를 통해 그 하자를 아파트를 건축한 시공자능 사업주체로부터 하자보수를 받을 수 있다.

집합건물의 소유 및 관리에 관한 법률을 살펴보면 아파트 관리 방법과 기준, 하자담보책임에 관한 주택법의 특별한 규정은 집합건물의 소유 및 관리에 관한 법률에 저촉되어 소유자의 기본적인 권리를 해치지 않는 범위에서 효력을 갖게 된다. 건축물 분양에 따른 담보책임에 관해 전유부분은 입주자에게 인도한 날부터, 공용부분은 공동주택의 사용검사일 혹은 건축법 제22조에 따른 공동주택의 사용승인일부터 공동주택의 내력구조부별 및 시설공사별로 10년 이내의 범위에서 정해진 담보책임기간에 공사상 잘못으로 인한 균열 및 침하, 파손 등 하자가 발생한 경우에는 해당 공동주택의 해당하는 자의 청구에 따라 그 하자를 보수하게 되어 있다. 만약 하자로 판정받은 내력구조부 또는 시설물에 대한 하자보수를 하지 않은 자는 1천만원의 과태료를 부과 받게 된다(공동주택관리법 제102조 2항). 즉 사업주체는 담보책임기간에 아파트 누수 등 공동주택의 내력구조부에 중대한 하자가 발생한 경우에는 하자 발생으로 인한 손해를 배상할 책임이 있게 된다.

이러한 하자보수에 있어 사업주체는 입주자대표회의 등이 청구하는 하자보수에 대해 이의가 있다면 입주자대표회의 등과 협의해서 안전진단기관에 보수책임이 있는 하자범위에 해당하는지 여부 등 하자

진단을 의뢰할 수 있다.

하자보수를 청구받은 사업주체는 하자보수를 청구받은 날 혹은 하자진단결과를 통보받은 날부터 15일 이내에 그 하자를 보수하거나 하자부위를 비롯하여 보수방법이나 보수에 필요한 상당한 기간 등을 명시한 하자보수계획을 입주자 대표회의 등에 통보해야 한다(공동주택관리법 시행령 제38조). 이를 시행하지 않은 경우 하자보수보증금을 사용해 직접 보수하거나 제3자에게 보수하게 할 수 있다. 다만 하자진단을 실시하지 않는 경우에는 당사자 간 합의가 있는 경우에만 이를 할 수 있다.

26 | 허위로 '무상임대차 확인서' 써 준 임차인

Q B씨는 상가 임차인인데 대항력을 모두 갖춰놓았다. 그런데 건물주 C씨가 어느 날 찾아와서 자신이 상가를 담보로 은행에서 대출을 받아야 하는데 형식상 필요하면서 '무상임대차확인서' 한 장을 써 달라고 한다. C씨의 말에 의하면 그것을 써줘도 나중에 보증금을 보호받을 수 있다고 안심을 시키는데 B씨는 그것을 써줘도 법적으로 문제가 없을까?

임차인이 상가 소유자의 부탁에 따라 허위로 무상임대차 확인서를 써 줬다가 건물이 경매로 넘어가자 자신이 유상임차인이라며 대항력을 주장하는 경우가 종종 있었다. 이에 관해 종래에는 유상임차인의 대항력을 인정하여 왔기 때문에 이를 믿고 거래한 근저당권자나 낙찰자가 뜻하지 않은 손해를 보곤 하였다.

공인중개사 B씨는 2006년부터 경기도 파주시의 한 상가 사무실을 빌려 운영하고 있었는데 2009년 건물 소유자인 C씨로부터 "은행에서 담보대출을 받아야 하니 무상거주확인서를 작성해 달라"는 부탁을 받고 이를 들어줬다. C씨는 이를 근거로 은행에 근저당권을 설정해 주고 대출을 받았지만 갚지 못해 결국 상가가 경매에 넘어가게 됐다. 상가를 경락받은 A사는 B씨에게 사무실을 비워달라고 했지만, B씨는 "보증금을 반환해주면 나가겠다"며 동시이행의 항변을 주장했다.

1심은 A사의 손을 들어줬지만, 2심은 "A사는 임대차 관계 조사서를 보고 대항력 있는 B씨의 임차권이 있다는 사실을 알고 상가를 낙찰받아 그 소유권을 취득했다 할 것이고, B씨가 경매 이전에 무상거주확인서를 작성해 준 사실이 있다고 하더라도 경매절차에서 임대차관계를 분명히 한 이상 A사가 경매가격을 결정하는데 어떠한 신뢰를 준 것이라 할 수 없으므로, 신의성실의 원칙이나 금반언의 원칙에 반하는 것이라고는 볼 수 없다"며 B씨의 손을 들어줬다. 하지만 대법원은 다시 1심과 같은 취지로 A사의 손을 들어줬다(대법원 2016. 12. 1. 선고 2016다228215 판결). B씨와 같은 유상임차인의 주장은 자기 스스로 모순된 주장을 하는 것이므로 대항력을 주장할 수 없다고 철퇴를 내린 것이다.

이 사건에서 문제의 상가에 관한 임의경매절차에서 집행관이 작성해 경매법원에 제출한 현황조사서에는 B씨가 상가의 임차인이라는 사정이 나와 있지만, 근저당권자인 은행은 경매법원에 B씨가 작성한 무상거주확인서를 첨부해 임차인의 권리 배제신청서를 제출했다. 따라서 법원에서는 A사가 무상거주확인서의 존재를 알고 그 내용을 신뢰해 매수신청금액을 결정했다면, 임차인 B씨가 A사의 인도청구에 대해 대항력 있는 임대차를 주장해 임차보증금반환과의 동시이행의 항변을 하는 것은 금반언 또는 신의성실의 원칙에 반해 허용될 수 없다고 본 것이다.

위 대법원판례가 전원합의체 판결은 아니지만 향후 경매절차에서 커다란 영향을 미칠 것으로 보인다. 따라서 앞으로는 집주인이 무상임대차 확인서를 요구하더라도 세입자는 함부로 이에 응하면 안 될 것이다. 왜냐하면 자칫 잘못하면 자신의 보증금을 날릴 수 있기 때문이다.

27 | 계약갱신요구권과 상가권리금 보장문제

Q A씨는 상가 임차인인데 계약기간이 10년이 다 되어 더 이상 계약갱신요구권을 행사할 수 없게 되었다. 그런데 상가건물주 B씨가 보증금을 너무 많이 올려서 다른 사람에게 권리금을 받고 넘기려고 한다. 하지만 B씨는 A씨가 더 이상 계약갱신요구권이 없으므로 상가권리금도 인정하지 못하겠다고 한다. A씨는 과연 B씨에게 상가권리금에 대해 손해배상을 받을 수 있을까?

상가건물임대차보호법에 의하면 상가임차인은 10년 이내의 한도에서 계약갱신요구권을 행사할 수 있다. 이 경우 건물주는 임차인에게 이를 거절할 수 없으며 그 기간 동안에는 연 5%까지만 차임을 증액할 수 있다. 그런데 상가건물에 관한 권리금보호규정이 신설되면서 계약갱신요구권과의 상관관계가 문제가 되었다. 즉 과연 상가권리금을 보호받을 수 있는 세입자에는 과연 계약갱신요구권이 있는 자(입주한 지 10년 이내의 경우)만 해당되는가, 아니면 10년이 경과한 세입자 역시 이에 해당될 수 있는가? 이 점에 관하여 그 동안 여러 우여곡절 끝에 최근에 대법원에서는 세입자의 편을 들어 종지부를 찍었다. 즉 대법원의 견해에 따르면 세입자는 입주 후 10년이 경과해도 상가권리금을 보호받을 수 있다는 것이다(대법원 2019. 5. 16 선고 2017다225312, 225329 판결).

소송의 쟁점은 '임대인은 임차인이 권리금을 회수하는 것을 방해해선 안 된다'고 규정한 상가임대차보호법을 어디까지 적용할 수 있는지였다. 건물주에게 계약갱신 요구를 거절할 정당한 사유가 있다면 예외로 하기 때문이다. 이 사건의 임차인의 경우 재계약을 원할 경우 최장 5년까지 연장해 주도록 법에서 보장한 '계약갱신요구권'의 효력이 끝난 상태였다.[7] 1·2심은 임대인인 건물주의 손을 들어줬다. 2심 재판부는 "임대차 기간이 5년을 초과해 임차인이 계약갱신요구권을 행사할 수 없는 경우 건물주에게 권리금 회수를 보호할 의무가 없다"고 설명했다.

하지만 대법원은 "구 상가건물 임대차보호법(2018. 10. 16. 법률 제15791호로 개정되기 전의 것, 이하 '구 상가임대차법'이라 한다) 제10조의4의 문언과 내용, 입법 취지에 비추어 보면, 구 상가임대차법 제10조 제2항에 따라 최초의 임대차기간을 포함한 전체 임대차기간이 5년을 초과하여 임차인이 계약갱신요구권을 행사할 수 없는 경우에도 임대인은 같은 법 제10조의4 제1항에 따른 권리금 회수기회 보호의무를 부담한다고 보아야 한다"며 2심 재판을 다시 하라고 돌려보냈다. 기간이 지났다고 해서 자영업자가 만들어놓은 고객·거래처·신용 등 재산적 가치가 사라지는 건 아니라고 판단해서다. 이와 함께 "계약갱신요구권과 권리금 회수 관련 조항은 입법 취지와 내용이 다르다"며 "이 같은 해석이 임대인의 상가건물 사용수익권을 지나치게 제한한다고 볼 수도 없다"며 사건을 다시 심리하도록 했다. 이번 대법원 결정은 2015년 상가임대차보호법에 자영업자들이 권리금을 돌려받는 것을 보호해야 한다는 조항이 만들어진 뒤 나온 첫 판결이다.

사례로 돌아가 살피건대, A씨의 경우 위 대법원 판례의 취지에 따르면 상가권리금을 인정받을 수 있으므로 B씨에 대한 손해배상청구에서 승소할 수 있다.

---

7 구법에서는 상가건물임대차보호법상 임차인의 계약갱신요구권이 5년까지만 허용되었다.

28 | 이웃 간 경계침범과 점유취득시효

Q A씨는 이번에 건물을 다시 지으려고 집을 부수고 측량을 하였다. 그런데 이웃집이 20년 넘게 A씨 집 일부를 폭 약 20센티미터 정도 침범하여 담을 설치한 사실을 뒤늦게 알게 되었다. 그래서 A씨는 이웃집 주인 B씨에게 측량선을 알려주며 담을 철거해달라고 요구하였으나 B씨는 오히려 A씨에게 점유취득시효를 주장하면서 소유권이전등기를 청구하였다. 누가 승소할까?

이러한 이웃 간에 경계침범으로 인한 소송이 빈번하게 벌어지고 있다. 자신의 건물이 이웃과의 경계선을 넘어 침범한 상태에서 평온·공연하게 20년이 흐른 경우 소유권이전등기청구를 할 수 있는데 이것이 바로 '점유취득시효' 제도이다. 그럼 어느 경우에 점유취득시효가 인정될까? 먼저 점유자에게 소유의 의사가 필요하므로 지료를 지급한 경우에는 소유의 의사가 인정되지 않는다. 그리고 고의적 무단침범의 경우 즉 타인의 토지임을 알고도 침범한 경우 역시 소유의 의사가 인정되지 않는다.

과거에는 무단점유자에게도 소유의 의사가 있다고 인정하였으나, 대법원 전원합의체 판결로 판례가 변경되어 현재는 자신의 소유로 알고 점유하였을 경우에만 점유취득시효가 인정된다(대법원 1997. 8. 21. 선고 95다28625 전원합의체 판결). 그 이유는 무단점유의 경우 점유자는 통상 타인의 소유권을 배척하고 점유할 의사를 갖는 것이 아니라, 나중에 진정한 소유자가 반환을 요구할 때까지 임시로 사용하려는 것으로 보는 것이 평균인의 도덕관념에 부합하므로, 이로써 소유의 의사가 있는 점유라는 추정은 깨졌다고 해석한 것이다.

그럼 자신의 소유로 알고 점유한 모든 경우가 다 점유취득시효가 인정될까? 그렇지 않다. 침범한 땅의 면적이 자신의 땅의 면적에 비해 아주

넓은 경우에는 측량을 하면 바로 타인의 토지임을 쉽게 알 수 있다. 따라서 이렇듯 침범한 면적의 비율이 큰 경우에는 법원은 악의로 추정한다. 원래 민법 제197조 제1항에 의하면 물건의 점유자는 소유의 의사로 점유한 것으로 추정된다(선의추정 원칙). 따라서 점유자가 취득시효를 주장하는 경우에 있어서 스스로 소유의 의사를 입증할 책임은 없다. 오히려 그 점유자의 점유가 소유의 의사가 없는 점유임을 주장하여 점유자의 취득시효의 성립을 부정하는 자에게 그 입증책임이 있다.

이때 점유자의 점유가 소유의 의사 있는 '자주점유'인지 아니면 소유의 의사 없는 '타주점유'인지의 여부는 점유자의 내심의 의사에 의하여 결정되는 것이 아니다. 즉 자주점유 여부는 점유 취득의 원인이 된 권원의 성질이나 점유와 관계가 있는 모든 사정에 의하여 외형적·객관적으로 결정, 증명이 가능해야 한다.

하지만 실무상 소유의 의사 여부에 대한 입증은 녹록하지 않다. 특히 이웃 간의 경계를 침범한 경우, 그 침범한 면적 및 전체 토지와의 비율, 토지 형상, 토지 매수 당시 상황 등을 토대로 치열한 공방이 전개된다. 대법원판례들을 분석해 보면, 점유자 본인의 땅과 침범한 면적의 비율, 침범한 면적의 정도 및 토지의 형상, 외벽의 존재와 같은 기존의 경계 현상 등 제반 사정을 고려해서 판단하는 것으로 보인다. 그 결과 침범자가 이웃의 땅인 것을 알거나 알 수 있었을 경우에는 점유취득시효가 부정되고, 실수로 침범하는 등 경계침범 사실을 알 수 없었을 경우에는 점유취득시효를 인정하고 있는 것이다. 구체적으로 점유취득시효를 주장하는 사람이 침범한 면적이 자신의 땅의 면적에 비해 20% 이내의 경우는 통상 자주점유로 보아 점유취득시효를 인정해 주는 경향이 있다. 다만 예외적으로 20%가 넘어도 토지의 형질 상 고저차이, 담벼락의 존재 경계현상 등으로 보아 점유자가 기존의 경계를 진실한 것으로 착각할 수 있는 다른 특별한 사정이 있는 경우는 자주점유로 인정해 주는 경우도 있다.

사례로 돌아가 살펴보건대, 이웃집이 A씨의 땅을 폭 20센티미터 정도로 침범한 것이라면 측량에 실수가 있어 침범한 것으로 보인다. 즉 이웃집 B씨의 자주점유가 인정되므로 그가 점유로 인한 취득시효를 주장할 경우 인용될 가능성이 높다. 따라서 A씨가 패소할 것으로 보인다.

29 | 점유취득시효와 점유개시 기산점

Q A씨는 단독주택을 소유하고 있는데 이번에 건물을 개축하려고 토지를 측량해봤더니 본인 건물 일부가 옆집을 침범하였다. A씨가 소유하고 있는 집은 원래 A씨 아버지가 1995년 1월 1일 신축하였고 A씨는 아버지로부터 2005년 1월 1일 증여받아 2017년 1월 1일 현재까지 소유하고 있는 것이다. 그런데 원래의 옆집 주인 B씨가 1년 전인 2016년 1일 1일 C씨에게 그 집을 매도하였다. A씨는 현재의 옆집 주인 C씨를 상대로 점유취득시효를 주장하여 이전등기를 청구할 수 있을까?

점유취득시효는 타인의 부동산을 20년간 소유의 의사로 평온·공연하게 점유한 경우 등기를 함으로써 소유권을 취득할 수 있는 권리를 말한다. 따라서 점유자는 취득시효를 완성했다 하더라도 그 시점의 소유자에게만 등기이전청구를 할 수 있을 뿐이고 그 뒤에 소유자가 변경될 경우에는 이 권리를 행사할 수 없게 된다. 그럼 현재 소유자에게 취득시효를 주장하기 위해 점유의 기산점을 뒤로 변경해서(예컨대 1996년 2월 1일부터 점유한 것으로) 주장할 수는 없을까?

위 사례의 경우 A씨는 부친이 점유한 시점부터 따지면 20년 이상 점유하여 왔다. 이와 같이 점유가 순차로 승계된 경우에 취득시효의 완성을 주장하는 자는 자기의 점유만을 주장하거나 또는 자기의 점유와 전 점유자의 점유를 아울러 주장할 수 있는 선택권이 있다. 다만 그러한 경우에도 그 점유의 개시시기를 전 점유자의 점유기간 중의 임의시점을 택하여 주장할 수는 없다(대법원 1992. 12. 11. 선고 92다9968 판결). 즉 점유개시 기간을 현재부터 역산해서 20년 전부터 따질 수 없고 실제로 개시한 날부터 따져야만 한다.

결국 A씨의 경우 점유개시 시점은 1995년 1월 1일부터 따져야 하므로 점유취득시효는 그 때부터 20년이 경과한 2015년 1월 1일에 완성되었고, 그 시점의 소유자였던 B씨에게 점유취득시효를 주장할 수 있었다. 그런데 그러한 주장을 하지 않은 상태에서 옆집 소유자가 2016년 1월 1일 B씨에서 C씨로 변경되어 버렸으므로 현재 소유자인 C씨에게는 취득시효 완성을 주장하지 못한다. 따라서 A씨가 C씨에게 패소한다.

30 | 2차 점유취득시효

Q A씨와 B씨는 이웃인데 측량이 잘못되어 A씨가 B씨의 토지를 일부 침범하여 1970년 1월 1일부터 1990년 1월 1일까지 20년간 소유의 의사로 점유해 왔다. 그런데 A씨가 B씨를 상대로 점유취득시효를 주장해 등기를 넘겨받기 전에 B씨는 1991년 1월 1일 C씨에게 위 토지를 소유권을 이전했고, 그 후 1995년 1월 1일 C씨는 다시 D씨에게 다시 소유권을 이전하였다. A씨는 C씨가 소유권을 넘겨받은 이후에도 다시 20년 이상 계속 위 토지를 침범하여 점유하고 있었다. A씨는 현재의 소유자인 D씨를 상대로 취득시효를 주장할 수 있을까?

종전의 판례대로라면 A씨는 자신이 점유한 토지에 대해 제3자인 C씨이나 D씨에게 취득시효 완성을 주장할 수 없었다. 그 이유는 점유의 기산일을 실제로 개시한 날로 정해야 하며 임의로 바꿀 수 없다는 원칙 때문이었다. 하지만 대법원은 전원합의체판결(대법원 2009. 7.16. 선고 2007다15172 판결)로 A씨는 C씨 명의로 이전된 시점(1991년 1월 1일)을 새로운 2차 점유취득시효 기산일로 하여 2차 점유취득시효가 진행된다고 해석, 그 결과 2011년 1월 1일 A씨의 2차 점유취득시효가 완성된다고 보았다. 그 결과 그 당시 소유자인 D씨를 상대로 점유취득시효를 주장하여 이전등기를 청구할 수 있게 되었다. 단, 이 경우에도 2011년 1월 1일 이후에 새로운 소유권 변동이 있을 경우(예컨대 2012년 1월 1일 D에서 E에게 다시 이전된 경우)에는 1차 때와 마찬가지로 E씨에 대해 점유취득시효를 주장하지 못한다.

이렇듯 옆집 소유권이 변동된 뒤 다시 20년을 점유해야만 이 권리가 다시 부활되게 되는데 이를 '2차 점유취득시효'라고 부른다. 하지만 이 경우 역시 점유개시 시점은 옆집의 소유권이 변동한 시점으로 특정되는 것이고, 점유취득시효를 주장하는 자가 점유개시시점을 임의로 선택할 수는 없다.

사례로 돌아가 살피건대, A씨는 현재의 소유자인 D씨를 상대로 2차 점유취득시효 완성을 이유로 소유권이전등기를 청구할 수 있다.

31 | 공유자의 점유와 취득시효

Q A씨는 지방에 있는 땅을 B씨를 포함한 형제들과 공유로 소유하고 있다. 그런데 사실상 A씨 가족들은 서울에 거주하여 부동산을 관리하지 못하고 A씨 형님인 B씨 혼자서 그곳에서 15년 넘게 농사를 지으며 살다가 사망하셨고, 그 뒤 B씨의 아들인 조카 C씨가

단독 상속받아 6년 동안 계속 농사를 지으며 살고 있다. 그런데 C씨는 그 땅이 사실상 자기 아버지인 B씨의 땅이라면서 A씨를 상대로 점유취득시효를 원인으로 하는 소유권이전등기를 청구하였다. 누가 승소할까?

이런 사례는 특히 상속으로 공유가 되었는데 공유자 중 한 사람이 전체를 관리하고 나머지 사람들은 다른 곳에서 사는 경우에 종종 발생하곤 한다. 이 경우 점유하고 있는 공유자 한 사람이 부동산 전체에 대해 점유취득시효를 주장할 수 있는가가 문제된다. 이에 대해 대법원은 원칙적으로 이런 경우에는 자주점유를 인정하지 않는다. 즉 이 경우에는 공유자 1인이 다른 공유자의 지분에 관하여 타주점유를 하는 것으로 추정된다. 따라서 형님 B씨가 새로운 권원에 의하여 위 땅에 대한 점유를 시작하였던가 아니면 다른 공유자에게 소유의 의사를 표시하였다고 볼 자료가 없는 한 다른 사람의 지분 범위 내에서는 타주점유로 봐야 하므로 취득시효가 인정되지 않는다(대법원 1995. 1. 12. 선고 94다19884 판결).

한편 상속에 의하여 점유권을 취득한 경우에는 상속인은 새로운 권원에 의하여 자기 고유의 점유를 개시하지 않는 한 피상속인의 점유를 떠나 자기만의 점유를 주장할 수 없다. 따라서 선대의 점유가 타주점유인 경우, 선대로부터 상속에 의하여 점유를 승계한 자의 점유도 상속 전과 그 성질 내지 태양을 달리 하는 것이 아니어서, 특단의 사정이 없는 한, 그 점유가 자주점유로는 될 수 없고, 그 점유가 자주점유로 되기 위하여서는 점유자가 소유자에 대하여 소유의 의사가 있는 것을 표시하거나 새로운 권원에 의하여 다시 소유의 의사로써 점유를 시작하여야만 한다(대법원 1995. 1. 12. 선고 94다19884 판결).

사례로 돌아가 살피건대, 조카 C씨는 아버지 B씨의 타주점유를 승계하므로 설사 그 점유기간의 합산이 21년에 이르렀다고 해도 점유취득시효를 주장할 수 없게 된다. 결국 A씨가 승소한다.

구분소유적 공유관계와 자주점유

위 사례와 별도로 구분소유적 공유관계에서 자주점유 권원을 주장하는 경우에는 사정이 다르다. 구분소유적 공유관계라 함은 공유관계지만 사실상 내부적으로 지분을 나눠서 각자 따로따로 점유하여 사용·수익하는 것을 의미한다. 예컨대 A와 B가 토지에 대해 절반씩 공유로 지분등기가 되어 있지만, 사실상 그 토지를 절반씩 따로 점유하면서 관리하는 경우를 '구분소유적 공유관계'라고 부른다. 그런데 그 둘 사이에 경계선으로 삼은 부분 중 일부를 A가 침범하여 점유하는 경우에는 마치 이웃 간에 경계침범 분쟁과 같은 법적 문제가 발생할 수 있다.

이와 같은 구분소유적 공유관계에서 어느 특정된 부분만을 소유·점유하고 있는 공유자가 매매 등과 같이 종전의 공유지분권과는 별도의 자주점유가 가능한 권원에 의하여 다른 공유자가 소유·점유하는 특정된 부분을 취득하여 점유를 개시하였다고 주장할 수 있다. 그럴 경우에는 상대방이 타주점유를 증명해야 한다(대법원 2013. 3. 28. 선고 2012다68750 판결).

32 | 아파트 할인분양과 손해배상청구

Q A씨는 1년 전 울산에 아파트 한 채를 분양받았다. 그런데 그 후 경기침체로 분양이 잘 안되자 시행사에서는 A씨가 살 때보다 3천만원이나 할인해서 분양을 하였다. 먼저 돈을 낸 것도 억울한데 그 뒤 가격까지 내려가자 A씨는 손해 본 느낌이 들고 억울하여 손해배상청구를 하고 싶은데 가능할까?

아파트 분양사업의 성패는 분양이 제대로 되는가 여부이다. 만약 분양을 개시했는데 시간이 지나도 분양되지 않을 경우 시행사 입장에서는 자금압박으로 인해 파산할 수도 있다. 그래서 이러한 경우 많은 분양사는 할인을 해서라도 다 분양하려고 할 것이다. 반면 이미 분양받은 수분양자 입장에서는 공평하지 않다고 생각할 수밖에 없을 것이다. 그런 일이 발생하면 분양사와와 입주자 사이에 미분양아파트할인으로 인한 분쟁이 당연히 발생하기 마련이다.

A씨 등은 2010년 잔금 선납 등을 조건으로 기존의 분양가보다 3,000만원 가량 할인된 가격으로 울산 남구 소재 B아파트를 분양받았다. 그러나 이후 B아파트의 시행사인 C사 등은 미분양된 아파트 물량을 해소하고자 가격을 더 내려 최초 분양가보다 33% 저렴한 가격에 분양을 실시하였나. 이에 A씨 등은 C사 등이 자신들과 아파트뷴양에 대한 계약을 체결하면서 미분양이 발생하더라도 추가적인 미분양아파트할인은 없을 것이라는 약속하였다면서 이를 어긴 C사 등을 상대로 손해배상소송을 제기하였다. 하지만 위 사건에서 재판부는 분양사인 C사의 손을 들어줬다(울산지방법원 2013. 5. 1. 선고 2012가합1807 판결).

재판부는 분양업무를 진행하며 미분양 세대 처리를 위해 방법을 모색하는 차원에서 매매대금의 액수나 지급시기 등을 결정하는 것은 원칙적으로 피고인 C사 등의 계약자유 영역에 속하고, 미분양아파트할인을 두고 C사 등의 권리남용으로도 볼 수 없다고 해석했다. 또한 C사 등이 A씨 등에게 미분양아파트할인이 없을 것이라는 약속을 하였다는 부분에 대해서는 아파트 분양업무의 성격상 경제 사정 등의 변화로 인해 자사의 피해를 줄이고자 어쩔 수 없이 할인해 분양할 수도 있다고 보았다. 따라서 C사 등은 분양가 변경에 대한 자유를 가졌기에 A씨 등에게 추가할인의 가능성을 고지할 의무도 없다는 이유 등으로 A씨 등에게 원고 패소판결을 내렸다.

이 판결에 대해 이미 분양받은 사람들의 입장에서는 억울하다고 느낄 것이 분명하다. 하지만 만약 아파트 분양이 조기에 완판되어 프리미엄이 붙을 경우 미리 분양받은 사람들은 경제적으로 큰 이익을 볼 수 있었을 것이다. 따라서 선 분양받은 사람들은 경제적으로 투자를 한 셈이므로 그 후 가격하락에 대한 위험 역시 부담하는 것이 형평에 맞다. 이런 관점에서 볼 경우 이번 법원판결을 이해할 수 있을 것이다.

사례로 돌아가 살피건대 A씨의 경우 시행사를 상대로 손해배상청구를 하면 패소할 가능성이 크다.

33 | 장기수선충당금의 귀속

Q A씨는 서울에 있는 38평형 아파트에 4년 동안 전세로 살았다. 그런데 이번에 A씨 남편 직장이 지방으로 발령 나는 바람에 전세기간 만료 후 이사를 가게 되었다. 그런데 집주인 B씨는 A씨에게 그가 4년 동안 관리비와 함께 낸 장기수선충당금을 주지 않겠다고 한다. 알고 보니 B씨 측 공인중개사가 부동산임대차계약서 특약란에 "장기수선충당금을 세입자가 부담해야 한다"라고 조그맣게 적어 놓았는데 A씨가 이를 간과하였다. 이 경우 A씨는 그 특약에도 불구하고 B씨로부터 장기수선충당금을 받아 낼 수 있을까?

장기수선충당금은 아파트 등 공동주택의 주요시설을 보수하기 위해 적립해놓는 비용이다. 예컨대, 승강기, 벽 도색, 배관 등과 같은 공동주택의 공용부분을 수리할 때 사용한다. 300가구 이상의 공동주택, 중앙집중식 또는 지역 난방방식 공동주택이거나, 엘리베이터가 설치된 공동주택의 경우 의무적으로 적립해야만 한다. 공동주택관리법(제29조, 제30조)에 의하면 집주인은 장기수선충당금을 적립하게 되어 있는데 통상 관리비에 포함되어 부과되므로 세입자가 살 경우 집주인을 대신하여 내게 된다.

따라서 나중에 세입자가 임대차계약이 종료되어 이사 갈 때에는 아파트 소유자는 그 동안 세입자가 대신 납부한 장기수선충당금을 세입자에게 돌려줘야 한다(공동주택관리법 시행령 제31조 8항).

장기수선충당금은 면적에 따라 납부하는 비용이 다른데, 공동주택관리정보시스템에 따르면 2022년 11월 기준 전국 아파트의 장기수선충당금은 1㎡당 평균 225원이다. 만약 전용 84㎡ 아파트에 산다면 월 장기수선충당금은 18,900원, 2년 계약기간을 감안하면 세입자는 이사할 때 약 45만원 이상의 돈을 돌려받을 수 있다. 아파트 관리주체는 세입자가 이사를 갈 때 장기수선충당금의 납부 확인을 요구하는 경우에는 지체 없이 확인서를 발급해 주어야 한다(동조 9항).

만일 집주인이 계속 장기수선충당금을 돌려주지 않을 경우에는 어떻게 해야 할까? 민사소송을 제기해야 하는데 통상 금액이 소액인 편이어서 지급명령제도를 활용하는 것이 편리하다. 지급명령을 할 경우 인지대가 통상의 소송보다 10%밖에 안 되기 때문에 유용하기 때문이다. 간혹 임대차 계약할 때 집주인이 장기수선충당금을 세입자가 부담하도록 특약을 요구하는 경우가 종종 있다. 하지만 이러한 특약은 주택임대차보호법상 임차인에게 불리한 약정이므로 무효가 되기 때문에 세입자는 여전히 장기수선충당금을 집주인으로부터 반환받을 수 있다.

그렇다면 만일 집이 경매로 넘어간 경우에는 어떻게 될까? 경매로 낙찰된 경우라도 세입자가 대항력이 있고 보증금을 돌려받지 못한 경우에는 여전히 새로운 집주인, 즉 낙찰자에게 대항력을 행사할 수 있다. 그것은 낙찰자는 원래 집주인의 임대인으로서의 지위를 그대로 포괄승계하기 때문이다. 따라서 세입자는 나머지 임대차 기간 동안 계속 거주할 수 있으며 이사할 때 장기수선충당금을 새로운 집주인인 낙찰자에게 청구할 수 있다.[8] 하지만 세입자가 대항력을 행사하지 않고 경

8 미납관리비에 관해 낙찰자는 공용부분의 관리비만 책임지면 되고, 전용부분의 관리비는 전 소유자의 책임이라는 이유로(대법원 2001. 9. 20. 선고 2001다8677 전원합의체 판결), 낙찰자가 임차인에게 장기수선충당금 반환의무가 없다는 의견

매배당에 참여해 우선변제권을 행사할 경우에는 임대차관계가 종료되므로 장기수선충당금까지 이에 포함시킬 수는 없다.

사례로 돌아가 살피건대, A씨는 특약에도 불구하고 집주인 B씨로부터 장기수선충당금을 돌려받을 수 있다.

상가와 특별수선충당금

상가의 경우에도 건물의 주요시설의 교체 및 대규모 수선에 필요한 경우를 대비해 상가 세입자가 관리비에 포함된 '특별수선충당금'을 납부하고 있다. 그럼 상가세입자는 주택의 경우 장기수선충당담금과 마찬가지로 계약 만료 시 특별수선충당금을 상가주인에게 요구할 수 있을까? 소유자에게 특별수선충당금의 책임을 부여하는 것은 공동주택의 경우에만 해당되는 것이기 때문에 상가의 경우는 이 규정이 적용되지 않는다. 따라서 상가임차인이 부담하는 특별수선충당금은 관리비의 일종으로서 세입자가 부담해야 한다.

이 있다. 하지만 장기수선충당금은 편의상 관리비와 함께 징수하기는 하나 엄밀하게 따지만 관리비와 구분되어 부과되는 것이며 게다가 공용부분에 대한 수리비를 적립하는 것이므로 위 견해는 논거가 박약하다. 더욱이 미납관리비 정산문제는 비단 경매뿐만 아니라 매매의 경우도 흔히 발생하는 일로서, 이는 아파트양수인과 관리주체와의 이해관계일 뿐 임차인과는 무관하다. 그리고 미납관리비는 세입자가 관리비(장기수선충당금 포함)를 제때 지급하지 아니한 경우 발생하는 것이므로 이런 경우 세입자가 장기수선충당금 반환청구를 할 수 없음은 당연하다.

34 | 화재보험금 수령한 경우 손해배상청구액

Q B사는 2008년 10월 인근 A사 공장 창고에서 난 불이 옮겨 붙어 공장 건물과 집기, 기계들이 불에 타는 피해를 입었다. B사의 전체 손해금액은 6억 6,200만원으로 정해졌고 보험사로부터 보험금 3억 2,400만원을 받았다. 이후 B사는 A사를 상대로 손해액을 더 지급하라며 소송을 냈는데 얼마를 배상받을 수 있을까?

종전 대법원판례에 의하면, 화재보험의 피해자가 손해보험을 가입한 경우 가해자는 과실상계에 의해 제한된 자신의 손해배상책임액에서 피해자가 보험회사로부터 수령한 보험금을 공제한 나머지만 피해자에게 배상하면 된다고 보았다(대법원 2009. 4. 9. 선고 2008다27721 판결 등). 따라서 위 사건의 항소심은 종전의 대법원판례의 취지에 맞게 다음과 같이 판결하였다. 즉 A사의 손해배상책임은 과실상계로 인해 전체 손해액 6억 6,200만원의 60%로 보아 종국적으로 3억 9,700만원으로 산정됐다. 그런데 A사가 책임져야 할 3억 9,700만원에서 B사가 이미 보험금 3억 2,400만원을 받았으니 A사는 이를 공제한 나머지 금액인 7,300만원을 B사에게 배상하면 된다는 것이다.

하지만 위와 같은 종전의 판례에 따르면, 피해자가 그 동안 납입한 보험금은 마치 가해자를 위해 납부한 것처럼 취급되어 피해자의 입장에서는 억울한 일이 아닐 수 없었다. 따라서 위 사건에 있어 대법원은 종전의 판례를 폐기하고 전원합의체로 판례를 변경하였다(대법원 2015. 1. 22. 선고 2014다46211 판결). 변경된 판례에 따르면, 피보험자는 보험사로부터 수령한 보험금으로 전보되지 않고 남은 손해에 관하여 제3자를 상대로 그의 배상책임을 이행할 것을 청구할 수 있는데, ① 전체 손해액에서 보험금으로 전보되지 않고 남은 손해액이 제3자의 손해배상책임액보다 많을 경우에는 제3자에 대하여 그의 손해배상책임액 전부를 이행할 것을 청구할 수 있고, ② 위 남은 손해액이 제3자의 손해배상책임액보다 적을 경우에는 그 남은 손해액의 배상을 청구할 수 있는 것이다. 간단히 말해 화재 피해자는 전체 피해액에서 그가 받은 보험금을 제외한 나머지 피해금액을 가해자의 책임 한도 안에서 지급받을 수 있다는 것이다. 왜냐하면 보험금은 B사가 사고 발생에 대비해 그때까지 보험사에 낸 보험료에 대한 대가이고, A사의 손해배상책임과는 관계없이 지급된 것이기 때문에 보험금은 A사의 손해배상책임액의 범위를 계산할 때 공제할 만한 새로운 이익이 아니라는 것이다. 그 결과 위 사례에 있어 B사가 입은 전체 피해액 6억 6,200만원에서 B사가 받은 보험금 3억 2,400만원을 공제한 3억 3,800만원이 A사의 손해배상책임액인 3억 9,700만원보다 적으니 남은 손해액인 3억 3,800만원을 A사가 B사에게 지급해야 한다.

그 동안 화재라는 보험사고로 인하여 손해를 입은 피해자는 전체 손해액에서 보험사로부터 수령한 보험금을 공제한 나머지 금액을 제3자로부터 배상받았고, 보험자는 피보험자에게 지급한 보험금을 청구금액으로 하여 다시 제3자를 상대로 구상금 청구의 소를 제기하여 지급된 보험금을 회수하였기 때문에 결과적으로 보험사만 이익을 보아왔다. 하지만 이번 대법원 전원합의체 판결로 인하여 피해자(피보험자)가 가해자를 상대로 손해배상청구를 하는 경우, 피해자가 가입한 보험회사로부터 받은 손해보험금을 가해자의 손해배상책임액에서 공제하지 못하게 됨에 따라 피해자의 가해자에 대한 손해배상청구 범위가 확대되고, 반사적으로 보험사가 피보험자를 대위하여 가해자를 상대로 행사할 수 있는 구상권 범위가 제한되었다는 점에서 위 판결의 의의가 있다.

35 | 화재원인과 손해배상소송

Q A씨는 경기도 안양에서 식당을 운영하고 있는데 그 상가건물에는 총 점포가 10개가 되었다. 그런데 A씨 식당을 운영하지도 않는 이른 아침 시간, 가게 문을 열고 청소를 하고 있는데 갑자기 벽에서 스파크가 튀더니 불이 나기 시작하였다. 불은 순식간에 크게 번지면서 손쓸 틈도 없이 A씨 가게 전체에 옮겨 붙었고, 벽이 모두 가연성이 강한 재질로 되어 있어 바로 이웃가게들에 연소해서 옮겨 붙으면서 상가 건물 전체가 전소되어 버렸다. 이웃집 가게 9개 점포주들은 A씨와 건물주를 상대로 손해배상소송을 걸었는데 소송의 결과는?

보통 집합건물이나 붙어있는 연속적 건물의 경우에는 화재가 발생하면 그 불은 옆으로 옮겨 붙게 된다. 그런데 이러한 경우 소방서에서 현장을 감식하여 화재현장조사서를 작성하는데 정확한 발화지점과 화재원인을 기재하게 되어 있다. 하지만 건물이 전소된 경우 발화지점은 육안으로 식별되는 경우가 많지만 정확한 화재원인을 찾는 것이 쉽지 않다. 소방서에서 화재원인을 분석할 때는 현장의 흔적은 물론 목격자들의 진술 등을 토대로 하는데 이 사례의 경우는 전기적 원인에 기인된 화재일 가능성이 크다. 때로는 전기적 원인에 의한 화재일 경우 실제 발화지점과 결과적으로 전소된 공간이 반드시 일치하지는 않는다. 왜냐하면 발화지점에는 인화성 물질이 없는데 옆 건물의 경우에는 인화성 물질이 산적해 있는 경우 순식간에 불은 옮겨 붙어 옆건물이 전소되어 버리기 때문이다. 이런 상황에서는 소방서에도 발화지점을 잘못 판단하여 옆건물이 억울하게 누명을 쓰게 되기도 한다.

한편 화재에 대한 책임론으로 들어가 살펴보면, 집합건물의 경우에는 공용부분과 전용부분으로 나뉘는데 전용부분에서 화재가 나는 경우는 통상 세입자에게 책임이 있고, 공용부분에서 화재가 나는 경우는 건물주에게 책임이 있게 된다. 이 사건과 같이 중간격벽이나 천정, 외벽, 복도, 계단 등은 집합건물의 구조상 구분 소유자의 전원 또는 일부의 공용에 제공되는 부분으로서, 공장 전체의 안전을 유지하기 위하여 필요한 부분이므로 공용부분이라고 보아야 한다(대법원 1993. 6. 8. 선고 92다32272 판결, 대법원 1996. 9. 10. 선고 94다50380 판결 참조). 그리고 이러한 공용부분에 설치된 전선의 관리책임은 원칙적으로 이를 설치한 건물 소유자에게 있다(대법원 1982. 5. 25. 선고 81다1168, 81다카899 판결, 대법원 1987. 12. 22. 선고 87다카880 판결 등 참조).

또한 민법 제758조 제1항 소정의 공작물점유자라 함은 공작물을 사실상 지배하면서 그 설치 또는 보존상의 하자로 인하여 발생할 수 있는 각종 사고를 방지하기 위하여 공작물을 보수·관리할 권한 및 책임이 있는 자이다(대법원 2000. 4. 21. 선고 2000다386 판결 등 참조). 그런데 공작물의 설치 또는 보존의 하자로 인하여 타인에게 손해를 가한 때에는 제1차적으로 공작물의 점유자가 손해를 배상할 책임이 있고, 공작물의 소유자는 점유자가 손해의 방지에 필요한 주의를 해태하지 아니한 때에 비로소 제2차적으로 손해를 배상할 책임이 있는 것이지만, 공작물의 임차인인 직접점유자나 그와 같은 지위에 있는 것으로 볼 수 있는 사람이 공작물의 설치 또는 보존의 하자로 인하여 손해를 입은 경우에는 소유자가 그 손해를 배상할 책임이 있다(대법원 1993. 11. 9. 선고 93다40560 판결 등 참조).

사례로 돌아가 살피건대, 이 사건 화재는 임차인이 배전시설에 대해 달리 시설을 하였거나 기존의 것을 수리하는 등 가감한 흔적이 없다면 건물의 소유자이자 임대인이 안전한 배전시설을 설치하지 아니하는 바람에 발생한 화재로 보인다. 따라서 A씨는 위 소송에서 그와 같은 주장을 하고, 아울러 건물주를 상대로 별도로 손해배상청구 소송을 제기하여 책임소재를 명확하게 하는 것이 좋다.

36 | 일조권 · 반사광 침해와 건축법규와의 상관관계

Q A씨는 주택가에 2층짜리 집을 소유하고 있다. 그런데 인근에 다세대 빌라가 들어왔는데 그 후 A씨 집은 어둠 속에서 살게 되었다. 햇빛이 거의 들지 않아 대낮에도 형광등을 켜고 살아야만 한 것이다. A씨는 화가 나서 다세대 빌라를 지은 건축주 B씨에게 항의를 해봤지만 자신은 건축법규를 지켜서 시공하였으니 책임이 전혀 없다는 것이다. A씨는 다세대 빌라 건축주 B씨를 상대로 일조권 침해를 이유로 손해배상을 청구할 수 있을까?

일조권이란 최소한의 햇빛을 확보할 수 있는 권리를 뜻한다. 일반적으로 건물을 지을 때는 근처에 있는 건물에 일정량의 햇빛이 들 수 있도록 보장해야 한다. 만일, 인접 건물 등에 의해 햇빛이 충분히 닿지 못하는 경우, 이로 인해 발생하는 정신적, 신체적, 재산적 피해에 대한 보상 청구 또한 가능하다. 더 나아가 만약 인접 건물이 완공되기 전이라면 공사중지가처분을 신청하는 것이 효과적이다.

그럼 일조권이 침해된다는 기준방향은 무엇일까? 보통 일조권 침해가 문제가 되는 주택의 향은 남향이거나 일부 동향 내지는 서향 이런 경우에는 일조권 침해의 배상을 받을 수 있는 기준창이 되는데 그렇지 않고 북향이라든지 너무 동북쪽으로 치우쳐 있다든지 서북쪽으로 치우쳐 있으면 그 경우에는 아무리 창을 가린다 하더라도 일조침해로 배상받을 수 없다. 그래서 구청에서 신축건물에 대한 건축허가를 내줄 경우 정북방향에 있는 기존의 건물에 대한 일조권 보호를 위한 이격거리를 요구하는 것이다.

하지만 이처럼 일조권 침해에 대한 기준이 있음에도 불구하고 일조권 분쟁은 끊이지 않고 있다. 환경부 산하 중앙환경분쟁조정위원회에서 정리한 환경분쟁신청사건 피해원인 현황에 따르면, 일조권 분쟁

사건 처리 건수는 지난 2001년 0건, 2011년 6건, 2021년 28건으로 10여년 새 5배 가까이 늘었다.

일조권침해 문제가 발생하는 근본적 원인

이러한 현상이 왜 나타나는 것이고 근본적인 문제점은 무엇일까? '건축법'은 높이·거리 기준인데 반해 대법원은 실질적인 일조시간을 기준으로 정해지는 차이가 있기 때문이다. 현행 건축법에서는 일조권 확보를 위해 공동주택의 경우 높이 9m(3층 이상) 초과 건축물을 신축 시 인접 대지 경계선으로부터 건축물 높이의 2분의 1 이상을 띄어야 한다.

예를 들면 한 층의 높이가 3m인 20층짜리 아파트의 경우 인근 건물 대지 경계선에서 30m 이상만 이격하면 되므로 해당 규정만 갖추면 건축 허가에 문제는 없다. 하지만 대법원 판례에서는 실질적인 일조시간을 근거로 한다. 수도권 지역의 공동주택의 경우 1년 중 일조시간이 가장 짧은 동짓날을 기준으로 오전 9시부터 오후 3시까지 연속 2시간 이상의 일조시간이 확보되거나, 오전 8시부터 오후 4시까지 총 4시간 이상의 일조시간이 확보돼야 한다는 게 대법원의 판단기준이다(대법원 2004. 9. 13. 선고 2003다64602 판결). 다시 말해, 건축법에서의 일조권 기준과 대법원 판례에서의 일조권 침해기준이 맞지 않는다는 것이다(대법원 2014. 2. 27. 선고 2009다40462 판결 참조). 때문에 일각에서는 건축법 개정이 필요하다는 목소리도 나오고 있다.

사례로 돌아가 살피건대, A씨는 위와 같은 대법원 판례상 기준 이상의 일조권 침해사실을 입증하게 되면 B씨로부터 손해배상을 받을 수 있다. 설사 B씨의 다세대 빌라가 건축법을 위반하지 않았다고 해도 마찬가지이다.

 일조권과 정반대로 반사광 역시 손해배상 인정

한편 일조권과 함께 최근에 떠오르는 새로운 이슈가 하나 있다. 바로 반사광 문제인데 이는 원하지 않는 햇빛을 너무 많이 받아 고통받는 사례이다. 특히 최근에는 통유리로 건물 외벽을 설치하는 사례가 급증하면서 더욱 문제가 되고 있다. 이 경우 통유리에 의해 반사된 반사광 때문에 도저히 인근 주택에서 일상생활자체가 불가능한 상태에 이르기도 한다. 눈이 너무 부셔서 그 부분을 쳐다보지도 못하고, 건물이나 사물이 일렁거리는 현상 때문에 스트레스까지 받게 되는 것이다.

그럼 이렇듯 햇빛이 너무 많이 들어오는 경우도 보상 청구를 할 수 있을까? 태양반사광에 대하여는 네이버 사옥에 관하여 인근주민들이 손해배상을 청구한 사례가 있는데 대법원은 이 사건에서 다음과 같이 그 손해배상의 기준을 정하고 있다.

대법원 2021. 6. 3. 선고 2016다33202, 33219(병합) 판결

인접 토지에 외벽이 유리로 된 건물 등이 건축되어 과도한 태양반사광이 발생하고 이러한 태양반사광이 인접 주거지에 유입되어 거주자가 이로 인한 시야방해 등 생활에 고통을 받고 있음을 이유로 손해배상을 청구하려면, 건축행위로 인한 생활방해의 정도가 사회통념상 일반적으로 참아내야 할 정도를 넘는 것이어야 한다.

건축된 건물 등에서 발생한 태양반사광으로 인한 생활방해의 정도가 사회통념상 참을 한도를 넘는지는 태양반사광이 피해 건물에 유입되는 강도와 각도, 유입되는 시기와 시간, 피해 건물의 창과 거실 등의 위치 등에 따른 피해의 성질과 정도, 피해이익의 내용, 가해 건물 건축의 경위 및 공공성, 피해 건물과 가해 건물 사이의 이격거리, 건축법령상의 제한 규정 등 공법상 규제의 위반 여부, 건물이 위치한 지역의 용도와 이용현황, 피해를 줄일 수 있는 방지조치와 손해 회피의 가능성, 토지 이용의 선후 관계, 교섭 경과 등 모든 사정을 종합적으로 고려하여 판단하여야 한다.

37 | 맹지 소유자에게 인정되는 주위토지통행권

Q A씨의 땅은 공로로 통하는 길이 없는 땅인데 그 동안 인근 땅 주인의 묵인 하에 자유롭게 통행을 하여왔다. 그런데 옆집 땅 주인이 B씨로 바뀌자마자 갑자기 자신의 땅을 밟고 다니지 말라고 담을 쌓아버린 것이다. A씨는 B씨의 땅을 밟지 않고는 공로로 다닐 수 없어 하는 수 없이 그 담을 넘어 다녀야만 하게 되었는데 A씨가 B씨를 상대로 법적으로 할 방법은 없는가?

주위의 토지에 둘러싸여 도로에 접하지 못하는 토지를 '맹지'라고 부른다. 그럼 이러한 맹지의 소유자는 어떻게 도로에 나갈 수 있을까? 하늘을 날아다지는 못하니 어쩔 수 없이 이웃의 토지를 밟고 지날 수밖에 없는데 이를 민법상 '주위토지통행권'이라고 부른다. 즉 어느 토지와 공로 사이에 그 토지의 용도에 필요한 통로가 없어서, 주위의 토지를 통행하거나 또는 통로를 개설하지 않고서는 공로에 출입할 수 없는 경우, 또는 공로에 통하려면 너무 많은 비용을 필요로 하는 경우에는 그 토지소유자는 주위의 토지를 통행할 수 있고, 필요한 경우에는 통로를 개설할 수 있다(민법 제219조 1항 본문).

예컨대 어느 토지가 다른 토지에 의하여 둘러싸여 있거나 시내, 연못, 강, 바다 등을 통하지 않고서는 외부에 나갈 수 없는 경우, 험한 낭떠러지가 있어서 그 토지와 공로가 심하게 높낮이가 있는 경우에는 이웃토지를 사용하거나 필요한 통로를 둘 수 있다.

그럼 이웃토지를 어느 정도의 범위에서 이용하고 나아가 그곳에 통로까지 개설할 수 있을까? 민법상 '토지의 용도에 필요한 통로가 없는 경우'에 주위토지통행권이 인정되므로 그 범위는 용도에 필요한 최소한으로 제한된다. 따라서 때로는 토지의 용도상 걸어서 가는데 필요한 경우로 제한될 수도 있고, 자동차 또는 트럭 등의 통행을 위한 통로를 개설할 수도 있다.

민법 제219조 제1항은, 통행의 장소와 방법은 통행권자를 위해서 필요로 하고 또한 주위토지를 위해서 손해가 가장 적은 것을 선택하도록 규정하고 있다. 따라서 포위된 토지의 소유자가 그 포위된 토지를 이용하기 위해서 필요한 최소한의 폭(幅), 즉 사람이 통행할 수 있을 정도의 폭에 대해서는 주위토지의 소유자는 그 통행권자의 통행을 수인하지 않으면 안 된다. 그러나 그 이상의 폭에 대해서는 포위된 토지소유자와 주위토지소유자와의 이해가 대립되고, 통행의 범위를 넓게 인정하는 것은, 주위토지소유자의 이용을 그 만큼 제한하고, 손해를 주게 되기 때문에 신중하게 결정해야만 한다. 먼저 사람이 통행할 수 있을 정도의 폭에 관하여는 판례는 폭 75센티미터의 공간으로 사람은 통행할 수 있을 것이지만 일상생활을 영위하는데 부족하다고 보고 있고(대구지방법원 1987. 7. 3. 선고 86나880 판결), 반면에 1.3미터 정도의 통로는 용도에 필요한 통로로 판단한 바 있다(대법원 1992. 3. 31. 선고 92다1025 판결). 결국 최소한 1미터 가량의 폭은 사람의 일상생활을 영위할만한 공간으로 필요하다고 보는 경향이다.

사례로 돌아가 살피건대, A씨는 B씨를 상대로 주위토지통행권을 이용하여 담을 부수고 적어도 폭 1미터 정도의 통로를 개설해 달라고 요구할 수 있다. 물론 B씨가 요구할 경우 A씨는 그에 상응하는 토지사용료를 지급해야 한다.

주위토지통행권과 건축허가

건축허가를 위한 통행로 확보는 대체로 대로변에 2미터 이상의 통로가 접해야만 하는데 원칙적으로 그런 허가를 득하기 위한 목적에서 주위토지통행권까지 허용되지는 않는다(대법원 1991. 6. 11. 선고 90다12007 판결).

다만 특별히 예외적인 사례(예컨대 맹지를 둘러싼 땅이 나대지로 있는 반면, 맹지는 건축허가를 받지 못하면 아무 쓸모없는 땅의 경우)에서 건축허가를 득하기 위한 주위토지통행권이 인정된 경우도 있다(대법원 1992. 4. 24. 선고 91다32251 판결 참조).

38 | 지역주택조합 가입 시 유의할 점

Q A씨는 몇 년 전 시행대행사를 통해 지역주택조합에 가입하였다. 가입 당시 시행대항사측에서는 "조합원들 모집이 다 되어 있고 땅도 다 되어 있다 걱정하지 말고 분양받으시면 됩니다"라고 말하여 그 말을 믿고 가입한 것이다. 그런데 막상 나중에 그 지역주택조합은 설립인가 신청이 거부됐다. 거부된 사유가 토지 확보율이 80%가 안 된다는 것. 그럼 지역주택조합에 가입할 때 조심해야 할 점은 무엇인가?

지역주택조합은 청약통장 없이 조합원 가입이 가능하고 실수요자가 해당 지역에 주택 조합을 결성해 토지 매입부터 시공사 선정까지 모든 과정에 참여하는 것으로 실수요자들이 직접 아파트를 짓는 것과 마찬가지이다. 이렇듯 지역주택 조합 아파트의 경우에는 청약통장 자체가 필요 없는 메리트 때문에 수요자들이 많은 관심을 갖는다. 게다가 가격이 많이 저렴하다는 장점이 있는데, 예를 들면 양천구 목동의 경우에는 79제곱미터 면적의 아파트가 통상 6억~7억원 대로 시세가 형성되어 있는 반면에, 비슷한 면적의 지역주택조합 아파트의 경우 4~5억 원대의 청약이 가능하다.

지역주택조합사업은 추진과정 중 사업부지내 토지소유자 80% 이상의 토지사용승낙서를 확보해야 조합설립인가가 나며 사업계획승인 때에는 95% 이상 토지소유권이 있어야 한다. 하지만 무자격 대행사들의 조합원 모집강행과 토지 매입률을 부풀려서 허위·과장광고를 하는 경우가 비일비재하다. 실제로 설립인가를 받은 지역주택 조합이 모두 다 성공하는 것은 아니다. 게다가 지역주택조합은 조합원부터 모집하다 보니 모집이 더디거나 토지 매입 여부가 불투명하면 공사가 지연되고 추가 분담금이 발생하는 경우도 적지 않다. 사실 지역주택조합의 경우 장점도 있지만 문제점도 상당부분 있다. 조사에 따르면 가장 불만사항이 사업주체 연락이 두절되는 경우가 많다는 것. 이러한 일이 벌어지는 이유는 사업주체가 토지소유자들로부터 땅을 충분히 구매하지 못한 상태에서 사업을 시작하기 때문이다. 특히 '매매의향 동의서'와 같은 구속력이 없는 서류만을 믿고 사업을 시작하다가 나중에 지주와 계약이 성사되지 않은 경우 지역주택사업을 지속할 수 없게 된다.

무분별한 지역주택조합사업으로 인한 피해자가 점점 늘어나자 정부에서도 이를 막기 위해 지역주택조합의 투명성을 강화시켰다. 주택법 개정으로 2017. 6. 3.부터 지역주택조합들은 해당 지자체에 신고한 후 조합원을 공개 모집해야 하고, 조합원 모집 신고 시 토지확보 증빙자료 등 관련 서류를 반드시 첨부해야 한다. 또한 조합규약에 조합원의 제명·탈퇴에 따른 비용환급의 시기와 절차를 포함하도록 법으로써 규정했다. 하지만 개정법은 기존 조합에 소급적용이 되지 않는다.

결국 지역주택조합의 경우 사전에 조합원수를 파악하고, 토지확보 비율도 반드시 사전에 검토해야 한다. 그런데 통상 사업대행사는 사업을 진행하기 위해 너무 낙관적으로 얘기하므로 그들의 말만 믿어선 안 되고 반드시 인근 공인중개사무실을 통해 토지 확보가 원활하게 되고 있는지를 확인해야 한다. 나아가 등기부등본을 통해 토지매입 여부를 직접 확인하는 것이 가장 확실한 방법일 것이다.

39 | 명의신탁과 횡령죄 성부

Q A씨는 몇 년 전 아파트 한 채를 매수하였는데 1가구 2주택에 걸릴까봐 A씨가 직접 부동산중개업소에 가서 계약을 하면서 명의는 A씨의 친한 친구인 B씨 이름으로 하였고, B씨 명의로 소유권이전등기까지 완료했다. 그런데 나중에 B씨는 이를 기화로 그 집을 팔아서 돈을 가져가 버리고 A씨에게 돌려주지 않았다. A씨는 B씨를 횡령죄로 고소하고 민사청구도 함께 하려고 하는데 가능한가?

가. 중간생략등기형 명의신탁과 계약명의신탁의 차이점은?

명의신탁에는 크게 세 가지가 있다. ① 가장 간단한 것은 '양자 간 명의신탁'인데 이것은 A가 자신 명의의 부동산을 B에게 명의신탁하는 구조이다. ② 다음으로 가장 흔히 사용되는 '중간생략등기형 명의신탁'이 있는데 이것은 A가 매도인과 계약을 체결한 후 실제 명의는 B앞으로 하는 것이다. 위 두 종류의 명의신탁은 모두 무효이다(부동산실명법 제4조 1항, 2항 본문). ③ 반면에 이와 비슷한 '계약명의신탁'이 있는데, 이것은 B가 **A의 자금으로** 부동산을 매수하고 B 명의로 등기하되, 내부적으로는 자금주인 A의 소유로 하기로 계약하는 구조이다. 결국 중간생략등기형 명의신탁은 신탁자가 매매의 거래당사자임에 반해, 계약명의신탁은 (신탁자는 돈만 대고 거래의 당사자로 전면에 나서지 않으며) 수탁자인 B를 시켜 매도인과 거래를 하게 하고 B 명의로 이전하는 구조인 점이 큰 차이이다.

나. 중간생략등기형 명의신탁 횡령죄 부인(대법원판례 변경)

계약명의신탁의 경우에는 매도인이 매매계약체결할 때 명의신탁

사실을 몰랐다면[9] 수탁자 앞으로 된 이전등기는 유효하고, 수탁자가 실제 소유자가 된다(부동산실명법 제4조 2항 단서). 따라서 계약명의신탁의 경우 수탁자가 임의로 처분해도 횡령죄나 배임죄가 성립되지 않는다. 반면 중간생략등기형 명의신탁의 경우는 종래에는 수탁자가 임의로 처분하면 횡령죄가 성립되는 것으로 해석되었다. 하지만 두 개의 명의신탁이 사실상 객관적인 구분이 명확하지 않고 명의신탁 자체가 부동산실명법에 위반하는 불법적인 계약이므로 신탁자를 형사적으로 보호하는 것이 문제가 있다는 비판이 있었다.

이에 대법원 전원합의체는 계약명의신탁은 물론 중간생략등기형 명의신탁의 경우까지도 수탁자가 임의로 처분해도 횡령죄가 성립하지 않는다고 판례를 변경하였다(대법원 2016. 5. 19. 선고 2014도6992 전원합의체 판결). 즉 부동산 매수인이자 명의신탁자인 A씨는 매도인에 대한 소유권이전등기청구권을 가질 뿐 신탁부동산에 대한 소유권자가 아니기 때문에 B씨를 A씨의 재물을 보관하는 자로 볼 수 없어 횡령죄가 부인된 것이다. 부동산실명법의 취지상 당연한 결론이라 생각한다.

다. 양자 간 명의신탁 역시 횡령죄 부인(대법원 판례변경)

종래에는 '양자 간 명의신탁'에 대한 최종적인 대법원판례는 횡령죄를 인정하고 있었다(대법원 2007. 12. 27. 선고 2007도6650 판결). 하지만 이와 같이 중간생략등기형 명의신탁에서 횡령죄가 부인된 이상 '양자 간 명의신탁' 역시 횡령죄를 인정할 근거를 상실한 셈이다. 이에 대법원은 전원합의체로 판례를 변경하여 양자 간 명의신탁의 경우마저 횡령죄를 부인하였다(대법원 2021. 2. 18. 선고 2016도18761 전원합의체 판결). 대법원은 양자 간의 명의신탁의 경우, 그 위탁관계가 부동산실권리자명의 등

---

9 매도인이 매매계약체결 시에는 명의신탁사실을 몰랐으면 족하므로, 그 후 중도금·잔금 지급 시 혹은 이전등기를 하기 직전 비로소 명의신탁 사실을 알게 되었더라도 명의수탁자 앞으로 된 이전등기는 유효하므로 수탁자가 소유권을 취득한다.

기에 관한 법률을 위반한 범죄를 구성하므로 법적으로 보호할만한 가치가 있는 신임에 의한 것이라 할 수 없다며 횡령죄를 부인한 것이다.

결국 유효한 명의신탁, 예컨대 부부간의 명의신탁, 종중이나 종교단체 명의신탁 등의 경우에만 횡령죄나 배임죄가 인정되고, 그 이외 무효의 명의신탁의 경우는 횡령 배임죄가 부인된다는 것이다. 다만 부부간의 명의신탁의 경우는 부부관계 상태에서 임의로 처분해도 배우자간 재산범죄에 해당되어 친족상도례로 처벌할 수 없으므로 나중에 이혼한 뒤에 처분한 경우에만 횡령죄가 성립될 수 있을 것이다.

라. 민사적 구제는 인정, 채권자대위권 행사하여 말소 혹은 이전등기소송

위와 같이 형사적으로는 횡령죄가 부인된다고 해서 신탁자에 대한 민사적 구제절차까지 없어지는 것은 아니다. 먼저 신탁자는 수탁자가 임의로 처분해서 얻은 경제적 이익에 관하여 부당이득반환청구를 할 수 있다. 그렇다면 **수탁자가 임의로 처분하지 아니하였지만 신탁자에게 이전등기를 거부할 경우에는 어떻게 반환받을 수 있을까**? 신탁자가 부동산의 소유권을 바로 넘겨받고 싶다면, 매도인을 대위하여 무효인 수탁자 명의의 등기의 말소를 구하고, 아울러 매도인을 상대로 매매계약에 기한 소유권이전등기청구를 해야 한다(대법원 2011. 9. 8. 선고 2009다49193 판결). 한편 '양자 간 명의신탁'의 경우에는 원소유자가 신탁자이므로 수탁자를 상대로 바로 원인무효로 인한 이전등기 말소를 구하거나, 아니면 진정한 등기명의 회복을 원인으로 한 소유권이전등기절차의 이행을 구할 수도 있다(대법원 2002. 9. 6. 선고 2002다35157 판결).

마. 결어

사례로 돌아가 살피건대, A씨는 B씨를 상대로 횡령죄로 형사 고소하는 것은 무혐의 처분이 날 가능성이 크므로, 민사상 부당이득반환청구를 하여야 한다.

한편 부동산실명법에 위반해 다른 사람의 명의를 빌려 부동산을 취득하는 것은 신탁자는 물론 수탁자 역시 형사처벌된다(부동산실명법 제7조 1항, 2항). 따라서 A씨가 B씨를 상대로 횡령죄로 형사 고소할 경우 그 부분은 무혐의처분되는 반면 A, B씨 모두 부동산실명법 위반으로 형사처벌될 수 있다. 그런데 형량이 신탁자가 수탁자보다 중하여 A씨가 오히려 손해를 볼 수 있으니 민사소송만 제기하는 것이 좋다.

하지만 만약 B씨가 재산을 모두 다른 곳으로 빼돌렸다면 민사청구는 별 실익이 없게 된다.

40 | 부동산경매절차에서 타인 명의로 낙찰 받은 사람의 지위

Q A씨는 B씨에게 5천만원 대여해주었는데 그 뒤 B씨는 사업부진으로 자신의 상가건물이 경매로 넘어가게 되었다. 경매절차에서 B씨는 채무자로서 경락받을 자격이 없으므로 자신이 자금을 대고 C씨로 하여금 경매에 참여하여 위 상가건물을 낙찰 받게 하였다. 뒤늦게 이 사실을 파악한 A씨는 C씨 명의로 매수한 위 경매절차는 부동산실명법 위반이라고 무효주장을 하면서 무자력자인 B씨를 대위하여 C씨를 상대로 진정명의회복을 원인으로 한 소유권이전등기청구를 하였다. 이 경우 C씨는 B씨에게 위 상가를 반환해야 하는가?

가. 명의신탁 성립 여부

부동산경매절차에서 부동산을 매수하려는 사람이 매수대금을 자신이 부담하면서 다른 사람의 명의로 매각허가결정을 받기로 그 다른 사람과 약정함에 따라 매각허가가 이루어진 경우 그 경매절차에서 매수인의 지위에 서게 되는 사람은 어디까지나 그 명의인이므로 경매 목적 부동산의 소유권은 매수대금을 실질적으로 부담한 사람이 누구인가와 상관없이 그 명의인이 취득한다고 할 것이고, 이 경우 매수대금을 부담한 사람과 이름을 빌려 준 사람 사이에는 명의신탁관계가 성립한다(대법원 2005. 4. 29. 선고 2005다664 판결).

나. 매도인이 낙찰자와 짜고 경락받은 경우 경락의 효력

위 사례의 경우 경매에 참여하여 낙찰 받은 매수인이 명의수탁자이므로 B씨와 C씨 사이에는 계약명의신탁(부동산실명법 제4조 2항)이 성립된다. 그런데 위 규정 단서에 의하면, 부동산에 관한 물권을 취득하기 위한 계약에서 명의수탁자가 어느 한쪽 당사자가 되고 상대방 당사자는 명의신탁약정이 있다는 사실을 알지 못한 경우에는 계약이 무효가 되지 아니하고 수탁자가 명의를 유효하게 취득한다. 이를 반대로 해석하면, 계약명의신탁의 경우 매도인이 악의의 경우에는 여전히 명의신탁 약정에 따른 등기로 이루어진 부동산에 관한 물권변동은 무효로 된다는 의미이다.

그렇다면 이 사례의 경우 매도인 B씨와 매수인 C씨가 짜고 낙찰받은 것이므로 매도인이자 명의신탁자인 B씨가 악의임이 분명하고, 그 결과 명의신탁에 따른 물권변동의 효력이 무효가 되므로 결국 낙찰이 무효가 된다는 논리가 성립한다. 하지만 대법원은 경매절차에서의 물권변동의 경우 사법상 계약효력과는 달리 해석하였다. 즉, 비록 경매가 사법상 매매의 성질을 보유하고 있기는 하나, 다른 한편으로는 법원이 소유자의 의사와 관계없이 그 소유물을 처분하는 공법상 처분으로서의 성질을 아울러 가지고 있고, 소유자는 경매절차에서 매수인의 결정 과정에 아무런 관여를 할 수 없는 점, 경매절차의 안정성 등을 고려할 때 경매부동산의 소유자를 위 제4조 제2항 단서의 '상대방 당사자'라고 볼 수는 없기 때문에, 경매절차에서의 소유자가 위와 같은 명의신탁약정 사실을 알고 있었거나 소유자와 명의신탁자가 동일인이라고 하더라도 그러한 사정만으로 그 명의인의 소유권취득이 부동산실명법 제4조 제2항에 따라 무효로 된다고 할 것은 아니라고 판시하였다(대법원 2012. 11. 15. 선고 2012다69197 판결).

다. 명의신탁자의 부당이득반환청구권 성부

계약명의신탁의 경우 명의신탁자는 명의신탁 약정의 무효로 인해 명의수탁자에게 제공한 매수자금은 부당이득으로 반환청구가 가능하다(대법원 2007. 6. 14. 선고 2007다17284 판결).

라. 결어

이 사례의 경우 매수인 C씨가 받은 경락의 효과는 매도인 B씨가 악의라고 하더라도 여전히 유효하므로 A씨의 대위로 인한 진정명의회복을 위한 소유권이전등기 소송은 기각되었다. 하지만 만약 A씨가 B씨를 대위하여 위 매수자금에 대한 부당이득반환청구를 행사하였다면 이는 승소하였을 것이다.

41 | 아파트 호실 바뀐 경우 임차보증금 보호문제

Q A씨는 송파구에 있는 다세대주택 303호를 2년간 보증금 9,500만원에 임차하였다. 당연히 303호로 전입신고도 마치고 계약서에 확정일자까지 받아놓았다. 그런데 나중에 알고 보니 A씨 집은 사실상 건축물관리대장과 부동산등기부등본은 모두 302호인데 공사업자가 실수로 간판을 잘못 달은 것이었다. A씨는 보증금을 보호받을 수 있는가? 만약 보호받지 못한다면 누구에게 책임을 물어야 하나?

임차인은 반드시 정확한 집 주소에 자신의 주민등록을 이전해야만 대항력과 우선변제권을 확보할 수 있다. 그런데 건축물관리대장과 등기부에는 302호로 되어 있는데 공사업자가 실수로 현관문에는 303호로 표지판을 다는 경우가 종종 있다. 이 경우 임차인은 303호로 되어 있는 현관문의 호수를 믿고 거래를 한 뒤 주민등록 역시 303호로 이전한 경우 나중에 법적으로 보호받지 못하게 된다. 왜냐하면 공부상 주소가 중요하기 때문이다.

그럼 **이 경우 이를 중개한 공인중개사에게 책임을 물을 수 있을까**? 위 사례에서 2013년 3월 임대차계약을 갱신한 A씨는 같은 해 10월 맞은편 세대(부동산등기부상 303호, 현관문 표시는 302호)의 공매절차가 진행되면서 부동산의 현황과 장부상 표시가 다르다는 사실을 알게 됐다. 현관문 표시대로 303호로 확정일자를 받아두었던 A씨는 부동산등기부상 303호(맞은편 집)에 대한 채권신고를 해 보증금 9,500만원을 회수하려 했지만 실거주자가 아니란 이유로 거절당했고, 이후 이 303호는 다른 사람에게 낙찰됐다. 그 후 A씨는 자신이 실제로 살았던 부동산등기부상 302호의 실거주자임을 내세워 보증금을 돌려받으려고 했지만, 이미 그곳에는 채권최고액 65억원의 선순위 근저당권이 설정돼 있었다. 중개업자 B씨가 임대차계약 당시에 조회했던 부동산등기부는 303호에 관한 것이었기 때문에 A씨는 이런 사실을 전혀 몰랐다. 즉 중개업자가 303호에 대한 부동산등기부등본을 떼어봤다면 소유자가 임대인과 다른 사람이란 것을 쉽게 확인할 수 있었을 텐데 이를 간과하였기 때문에 이런 일이 벌어진 것이다.

그 결과 보증금을 돌려받을 길이 막힌 A씨는 B씨와 공인중개협회를 상대로 9,500만원의 손해를 배상하라며 소송을 냈다. 법원은 임차인 A씨가 공인중개사 B씨와 한국공인중개사협회를 상대로 낸 손해배상청구소송에서 B씨와 협회는 연대하여 3,800만원을 지급하라며 원고 일부승소 판결을 했다. 재판부는 “B씨는 임대차계약을 중개하면서 건축물대장과 부동산등기부상의 표시(302호)와 현관 등에 부착된 현황상 표시(303호)가 다름에도 이를 간과한 채 임대차계약서상 임대차 목적물의 표시를 '303호'로 기재해 중개업자의 확인·설명의무를 제대로 이행하지 못한 과실이 있다"고 밝혔다.

결국 A씨는 중개업자의 과실로 인해 전입신고 및 확정일자를 303호로 하게 됐고, 그로 인해 임대차보증금반환채권의 대항력 및 우선변제권을 갖추지 못하게 되었기 때문에 중개업자로부터 일부나마 손해배상을 받게 된 것이다. 다만 A씨도 계약 당사자로서 임차목적물의 현황을 스스로 확인할 필요가 있는 점, 부동산의 현황과 공부상 표시가 뒤바뀌는 일이 흔한 예는 아닌 점 등을 고려해 법원은 B씨와 협회의 손해배상 책임을 40%로 제한하였다.

42 | 임대인의 지위양도, 임대차관계는 지속될 수 있나?

Q A씨는 서울 강남구 청담동에 200억 짜리 상가건물의 주인이다. A씨는 2017년 2월에 상가건물 중 1층 100평 규모의 점포를 B씨에게 보증금 8억원에 월세 3천만원, 임대기간 5년으로 세를 놓았다. B씨는 내부에 2억원을 들여 화려하게 인테리어를 마치고 처음 1년간은 아주 장사가 잘 되어 수입이 좋았다. 하지만 그 후 경기가 안 좋아 지면서 적자가 나기 시작하였지만 임대차 기간이 많이 남아 있어 전전긍긍하고 있었다. 그러던 중 A씨가 위 상가건물 전체를 자신의 지인인 C씨에게 매각하였다. 그러자 B씨는 이를 빌미로 하여 임대인이 바뀌었으니 상가임대차계약을 해지하겠다면서 C씨에게 내용증명을 보냈다. C씨는 B씨의 요구에 응해야 하나?

가. 주택 임대차의 경우

이런 사례는 우리 주위에 흔히 있고 실제로 필자에게 많은 분들이 이러한 질문을 한 적이 있다. 주택임대차보호법이 시행되기 전에는 민법상 임대차관계 규정이 적용되던 시기여서 임대인의 지위가 변경되면 임차인은 새로운 부동산 소유자에게 임대차계약을 해지할 수 있었다. 하지만 1984. 1. 1.부터 시행된 주택임대차보호법 제3조 제2항에 "임차주택의 양수인은 임대인의 지위를 승계한 것으로 본다"라는 규정이 신설되면서 임차인의 대항력이 강화되게 됨과 동시에 주택의 신소유자와 임차인 사이의 임대차관계가 법률상의 당연승계로 의제되어 버렸다.

나아가 임대인은 임대인 지위변경에 관하여 임차인의 동의를 받을 필요조차 없다(대법원 1996. 2. 27 선고 95다35616 판결).

그 결과 주택 양수인은 양도인의 임대인으로서의 임대차 계약상의 권리·의무 일체를 그대로 승계하며, 양수인이 임대차보증금반환채무를 면책적으로 인수하고, 양도인은 임대차관계에서 탈퇴하여 임차인에 대한 임대차보증금반환채무를 면하게 되었다(대법원 2013. 1. 17 선고 2011다49523 전원합의체 판결). 따라서 현재는 주택임대차의 경우 임대인이 그 지위를 양도할 경우 당연히 그 양수인은 임차인과 임대차계약이 그대로 유지되게 되고 임차인은 임대인의 지위변경을 이유로 새로운 임대인에게 계약해지를 할 수 없다(서울지방법원 2001. 3. 7. 선고 2000가단148507 판결 참조).

나. 상가건물 임대차의 경우

하지만 주택임대차보호법이 시행되었음에도 상가건물임대차보호법이 발효되기 전까지는 상가건물의 경우 종전의 민법상 임대차규정이 적용되었으므로 위와 같이 당연승계 규정을 적용할 수가 없었다. 그 결과 상가건물 임대차의 경우 위와는 달리 대법원은 해석하였다. 즉 대법원은 "(상가부동산에 관한) 임대차계약에 있어 임대인의 지위의 양도는 임대인과 신 소유자와의 계약만으로써 그 지위의 양도를 할 수 있다 할 것이나, 이 경우에 임차인이 원하지 아니하면 새로운 임대인과의 임대차관계도 해지할 수 있다고 보아야 한다"라고 판시하였다(대법원 1998. 9. 2 자 98마100 결정). 그런데 이 대법원판례가 현재 임대인의 지위 승계와 관련하여 부동산업계에서 가장 유명한 리딩(Leading) 판례가 되었고, 많은 부동산중개업자들이 이 판례를 잘못 이해하여 상가는 물론 주택의 경우도 임대인의 지위가 승계되면 임차인이 계약을 해지할 수 있는 것으로 오해하게 되었다

하지만 위 대법원결정(98마100)은 내용을 자세히 살펴보면 (주택이 아닌) 상가부동산에 관한 판례이고, 판결이 나온 시점 역시 상가건물 임대차보호법의 시행시점인 2002. 8. 26. 이전의 판례에 불과하다. 위에서 잠시 언급했던 (상가건물임대차보호법이 시행되기 얼마 전에 선고된) 서울지방법원 2001. 3. 7. 선고 2000가단148507 판결의 내용을 살펴보면, "나아가 임차주택에 대한 임대인의 지위승계에 대하여 임차인이 이의를 함으로써 승계되는 임대차관계의 구속을 면할 수 있는지를 살피건대, 주택임대차보호법의 적용대상인 '주거용 건물'이 아닌 상가건물 등의 임대차관계에서는 그러한 법리가 적용된다고 볼 것(대법원 1998. 9. 2.자 98마100 결정 등 참조)이다. 그러나 주거용건물의 임대차관계에서는 주택임대차보호법 제3조 제1항, 제2항에 의하여 임차주택의 양수인이 당연히 임대인의 지위를 승계한 것으로 보고, 양도인은 임차보증금반환채무를 면한다고 보아야 할 것(대법원 1994. 3. 11. 선고 93다29648 판결 등 참조)이지 임차인의 선택에 따라서 임대인의 지위에 대한 승계 여부가 달라지거나 임차인이 이의를 함으로써 승계되는 임대차관계의 구속을 면할 수 있다고 볼 수는 없다(대법원 1996. 2. 27. 선고 95다35616 판결 등 참조)"라고 판결 이유를 자세히 설명하고 있다.

그런데 위 서울지방법원의 판결 이후 2002. 8. 26. 상가건물임대차보호법이 시행되면서 동법 제3조 제2항에 주택임대차보호법과 똑같이 당연승계 규정이 들어가면서 결국 현재는 상가건물 역시 주택과 마찬가지로 임대인의 지위변경을 이유로 임차인이 계약을 해지할 수 없게 되었다. 다만 주택이나 상가 공히 임대인의 건물이 경매로 넘어갈 경우는 그 자체로 임대차관계가 소멸되므로 경매절차에서 배당채권자로 채권신고를 하거나 낙찰자에게 대항력을 행사할 수 있을 뿐이다.

다. 사례해설

A씨와 B씨 사이에 상가건물 임대차계약은 상가건물임대차보호법 제3조 제2항에 의거 A씨의 양수인인 C씨가 그대로 임대인의 지위를 법률상 승계하게 되므로 B씨는 A씨 혹은 C씨에게 임대인의 지위 양도를 이유로 임대차계약의 해지를 할 수 없다.

43 | 건축사기에 대한 대처방안

Q A씨는 정년퇴직을 앞두고 노후에 살 집을 알아보던 중 온라인 카페에서 우연히는 "땅만 있으면 단독주택을 지어준다"는 광고문구를 보고 며칠 뒤 시공업자 B씨를 만나 계약을 하였다. 계약금 3천만원이고, 중도금은 중간에 딱 한번만 내면 되고, 최종 공사비는 나중에 완공 후 주면 된다는 내용이었다. 그런데 날이 지날수록 공사는 진척이 없음에도 B씨는 A씨에게 계속하여 추가로 돈을 요구하였다. 하지만 B씨는 약속한 날에 준공은커녕 도주해 버렸다. A씨 경우와 같은 건축사기를 피하려면 어떻게 해야 하나?

이러한 경우가 대표적인 건축사기 케이스이다. 주택을 지어주겠다며 돈을 받은 뒤 '나 몰라라' 하는 수법이다. 일단 사기가 의심될 때에는 즉시 공사 현장에서 사기 증거들을 사진으로 찍어 확보한 후 민·형사상 소송을 걸어야 한다. 하지만 민사의 경우 나중에 소송을 하더라도 집행할 재산이 거의 없는 경우가 많기 때문에 애초 계약을 할 때 자본력과 신용이 있는 회사인지, 그 회사가 지은 다른 건축물은 어떻게 준공되었는지 등을 면밀히 검토한 뒤에 계약해야 한다.

건축사기의 경우 일반적으로 여러 명의 건축주들로부터 대금을 받은 뒤 시공업자의 개인채무를 갚거나 돌려막기 식으로 공사를 진행하다가 잠적하는 경우가 많다. 게다가 그나마 시공한 부분도 대부분 부실시공이다. 건축사기를 당하는 대부분의 피해자 유형을 보면, 주위에서 시공업자 한 사람을 소개받은 뒤 그 사람에게 설계부터 준공까지 모든 것을 위임한 뒤 달라는 대로 돈을 주는 경우이다.

그럼 **이러한 건축사기를 당하지 않으려면 어떻게 해야 할까**? 가장 중요한 것은 건축주가 발품을 팔고 더 부지런해야 하는데 특히 주의할 점은 다음과 같다.

① 먼저 **설계단계부터 꼼꼼하게 체크**해야 하는데 건축사를 신중하게 선정하여 그와 충분한 논의 끝에 설계도면을 완성한 후 건축허가를 받아야 한다. 설계를 잘못하면 나중에 건물을 부수고 다시 지을 수도 없어 돌이킬 수 없는 손해를 보게 된다. 따라서 건축주는 자신이 원하는 바를 건축사에게 정확하게 전달하고 수차례 걸쳐 회의도 진행하면서 제대로 된 건축설계도면을 뽑아야 한다.

② 다음단계는 **올바른 시공사를 선정**하는 것인데, 허가받은 설계도면을 여러 건설업자들에게 보내 입찰을 시켜 그 중 가장 믿음직한 시공회사를 선정해야 한다. 입찰가격이 싸다고 무조건 좋은 시공사는 아니다. 시공방식과 자재, 공사기간, 향후 AS 등은 물론, 과거 시공실적도 꼼꼼히 비교 분석해야 한다. 특히 유독 싼 가격으로 입찰하는 시공사의 경우 어떻게 가격이 싼 것인지 충분한 설명을 듣고 다른 업체를

통해 그것이 가능한 것인지를 크로스체크해야 한다. 입찰의 장점은 건축주가 여러 시공업자들을 만나 설명을 들으면서 많은 정보와 지식을 습득하게 되기 때문에 사기를 당할 확률이 적어진다는 점이다. 뿐만 아니라 시공업자들은 이러한 건축주는 매우 꼼꼼하다고 생각하므로 감히 사기칠 엄두를 못 내게 된다.

③ 보다 안전한 방법은 공사비가 비싸더라도 **면허사업자를 선정**하여 선금지급보증, 계약이행보증, 하자보증 등을 건설공제조합에서 받는 것이다. 반면 개인사업자의 경우 공사비가 싼 대신 그런 보증서를 요구할 수 없다는 단점이 있다.

△ 선금지급보증서는 만일 공사 진행 안 될 시에 미리 낸 선금을 돌려받을 수 있는 증서이다. 반드시 보증기관을 통해 진행하고 보증금액은 선급금보다 크게 설정하는 것이 좋다. △ 계약 이행보증서는 계약보증금과 계약기간, 공인인증된 상대 업체 책임자의 서명과 날짜가 명시된 계약서를 말한다. 이 보증서가 있다면 계약 이행이 되지 않을 때 계약자가 보증금을 돌려받을 수 있고 공사가 지체된다 하더라도 그 일수만큼 지체상금을 받을 수 있다. △ 하자보수보증서는 허술한 공사 진행을 방지하기 위해 하자보수 의무를 보증하는 것인데 보통 계약과 준공 후 2~3년까지 하자보수를 해준다.

④ 마지막으로 **공사비 지급방법**이다. 건축사기를 당하지 않기 위해 이와 같은 철저히 준비를 한다 할지라도 공사과정 중 문제는 항시 발생하게 되는데 특히 가장 민감한 부분이 공사비 지급과 관련 분쟁이다. 예컨대 시공업자가 제대로 시공하지 않은 상태에서 공사비 1~2천만원을 추가로 요구하면 건축주는 다급한 마음에 끌려가게 된다. 그러므로 공사비 지급방법을 계약 시 구체적으로 미리 정해 놓을 필요가 있는데 가장 좋은 방법은 '공정별 지급'이다. 이는 한 공정을 마치면 해당 공정에 대해 건축주가 만족할 정도의 결과를 냈을 때 비용을 지급하는 방법이다. 더욱이 요즘은 설계한 사람이 직접 감리를 하지 않

고 구청으로부터 외부감리를 선정받게 되어 있는데, 그 외부감리업자가 공정에 대해 감리승인을 해 주면 그때 그때 지급하는 것이 가장 합리적 지급방법이다.

44 | 임대인의 세금체납과 임차보증금

Q A씨는 1년 전 전세금 2억 2천만원에 전셋집을 계약하였는데 부동산등기부를 확인해 보니 당시 아무런 근저당이 설정되지 않았다. A씨는 계약 직후 확정일자를 받고 전입신고도 바로 하였다. 하지만 집주인 B씨의 세금체납 사실은 전혀 몰랐던 것이다. 알고 보니 B씨는 오래전부터 체납해온 누적된 체납액이 7억원이나 되어 그 집은 공매에 넘어가게 되었다. 이 경우 A씨는 공매절차에서 임차보증금을 보호받을 수 있나?

국세청은 세금을 체납하는 경우 체납자의 집을 압류하여 공매에 넘겨 만족을 받는다. 그런 절차는 국세징수법에 의거하여 진행한다. 그럼 **조세 체납채권과 임차인의 임차보증금반환채권 중 어느 것이 우선할까?** 통상 임차인의 입장에서는 선순위 근저당이나 가압류, 가처분 등은 꼼꼼하게 살펴보지만 등기부에 등재되지 않는 임대인의 체납세액은 알 방법이 없는데 정말 복병이 아닐 수 없다. 그런데 국세징수법에 의하면 당해세는 근저당권자나 임차인보다 우선하지만, 당해세가 아닌 경우는 법정기일과 비교해서 선후가 결정된다.

법정기일이라 함은 국세채권과 저당권 등에 의하여 담보된 채권 간의 우선 여부를 결정하는 기준일로서 국세기본법 제35조 제1항 제3호(지방세본법 제71조 1항 3호) 각 목에 해당하는 기일을 말한다. 예컨대 과세표준과 세액의 신고에 따라 납세의무가 확정되는 국세[중간예납하는 법인세와 예정신고 납부하는 부가가치세 및 소득세(소득세법 제105조에 따라 신고하는 경우로 한정)를 포함한다]의 경우 신고한 해당 세액에 대해서는 그 신고일이 법정기일이 되며, 반대로 과세표준과 세액을 정부가 결정·경정 또는 수시부과 결정을 하는 경우 고지한 해당 세액에 대해서는 그 납세고지서의 발송일이 법정기일이 된다. 즉 이러한 법정기일 전에 설정된 담보권은 조세채권에 우선하게 되는 것이다.

다만, 담보에 제공된 그 재산 자체에 대해 부과된 국세나 지방세와 가산금은 그 법정기일 전에 설정된 저당권 등으로부터 담보된 채권보다 우선한다(국세기본법 제35조 1항 3호, 지방세기본법 제71조 1항 3호). 이를 '**당해세 우선의 원칙**'이라고 부른다. 당해세에 해당되는 국세는 상속세, 증여세, 종합부동산세이고, 지방세로는 재산세, 자동차세(자동차 소유에 대한 자동차세만 해당), 지역자원시설세(특정부동산에 대한 지역자원시설세만 해당) 및 지방교육세(재산세와 자동차세에 부가되는 지방교육세만 해당)를 말한다. 하지만 취득세, 등록세, 양도소득세는 당해세에 해당되지 않는다.

한편 **소액 임차보증금**은 국세보다 우선순위이다. 서울특별시에서는 1억 6.500만원 이하의 세입자에게 5,500만원을, 과밀억제권역에서는 1억 4,500만원 이하의 세입자에게 4,800만원을, 광역시 등에서는 8,500만원 이하의 세입자에게 2,800만원을, 그 밖의 지역에서는 7,500만원 이하의 세입자에게 2,500만원을 각 최우선적으로 보장하고 있다.

사례로 돌아가 살피건대, A씨의 경우 전세계약 일자보다 세금 발생일이 먼저였기 때문에 공매절차에서 조세채권보다 우선순위에서 밀리게 된다. 그 결과 안타깝지만 보증금을 돌려받을 수 없다.

집주인의 체납사실 확인방법

그렇다면 **집주인의 체납 세금을 미리 확인할 방법은 없을까?** 현행법 상 직접 확인할 방법은 없고 임대인에게 동의를 얻거나 아니면 임대인 본인이 확인해줘야 확인이 가능하다. 다만 국세청에서는 고액, 상습 체납자 명단을 홈페이지에 공개하고 있는데, 체납 발생일로부터 1년이 지난 국세가 5억 원 이상인 개인과 법인들이 대상이다.

하지만 세입자 입장에서 집주인이 고액, 상습 체납자인지 알 수 없으며, 세입자가 이를 국세청 홈페이지에서 확인하는 방법을 알기 어려워 현실적으로 큰 도움이 되지 않는다. 그 결과 세입자는 집주인의 체납 여부에 따라 임차보증금을 보호받을 수 있는지 여부가 결정되므로 늘 불안한 입장이다.

향후 집주인의 체납사실을 임차인이나 부동산중개인이 직접 조회할 수 있게 하거나, 집주인이 '납세사실 증명서'를 세입자에게 의무적으로 제출하도록 하는 제도적 보완이 시급하다.[10]

10 법무부는 2022. 11. 21. 주택임대차보호법 개정안을 내놓았는데 그 내용을 살펴보면 다음과 같다. ① 선순위 임차인 정보권을 도입하기로 했다. 현재도 임차인은 임대인 동의를 받아 선순위 보증금 등에 대한 정보를 요청할 수 있으나 임대인이 거부하면 정보를 얻을 수 없다. 법무부는 이러한 문제를 해결하기 위해 주택임대차보호법에 임차인이 임대인에게 선순위 보증금 등 정보 제공에 대해 동의를 구할 수 있도록 명시하고 임대인 동의를 의무화할 계획이다.
② 집주인의 체납 정보에 대한 확인권도 새로 만든다. 집주인이 체납한 세금이 있을 경우 국가의 조세채권이 우선되는데, 이로 인해 임차인이 전세금의 전부 또는 일부를 돌려받지 못하는 경우가 있다. 이에 전세 계약을 하려는 사람이 집주인의 세금체납 여부를 확인할 수 있는 납세증명서를 요구할 수 있는 권한을 주택임대차보호법에 규정하겠다는 것이다.

45 | 공공임대주택의 양도제한

Q A씨는 2011년 4월 서울 강남에 있는 LH공사가 운영하는 공공임대주택에 어렵게 입주했다. 그런데 A씨는 갑자기 직장에서 지방으로 발령 나서 이사를 가야 되는데 어렵게 얻은 공공임대주택이 아까워서 2015년 4월부터 친구인 B씨에게 이 주택을 무상으로 사용하게 해주었다. 나중에 이 사실이 발각되었는데 A씨와 B씨는 어떠한 제재를 받게 되나?

가. 처벌 및 제재 규정

공공임대주택의 임차인은 임차권을 다른 사람에게 양도(매매, 증여, 그 밖에 권리변동이 따르는 모든 행위를 포함하되, 상속의 경우는 제외)하거나 공공임대주택을 다른 사람에게 전대(轉貸)할 수 없다(공공주택특별법 제49조의4). 만약 이를 위반하여 공공임대주택의 임차권을 양도하거나 공공임대주택을 전대한 자 및 이를 알선한 자는 3년 이하의 징역이나 3천만원 이하의 벌금에 처한다(동법 제57조의3).

형사처벌은 물론 민사적으로도 제재를 받게 되는데, 공공주택사업자(임대인)는 이를 위반한 임차인과 임대차계약을 해제 또는 해지하거나 재계약을 거절할 수 있다(동법 제49조의3). 또한 국토교통부장관 또는 지방자치단체의 장은 이를 위반한 임차인에 대하여 4년의 범위에서 국토교통부령으로 정하는 바에 따라 공공임대주택의 입주자격을 제한할 수 있다(동법 제49조의8).

나. 무상으로 타인에게 빌려준 경우도 처벌되는가?

이 점에 관하여 대법원은 공공임대주택은 유·무상을 불문하고 모든 전대가 금지된다고 보고 이를 위반한 피고인에게 벌금 200만원을 선고한 원심을 확정했다. 재판부는 "임대주택법(현 공공주택특별법)은 임차인의 자격과 선정방법, 임대 조건 등을 엄격히 규정하고 있고, 부정한 방법으로 임대주택을 임대받거나 임차권의 무단 양도, 임대주택의 전대 행위를 범죄로 규정해 처벌까지 하고 있다"고 밝혔다. 이어 "임대주택법이 금지하는 임차권의 양도는 매매, 증여, 그 밖에 권리변동이 따르는 모든 행위(상속의 경우는 제외)를 포함하고 있는 점을 종합할 때, 구 임대주택법 제19조에서 금지하는 임대주택의 전대는 대가 지급 여부와 관계없이 임차인이 임대주택을 다시 제3자에게 사용·수익하게 하는 행위를 의미한다고 할 것이므로 유상의 임대차뿐만 아니라 무상의 사용대차도 포함된다고 봐야 한다"고 판시했다(대법원 2017. 1. 12. 선고 2016도17967 판결). 공공주택특별법 상 처벌규정은 임차인이 법의 목적과 무관한 자들에게 임대주택에 관한 권리를 양도·전대함으로써 임대주택이 필요한 저소득층이 오히려 임대주택에 거주하지 못하는 등의 결과가 초래되는 것을 막기 위한 것이기 때문이다.

다. 예외사유

공공임대주택 입주 후 다음 각 목의 어느 하나에 해당되어 **주거를 이전**하게 되는 경우로서 **무주택 세대구성원에게** 임차권을 양도하거나 임대주택을 전대하는 것은 허용된다. 다만 이 경우에도 반드시 공공주택사업자의 동의를 받아야 한다(공공주택 특별법 제49조의4 단서, 동법시행령 제48조).

① 다음 1)부터 3)까지의 규정에 모두 해당하는 경우

1) **근무·생업 또는 질병치료**(「의료법」 제3조에 따른 의료기관의 장이 1년 이상의 치료나 요양이 필요하다고 인정하는 경우로 한정한다) 등의 사유로 주거를 이전할 것
2) 현재 거주하는 시·군 또는 구의 행정구역이 아닌 시·군 또는 구로 주거를 이전할 것

3) 현재 거주지와 새로 이전하는 거주지 간의 거리(최단 직선거리를 말한다)가 40킬로미터 이상일 것(다만, 출퇴근 거리 및 교통여건 등을 고려하여 해당 시 · 도의 조례로 별도 기준을 정하는 경우에는 그에 따른다).

② 상속 또는 혼인으로 소유하게 된 주택으로 **이전**할 경우

③ **국외로 이주**하거나 1년 이상 **국외에 머무를 경우**

라. 사례 해설

사례로 돌아가 살피건대, A씨는 비록 근무지가 바뀌어 이사를 갈 수밖에 없는 상황이라도 친구인 B씨가 무주택세대구성원이 아니므로 그에게 공공임대주택을 양도하거나 전대, 사용대차 등을 모두 할 수 없다. 따라서 A씨는 형사처벌이 됨은 물론 임대차계약을 해지당할 수 있으며, 향후 일정기간 공공임대주택을 다시 임차할 수 없다. 하지만 B씨는 공공임대주택을 양수한 사람으로서 처벌규정이 따로 없다.

46 | 공사 중 세입자가 다쳤다면?

Q A씨는 다세대 주택에 세 들어 있는데 며칠 전 옥상에 올라가 담배를 피우다가 당연히 있을 줄 알았던 난간이 없는 바람에 추락하는 사고를 입었다. 사실은 집주인 B씨가 며칠 전 옥상에 방수공사를 하느라 난간을 임시 제거한 것인데 옥상 입구에 아무런 경고를 하지 않았던 것이다. A씨는 B씨로부터 손해를 배상받을 수 있나?

이 경우 옥상 난간을 떼어낸 집주인의 잘못이 크므로 A씨는 당연히 B씨로부터 손해배상을 받을 수 있다. B씨는 건물 소유자로서 세입자가 안전하게 생활할 수 있도록 해줘야 할 임대인으로서 의무가 있다. 또한 건물소유자는 공작물책임도 지는데 이 경우 옥상 부분은 다

세대주택의 공유부분에 해당되어 집주인의 점유 하에 있다고 보아야 한다. 따라서 집주인 B씨는 공작물의 점유 및 소유자로서 무과실책임을 지게 된다. 하지만 A씨 역시 부주의한 책임을 지게 되므로 약 20~30% 정도 과실상계를 한 나머지 돈을 배상받을 수 있을 것으로 보인다.

공유부분에 대한 책임 소재

만약 세입자 가게 앞에 설치한 입간판 또는 세입자가 가게 안에 인테리어로 설치한 샹들리에가 떨어져 제3자를 다치게 했다면 세입자에게 책임이 있다. 반면 담벼락이 무너지거나 상가건물의 외벽에 걸린 간판이 떨어져 제3자가 다친 경우에는 건물주에게 책임이 있다.

문제는 사고의 원인이 불분명한 경우인데 특히 건물주인과 세입자 중 누구에게 소송을 제기하는 것이 유리할까? 실무상 많은 분들이 세입자와 소유자 모두에게 소송을 제기하는 경우가 많은데, 점유자인 세입자에게 책임이 인정될 경우에는 집주인에게는 자동으로 패소할 수 있으니 조심해야 한다. 그 이유는 점유자에게 1차 책임이 있고, 그것이 성립될 경우에는 소유자는 책임에서 벗어나기 때문이다(민법 758조). 문제는 세입자를 상대로 승소해도 집행할 재산이 없을 수 있으니 가능한 건물주인을 상대로 소송을 제기하는 것이 유리하다.

47 | 아파트 경매와 토지별도등기

Q A씨는 재테크를 위해 최근 경매를 배우러 학원에 다니고 있다. 그런데 경매에 참여할 때 '토지별도등기 있음'이란 내용이 보이고, 실제로 아파트 부동산등기 등본을 떼어 봐도 그런 내용이 적혀 있는 경우가 종종 있다. 과연 토지별도등기가 있는 건물을 매수하는 것이 나중에 문제가 될 수 있는가?

가. 토지별도등기의 개념

일반적으로 집합건물은 토지와 건물이 일체가 되어 거래되도록 되어 있다. 예컨대 아파트나 집합건물 상가의 경우 등기부등본(등기부등본의 명칭은 등기사항전부증명서)은 전유부분인 집합건물의 등기부에만 기재하게 되어 있고, 도지는 대지권화되어버려 건물등기부 등본에 '대지권의 표시'로 대지권비율이 표시될 뿐이다. 그런데 건물을 짓기 전에 토지에 저당권 등 제한물권이 있는 경우 토지와 건물의 권리관계가 일치하지 않으므로 건물등기부에 "별도등기 있음"이라는 표시를 하여 건물을 양수하려는 사람들에게 경고를 하게 되는데 이를 "토지별도등기"라고 일컫는다.

이러한 토지별도등기는 낙찰자가 인수해야 하는 경우도 있지만 보통은 인수하지 않고 배당에서 토지상 저당권자에게 우선배당을 해주는 경우가 많다. 통상적으로 이러한 토지별도등기가 있는 경우 집행법원에서는 토지의 저당권자로 하여금 채권신고를 하게 하여 그 중 경매대상 구분건물의 대지권비율만큼 토지저당권을 말소시키고 다만 토지저당권자는 토지매각부분에 한하여 우선변제를 받게 된다. 설령 토지저당권이 건물저당권보다 선순위라고 해도 마찬가지인데 이 경우 배당순위는 구분건물분에 대한 매각대금은 구분건물분의 저당권자에게 우선배당되고, 대지권의 저당권자는 우선변제권이 없다. 하지만 대지권에 대한 매각대금은 구분건물 저당권자와 구분토지 저당권자 모두 우선변제권이 있으나 구분토지 저당권자에게 상대적으로 우선변제권이 있다.

나. 특별매각조건으로 인수되는 경우는 경매 시 주의

경매절차에서 예외적으로 매각물건명세서의 비고란에 특별매각조건으로 "토지별도등기 인수조건"이라고 표시된 경우에는 매수자는 이를 인수해야 하므로 주의를 요한다. 이는 토지 저당권자가 채권신고

(배당요구)를 하지 않을 경우인데 이 때는 법원에서 특별매각조건을 붙여 낙찰자에게 인수조건으로 매각한다.

또한 토지상에 설정된 제한물권의 종류에 따라 인수 여부가 달라지기도 하는데 토지상에 가압류, 근저당 등이 설정된 금전채권의 경우는 앞서 설명한 특별매각조건에 인수조건이 붙지 않는 한 토지별도등기는 경매로 말소되나, 토지상에 가처분, 가등기, 임차권, 지상권 등의 경우는 말소대상이 되지 않으므로 건물 낙찰자가 자동적으로 인수해야 한다.

다. 토지별도등기가 되어 있지만 무시해도 좋은 세 가지 경우

① 첫째, 집합건물 등기부가 구성되기 전에 토지등기부에 토지 전체에 대한 저당권을 설정하고 토지소유자가 대출을 받은 다음 그 자금으로 건물을 건축한다. 그리고 나중에 분양을 하면서 대지권도 함께 넘겨줘야 하는데, 이 경우 근저당권을 대지권 비율만큼 포기하면서 지분권을 넘겨주게 된다. 즉 건물을 분양받는 사람은 대지에 대한 근저당권 중 자신의 대지 지분 부분 상당이 포기되었으므로 결국 깨끗한 물건을 분양받게 되는 것이다. 하지만 토지등기부상 집합건물 전유 부분에 해당되는 토지지분에 대하여 설정되었던 모든 권리가 이미 정리가 되었음에도 단지 토지별도 등기의 공시가 삭제되지 아니한 경우가 생긴다. 이러한 경우에는 토지등기를 떼어보면 이미 근저당이나 지상권 등이 말소된 것을 알 수 있다. 즉 외관만 별도등기가 된 경우로서 실체적인 제약이 전혀 없는 경우이므로 이러한 토지별도등기는 무시해도 좋다.

통상적으로 대형아파트나 상가와 같은 집합건물에는 조합이나 관리감독청의 철저한 검증으로 인해 이러한 사례가 거의 발생하지 않는데 다세대주택 등 작은 규모의 집합건물에 종종 이러한 실수가 벌어지곤 한다.

② 둘째, 시행사나 지역조합에서 집합건물을 건축할 경우 원활한

분양을 위해 토지를 신탁회사에 신탁한 후 건축을 하면서 분양을 하는 것이 일반적이다. 이 때 나중에 분양을 할 때에는 신탁계약을 해지하고 지주 명의로 이전등기를 한 후 분양을 하게 되는데 이 과정에서 법무사들이 실수하는 경우가 종종 발생한다.

토지에 대한 신탁등기는 부동산등기상으로는 마치 근저당권과 마친가지로 토지별도등기를 하게 되어 있다. 그러므로 토지를 신탁한 집합건물을 분양받아 보면 대지권의 표시 밑에 토지별도등기가 있었던 흔적이 나온다. 통상적으로는 분양을 하면서 토지에 대한 신탁계약이 해지되므로 토지별도등기 역시 대지권비율만큼 말소되어야 하는데 그렇지 못한 경우가 발생하는 것이다. 이러한 실수가 발생되는 것은 신탁계약에 대한 이해부족으로 인한 것으로 보인다. 하지만 이러한 경우 구분건물은 사실상 토지별도등기가 의미가 없으므로 낙찰받아도 아무런 문제가 없게 된다.

③ 셋째, 통상적으로 집합건물 상가의 경우 지하철이 인근에 있을 경우, 혹은 지하 공동구 등 지하구조물이 있는 경우 구분지상권 문제로 상가등기부등본상에 '토지별도등기 있음'이라고 등재되는데 이러한 경우에는 특별한 문제가 없으므로 무시해도 좋다.

라. 토지별도등기를 말소하는 방법

앞서 설명한 바와 같이 토지별도등기상의 담보권자나 신탁회사가 채권신고(배당요구)를 할 경우에는 낙찰자는 토지별도등기상 채무를 인수할 필요가 없고 토지별도등기는 경매로 인해 말소된다. 하지만 만약 토지별도등기가 실수로 말소되지 않는 경우에는 담보권자나 신탁회사가 채권신고를 할 필요나 실익이 없으므로 채권신고를 하지 않게 되고 이 경우 결국 법원에서는 건물경매 시 특별매각조건으로 토지별도등기를 인수하는 조건으로 경매를 진행한다. 그 결과 이러한 건물을 낙찰받은 경우 여전히 토지별도등기가 남아있게 되고 나중에 그 부동산을 처분할 때 이것이 발목을 잡아 거래가 성사되지 않게 될 가능성이 크다.

한편 토지별도등기상 담보권자나 신탁회사는 **채무자나 신탁자의 동의** 없이 별도등기를 말소할 수가 없으므로 결국 낙찰자는 건물소유자에게 돈을 주고 합의를 보거나 소송을 거는 수밖에 없다. 그러므로 설사 토지별도등기가 사실상 효력이 없는 채 말소되지 않은 경우라도 이러한 불측의 손해를 볼 수 있으므로 이 점까지 고려하여 경매에 참여해야 한다.

48 | 가능기청구권의 성격과 경매절사에서 인수 여부

Q A씨는 경매에 참여하려 하는데 그 부동산에 '선순위 가등기'가 설정되어 있다. A씨가 그 부동산을 낙찰받았을 때 나중에 가등기권자가 본등기를 경료하면 권리를 잃을 수 있을까?

가등기의 경우 일반등기에 비해 개념과 법적 쟁점이 매우 복잡하므로 정확한 분석이 필요하다. 여기서의 가등기란 장래의 본등기 등록을 대비해 미리 등기부상의 순위를 보전하기 위해 행하는 등기를 말한다. 예를 들어 매매의 예약이나, 또는 기한에 차용금을 변제하지 않았을 때 대물변제로서 부동산을 취득한다는 약정을 하였을 경우처럼 당연히 장래에 소유권이전의 본등기를 하는 것이 예상될 때가 이에 해당한다.

가등기는 **그 실질적 원인에 따라** '순위보전가등기'와 '담보가등기'로 나뉠 수 있다. 실무상 흔히 사용되는 가등기는 담보가등기가 아닌 '순위보전' 내지 '소유권이전청구권보전'을 위한 가등기다. 그 이유는 담보가등기의 경우 나중에 정산을 해야 하고, 등기비용도 상대적으로 비싸기 때문이다.

이러한 순위보전가등기의 등기 원인을 통상 '매매계약'보다는 '매매예약'으로 표시한다. 하지만 가등기의 성격은 그 등기기록상 원인이 어떻게 기재되었는가 형식적 원인에 의해 결정되는 것이 아니다. 이 차이점이 가장 문제가 되는 경우는 부동산이 경매로 넘어갔을 경우다. 경매실무 상 집행법원은 가등기가 설정된 경우에는 그 가등기권자에게 가등기의 성격을 신고하도록 하여 만약 담보가등기라면 경락과 동시에 소멸시켜버리고, 순위보전가등기의 경우에는 경락인이 인수하도록 한다. 이 경우 담보가등기권자는 근저당권자와 유사한 취급을 받는데 차이점은 근저당권자는 당연 배당권자임에 반하여, 담보가등기권자는 반드시 채권신고를 해야 한다는 점이다(가등기담보 등에 관한 법률 제16조 2항).

문제는 최선순위의 가등기가 담보가등기인지 순위보전의 가등기인지 알 수 없는 경우다. 이 경우 집행법원은 일단 순위보전가등기로 취급하여 경매를 진행하고, 매수인에게 그 부담이 인수될 수도 있다는 취지를 입찰물건명세서에 기재하도록 한다.

따라서 선순위 가등기가 설정된 부동산을 경매받고자 할 경우, 그 가등기권자가 담보가등기로 신고하여 배당에 참여하는 경우가 아니면, 이를 인수해야 하므로 주의를 요한다.

49 | 가등기권과 시효문제

Q A씨는 집을 경매받으려고 하는데 그 집에는 11년 전에 설정된 가등기가 있다. A씨는 가등기권은 10년이면 소멸하여 본등기 청구권이 없어진다고 들었는데, A씨가 그 집을 경매받아 가등기권자를 상대로 기간 도과를 이유로 가등기말소청구를 할 경우 반드시 승소할 수 있나?

가등기 관련 분쟁을 살펴보면 가등기에 기한 본등기청구권의 시효와 관련되는 사례가 많다. 민법에 따르면 매매의 일방예약은 상대방이 매매를 완결할 의사를 표시하는 때에 매매의 효력이 생긴다고 규정되어 있다(민법 제564조 1항). 만약 의사표시의 기간을 정하지 않은 경우 예약자는 상당한 기간을 정해 매매완결 여부의 확답을 상대방에게 최고할 수 있다(동조 2항). 이때 기간 내에 확답을 받지 못할 경우 예약의 효력은 상실된다(동조 3항).

보통 매매예약-가등기완결권은 형성권의 성격을 가져 통상적인 제척기간은 10년인데, 소멸시효의 경우와 달리 시효중단의 문제가 없이 진행된다. 그런데 순위보전가등기의 등기원인이 매매예약인가 매매계약인가의 점은 10년의 제척기간에 적용되는가에 관해 중요한 쟁점이 된다. 실무상 매매예약을 가등기의 등기원인으로 기재하지만, 이와 같은 경우에도 등기원인의 표시만으로는 매매예약이 매매계약으로 전환되었는지 알 수 없다. 보통 매매예약일 기준 10년이 경과하면 제척기간 도과로 본등기청구권이 소멸되지만, 기간 내 예약완결권을 행사하였는지 여부가 등기부에 명시되지 않아 판단이 쉽지 않은 실정이다. 따라서 가등기에 기한 본등기 전환이 없었더라도 예약완결권 미행사로 단정짓기 힘들다. 왜냐하면 매매예약완결권을 이미 행사하여 계약이 체결된 이후에 어떤 사정으로 본등기가 되지 않을 수 있기 때문이다.

이러한 사례가 소송으로 발전할 경우 재판과정에서 완결권 행사를 주장하는 자가 날짜를 소급해 허위로 만든 서류 등을 법원에 제출하여 **제척기간의 도과를 저지**하려고 하는데 이에 대한 반증이 그리 쉽지 않다. 즉, 오래된 가등기라고 하더라도 무작정 제척기간 도과로 실효되었다고 단정할 수 없는 것이다.

실무상 특히 문제가 되는 경우는 매매예약완결권이 행사되어 매매계약으로 전환된 뒤에 **가등기권리자가 그 부동산을 계속하여 점유**하고 있을 경우이다. 이 경우 가등기권리자의 권리는 매매예약완결권이 아닌 본등기 청구권(채권적 청구권)으로 전환되게 되어 10년의 소멸시효의 대상으로 바뀐다. 그런데 대법원은 소유권이전등기청구권자가 당해 부동산을 점유하고 있을 경우 본등기 청구권의 소멸시효가 중단된다고 해석한다(대법원 1991. 3. 22. 선고 90다9797호 판결). 따라서 이 경우에는 가등기에 기한 본등기 청구권은 소멸시효가 완성되지 않는다. 이렇듯 가등기가 10년 이상 경과되었다고 해도 가등기권자가 부동산을 점유하고 있을 경우에는 시효중단에 의해 가등기가 여전히 유효할 수 있으므로 경락인은 특히 주의를 요한다.

50 | 부동산을 이용 못할 때도 이행강제금은 내야 하나?

Q A씨는 공장을 지을 목적으로 B종중 소유의 부동산을 C씨로부터 3억 7,100만원에 구입한 후 소유권이전등기를 하였다. 하지만 C씨는 해당 부동산을 거래하면서 B 종중총회를 거쳐야 함에도 이를 무시하고 종중총회 회의록을 조작하여 부동산을 거래하였는데 나중에 그 사실이 발각되었다. 이에 B종중이 A씨를 상대로 소유권이전등기 말소청구 소송을 내면서 A씨의 공장 설립은 중단되었다. 하지만 관할 지자체인 평택시는 이러한 A씨의 사정에도 불구하고 A씨에게 목적대로 사업을 이행하지 않는다는 이유에서 이행강제금 1,300만원을 부과하였고, 이에 A씨는 토지를 이용할 수 없는 상태라며 평택시를 상대로 소송을 제기하였는데 소송의 결과는?

토지거래 허가구역 내에 위치한 토지는 그에 대한 매도와 매수가 가능하다. 하지만 토지거래 허가구역 내에 종중 부동산이 포함되어 있는 경우에는 토지를 사용하기 위해선 종중 총회를 거쳐야만 한다. 사례의 경우 해당 종중 토지를 처분한 자가 종중 총회를 거친 것처럼 문서를 꾸몄다가 적발되어 해당 토지의 이용이 불가능해지면서 문제가 발생한 사건이었다. 위 사건에서 1심 재판부는 A씨가 토지거래허가를 받은 뒤 B 종중이 소유권이전등기 말소소송을 제기할 때까지의 기간인 11개월 동안 공장을 설립하지 않는 등 목적대로 사업을 이행하지 아니하였으므로 이행강제금을 납부해야 한다고 보았다. 하지만 항소심 재판부는 원심을 취소하고 A씨에게 원고 승소판결을 내렸다(서울고법 행정6부 2011누28836 판결).

항소심 재판부의 이 같은 결정은 B종중 토지처분에 대한 B 종중회의가 있었던 것처럼 꾸민 C씨의 행동에 의해 A씨가 피해를 입었다는 점에 주목한 것이다. 재판부는 A씨의 본인의 과실 없이 토지 이용이 불가능해졌음에도 불구하고 이를 두고 과태료를 부과한 평택시의 처분을 부당하다며 A씨의 손을 들어준 것이다.

51 | 준공검사 전 용도변경 사용에 대한 이행강제금

Q A씨는 문화 집회시설로 허가를 받아 건물을 신축하였다. 그런데 준공검사가 나기 전부터 그 건물을 창고로 사용하였는데 그 와중에 준공검사가 났다. 그런데 서울시 중랑구청에서는 A씨가 준공검사 전부터 현재까지 용도를 변경해 사용한 부분 전체에 대해 A씨를 상대로 이행강제금 7억 8,600만원을 부과하였다. A씨가 이행강제금에 대한 취소를 청구할 수 있는가?

A씨는 공장과 수영장 및 문화·집회시설을 짓겠다며 건물 4곳에 대한 건축허가를 받았지만 완공 이후 택배회사에 임대해 창고시설로 사용했다. A씨는 문화집회시설로 사용승인을 받은 건물 한 곳의 일부분을 제외하고는 나머지 부분에 대해서는 사용승인을 받지 않은 채

건물을 사용했다. 이에 중랑구청은 A씨에게 "허가사항을 위반한 채 건물들을 다른 용도로 사용했을 뿐만 아니라 무단증축까지 했다"며 이행강제금 7억 8,600여만원을 부과했고, A씨는 이에 반발해 이행강제금 부과처분 취소소송을 냈다.

건물이 허가된 용도와 달리 사용됐더라도 건물주가 건물 사용승인을 받기 전이라면 지방자치단체는 무단용도 변경을 이유로 이행강제금을 부과할 수 없다. 서울행정법원은 A씨가 서울시 중랑구청장을 상대로 낸 건축이행강제금부과처분취소송(2015구단56192)에서 "구청은 A씨에게 공장과 수영장으로 허가를 해 준 건물에 대해 부과한 이행강제금 7억 8,600여만원 중 6억 900여만원을 취소하라"며 원고 일부승소 판결했다. 재판부에 따르면, 건축물의 용도를 변경하려는 자는 지자체에 허가를 받거나 신고를 해야 한다고 규정한 건축법 제19조는 건물 사용승인을 전제로 한 개념이라며 구청은 A씨가 당초 허가받은 용도와 달리 해당 건물을 창고시설로 사용하고 있다는 이유로 이행강제금을 부과했지만, 사용승인을 얻은 적이 없는 건물에 대해 무단용도 변경을 이유로 이행강제금을 부과할 수는 없다.

따라서 A씨의 경우 준공검사가 난 뒤에 사용한 부분에 관하여만 이행강제금이 부과되어야 하므로 그 전에 사용한 부분에 관한 이행강제금은 취소되어야 한다.

사전사용과 형사처벌

건축법 제22조 제3항에 의하면 건축주는 사용승인을 받은 후가 아니면 건축물을 사용하거나 사용하게 할 수 없고, 이를 위반하면 2년 이하의 징역 또는 1억원 이하의 벌금형을 받을 수 있다.

52 | 근저당과 유치권 선후문제

Q A씨는 건축업자인데 호텔을 시공하게 되었다. 그런데 공사가 다 완공되어 보존등기까지 된 마당인데도 아직 공사비를 전액 지급받지 못하였다. 그 와중에 그 건물에 은행 측에게 근저당이 설정되었는데 얼마 후 은행에서 임의경매를 신청하려고 한다는 소문이 돌았다. A씨는 압류 전에 유치권을 행사하기로 마음먹고 건물입구에 플래카드를 설치하고 현재 직원들을 상주시키면서 유치권을 행사하고 있다. 그 후 은행에서 실제로 경매신청을 하여 B씨가 낙찰받았다. A씨는 근저당이 설정된 이후에 유치권을 행사하였음에도 B씨에게 유치권으로 대항할 수 있나?

가. 민사유치권은 근저당권자에게 우선

부동산 경매절차에서의 매수인은 민사집행법 제91조 제5항에 따라 유치권자에게 그 유치권으로 담보하는 채권을 변제할 책임이 있는 것이 원칙이나, 채무자 소유의 부동산에 '경매개시결정의 기입등기가 경료'되어 압류의 효력이 발생한 후에 채무자가 위 부동산에 관한 공사대금 채권자에게 그 점유를 이전함으로써 그로 하여금 유치권을 취득하게 한 경우, 점유자로서는 위 유치권을 내세워 그 부동산에 관한 경매절차의 매수인에게 대항할 수 없다(2009. 1. 15. 선고 2008다70763 판결). 즉 민사유치권의 성립 시기는 늦어도 **'경매개시결정의 기입등기일'** 까지는 유치권을 취득해야 한다는 것이다. 만약 그때까지 유치권을 취득한다면 유치권취득 이전에 이미 선행 근저당이 설정되어 있다고 해도 경락인에게 유치권으로 대항할 수 있다. 이 사안의 경우 A씨는 경매개시결정 기입등기일, 즉 압류시점 이전에 이미 유치권을 행사하기 시작하였다. 따라서 경매절차에서 낙찰자에게 유치권을 주장할 수 있다.

하지만 만약 이 경우 낙찰자가 **권리남용주장**을 하면 어떻게 될까?

즉 건축업자 A씨가 근저당권자인 은행의 신청에 의하여 이 사건 각 부동산에 대한 임의경매절차가 곧 개시되리라는 점을 충분히 인식하면서 건축주로부터 부동산을 인도받았다고 보인다는 이유로, B씨가 A씨의 유치권주장이 신의칙상 허용되지 않는다고 주장할 경우 문제이다.

만약 건축업자가 자기 채권의 우선적 만족을 위하여 위와 같이 취약한 재정적 지위에 있는 채무자와의 사이에 의도적으로 유치권의 성립요건을 충족하는 내용의 거래를 일으키고 그에 기하여 목적물을 점유하게 됨으로써 유치권이 성립하였다면, 유치권자가 그 유치권을 저당권자 등에 대하여 주장하는 것은 다른 특별한 사정이 없는 한 신의칙에 반하는 권리행사 또는 권리남용으로서 허용되지 아니한다(대법원 2011. 12. 22. 선고 2011다84298 판결).

하지만 목적물에 관하여 채권이 발생하였으나 단지 채권자가 목적물에 관한 점유를 취득하기 전에 그에 관하여 저당권 등 담보물권이 설정되고 이후에 채권자가 목적물에 관한 점유를 취득한 경우 채권자는 다른 사정이 없는 한 유치권의 행사가 신의칙에 반한다고 볼 수 없다(대법원 2014. 12. 11. 선고 2014다53462 판결).

이 사안에서 유치권자 A씨가 위와 같은 권리남용으로 추단되는 행위를 한 바는 없으므로 A씨는 B씨를 상대로 민사유치권을 주장할 수 있다.

나. 상사유치권의 경우 근저당권자에게 유치권 주장 안 돼

그런데 만약 B씨가 A씨의 유치권이 상사유치권이라고 주장하면 어떻게 될까? 최근 대법원은 부동산도 상사유치권의 대상으로 보고 있다. 그런데 상사유치권은 민사유치권과 달리 대상물건이 채무자의 소유여야 하므로 근저당권이 설정된 경우 그 뒤에 유치권을 행사하여도 근저당권자에게 유치권을 주장할 수 없다(대법원 2013. 2. 28. 선고 2010다57350 판결). 결국 이 경우 권리의 선후에 대한 기준점은 **'근저당권 설**

정시점'이 된다. 민사유치권이 경매개시결정 기입등기 전에만 유치권을 행사하면 근정당권이 선행한다고 해도 낙찰자에게 대항할 수 있는 것과 대조적이다.

그런데 앞서 본 대법원판례(2014다53462)의 원심(대전고법 2014. 7. 8. 선고 (청주)2014나667 판결)에서도 "피고는 **상사유치권자에 불과한데** 상사유치권자는 선행저당권자 또는 선행저당권에 기한 임의경매절차에서 부동산을 취득한 매수인에 대한 관계에서는 상사유치권으로 대항할 수 없으므로, 위 피고는 선행저당권자인 원고에게 이 사건 각 부동산에 관한 유치권을 주장할 수 없다"라고 판단하였고, 대법원에서도 원심의 판단을 지지한 점을 주목해야 한다. 그 판시 내용의 취지에 비춰볼 때 대법원의 견해는 상사유치권이 성립될 경우에는 민사유치권을 주장해 선행저당권자에게 대항할 수 없는 것으로 보인다.

다. 결어

사례로 돌아가 살피건대, A씨의 유치권이 민사유치권이면 A씨가 승소하고, 상사유치권이면 B씨가 승소한다. 개인적 생각으로는 A씨도 상인이고, 건축주 역시 호텔주인이어서 상인임이 분명하므로 이 사건은 상사유치권 문제로 해석될 것으로 보여 B씨가 승소할 가능성이 크다. 하지만 민사소송은 처분권주의(변론주의)이므로 실무상 양 당사자가 어떠한 주장과 전략을 펼치느냐에 따라 실제 소송의 결과가 달라질 것이다.

53 | 하수급업체의 유치권 행사

Q A씨는 다가구 주택 한 채를 신축하였다. 그런데 A씨는 건설업자 B씨에게 건축비용을 모두 다 지급하였는데 B씨는 그 돈을 하수급업자 C씨에게 다 지급하지 않고 일부를 개인적인 용도로 사용해 버렸다. C씨는 A씨 건물에 유치권을 행사할 수 있는가?

가. 소송전략

부동산 분쟁 시 유치권 다툼에 휘말리면 상당한 어려움을 겪기 쉽다. 실제 부동산경매 관련 유치권이 신고된 경우 기피현상이 뚜렷해 경매가 유찰되곤 한다. 이런 분쟁에 휘말릴 경우 유치권에 대한 철저한 법리적 무장이 필수적인데 특히 민사유치권과 상사유치권으로 구분하여 전략적으로 소송에 대응하는 것이 효과적이다.

나. 민사유치권 VS 상사유치권, 대표적인 차이점은?

민사유치권을 규정한 민법 제320조 제1항에서 '그 물건에 관하여 생긴 채권'은 채권이 목적물 자체로부터 발생한 경우는 물론이고 채권이 목적물의 반환청구권과 동일한 법률관계나 사실관계로부터 발생한 경우도 포함한다(대법원 2007. 9. 7. 선고 2005다16942 판결). 한편, 상인간의 상행위로 인한 채권자가 행사할 수 있는 상사유치권(상법 제58조)의 경우, 민사유치권과 달리 피담보채권이 '목적물에 관하여' 생긴 것일 필요는 없지만, 유치목적물이 '채무자 소유'일 것으로 제한되어 있다(대법원 2013. 2. 28. 선고 2010다57350 판결). 결국 두 유치권의 차이점은 민사유치권의 경우에는 '유치할 목적물에 관한 채권'임을 요하나, 그 목적물이 채무자의 소유가 아니어도 무방한 반면, 상사유치권은 반대로 유치할 목적물에 관한 견련성이 불필요하나, 반드시 '채무자의 소유'여야 한다는 것이다. 상사유치권은 당사자 쌍방이 상인이어야 하며 상행위로 발생한 채권에 한하여 성립된다.

다. 하수급업체의 유치권행사에 대해 건물주는 방어할 수 있나?

이러한 차이점은 실무상 하수급업체의 유치권행사 관련 분쟁에서 중요성이 부각된다. 통상 '하도급거래 공정화에 관한 법률 제14조'에 의하면 수급인이 하수급인에게 공사대금을 지급하기 곤란한 사정이 있을 경우, 하수급인은 발주자(원도급인)에게 직접 공사대금을 달라고 요청할 수 있다. 그 결과 하수급인은 발주자에게 직접 채권을 갖게 되므로 발주자의 건물에 대해 유치권행사를 할 수 있다. 하지만 만약 발주자가 수급인에게 이미 공사대금을 지불하였음에도 수급인이 하수급인에게 이를 전달하지 않고 딴 곳에 유용한 경우는 어떨까? 이런 경우 아직 판례가 정착된 것은 아니나, 위 상사유치권 판례(대법원 2013. 2. 28. 선고 2010다57350)의 취지상, 하수급인은 발주자에게 직접 채권이 없어 [유치목적물의 소유자 = 채무자] 공식이 깨지게 된다. 따라서 이 경우 하수급인은 상사유치권을 행사할 수 없다고 해석된다.

라. 결어

사례로 돌아가 살피건대, A씨의 경우 만약 본인이 상인에 해당될 경우(예컨대 임대사업자) 위와 같이 상사유치권을 주장하여야 한다. 즉 C씨가 유치하는 건물은 A씨의 소유인데, A씨는 C씨에게 채무가 없으므로 상사유치권이 성립되지 않는 것이다. 아직 대법원판례가 정착된 것이 아니어서 확실하게 승소한다고 장담할 수는 없지만 논리적으로는 매우 날카로운 주장이므로 법적 쟁점으로 충분히 삼을 수 있다.

더욱이 앞서 설명한 바와 같이 대법원이 상사유치권자의 경우 민사유치권 주장을 못한다는 취지의 판단을 내린 바 있으므로(대법원 2014. 12. 11. 선고 2014다53462 판결 및 그 원심 판결인 대전고법 2014. 7. 8.

선고 (청주)2014나667 판결), A씨가 상사유치권을 주장할 경우 설사 C씨가 민사유치권이라고 주장한다고 해도 C씨의 주장은 배척될 가능성이 크다. 하지만 만약 A씨가 상인에 해당되지 않는다면 상사유치권이 성립되지 아니하여 민사유치권의 법리가 적용된다. 그 결과 C씨의 민사유치권이 성립될 가능성이 크다.

54 | 공사업자의 유치권 행사

A씨는 이번에 경매를 통해 단독주택 한 채를 샀다. 그런데 막상 집에 입주하려고 하니 공사업자 B씨가 유치권을 행사하고 있었다. B씨는 전 집주인 C씨로부터 증축 공사를 의뢰받아 공사를 하였다고 하는데 A씨가 그 공사비를 다 물어줘야 B씨를 내보낼 수 있나?

경매를 하다 보면 가짜 유치권으로 인해 애를 먹는 경우가 많다. 그럼 어떤 경우 유치권이 성립될까? 다음과 같은 쟁점을 모두 살펴보아야 한다.

① **첫째, 유치권자가 점유를 개시한 시점이 언제인가?** 채무자 소유의 부동산에 경매개시결정의 기입등기가 마쳐져 압류의 효력이 발생한 후에 유치권을 취득한 경우에는 그로써 그 부동산에 관한 경매절차의 매수인에게 대항할 수 없다(대법원 2009. 1. 15. 선고 2008다70763 판결 등 참조). 따라서 유치권자가 언제부터 유치권을 행사하였는지 그 시점을 봐야 한다.

② **둘째, 건축업자의 공사채권이 변제기에 도래하였는가?** 왜냐하면 유치권은 그 목적물에 관하여 생긴 채권이 변제기에 있는 경우에 비로소 성립한다(민법 제320조). 따라서 채무자 소유의 건물에 관하여 증·개축 등 공사를 도급받은 수급인이 경매개시결정의 기입등기가 마쳐

지기 전에 채무자로부터 그 건물의 점유를 이전받았다 하더라도 경매개시결정의 기입등기가 마쳐져 압류의 효력이 발생한 후에 공사를 완공하여 공사대금채권을 취득함으로써 그때 비로소 유치권이 성립한 경우에는, 수급인은 그 유치권을 내세워 경매절차의 매수인에게 대항할 수 없다(대법원 2011. 10. 13. 선고 2011다55214 판결 참조).

③ **셋째, 유치권자의 점유가 적법한가?** 위와 같은 두 가지 조건을 모두 갖췄다고 해도 점유가 불법적인 경우에는 유치권이 성립되지 않는다(민법 제320조 2항). 그 결과 아무리 공사업자라고 해도 건축주나 소유자의 동의나 승낙 없이 점유를 개시했다면 불법점유이므로 유치권이 성립되지 아니한다. 특히 공사업자가 건물을 완공 혹은 중단 상태에서 **공사현장을 건축주에게 인도하거나 현장을 임의로 떠나버린 경우**에 문제가 발생한다. 공사 진행 도중에는 공사업자의 점유가 건축주나 소유자의 동의하에 이뤄지므로 그 연장선상에서 유치권을 행사한다고 해도 점유 자체가 불법적인 것은 아니다. 하지만 위와 같이 일단 점유를 풀어버린 뒤 다시 점유를 할 경우에는 건축주나 소유자의 동의를 받는다는 것은 사실상 어려운 상황이 되므로 이를 무시하고 공사업자가 점유를 해버린 경우에는 불법점유가 되어 유치권이 성립되지 않는다.

④ **넷째, 유치권자의 점유가 실질적으로 지속되고 있는가?** 만약 점유를 잃으면 적법한 자력탈환이 성립되지 않는 한 유치권을 상실하게 된다. 즉 점유는 유치권의 성립요건이자 존속요건이다. 예컨대 건물을 건축한 사람이 건물을 유치하는 경우 건물 입구에 '유치권 행사 중'이라는 문구의 플래카드를 설치하고, 유치권의 근거되는 채권에 대해 상세하게 기재한 공문도 건물 입구 등에 붙여 공고한다. 나아가 상시 그곳을 관리하는 사람을 주둔시키고 건물의 시정장치 등을 관리토록 한다. 이에 유치기간이 길어질 경우 상당한 비용도 발생하게 되므로 유치권을 행사하려면 이러한 손익계산도 사전에 해야 된다.

점유라고 함은 물건이 사회통념상 그 사람의 사실적 지배에 속한다고 보이는 객관적 관계에 있는 것을 말하고 사실상의 지배가 있다고 하기 위해서는 반드시 물건을 물리적, 현실적으로 지배하는 것만을 의미하는 것이 아니고, 물건과 사람과의 시간적, 공간적 관계와 본권관계, 타인지배의 배제가능성 등을 고려하여 사회 관념에 따라 합목적적으로 판단하여야 한다.

만약 공장 신축공사 공사잔대금 채권에 기한 공장 건물의 유치권자가 공장 건물의 소유 회사가 부도가 난 다음에 그 공장에 직원을 보내 그 정문 등에 유치권자가 공장을 유치·점유한다는 안내문을 게시하고 경비용역회사와 경비용역계약을 체결하여 용역경비원으로 하여금 주야 교대로 2인씩 그 공장에 대한 경비·수호를 하도록 하는 한편 공장의 건물 등에 자물쇠를 채우고 공장 출입구 정면에 대형 컨테이너로 가로막아 차량은 물론 사람들의 공장 출입을 통제하기 시작하고, 그 공장이 경락된 다음에도 유치권자의 직원 10여 명을 보내 그 공장 주변을 경비·수호하게 하고 있었다면, 유치권자가 그 공장을 점유하고 있었다고 볼 여지가 충분하다(대법원 1996. 8. 23. 선고 95다8713 판결).

반면 가령 유치권을 행사한다는 취지의 안내문을 부착하고 임의경매절차에서 유치권자로서 권리신고를 하는 한편, 직원들이 가끔 건물에 들러 사무실의 책상을 사용하였으나 상주하거나 관리하지는 아니하였다면, **실제로 건물의 열쇠를 교부받아 건물을 상주하면서 관리한 시점**부터 유치물을 점유하고 있다고 볼 수 있다(서울고등법원 2008. 6. 25. 선고 2008나42036 판결).

사례로 돌아가 살피건대, B씨는 위와 같은 여러 요소가 다 갖춰져야만 A씨를 상대로 유치권행사를 할 수 있다. 실무적으로 유치권관련 소송에서 유치권자가 패소하는 확률이 많은 이유는 위와 같은 까다로운 조건을 모두 충족하는 것이 현실적으로 쉽지 않기 때문이다.

55 | 유치권 행사의 악용사례

Q A씨는 B씨에게 2억원을 빌려주고 B씨가 최근 지은 집에 근저당권을 설정했다. 그 뒤 B씨가 돈을 갚지 않아 A씨는 그 집을 경매에 넘겼는데 갑자기 건축업자 C씨가 그 집에 유치권을 행사하여 경락이 되지 않고 계속 유찰되었다. 하지만 A씨가 보기에는 C씨가 B씨와 짜고 허위로 유치권행사를 하는 것으로 보였는데 A씨의 해결방안은?

가. 근저당권과의 선후 기준점

유치권은 부동산 소유자들의 소유권 행사를 방해하기 위한 방법으로 매우 효과적이고 유용하기 때문에, 대부분의 부동산소유권에 관한 분쟁에 있어서 유치권 관련 분쟁과 소송들도 많아지고 있다. 부동산 경매절차에서의 매수인은 민사집행법 제91조 제5항에 따라 유치권자에게 그 유치권으로 담보하는 채권을 변제할 책임이 있는 것이 원칙이다. 하지만 채무자 소유의 건물 등 부동산에 경매개시결정의 기입등기가 경료되어 압류의 효력이 발생한 후에 채무자가 위 부동산에 관한 공사대금 채권자에게 그 점유를 이전함으로써 그로 하여금 유치권을 취득하게 한 경우 그 부동산에 관한 경락인에게 대항할 수 없다. 또한 유치권은 목적물에 관하여 생긴 채권이 변제기에 있는 경우에 비로소 성립하므로(민법 제320조), 경매개시결정의 기입등기가 마쳐져 압류의 효력이 발생한 후에 공사를 완공하여 공사대금채권을 취득함으로써 그때 비로소 유치권이 성립한 경우에는, 수급인은 유치권을 내세워 경매절차의 매수인에게 대항할 수 없다.

나. 부동산경매에 있어서 허위유치권의 남용

유치권을 남용하는 경우도 심심치 않다. 유치권이 없음에도 허위의 공사계약서를 작성하고 마치 공사를 한 것처럼 영수증을 위조하여 유치권의 요건 사실을 만들어 행사하는 등 유치권을 악용하는 것이다. 이러한 유형은 허위유치권으로서 아예 유치권이 없는 사람이 채무자(건물 소유자)와 공모하여 유치권이 있는 것처럼 서류를 위조하거나 공사계약으로 정한 공정 이외의 공사를 하였다고 주장하기도 한다.

하지만 유치권에 의한 경매를 신청한 유치권자가 피담보채권인 공사대금 채권을 실제와 달리 허위로 크게 부풀려 경매를 신청할 경우 소송사기죄 내지 소송사기미수죄에 해당될 여지가 있다. 최근 건물을 짓고도 은행대출을 갚지 못해 경매로 넘어가는 것을 막기 위해 거짓으로 유치권을 이용하다가 검찰에 고발되어 징역 1년을 선고받은 사례가 있었다.

다. 결어

사례로 돌아가 살피건대, A씨는 건축업자 C씨의 유치권행사가 위와 같이 불법적인 경우에는 B씨와 C씨를 입찰방해죄의 공범으로 형사고소할 수 있다. 하지만 허위 유치권 신고를 한 것만으로는 사기미수죄에는 해당되지 않는다(대법원 2009. 9. 24. 선고 2009도5900 판결). 아울러 C씨를 상대로 유치권부존재확인의 소를 제기하여 유치권의 진위 여부를 다툴 수도 있다.

56 | 분양사기를 피하는 요령

Q A씨는 시행사에 다니는 지인 B씨를 통해 오피스텔 한 채를 분양받았다. 그런데 B씨는 “분양대금을 시행사에 바로 입금하면 직원가로 할인해서 분양해준다”라고 말하였고, 이에 혹한 A씨는 원래 분양가 3억원짜리 오피스텔을 2억 4천만원에 할인받아 분양계약

> 을 체결하였다. 그 후 A씨는 B씨의 요청대로 분양대금을 모두 시행사의 통장으로 입금했다. 그런데 나중에 알고 보니 B씨의 말은 모두 거짓말이었고 A씨는 그 오피스텔을 분양받지 못하였다. 이러한 일이 왜 생기는 것일까?

분양계약을 체결할 때 알아둬야 할 개념이 있다. 그것은 시행사, 시공사, 신탁회사의 역할이다. 이 3가지 회사는 분양계약 시 등장하는 삼총사인데 통상 분양계약서에 3회사 모두 등장하므로 그 회사들이 같은 회사로 착각하는 경우가 많지만 각자의 역할은 법적으로 엄연히 구분되어 있다.

① 시행사는 통상적으로 부동산 개발 사업을 계획 · 추진하며 대출 주선과 분양광고를 담당한다. 시행사는 분양광고에 대하여는 별도의 분양대행사에게 외주를 주기도 하고, 나아가 시행위탁사에게 시행업무를 아예 포괄적으로 위임하기도 한다.

② 시공사는 아파트나 오피스텔 등을 실제로 짓는 건설회사이다.

③ 신탁회사는 개발사업에 필요한 분양대금을 관리 및 수납하는 곳이다.

그러면 분양사업을 할 때 이렇듯 회사를 분리해 놓은 이유는 무엇일까? 시행사는 대출을 받아 분양 사업을 하는 경우가 많은데 만약 채권자들이 그 돈을 압류하면 시행사는 그 사업을 더 이상 진행할 수 없게 된다. 그러면 그때까지 분양받은 사람들은 고스란히 권리를 잃게 되므로 차단막이 필요하다. 그 차단막 역할을 하는 회사가 바로 신탁회사이다. 신탁회사에 모든 재산과 권한을 위탁하는 경우, 시행사의 자금 상태와 무관하게 사업을 계속 진행할 수 있기 때문이다.

보통 시행사의 경우 자금력이 탄탄하지 않는 회사가 대부분이다. 따라서 그러한 회사와 계약을 할 때는 통상적으로 분양금을 입금하는 계좌가 신탁회사의 계좌로 지정하게 된다(자금력이 좋은 시행사의 경우는 시행사 계좌로 입금하는 경우도 있음). 그렇기 때문에 분양받은 사람들은 반드시 지정된 계좌로 입금해야 한다.

만약 분양대금을 지정된 신탁회사의 계좌가 아닌 시행사의 계좌로 입금했다면 법적으로 어떤 문제가 발생할까? 통상 부동산 분양사업의 시행사는 자금력이 부족해 신탁회사에게 땅에 대한 소유권을 위탁한 후 실질적인 매도인 역할은 신탁회사가 한다. 따라서 시행사에게 입금했는데 그 회사가 그 돈을 신탁회사에 보내지 않고 횡령할 경우 권리를 구제받기 어렵게 된다. 왜냐하면 시행사의 경우 페이퍼컴퍼니가 많아 사실상 회사의 자산이 거의 없기 때문이다. 물론 나중에 사기를 친 사람을 상대로 형사소송은 가능하지만 그것 역시 궁극적인 해결책은 될 수 없다. 결국 분양을 받는 사람은 분양계약서를 꼼꼼히 숙지하여 대처해야만 사기분양을 피할 수 있다.

또한 시행사에서 광고한 조감도만을 믿고 섣부른 판단을 해서도 안 된다. 특히 분양 면적이나 위치, 주변 상황 등의 매물 조건을 꼼꼼하게 확인하는 것이 무엇보다 중요하다. 실무상 분양계약 취소 사건에서 많이 등장하는 것이 분양면적 및 조감도와 다른 실물 때문인데 조감도만 보면 전문가라도 속을 수 있으므로 주의를 요한다.

57 | 지적도와 등기부취득시효

Q A씨는 B씨로부터 1필지 땅을 매수하여 10년 이상 소유하고 있었다. 그런데 나중에 알고 보니 그 땅은 사실 B씨의 땅이 아닌데 B씨가 서류를 위조하여 C씨의 땅을 가로챈 것이다. 나중에 원래의 땅 주인인 C씨가 A씨를 상대로 A씨 앞으로 된 소유권등기가 원인무효라며 말소소송을 제기하였는데 A씨는 이에 대해 등기부취득시효를 주장하려고 한다. A씨가 토지대장을 떼어보니 그 땅은

등기부에는 분필되어 있지만, 토지대장에는 인근 토지들과 하나로 되어 있고 분필이 되어 있지 않았다. 그럼에도 불구하고 A씨는 C씨를 상대로 등기부취득시효를 주장할 수 있을까?

부동산의 소유자로 등기된 자가 10년간 소유의 의사로 평온, 공연하게 선의이며 과실 없이 그 부동산을 점유한 때에는 소유권을 취득하는데 이를 '등기부취득시효'라 한다. 그런데 실무상 지적도상의 분필절차 없이 이뤄진 분필등기의 경우가 문제가 된다.

토지의 개수는 지적법에 의한 지적공부상의 토지의 필수를 표준으로 하여 결정되는 것으로서 1필지의 토지를 수필의 토지로 분할하여 등기하려면 지적법이 정하는 바에 따라 먼저 지적공부 소관청에 의하여 지적측량을 하고 그에 따라 필지마다 지번, 지목, 경계 또는 좌표와 면적이 정하여진 후 지적공부에 등록되는 등 분할의 절차를 밟아야 된다. 가사 등기부에만 분필의 등기가 이루어졌다고 하여도 이로써 분필의 효과가 발생할 수는 없다. 즉 일정한 토지가 지적공부에 1필의 토지로 등록된 경우, 그 토지의 소재 지번, 지목, 지적 및 경계는 일응 그 등록으로써 특정되고 그 토지의 소유권의 범위는 지적공부상의 경계에 의하여 확정된다. 그런데 등기부 상만으로 어떤 토지 중 일부가 분할되고 그 분할된 토지에 대하여 지번과 지적이 부여되어 등기되어 있어도 지적공부 소관청에 의한 지번, 지적, 지목, 경계확정 등의 분필절차를 거친 바가 없다면 그 등기가 표상하는 목적물은 특정되었다고 할 수는 없다. 왜냐하면 등기부취득시효를 주장하는 자는 자신이 실제로 점유한 부분에 대해 등기부상 소유자로 등재되어야 하기 때문이다(민법 제245조 2항). 따라서 그 등기부에 소유자로 등기된 자가 그 등기부에 기재된 면적에 해당하는 만큼의 토지를 특정하여 점유하였다고 하더라도, 그 등기는 그가 점유하는 토지부분을 표상하는 등기로 볼 수 없다. 그 결과 그 점유자는 등기부취득시효의 요건인 "부동산의 소유자로 등기한 자"에 해당하지 아니하므로 그가 점유하는 부분에 대하여 등기부시효취득을 할 수는 없다(대법원 1995. 6. 16. 선고 94다4615 판결).

사례로 돌아가 살피건대, A씨는 등기부취득시효를 주장할 수 없으므로 C씨가 제기한 소유권등기말소청구 소송에서 패소한다.

지적도의 범위를 넘는 부분에 대한 등기부취득시효

그럼 지적도의 경계와 현실의 경계가 다른 경우에는 어떨까? 지적도상 1필지의 토지로 등록되어 있는 토지의 소재, 지목, 지적 및 경계는 다른 특별한 사정이 없는 한 지적공부에 등록됨으로써 특정되는 것이고 그 토지의 소유권의 범위 역시 지적공부상의 경계에 의하여 확정된다. 따라서 지적도상의 경계와 현실의 경계가 다른 경우 각 토지의 소유권이전등기는 지적공부에 의하여 확정된 대지만의 소유권을 표상하는 것일 뿐 지적도상 그 필지에서 제외된 현실의 경계부분의 토지에 대한 소유권까지 표상하는 등기라고 볼 수 없다. 그 결과 지적도상의 범위를 초과하는 현실의 경계부분의 토지에 대한 등기부취득시효는 인정될 수 없다. 다시 말해 등기부취득시효에 있어서는 지적도가 현실의 경계보다 중요하다.

58 | 채무자가 매수한 부동산소유권을 이전하지 않을 경우 강제집행방법

Q A씨는 B씨에게 5억원을 빌려주었다. B씨는 그 후 그 돈에 자신의 돈 5억원을 더해 친구인 C씨의 아파트 한 채를 10억원에 매수하였다. 하지만 B씨는 C씨에게 계약금과 잔금까지 모두 지급해 놓고도 자신 명의 등기이전을 하지 않고 있다. 그 이유는 B씨가 자신의 명의로 이전할 경우 A씨가 바로 가압류할 가능성이 크기 때문이다. 이 경우 A씨는 어떤 방법을 사용할 수 있을까?

채권자가 채무자에 대한 금전채권 소송에서 승소하여 채무명의가 있음에도 불구하고, 채무자는 다른 재산도 없으면서 자신이 매도인으로부터 매수한 부동산에 대해 잔금까지 치러놓고도 이전등기를 경료하지 않는 경우가 있다. 채무자 입장에서는 어차피 자기 명의로 소유권을 넘겨도 바로 채권자가 그 부동산을 압류한 후 경매 신청할 것이 명백하므로 일부러 이전등기를 받지 않는 것이다. 이 경우 그 부동산 매도인이 채무자를 상대로 등기인수청구를 해주면 좋지만 만약 채무자와 매도인이 친한 사이거나 서로 짜고 이러한 권리를 행사하지 않을 경우도 종종 있다. 그럼 이러한 경우 그 얄미운 채무자의 채권자들은 어떻게 대처해야 하나?

위 사안의 경우 채무자가 자신이 매수한 부동산의 소유권이전등기를 하지 않는 한, 채권자는 직접 부동산을 현금화하여 만족을 얻을 수 없게 된다. 그러므로 채권자는 채무자가 매도인에 대하여 가지는 채권인 부동산소유권이전등기청구권을 현금화하는 방법으로 채권의 만족을 얻어야 한다. 하지만 그 절차가 상당히 까다로운데, 채권자는 채무자의 주소지 관할법원에 채무자가 매도인에 대해 가지는 부동산소유권이전등기청구권 압류신청을 하고, 또 부동산소재지 관할법원에 부동산 보관인선임과 권리이전명령을 신청하여야 한다(민사집행법 제244조 2항). 다만, 압류된 부동산소유권이전등기청구권은 채권이므로 등기부상 공시방법이 없기 때문에 만일 매도인이 채무자 또는 제3자에게 위 부동산의 소유권이전등기를 해줄 경우에는 채권자는 이에 대한 무효나 취소를 구할 수는 없고 단지 매도인에 대해 손해배상을 청구할 수 있을 뿐이다(대법원 1992. 11. 10. 선고 92다4680 전원합의체 판결).

이와 같이 채권자는 법원으로부터 부동산소유권이전등기청구권 압류명령과 보관인선임 및 권리이전명령을 받은 후에도 채권의 변제를 받기 위해서는 현금화를 하여야 하는데, 그 절차는 부동산에 대한 강제집행에 관한 규정에 따라야 한다(민사집행규칙 제170조). 왜냐하면 부동산소유권이전등기청구권의 집행은 이전등기청구권 자체를 처분하여 그 대금으로 채권의 만족을 얻는 것이 아니고, 채무자의 명의로 소유권이전등기를 마친 후 이에 대하여 강제집행을 실시하여 채권을 만족시키는 것이기 때문이다.

한편, 위와 같은 권리이전명령은 강제력이 없으므로, 매도인이 보관인에 대하여 임의로 위 부동산의 등기이행에 협력하지 않을 경우에는 채권자는 추심권을 획득하기 위하여 ① 추심명령 신청을 하여 추심명령을 받은 뒤(민집 제244조 4항) ② 추심소송을 제기하여 승소판결을 받아 ③ 위 부동산을 채무자에게로 소유권이전등기한 다음 ④ 강제경매 신청하여 그 매각대금에서 변제받아야만 한다.

59 | 자동차 매수인이 고의적으로 등록이전 안 해가는 경우

Q A씨는 지인의 소개로 중고차를 B씨에게 매도하였고, 그로부터 매매대금을 받고, 차 이전에 필요한 모든 서류를 다 떼어서 자동차와 함께 B씨에게 교부하였다. 그런데 3달 뒤에 갑자기 범칙금 통지서가 A씨의 집으로 송달되었고, 얼마 후에는 자동차 세금고지서도 송달되었다. A씨는 불안한 마음에 B씨를 수소문하였지만 찾을 방도가 없었다. 이와 같이 자동차 매수인이 등록을 해가지 않는 경우 매도인은 어떻게 대처해야 하나?

자동차를 매각하였는데 매수인이 차량만 가져가고 등록명의를 의도적으로 이전해 가지 않는 경우가 종종 있다. 과속으로 인한 범칙금은 물론 자동차세도 내라고 계속 연락이 오게 되는데 막상 자동차 매수인은 연락이 되지 않는다. 더욱이 자동차손해배상보장법상 매수인이 사고라도 크게 내면 자동차 명의자인 매도인은 손해배상책임까지

부담할지도 모른다.[11]

통상적으로는 매매계약을 한 후 매도인이 명의를 넘겨주지 아니하여 매수인이 이전등기 소송을 제기하지만 반대의 경우도 있다. 특히 자동차의 경우는 차가 어디 있는지 조차 알 길이 없어 매도인이 매수인을 상대로 취할 수 있는 강제집행 방법이 거의 없다. 그래서 흔히 이런 경우 간편하게 차량 도난신고를 하는 사람들이 많다. 하지만 도난당한 것은 분명 아니므로 나중에 무고죄로 벌금형에 처해질 수도 있으니 섣불리 도난신고를 할 수도 없다.

그럼 매수인이 행방불명되거나 소재가 파악되어도 계속 이전등록을 해가지 아니할 경우에는 매도인은 어떻게 해결해야 하나?

① 먼저 자동차 매매계약서가 있는 경우라면 간단하다. 자동차관리법에 따라 매도인이 소유권 이전등록을 신청할 수 있는 길이 있기 때문이다. 즉 자동차를 양수한 자가 이전등록을 신청하지 아니한 경우에는 그 양수인을 갈음하여 양도자(이전등록을 신청할 당시 등록원부에 적힌 소유자를 말한다)가 신청할 수 있다(자동차관리법 제12조 4항). 따라서 매도인이 이전등록에 필요한 서류를 갖추어 등록관청(구청)에 내면 된다. 이 경우 매수인에게 일정 기간 동안 이전등록을 하도록 내용증명으로 통지하고 그 기간이 지나도록 이의가 없으면 등록관청에서 강제적으로 이전등록을 한다.

② 하지만 만약 이러한 이전등록에 필요한 자동차 매매계약서가 없

11 물론 이런 경우 자동차매도인의 운행자 책임에 관하여는 명의가 남아 있다는 이유만으로 바로 운행자 책임이 인정되는 것이 아니고 매도인과 매수인 사이의 실질적 관계를 따져서 사회통념상 매도인이 매수인의 차량운행에 간섭하거나 이를 관리할 의무가 있는 것으로 평가할 수 있는지의 여부를 가려 결정된다. 특히 매도인이 매매대금을 완제받고 이전등록서류까지 교부한 경우에는 특별한 경우가 아닌 한 아직 이전등록이 이루어지지 아니하였다 하더라도 매도인의 운행자책임이 부정될 것이다. 하지만 일단 피해자는 명의자를 상대로 소송을 제기할 확률이 높으므로 송사에 휘말릴 위험은 여전히 남아 있게 된다.

는 경우에는 소송을 통해 강제적으로 이전등록 절차를 밟을 수밖에 없다. 소송으로 갈 경우에는 설사 매수인의 실제주소를 몰라도 소송을 통해 공시송달로 판결을 받을 수도 있다.

부동산의 경우도 마찬가지이다. 매수인이 매매대금만 지급한 후 행방불명이 되거나 등기를 해가지 않는 경우 매도인은 각종 세금 등을 부담해야 하고, 공작물의 소유자로서의 손해배상 책임을 질 수도 있다. 부동산 등기는 법률에 다른 규정이 없는 경우에는 등기권리자와 등기의무자가 공동으로 신청함이 원칙이지만, 판결에 의한 등기는 승소한 등기권리자 또는 등기의무자가 단독으로 신청한다(부동산등기법 제23조 1항, 4항). 이에 의하면 등기의무자도 등기권자를 상대로 등기절차를 인수하라는 판결을 받아 등기의무자 단독으로 등기신청이 가능하게 되어 있다. 이러한 소송을 실무상 '등기인수청구 소송'이라고 부른다.

지입차와 자동차등록 이전 청구

특히 이런 사례가 실무상 많이 발생하는 경우가 '화물자동차 지입관계'에서이다. '지입차'라 함은 화물차 실제 소유자가 그 소유권 명의를 운송회사 측에 신탁한 뒤 지입료를 정기적으로 지입하면서 개별적으로 운송사업을 하는 화물자동차를 말한다. 그런데 지입차주가 나중에 회사와 마찰이 생기게 되면 차의 소유권은 회사에 남긴 채 프리랜서로 독자적인 영업을 하곤 한다. 물론 지입료도 내지 않고 회사 측과는 연락도 끊는 경우가 비일비재하다. 이 경우 회사 측에서는 그 지입차주와 위·수탁 계약을 해지하고 새로운 차주를 찾아야 하는데 그 이유는 회사 측에서 소지하는 '영업용번호판' 때문이다. 회사의 입장에서, 허가받은 영업용번호판 개수는 정해져 있는데 계약을 깬 지입차주의 차량에 그 번호판이 붙어 있기 때문이다.

이 경우 회사 측에서는 지입차주를 상대로 소유권이전을 해가라는 소송을 하여 차의 명의를 지입차주에게 넘겨버리게 되면 그 지입차주는 자가용번호판(하얀색)을 부여받게 되고 회사는 새로운 영업용번호판(노란색)을 교부받게 된다. 그러면 지입차주의 화물차에 실제로 부착된 구 영업용번호판은 무효가 되므로, 만약 지입차주가 자가용면허번호판으로 교체하지 않을 경우 그의 화물차는 무적차량이 된다. 결국 지입차주는 관할관청에 가서 자가용번호판으로 교체할 수밖에 없다.

60 | 무자격 공인중개사와 중개수수료

Q A씨는 공인중개사 사무실을 통해 아파트 한 채를 매수하였다. 그런데 나중에 알고 보니 그 공인중개 업무를 해 준 B씨는 공인중개사 자격이 없는 사람이었다. A씨는 그럼에도 불구하고 B씨에게 중개료를 지급해야 하나?

공인중개사 자격이 없는 무자격자에게 중개 수수료를 지급하기로 한 약정은 지킬 필요가 없다. 부동산중개법상 중개수수료 관련 규정은 강행규정이므로 이를 어긴 무자격자의 부동산 중개수수료 지급 약정은 그 자체로 무효이기 때문이다. 또한 중개과정에서 법정 수수료의 정확한 기준을 알고 싶다면 한국공인중개사협회의 '중개보수 요율표'를 참고하면 된다. 예컨대 서울시 주택의 경우, 임차보증금이 5천만원 미만일 때 최대 중개수수료한도가 25만원이다. 또한 부동산 중개업소들은 현금영수증 발급이 의무화되어 있다. 따라서 만일 중개인의 요구로 법정 수수료보다 과다한 중개수수료를 지급했다면 신고로 벌금 이상의 형사처벌이 가능하기 때문에 증빙자료로 현금영수증을 꼭 받아 놓아야 한다.

 **1회성 중개의 경우**

하지만 공인중개사 자격이 없는 사람이 지인의 부탁을 받아서 한 차례 부동산매매를 중개하고 중개수수료를 받았다면, 이는 중개를 업으로 한 것이 아니기 때문에 공인중개사법 위반이 아니다. 따라서 그 대가로 중개수수료를 받았다고 해도 불법이 아니므로 반환의무가 없다.

중개보수 요율표

※ 아래의 내용 중 주택 부분은 개정법에 의한 시·도 조례 개정시 변경될 수 있습니다.
◎ 부동산 중개보수 요율표 (서울특별시 기준)

◇ 주 택(주택의 부속토지, 주택분양권 포함)

(공인중개사법 시행규칙 제20조 제1항, 별표 1)(2021. 10. 19 시행)

거래내용	거래금액	상한요율	한도액	중개보수 요율 결정	거래금액 산정
매매·교환	⊙ 5천만원 미만	1천분의 6	25만원	⊙ 중개보수는 거래금액 × 상한요율 이내에서 결정 (단, 이때 계산된 금액은 한도액을 초과할 수 없음)	⊙ 매매: 매매가격 ⊙ 교환: 교환대상 중 가격이 큰 중개대상물 가격 ⊙ 분양권: 거래당시까지 불입한 금액(융자 포함)+프리미엄
	⊙ 5천만원 이상~2억원 미만	1천분의 5	80만원		
	⊙ 2억원 이상~9억원 미만	1천분의 4	없음		
	⊙ 9억원 이상~12억원 미만	1천분의 5	없음		
	⊙ 12억원 이상~15억원 미만	1천분의 6	없음		
	⊙ 15억원 이상	1천분의 7	없음		
임대차 등 (매매·교환 이외)	⊙ 5천만원 미만	1천분의 5	20만원	⊙ 중개보수는 거래금액 × 상한요율 이내에서 결정 (단, 이때 계산된 금액은 한도액을 초과할 수 없음)	⊙ 전세: 전세금 ⊙ 월세: 보증금 + (월차임액 × 100) 단, 이때 계산된 금액이 5천만원 미만일 경우: 보증금 + (월차임액 × 70)
	⊙ 5천만원 이상~1억원 미만	1천분의 4	30만원		
	⊙ 1억원 이상~6억원 미만	1천분의 3	없음		
	⊙ 6억원 이상~12억원 미만	1천분의 4	없음		
	⊙ 12억원 이상~15억원 미만	1천분의 5	없음		
	⊙ 15억원 이상	1천분의 6	없음		

◇ 오피스텔

(공인중개사법 시행규칙 제20조 제4항)(2015. 1. 6 시행)

적용대상	거래내용	상한요율	적보수 요율 결정 및 거래금액 산정
전용면적 $85m^2$ 이하, 일정설비(전용입식 부엌, 전용수세식 화장실 및 목욕시설 등)를 갖춘 경우	매매·교환	1천분의 5	『주택』과 같음
	임대차 등	1천분의 4	
위 적용대상 외의 경우	매매·교환·임대차 등	1천분의 ( ) 이내	⊙ 상한요율 1천분의 9 이내에서 개업공인중개사가 정한 좌측의 상한요율 이내에서 중개의뢰인과 개업공인중개사가 서로 협의하여 결정함

◇ 주택·오피스텔 외(토지, 상가 등)

거래내용	상한요율	중개보수 요율 결정	거래금액 산정
매매·교환·임대차 등	거래금액의 1천분의 ( ) 이내	⊙ 상한요율 1천분의 9 이내에서 개업공인중개사가 정한 좌측의 상한요율 이내에서 중개의뢰인과 개업공인중개사가 서로 협의하여 결정함	『주택』과 같음

※ 개업공인중개사는 『오피스텔(전용면적 $85m^2$ 이하로 일정설비를 갖춘 경우 제외)의 매매·교환·임대차』, 『주택·오피스텔 외(토지·상가 등)의 매매·교환·임대차』에 대하여 각각 법이 정한 상한요율의 범위 안에서 실제로 받고자 하는 상한요율을 의무적으로 위 표에 명시하여야 함.

※ 중개보수는 거래금액의 상한요율 이내에서 중개의뢰인과 개업공인중개사가 서로 협의하여 결정함

※ 위 중개보수에 부가가치세는 별도임

61 | 신차 구입했는데 잦은 고장, 그 해결 방안은?

Q A양은 큰맘을 먹고 독일의 유명 메이커인 B사 승용차를 구입했다. 그녀는 그 차를 구입하려고 수년간 적금을 들어서 드디어 꿈을 이룬 것이다. 차 값만 해도 1억원 가량인 고가의 승용차이다. A양은 들뜬 마음에 자신의 애마를 몰면서 행복에 젖었지만 그 행

> 복도 잠시. 차를 구입한지 며칠 뒤 차량 떨림과 함께 엔진경고등이 들어왔다. 차 정비센터를 통해 수리를 받았지만 그러한 현상은 계속되었다. A양은 차를 구입한지 1달도 채 안되어서 그러한 고장만 4번, 그 뒤에도 2번 더 같은 고장에 시달려야만 했고, 결국 차의 운행을 포기했다. B사측은 결국 고장 원인을 잡지 못하였다. 참다못한 A양은 B사측에 환불 내지 차 교환을 요구하였지만 묵살당하였다. 이 경우 A양은 교환이나 환불을 받으려면 어떻게 해야 하나?

이런 경험해본 사람이 비단 A양의 경우만은 아닐 것이다. 예전에는 같은 B회사 고급승용차를 구입했다가 A양과 같은 경험을 하여 화가 치밀어 결국 대로변에서 차를 골프채로 부숴버린 사람이 있었다. 그 사건은 길을 지나가던 행인이 그 장면을 동영상으로 찍어 화제가 되기도 했었다. 그 동영상 덕에 결국 B사는 여론의 뭇매를 맞고 그 사람에게 신차로 교환을 해주었다. 그런데 B사는 A양에게는 왜 이 같이 교환을 해주지 않는 것일까? A양도 골프채로 차를 부숴야만 교환해줄 심산일까?

한국소비자원의 소비자분쟁해결기준(2022. 12. 28. 공정거래위원회고시 제2022-25호)을 살펴보면 다음과 같다. ① 품질보증기간 이내의 경우 재질이나 제조상의 결함으로 고장 발생시, ② 차량 인도일로부터 1개월 이내에 주행 및 안전도 등과 관련한 중대한 결함이 2회 이상 발생하였을 경우, ③ 차량인도일로부터 12개월 이내 동일하자에 대해 3회까지 수리하였으나 하자가 재발(4회째)하거나 ④ 중대한 결함과 관련된 수리기간이 누계 30일(작업일수 기준)을 초과할 경우 등에는 환불 내지 교환을 해주도록 되어 있다.

A양의 경우에는 위 기준 중 ②, ③ 모두에 해당되는 경우이다. B사는 A양에게 매도인으로서 하자담보책임이 있다. 만약 B사가 이러한

소비자분쟁해결 기준을 무시한 채 끝까지 신차 교환이나 환불을 거부할 경우 A양은 민사소송을 제기하여야 한다.

비슷한 사례에 있어 신차로 교환해야 하는지 여부에 관하여 대법원은 “하자의 내용, 하자의 치유가능성, 수리비용 및 수리기간 등에 종합하여 중대한 결함에 해당하는지를 판단해야 한다”고 해석하고 있다(대법원 2014. 5. 16. 선고 2012다72582 판결).

사례로 돌아가 살피건대, A양의 경우 하자의 내용이 주행안전과 밀접한 관련이 있는 중대한 결함이 분명하고, 이미 여러 번 고쳤음에도 같은 현상이 계속하여 반복하는 것으로 보아 하자의 치유가능성이 거의 없다고 보인다. 또한 수리비용이나 수리기간도 만만치 않다. 따라서 대법원판례의 취지 상 A양의 경우는 완전물급부청구권(신차교환 내지 환불)이 가능할 것으로 보이므로 B사를 상대로 민사소송을 통해 권리 구제가 가능하다.

레몬법[12] 시행

자동차 교환·환불제도(한국형 레몬법)를 도입한 ‘자동차관리법’ 개정안이 2017. 9. 28. 국회 본회의를 통과했다. 이번 개정안 통과로 신차 구매 후 일정기간 내에 동일한 하자가 반복될 경우 교환 또는 환불을 받을 수 있게 됐다.

① 개정된 자동차관리법에 따르면 지금까지 자동차 교환·환불은 비(非)사업용 자동차만을 대상으로 했으나, 앞으로는 사업용 자동차도 1대를 소유한 개인사업자를 대상에 포함했다.

② 또한 하자차량 소유자는 자동차를 **인도받은 날로부터 2년 이내**에 국토교통부 자동차안전하자·심의위원회에 교환·환불 중재를 신청하도록 했다.

③ 자동차 교환·환불 요건은 △하자발생시 신차로 교환·환불할 것 등이

12 레몬법(Lemon Law)은 오렌지인 줄 알고 샀는데 집에 와서 보니 오렌지를 닮은 신 레몬이었다는 말에서 유래된 법으로 레몬은 불량품을 의미한다.

포함된 서면계약에 따라 판매된 자동차일 것 △하자로 인해 안전 우려, 경제적 가치 훼손 또는 사용이 곤란할 것 △자동차를 인도받은 날로부터 1년 이내에 중대한 하자는 3회, 일반 하자는 4회 발생하거나 1회 이상 수리한 경우로서 총 수리기간이 30일을 초과할 것 등을 모두 충족해야 한다. 여기서 '중대한 하자'란 원동기 · 동력전달장치 · 조향장치 등 주행 및 안전과 관련된 구조 및 장치에서 발생한 동일 증상의 하자를 의미한다.

④ 자동차가 하자차량 소유자에게 인도된 날부터 6개월 이내에 발견된 하자는 인도시점부터 존재하는 것으로 추정, 자동차에 대한 전문성이 부족한 소비자의 입증책임 부담을 완화했다.

⑤ 교환 · 환불 중재 신청이 들어올 경우 국토교통부 예하 자동차안전 · 하자심의위원회(전문가 50인) 중 각 중재신청별로 3인으로 구성된 중재부가 중재를 진행한다.

⑥ 교환 · 환불 중재판정은 법원의 확정판결과 동일한 효력이 있어 중재판정이 나오면 자동차제작사나 수입자는 반드시 교환 또는 환불을 해줘야 한다.

62 | 제소전화해와 강행법규위반 (계약갱신요구권 관련)

Q 건물주인 A씨는 2020. 8. 1. 임차인 B씨와 임대기간 3년으로 임대차계약을 하기로 하였다. 하지만 상가건물임대차보호법상 계약갱신요구권이 10년인 점 때문에 혹시 B씨가 나중에 계약기간 연장을 요구할 것을 우려해 B씨와 법원에서 제소전화해를 받았다. 제소전화해조서의 화해조항을 살펴보면, "B씨는 2023. 7. 31.까지 별지 도면 표시 a, b, c, d, e, f, a의 각 점을 순차로 연결한 선내 가 부분 사무실 58㎡를 인도하라" 등의 내용이 포함되었다. 이 경우 B씨는 2023. 6. 1.경 위 제소전화해 조항이 임차인에게 불리한 내용이어서 상가건물임대차보호법상 강행규정 위반으로 무효이며 자신은 여전히 계약갱신요구권을 행사하여 계약기간을 연

장하겠다고 주장할 수 있나?

가. 제소전화해의 의미

제소전화해라 함은 일반민사분쟁이 소송으로 발전하는 것을 미연에 방지하기 위해 소제기 전에 지방법원 단독판사 앞에서 화해신청을 하여 해결하는 절차를 말한다(민사소송법 제385조). 이 점이 소송계속 중에 소송을 종료시키기 위한 화해인 '소송상화해'와 차이점이다. 제소전화해는 실무상 임대차 관계가 종료할 경우 건물인도소송을 하는데 시간이 걸리는 점을 피하기 위해 사용되는 경우가 많다. 제소전화해는 확정판결과 같은 효력을 가지므로 기판력은 물론 집행력도 있다.

나. 제소전화해와 강행법규위반

제소전화해의 화해조항의 내용이 비록 강행법규에 위배되는 경우라고 하여도 무효라고 주장하지 못한다(대법원 1992. 10. 27. 선고 92다19033 판결; 대법원 2002. 12. 6. 선고 2002다44014 판결 등). 따라서 재심사유에 해당되는 특별한 하자가 발견될 경우에만 준재심의 소에 의해 구제받을 수 있을 뿐인데 강행법규 위반은 재심사유에 해당되지도 않는다(민소 제451조). 하지만 만약 제소전화해의 내용이 공서양속에 심히 반할 정도로 일방에 불리한 경우는 법원에서 청구취지의 정정을 요구하고 이에 불응할 경우는 부적법 각하될 수 있다. 그러한 예로는 ① 1회 차임연체만으로 임차건물을 인도하기로 하는 기한의 이익 상실조항(민법 제652조, 제640조 참조), ② 청구원인 상 담보목적의 가등기임에도 불구하고 정산절차에 관한 내용 없이 바로 본등기를 구하는 조항(가담법 제4조 1항·2항 참조) 등의 경우이다(법원실무제요 민사소송편 참조). ③ 그 외에도 실무상 주택임대차의 경우 최소 임차기간이 2년임에도 임대차기간을 1년으로 단축한 경우 등이 있다. 이러한 내용들은 반사회질서의 법률행위가 되므로 무효로 보기 때문이다(민법 제103조).

제소전화해는 앞서 설명한 바와 같이 확정판결과 같은 집행력을 지니므로 그 내용도 역시 판결문의 주문과 같이 명확하게 작성해야만 한다. 그래야 바로 집행문을 부여받아 신속히 집행할 수 있기 때문이다. 예컨대 임대차관계의 종료 시 임차인이 인도를 해주는 내용의 제소전화해를 할 경우 판결문의 주문과 같이 종료날짜를 특정하여(위 사례의 경우 "2023. 7. 31.까지") 명확하게 기재해야만 한다. 만약 위 화해조항의 내용이 "임대차기간이 만료한 때 인도하라"라는 식의 추상적 내용으로 기재할 경우 그 기간이 만료되었는지 여부에 관하여 다툼의 여지가 생겨 나중에 집행이 어려워질 수 있다.

다. 임차인의 계약갱신요구권의 경우

그런데 법원에서는 실무상 상가건물 임차인의 계약갱신요구권이 인정되는 10년이라는 계약기간을 사실상 침해하는 화해조항은 문제삼지 않는다. 즉 위 사례에 나온 화해조항인 "2023. 7. 31.까지 임차한 건물부분을 인도한다"는 내용은 비록 그것이 임차인의 계약갱신요구권을 사실상 침해하는 불리한 내용으로 상가건물임대차보호법 상 강행규정(15조) 위반이라 하더라도 이미 화해조항에 들어간 이상 제소전화해가 우선한다는 것이다. 다만 이 경우도 화해조항에 명시적으로 "임차인은 계약갱신요구권을 포기한다"라는 내용을 적나라하게 기재할 경우는 법원에서는 이를 수정하라고 요구할 가능성이 있다. 따라서 임대인의 입장에서는 그러한 원색적인 표현은 삼가고 그냥 만기날짜를 특정해서 인도날짜를 기재하는 편이 유리하다.

라. 임차인의 부속물매수청구권의 경우

임차인이 그 사용의 편익을 위하여 임대인의 동의를 얻어 이에 부속한 물건 혹은 임대인으로부터 매수한 부속물의 경우 임대차의 종료 시에 임대인에 대하여 그 부속물의 매수를 청구할 수 있다(민법 제646

조). 이것을 '부속물매수청구권'이라고 한다. 부속물매수청구권의 경우에도 "임차인은 부속물매수청구권을 포기한다"라고 명시적으로 기재하면 법원에서 제동이 걸릴 수 있다. 따라서 이 경우 실무상 "피신청인(임차인)은 부속물매수청구권을 행사할 수 있으나, 부속물매수청구권 행사가 가능한 경우에도 신청인의 인도청구나 인도집행에 대하여는 대항하지 않기로 한다"라고 기재하곤 한다. 결국 제소전화해조서에 기해 임대인이 강제집행 자체는 허락하나, 추후 임차인이 이로 인해 금전적인 배상을 받을 수 있는 길을 열어주는 것이다. 이렇듯 제소전화해의 화해조항을 작성하는 것은 상당한 기술적인 면이 요구된다. 사실상 강행법규를 위반하는 조항을 기재하더라도 명시적으로 그러한 내용을 적나라하게 적으면 법원에서 이를 문제 삼기 때문이다.

마. 제소전화해와 승계집행

제소전화해조서에 집행문을 부여받아 실제로 집행을 완료하는데 통상 1~2달 정도가 소요되므로 그 사이에 임차인이 강제집행을 피하기 위해 제3자에게 점유를 이전해 놓는 경우가 종종 있다. 제소전화해는 확정판결과 동일한 효력이 있으므로 기판력도 인정된다. 그 결과 제소전화해가 성립된 뒤 점유를 승계한 제3자에게도 그 제소전화해의 효력이 여전히 미치게 된다. 통상적으로 임대인은 집행 전에 미리 임차인을 상대로 점유이전금지가처분을 받아 놓은 뒤 집행을 하는 편이 좋다. 다만 이러한 가처분이 나온 경우라고 해도 그 뒤에 점유를 이전받은 제3자에게 직접 퇴거를 강제할 수는 없고, 승계집행문을 부여받아 그 제3자의 점유를 배제할 수 있다(대법원 1999. 3. 23 선고 98다59118 판결).

63 | 이미 공개된 개인정보, 본인 동의 없이 수집 · 제공

Q 수도권의 한 국립대학교 교수로 재직 중인 A씨는 법률정보 제공업체인 로앤비가 자신의 사진, 성명, 성별, 출생연도, 직업, 직장, 학력, 경력 등 개인정보를 수집해 로앤비 사이트 내 '법조인' 항목에 올린 다음 이를 유료로 서비스하자 위자료청구 소송을 냈다. 로앤비는 A씨의 출생연도는 1992학년도 사립대 교원명부 등에서, 나머지 정보는 A씨가 재직 중인 대학 학과 홈페이지에 공개된 내용을 바탕으로 수집해 서비스해 온 것으로 나타났다. A씨는 이 소송에서 이길 수 있을까?

이미 공개된 개인정보는 당사자의 동의가 없더라도 제3자에게 유료로 제공할 수 있다. 이 경우 정보를 외부에 유통할 수 있도록 허용하는 것이 막는 것보다 사회적 이익이 더욱 크기 때문이다.

위 사례는 실제 있었던 사건이었는데 2심은 "개인정보를 유료로 불특정 다수에게 제공한 행위는 개인정보자기결정권을 침해한 불법행위"라며 "로앤비는 위자료로 50만원을 배상하라"고 판결했다. 하지만 대법원의 견해는 달랐다. 대법원은 A씨가 로앤비를 상대로 "개인정보를 무단으로 제3자에게 제공한데 따른 손해를 배상해 달라"며 낸 부당이득금반환청구소송(2014다235080)에서 "로앤비는 A씨에게 위자료 50만원을 지급하라"며 원고일부승소 판결한 원심을 깨고 원고 전부패소 취지로 사건을 서울중앙지법으로 돌려보냈다.[13]

대법원은 판결문에서 "이 사건 개인정보는 이미 정보주체의 의사에 따라 국민 누구나가 일반적으로 접근할 수 있는 정보원에 공개된 개인정보로서 그 내용 또한 민감정보나 고유식별정보에 해당하지 않고 대체적으로 공립대학 교수로서의 공적인 존재인 A씨의 직업적 정보에

---

13 A씨가 같은 취지로 네이버와 SK커뮤니케이션즈, 디지털 조선일보 등을 상대로 낸 소송은 원심 판결대로 원고패소가 확정됐다.

해당한다"며 "이와 같은 정보를 로앤비 등이 영리목적으로 수집해 제3자에게 제공했다고 해도 그에 따라 얻을 수 있는 알권리와 표현의 자유, 영업의 자유, 사회 전체의 경제적 효율성 등 법적 이익이 그와 같은 정보처리를 막음으로써 얻을 수 있는 정보주체의 인격적 법익에 비하여 우월하다고 할 것"이라고 밝혔다. 이어 "이미 공개된 개인정보는 정보주체의 동의가 있었다고 객관적으로 인정되는 범위 내에서 수집·이용·제공 등 처리를 할 때는 정보주체의 별도의 동의가 불필요하다"며 "로앤비 등의 행위를 A씨의 개인정보자기결정권을 침해하는 위법한 행위로 평가할 수는 없다"고 판시했다.

따라서 A씨는 로앤비에 대한 손해배상청구 소송에서 패소

64 | 도박 빚은 갚아야 하나? [불법원인급여]

A씨는 도박을 하던 중 그 도박장소에서 장소료를 징수하거나 고리로 돈을 빌려주던 속칭 '꽁지'인 B씨로부터 도박자금으로 합계 3억원을 차용하고, 그 차용금 채무의 담보를 위하여 A씨 소유의 부동산에 관하여 B씨를 근저당권자로 한 채권최고액 금 4억원의 근저당권 설정등기를 마쳤다. 나중에 A씨는 위 근저당권 설정등기에 대한 말소를 구할 수 있나?

전문적 도박장인 속칭 '하우스'에서 흔히 있을 수 있는 일이다. 민법 제746조에 의하면 "불법의 원인으로 인하여 재산을 급여하거나 노무를 제공한 때에는 그 이익의 반환을 청구하지 못한다. 그러나 그 불법원인이 수익자에게만 있는 때에는 그러하지 아니하다"라고 규정되어 있다. 따라서 예컨대 범죄행위를 할 것을 조건으로 금전을 주는 경우(예컨대 살인 청탁을 하면서 선급금으로 돈을 준 행위)나 급부의 내용 자

체가 불법인 경우(예컨대 도박에서 건 돈의 급부나 도박자금 대여)에는 일단 지급한 돈에 대한 반환을 청구하지 못한다.

위 사례에 있어 A씨와 B씨의 금전거래는 쌍방의 측면에서 모두 불법행위이다. 즉 A씨가 B씨에게 도박자금으로 돈을 빌린 행위나 A씨가 그 빌린 돈을 B씨에게 변제하는 행위 역시 모두 반사회질서적 법률행위로서 불법원인급여에 해당된다. 따라서 일단 상호 금전을 지급하게 되면 그 반환 역시 구할 수 없다. 그런데 위 사례와 관련하여서는 두 가지 쟁점을 검토해야 한다.

첫째, 만약 B씨가 A씨를 유인해 도박에 참여하게 하고 하우스에 있던 다른 도박꾼들과 공모하여 도박이란 형식을 빌려 A씨의 재산을 편취한 것이라면 어떨까? 즉 이러한 사기도박과 같은 경우에도 과연 A씨가 잃은 도박자금에 대한 반환청구를 하지 못할 것인가? 그 답은 위 민법 제746조의 단서에 있다. 즉 "그러나 불법원인이 수익자에게만 있는 때에는 그러하지 아니하다"라고 기재되어 있는바, 위 사례와 같은 경우는 A씨는 B씨 일당에게 사기를 당한 것이므로 불법원인이 수익자인 B씨에게만 있어 이 단서에 해당된다고 볼 수 있다.

대법원도 사기로 내기바둑을 해서 피해자의 집을 빼앗은 사건에 있어 "수익자의 불법성이 급여자의 그것보다 현저히 크고 그에 비하면 급여자의 불법성은 미약한 경우에도 급여자의 반환 청구가 허용되지 않는다고 하는 것은 공평에 반하고 신의성실의 원칙에도 어긋나므로 이러한 경우에는 민법 제746조 본문의 적용이 배제되어 급여자의 반환 청구는 허용된다고 해석함이 상당하다"고 해석하였다(대법원 1997. 10. 24. 선고 95다49530 판결). 실제로 위 사례의 경우 A씨는 소송에서 B씨 일당이 사기를 쳤다고 주장하였지만 증거불충분으로 인정되지 못했다.

둘째, A씨가 근저당을 설정해 준 행위가 '종국적 급여'에 해당되는가이다. B씨가 A씨에게 도박자금을 대여하고 그 차용금의 담보를 위하여 근저당권을 설정한 행위는 모두 반사회질서의 법률행위로서 무효이다.

만약 A씨가 B씨에게 현금으로 도박빚을 갚았다면 그 역시 무효이기는 하나 민법 제746조에 의거하여 불법원인급여이므로 A씨는 반환을 구할 수 없다. 하지만 문제는 A씨가 현금으로 도박빚을 갚은 게 아니라 단지 자신의 부동산에 근저당을 설정한 것이다. 그런데 이러한 법률행위 역시 불법원인급여로서 반환받지 못한다면 결국 법원은 B씨의 무효채권을 현실화하는 것을 돕게 되는 결과가 되는 모순이 생긴다. 따라서 이 점에 관하여 대법원은 "민법 제746조에서 불법의 원인으로 인하여 급여함으로써 그 반환을 청구하지 못하는 이익은 종국적인 것을 말하고, 도박자금으로 금원을 대여함으로 인하여 발생한 채권을 담보하기 위한 근저당권설정등기가 경료되었을 뿐인 경우와 같이 수령자가 그 이익을 향수하려면 경매신청을 하는 등 별도의 조치를 취하여야 하는 것은 이에 해당하지 않는다고 할 것인바(대법원 1994. 12. 22. 선고 93다55234 판결 참조), 위 확정사실에 터 잡아 원고는 무효인 위 근저당권설정등기의 말소를 구할 수 있다"라고 판시하였다(대법원 1995. 8. 11. 선고 94다54108 판결).

사례로 돌아가 살피건대, A씨가 B씨에게 설정한 근저당권 설정등기는 무효이고, 아직 확정적 급여가 된 것이 아니므로 A씨는 소송을 통해 근저당권 설정등기의 말소를 구할 수 있다.

65 | 고리로 사채를 얻은 경우 전액 변제해야 하나? [이자제한법 문제]

Q A씨는 2020. 7. 7. 사업자금이 부족한데 마땅한 담보도 없어 친구 B씨의 보증 하에 사채업자 C씨로부터 연 96%(=월 8%)의 고리로 변제기를 1년 후로 하여 사채 1억 원을 빌렸다. 그리고 만일 변제기 내에 갚지 못하면 같은 조건으로 계약을 자동 갱신키로 하였다. 그 후 2년 동안 A씨는 C씨에게 매달 800만원의 이자(=월

> 8%)를 꼬박꼬박 지급했지만 결국 사업은 망하였고 그 뒤부터는 한 푼도 갚지 못하였다. 그로부터 다시 1년이 흐른 뒤인 2023. 7. 7. C씨는 원리금 합계 1억 9,600만원(원금 1억 + 1년간 이자 9,600만원)을 내놓으라고 A씨와 보증인 B씨를 상대로 민사소송을 제기하였다. C씨의 청구는 인용될까?

이자제한법에 의하면 금전대차에 관한 계약상의 최고이자율은 2014. 7. 14.까지 체결된 계약의 경우는 연 30퍼센트, 2018. 2. 7.까지 체결된 계약의 경우는 연 25퍼센트, 2021. 7. 6.까지 체결된 계약의 경우는 연 24퍼센트이고, 2021. 7. 7. 이후 체결되었거나 그 이전에 체결되었더라도 새로이 갱신된 계약의 경우는 연 20퍼센트가 최고 이율이다(동법 제2조 1항, 이자제한법 제2조 1항의 최고이자율에 관한 규정). 따라서 계약상의 이자로서 이를 넘는 부분은 무효이다(동법 제2조 3항). 만약 채무자가 최고이자율을 초과하는 이자를 임의로 지급한 경우에는 초과 지급된 이자 상당금액은 원본에 충당되고, 원본이 소멸한 때에는 그 반환을 청구할 수 있다(동법 제3조).

따라서 A씨가 C씨에게 2020. 7. 7.부터 2년 동안 연 96%의 고리를 준 부분 중 2021. 7. 7.까지 1년간은 연 24%가 초과되는 이자(72%)는 무효로서 매달 원본으로 충당되고, 계약이 새로이 갱신된 2021. 7. 7.부터 1년간은 연 20%가 초과되는 이자(76%)는 무효로서 매달 원본에 산입되어야 한다. 언뜻 보기에는 산술적으로 두 합계인 148%(72 + 76)의 이자가 무효이므로 A씨는 C씨에게 1억 4,800만원의 이자를 초과 지급한 꼴이니 이미 원본이 다 까이고 오히려 4,800만원을 C씨로부터 반환받아야 하는 것처럼 보인다. 하지만 문제는 매달 이자제한법에 초과되는 부분이 원본에 충당되므로 원본은 계속 줄게 되고 그 경우 제한이율을 초과하는 이자부분은 갈수록 더 커지게 된다는 점이다. 그 결과 원리금의 충당계산법은 아래와 같다.

아래 표에 의하면 A씨가 C씨에게 지급한 돈 중 초과 이자로 지급한 부분이 이미 2021. 10.에 원본을 모두 충당하고도 남았고, 그 뒤 지급한 이자는 전액 부당하게 지급한 것이다. 따라서 2023. 7.경 A씨가 오히려 C씨로부터 75,880,815원을 반환받아야 한다.

원리금 계산표 (단위 : 원)

날짜		이율	받을 이자	받은 이자	원본충당액	잔여원본
2020	7	연24% (월2%)				100,000,000
	8		2,000,000	8,000,000	6,000,000	94,000,000
	9		1,880,000	8,000,000	6,120,000	87,880,000
	10		1,757,600	8,000,000	6,242,400	81,637,600
	11		1,632,752	8,000,000	6,367,248	75,270,352
	12		1,505,407	8,000,000	6,494,593	68,775,759
2021	1		1,375,515	8,000,000	6,624,485	62,151,274
	2		1,243,025	8,000,000	6,756,975	55,394,300
	3		1,107,886	8,000,000	6,892,114	48,502,186
	4		970,044	8,000,000	7,029,956	41,472,229
	5		829,445	8,000,000	7,170,555	34,301,674
	6		686,033	8,000,000	7,313,967	26,987,707
	7		539,754	8,000,000	7,460,246	19,527,462
	8	연20% (월1.67%)	326,109	8,000,000	7,673,891	11,853,570
	9		197,955	8,000,000	7,802,045	4,051,525
	10		67,660	8,000,000	7,932,340	−3,880,815
	11		0	8,000,000	8,000,000	−11,880,815
	12		0	8,000,000	8,000,000	−19,880,815
2022	1		0	8,000,000	8,000,000	−27,880,815
	2		0	8,000,000	8,000,000	−35,880,815
	3		0	8,000,000	8,000,000	−43,880,815
	4		0	8,000,000	8,000,000	−51,880,815
	5		0	8,000,000	8,000,000	−59,880,815
	6		0	8,000,000	8,000,000	−67,880,815
	7		0	8,000,000	8,000,000	−75,880,815
합계				192,000,000	175,880,815	−75,880,815

66 | 택배 운송물이 분실 · 훼손 · 연착된 경우 법률관계 [택배운송약관]

명절 때 택배로 선물을 보냈는데 분실, 훼손되거나 연착되는 경우가 종종 있다. 물론 운송물의 훼손에 대한 택배회사의 손해배상책임은 원칙적으로 택배회사에 있지만, 고객이 정당한 배상을 받기 위한 구체적인 관련 규정과 배상범위는 어떠한가?

가. 운송물이 훼손된 경우 보상방법

택배물품이 파손 · 부패 등 훼손된 채 배달된 경우 소비자가 어떻게 대처하면 좋을까? 먼저 그 사실을 택배회사에 즉시 통지하는 편이 좋다. 택배회사에 통지하지 않으면 피해발생 원인과 귀책주체를 가리기 어려워 택배회사가 배상을 거부하는 경우가 많기 때문이다. 운송물의 일부 멸실 또는 훼손에 대한 택배회사의 손해배상책임은 수하인이 운송물을 수령한 날로부터 14일 이내에 그 일부 멸실 또는 훼손에 대한 사실을 택배회사에 통지하지 않으면 소멸한다{택배 표준약관(공정거래위원회표준약관 제10026호, 2020. 6. 5. 발령 · 시행) 제25조 제1항(이하 '약관'으로 약칭)}. 통지는 가능한 내용증명이나 문자메시지로 해서 증거를 남겨야 하며, 그것이 용이하지 않을 경우 통화내용을 녹음해놓는 것도 좋다.

나. 사고 심사 및 배상

택배회사는 사고가 접수되면 사고사실 확인 및 책임 소재지를 규명한 뒤 물품가액 및 택배요금을 참고하여 배상금액을 결정한다. 택배회사는 자기 또는 사용인 그 밖의 운송을 위하여 사용한 자가 운송물의 수탁, 인도, 보관 및 운송에 관하여 주의를 태만히 하지 않았음을 증명하지 못하는 한 소비자에게 운송물의 훼손으로 인한 손해를 배상해야 한다. 즉 부주의에 대한 입증책임이 소비자가 아니라 택배회사 쪽에 있다는 것이다(약관 제22조 1항). 하지만 운송물의 멸실, 훼손 또는 연착이 사업자 또는 그의 사용인의 고의 또는 중대한 과실로 인하여 발생한 때에는 단지 운송물의 가격뿐만 아니라 기타 고객이 입은 부수적인 모든 손해까지도 배상해야 한다(약관 제22조 4항).

다. 통상적 배상의 범위

운송물의 현저한 훼손이 운송물의 성질이나 하자 또는 고객의 과실로 인한 것인 때에는 택배회사는 고객에게 택배요금의 전액 및 운송물이 처분 등에 소요되는 비용을 청구할 수 있다(약관 제23조 2항). 하지만 택배회사가 무과실을 입증하지 못하는 한 고객에게 운송물의 시가를 기준으로 배상을 해야만 하며, 고객이 지불한 택배비용도 모두 반환해야만 한다.

택배회사의 배상책임이 인정될 경우 그 배상의 범위는 크게 고객이 운송장에 운송물 가액을 기재한 경우와 그렇지 않은 경우에 따라 달리 결정된다.

① 고객이 운송장에 운송물의 가액을 기재한 경우(약관 제22조 2항)

물건의 전부 또는 일부가 멸실된 때에는 '운송장에 기재된 운송물의 가액'을 기준으로 산정한 손해액을 배상한다. 물건이 훼손된 때에는 수선이 가능한 경우에는 수선해줘야 하고, 수선이 불가능한 경우에는 멸실된 때를 기준으로 보상해야 한다. 물건이 연착되고 나아가 일부 멸실 또는 훼손된 때 역시 이와 같은 기준으로 보상해야 한다.

물건이 연착되었으나 일부 멸실 및 훼손되지 않은 때에는 일반적인 경우에는 인도예정일을 초과한 일수에 사업자가 운송장에 기재한 운임액의 50%를 곱한 금액(초과일수 × 운송장기재 운임액 × 50%)을 보상하되, 운송장기재 운임액의 200%를 한도로 한다. 하지만 특정 일시에 사용할 운송물의 경우에는 운송장기재 운임액의 200%를 보상해야 한다.

② 고객이 운송장에 운송물의 가액을 기재하지 않은 경우(약관 제22조 3항)

이 경우 손해배상한도액은 50만원으로 하되, 운송물의 가액에 따라 할증요금을 지급하는 경우의 손해배상한도액은 각 운송가액 구간별 운송물의 최고가액으로 한다. 전부 멸실된 때에는 인도예정일의 인도 예정 장소에서의 운송물 가액을 기준으로 산정한 손해액을 기준으로, 일부 멸실된 때에는 인도일의 인도 장소에서의 운송물 가액을 기준으로 산정한 손해액을 기준으로 배상해야 한다. 물건이 훼손되었는데 수선이 불가능한 경우에도 전부 멸실과 같은 기준으로 배상해야 하나, 수선이 가능한 경우에는 수선해 줘야 한다.

라. 깨지기 쉬운 물건에 대한 배달은?

고가의 양주나 도자기 같이 깨지기 쉬운 물건을 택배회사에 운송 의뢰하는 경우는 어떨까? 원칙적으로 고객은 운송물을 그 성질, 중량, 용적 등에 따라 운송에 적합하도록 포장하여야 한다. 그리고 택배회사는 운송물의 포장이 운송에 적합하지 아니한 때에는 고객에게 필요한 포장을 하도록 청구하거나, 고객의 승낙을 얻어 운송 중 발생될 수 있는 충격량을 고려하여 포장을 하여야 한다. 다만, 이 과정에서 추가적인 포장비용이 발생할 경우에는 사업자는 고객에게 추가요금을 청구할 수 있다(약관 제9조 2항). 한편 택배회사는 운송에 적합한 포장이 되지 않은 경우 수탁을 거절할 수도 있다(약관 제12조 2호). 그러나 일단 운송물을 수탁한 이상 그 이후 발생되는 훼손에 대한 책임은 택배회사가 부담하게 된다.

마. 책임의 특별소멸사유와 시효

운송물의 일부 멸실 또는 훼손에 대한 사업자의 손해배상책임은 고객이 운송물을 수령한 날로부터 14일 이내에 통보하지 아니하면 청구할 수 없다는 점은 위에서 언급했다. 그럼 통보만 하고 그 뒤 소송을 제기하지 않으면 어떻게 될까? 고객의 택배회사에 대한 손해배상청구권은 수하인이 운송물을 수령한 날로부터 1년이 경과하면 소멸한다. 다만, 운송물이 전부 멸실된 경우에는 그 인도예정일로부터 기산된다. 즉 1년의 단기 소멸시효가 적용되게 된다(약관 제25조 2항). 하지만 사업자 또는 그 사용인이 운송물의 일부 멸실 또는 훼손의 사실을 알면서 이를 숨기고 운송물을 인도한 경우에는 위 단기 소멸시효가 적용되지 아니하며 이때는 수하인이 운송물을 수령한 날로부터 5년 이내 손해배상을 청구하면 된다(약관 제25조 3항).

67 | 간접손해에 대한 손해배상 청구

Q A씨는 덤프트럭을 운전하던 중 토사 하차작업을 한 후 적재함을 내리지 않은 채 이동하다가 B씨의 양돈 농장 앞에 위치한 전신주 전선에 덤프트럭이 걸리게 되었다. 그 결과 전신주는 부러지게 되었고 이로 인해 인근에 위치하였던 B씨의 농장은 3시간 30분 동안 전력이 끊기게 되었다. 이로 인해 B씨 농장의 난방시설이 멈추게 되면서 돼지들이 집단으로 폐사하는 등의 피해를 입게 되었다. B씨는 A씨와 A씨의 자동차 보험사인 C사를 상대로 손해배상 청구소송을 제기하였는데 승소할 수 있을까?

나비효과에 대해서 들어보신 분들이 많을 것이다. 나비의 작은 날개짓이 폭풍우와 같이 큰 변화를 일으킨다는 의미로 작은 일이 예측하기 어려운 큰 사건을 발생시킬 경우 사용되곤 한다. 이러한 나비효과와 같은 일들은 우리 일상생활에서도 자주 발생하곤 한다.

이 사건과 같이 운전자가 전신주를 들이 받은 결과 전력공급에 차질이 생겨 인근 돼지농장의 돼지들이 집단으로 폐사하였다면 운전자는 돼지들의 폐사에 대하여도 손해배상 책임이 있다.

위 사례는 실제 사건이었는데, 재판부는 돼지들의 집단 폐사에 대한 운전자 A씨의 책임을 인정해 A씨와 A씨의 보험사 C사는 연대하여 B씨에게 7,200만원을 지급하라는 판결을 내렸다. 재판부는 이 같은 판결을 내리며 불법행위의 직접적인 대상에 대한 손해가 아닌 간접적 손해를 입혔을 경우 가해자가 자신의 행동으로 인한 피해를 예측할 수 있었다면 손해배상 책임을 지게 된다고 밝혔다. 즉 A씨의 경우 자신이 일으킨 사고로 인해 전신주가 부러지면서 전력공급에 차질이 생길 것이라는 점을 충분히 알 수 있었다는 것이다. 다만 재판부는 B씨의 농장의 경우 공기순환 및 온도 유지를 위한 장치 가동이 필수적이고 전력 공급 의존도가 상당히 높았음에도 불구하고 B씨가 이를 대비한 비상발전기 등을 설치하지 않아 피해가 커졌다고 판단하여 이번 손해배상 청구소송에서 A씨와 보험사 C사의 책임을 70%로 한정했다.

68 | 보이스피싱 피해와 은행의 책임

Q A씨는 2014년 12월 자신을 서울중앙지검 검사라고 사칭한 범인으로부터 "대포 통장 범죄에 연루됐다"는 전화를 받고 계좌번호와 공인인증서 비밀번호 등을 알려줬다. 이후 A씨가 갖고 있던 B은행 정기예금은 해지되고 예금에 들어있던 4,700만여원은 보이스피싱 범죄자들의 통장으로 분산 이체됐다. A씨는 뒤늦게 사기를 당한 사실을 알고 2015년 8월 B은행을 상대로 "4,700여만원을 배상하라"며 소송을 냈는데 승소할 수 있을까?

은행이 본인 확인 절차를 제대로 하지 않아 보이스피싱 피해자의 정기예금이 해지됐다면 은행은 아무런 책임이 없을까? 요즘은 날로 보이스피싱 범죄수법이 교활해져서 심지어는 은행 간부들조차도 당하는 경우가 많다고 한다. 연변사투리가 섞인 어설픈 범행수법은 이제는 추억속의 옛이야기에 불과하다.

위 사례는 실제 사건(서울중앙지방법원 2015가단5300687 판결)이었는데 이 소송에서 법원은, 보이스피싱 피해자 A씨가 B은행을 상대로 낸 예금청구소송에서 A씨에게 일부승소 판결을 선고했다. 즉 보이스피싱이 일상적인 범죄로 굳어진 상황에서 당사자뿐 아니라 고객 돈을 굴려 영업하는 은행들도 범죄 피해를 막기 위해 충분한 조치를 다해야 한다는 취지다. 법원은 "B은행이 A씨의 예금을 해지 처리하면서 현행법상 규정된 전화나 대면 방식으로 본인 확인을 하지 않고 문자로만 관련 사실을 통보해 고객에 대한 의무조치를 다하지 않았다"고 밝혔다. 이어 "A씨의 예금이 단시간에 18차례에 걸쳐 이체되는 등 금융위원회가 예로 들고 있는 '이상 금융거래'에 해당하는데도 이를 막기 위한 임시 조치도 하지 않았다"고 설명했다. 다만 A씨도 보이스피싱 범죄에 대한 주의를 다하지 못한 채 범인으로부터 속아 자신의 공인인증서 번호를 알려줬기 때문에 손해에 대한 과실이 60%에 해당되므로 은행의 배상 책임은 40%로 제한했다.

하지만 이번 소송은 정기예금이기 때문에 은행 측의 과실이 인정된 것이다. 만약 일반 예금이었다면 사정이 달라졌을 것이다. 따라서 근본적인 예방책은 절대로 예금관련 개인정보나 공인인증서를 모르는 사람에게 알려줘서는 안 될 것이다.

69 | 직장 내 동료 간 주먹다짐, 업무상 재해에 해당되나?

Q A씨는 소방공무원으로 소방차를 운행하면서 주유카드 정산과 관련된 문제로 후배인 B씨와 자주 갈등을 빚었다. A씨는 B씨가 사용내역을 묻는 것이 불쾌하였으며 B씨의 경우 자신의 업무상의 행동으로 인해 A씨에게서 좋지 않는 말을 들어 기분이 상한 상태였다. 이후 소방서 뒷마당에서 A씨와 마주하게 된 B씨는 A씨에게 "내가 무엇을 잘못했습니까?"라고 물었고 이에 A씨는 B씨의 멱살을 잡으며 욕을 하였다. A씨의 행동에 B씨는 바로 반격을 하였고 결국 두 사람은 서로에게 주먹다짐을 하게 되었다. 이 과정에서 B씨의 주먹을 맞게 된 A씨가 뒤로 넘어지면서 머리를 부딪치게 되었고 그로 인해 인지기능 장애의 중상을 입게 되었다. A씨는 업무상 재해로 배상을 받을 수 있을까?

업무상 재해란 근로자의 업무 중 발생하는 부상과 질병 또는 사망 등의 사고를 말하며 업무상 재해가 발생할 경우 사용자는 그에 따른 보상을 할 의무가 있다. 위 사례는 실제사건이었는데 쟁점은 직장 동료와 업무로 인한 갈등으로 인해 주먹다짐을 하게 된 경우를 두고 업무상 재해로 볼 수 있는지 여부였다.

위 사건의 피해자인 A씨는 인지기능 장애가 발생하자 공무상 요양급여를 신청하였으나 거부당하게 되었으며 이에 소송을 제기하였다. 이에 대해 재판부는 1, 2심에서 엇갈린 판결을 내렸다. 즉 1심에서 A씨의 장애와 업무는 서로 연관성을 찾기 힘들다며 원고패소판결이 내려졌으나, 2심은 이와는 달리 A씨에게 원고승소 판결을 내렸다. 그 후 결국 대법원에 이른 이 업무상재해 사건에 대해서 대법원 재판부는 A씨에게 원고승소판결을 내린 원심을 확정하였다(대법원 2016두31036 판결).

대법원 재판부의 이 같은 판결은 업무상 재해에는 근로자가 직장 안에서 폭력에 의해 재해를 입은 경우도 포함되며, 직장 내 인간관계로 인한 다툼은 업무와 상당한 인과관계가 있다고 본 것이다. 또한 대법원 재판부는 A씨와 B씨의 다툼이 사적인 관계에서 비롯되었다고 판단되거나 서로를 도발하여 발생하였다고 보기 어렵다고 보고 A씨의 장애와 업무 사이에 인과관계가 인정된다고 본 것이다.

하지만 이번 주먹다짐이 만약 주유카드 정산과 같은 업무와 연관이 있는 일 때문에 비롯된 것이 아니라, 순전히 개인적인 감정싸움 때문에 비롯된 것이라면 업무상 재해를 인정받기 어려웠을지도 모른다. 즉 직장 내 주먹다짐 모두가 업무상 재해로 인정받지는 못한다는 것이다.

70 | 초상권 침해기준

Q A씨는 사진을 공유하는 B사 SNS에 의류브랜드인 C사의 옷을 입은 사진을 게시하였다. 이후 C사 의류판매점 주인인 D씨는 A씨의 사진을 자신의 SNS에 게시하였고 이 사진 아래에는 B사 SNS 서비스에서 가져온 이미지임을 표시하였다. 이 사진은 이후 C사 공식 SNS에 등록되었으며 C사는 D씨와 같은 방법으로 출처를 밝히면서 문제시 메일로 연락을 바란다는 문구를 덧붙였다. 이후 A씨는 자신의 사진이 C사 관련 SNS에 게시된 사실을 알게 되자 C사와 D씨에게 항의 전화를 하였고 이후 C사와 D씨는 문제의 사진을 삭제하였다. 그러나 A씨는 C사와 D씨의 행동이 초상권 침해 기준을 충족한다는 이유에서 양측을 상대로 소송을 제기했는데 그 결과는?

요즘은 대부분의 사람들이 SNS 하나씩은 가입되어 있다. 최근 사진을 공유하는 한 SNS 서비스에 게시된 사진을 게시자의 동의 없이 영리목적으로 사용할 경우 초상권 침해로 손해배상을 해야 한다는 판결이 내려진 바 있다. **그럼 초상권 침해 기준은 무엇일까?**

위 사건에서 C사 등은 "해당 SNS 서비스가 사진을 전체공개로 설정한 사용자의 콘텐츠를 타인이 검색하거나 조회, 사용할 수 있도록 규정하고 있다"며 자신들의 행동은 초상권 침해 기준을 충족치 못한다고 주장하였다. 그러나 재판부는 이들의 주장과 달리 D씨는 100만원을 C사는 30만원을 각각 A씨에게 지급하라는 판결을 내렸다(서울중앙지방법원 2016. 7. 21. 선고 2015가단5324874 판결).

대법원도 "사람은 누구나 자신의 얼굴 기타 사회통념상 특정인임을 식별할 수 있는 신체적 특징에 관하여 함부로 촬영 또는 그림묘사되거나 공표되지 아니하며 영리적으로 이용당하지 않을 권리를 가지는데, 이러한 초상권은 우리 헌법 제10조 제1문에 의하여 헌법적으로도 보장되고 있는 권리이다"라고 판시한 바 있다(대법원 2006. 10. 13. 선고 2004다16280 판결).

재판부의 이 같은 판결은 해당 SNS서비스에서 사용자의 콘텐츠 이용과 공유를 권하고 있다 하더라도 이를 두고 **영리적인 목적에 이용**까지 포함해 권하고 있다고 볼 수는 없다고 본 것이다. 따라서 재판부는 C사와 D씨가 A씨의 사진을 사용한 기간에 따라 A씨의 정신적 고통을 배상해야 한다고 보고 C사와 D씨는 그에 따른 위자료를 A씨에게 지급하라고 밝힌 것이다.

이 점은 앞서 설명한 <63. 이미 공개된 개인정보, 본인 동의 없이 수집·제공>에서의 내용과 비교된다. 즉 개인정보의 경우는 이미 공개된 것을 영리 목적으로 활용해도 무방하나, 초상권의 경우는 이미 공개된 내용이라고 해도 영리 목적까지는 허용하지 않는다는 것이다. 이러한 차이점이 생긴 이유는, 초상권의 경우 그 자체로 개인의 인격권과 직결되므로 보다 추상적인 개인의 학력이나 이력에 관한 내용보다 강하게 보호해주는 것 때문이라 생각된다.

71 | 효도계약 불이행

Q A씨는 서울에 위치한 단독주택 소유권을 아들 B씨에게 이전하면서 그에 대한 조건으로 자신과 같은 집에 살면서 자신과 배우자 C씨(B씨의 모친)를 충실히 부양할 것을 제시하였다. 이에 대한 계약서를 작성하면서 A씨는 계약서 내에 B씨의 계약 내용 불이행을 이유로 계약이 해지될 경우엔 그에 대한 이의를 B씨가 제기하지 않는다는 내용을 포함시켰다. 이러한 계약 내용을 받아들인 B씨는 A씨로부터 부동산에 대한 소유권 이전등기를 마친 후 아버지 A씨 등과 함께 살게 되었다. 하지만 B씨의 행동은 계약 내용을 충실히 이행하였다고 볼 수 없었다. 즉 B씨 부부는 A씨와 같은 집에 거주하긴 하였으나 식사조차 함께 하는 경우가 드물었으며, 당시 몸이 편찮았던 B씨의 어머니 C씨의 간병을 가사 도우미에게 전담시켰다. 이외에도 B씨 부부는 A씨에게 요양시설로 옮길 것을 권하기도 하였으며 이를 참기 어려웠던 A씨는 아들인 B씨를 상대로 소유권이전등기 말소소송을 제기하였는데 소송의 결과는?

최근에는 부모 자식 간에 증여가 이뤄질 경우 과거처럼 무조건적인 증여가 이뤄지는 것이 아니라 효도를 해야 한다는 조건이 붙는 경우가 종종 있다. 이러한 효도 조건으로 붙은 증여를 법적으로 '부담부 증여'라고 부른다. 원칙적으로 증여를 할 경우 이미 이행된 부분에 관하여는 해제할 수 없다. 하지만 부담부 증여는 증여에 필요한 특별한 조건을 단 증여로 수증자 역시 그 조건을 지켜야만 증여가 인정되는 것이다.

이러한 효도계약서 역시 민법에서 정한 계약의 한 형태인 부담부 증여의 일종이다. 위 소송에서 재판부는 이러한 부담부 증여와 관련하여, 부동산을 증여받는 조건으로 부모를 부양하기로 한 아들이 그에 대한 책임을 회피하였다면 증여된 부동산은 다시 반환되어야 한다는 판결을 내렸다(대법원 2015. 12. 10. 선고 2015다236141 판결). 즉 재판부는 위 소송에서 B씨의 소유권 이전 등기 말소 절차를 이행하라며 A씨의 손을 들어준 것이다.

부모 자식 간에도 계약을 해야만 하는 것이 한편으로는 서글픈 현실이기도 하지만 현실은 현실이다. 그런데 위 사례에서 **만약에 A씨가 위와 같이 효도계약서를 사전에 꼼꼼하게 작성해 아들로부터 서명을 받지 않았다면 결과는 어떻게 되었을까?** 많은 효도계약 불이행 소송에서 실제로는 그런 효도계약서를 서면으로 받지 않고 구두약속만 하는 경우가 더 많다. 부모자식 간에 계약서를 작성한다는 것이 현실적으로 우리 정서상 쉽지는 않기 때문일 것이다. 하지만 불행하게도 그런 경우 부모가 효도계약을 입증하지 못해 패소하게 되는 경우가 많다. 자식에게 아무런 대비 없이 재산을 다 증여하고 천대받으면서 억울해 하는 것보다는 A씨와 같이 사전에 대비해 두는 것도 현명하다 할 것이다.

효도계약서 작성요령

효도 계약서 작성 시에는 증여대상, 증여조건, 조건 불이행시 증여물 반환 내용, 당사자 서명뿐 아니라, 특히 증여조건인 효도에 관한 내용을 보다 구체적으로 작성하는 것이 좋다. 예컨대 "1주일에 한 번 이상 부모를 방문할 것, 부모에게 매달 100만원의 용돈을 지급할 것, 부모의 병원비는 별도 지급할 것" 등 구체적으로 적어야 한다. 그렇지 않고 막연하게 효도할 것이라고 기재할 경우 효도의 의미가 추상적이고 주관적으로 해석될 여지가 있어서 법적 다툼의 여지가 생기게 되기 때문이다.

효도계약서(부담부 증여)

홍길동(이하 "증여인"이라 한다)과 홍아들(이하 "수증인"이라 한다)은 아래 표시의 증여재산(이하 "증여재산"이라 한다)에 관하여 다음과 같이 증여계약을 체결한다.

다 음

제1조 (부담부 증여계약) 증여인은 증여인 소유 증여재산을 이하에서 정하는 조건에 따라 수증인에게 증여하고 수증인은 이를 승낙한다.

제2조 (증여재산의표시)

1. 부동산	**2. 현금 및 예금**
1) 서울 종로구 종로 33 토지 300평방미터	1) 현금 1억원
2) 서울 종로구 종로 34 상가 12동 304호	2) KEB하나은행 예금채권 2억원

제3조 (부담부분) 위 증여재산은 수증인이 다음의 사항을 이행할 것을 조건으로 증여한다.*

① 증여된 부동산을 매각 또는 담보제공 시에는 증여인의 동의를 받아야 한다.
② 증여인의 요청이 있을 경우, 수증인은 위 증여재산 가액을 한도로 매달 증여인의 KEB하나은행 ○○○ – ○○○○○○ – ○○○ 계좌로 생활비 100만원씩 지급하여야 한다.
[신용(체크)카드 발급, 인터넷뱅킹, 모바일뱅킹 사용 등록]
③ 수증인에게 증여된 부동산의 임대료 중 10%를 증여자에게 매달 지급하여야 한다.
④ 증여인의 요청이 있을 경우, 수증인은 위 증여재산 가액을 한도로 증여인과 그의 배우자의 병원치료비(입원비 포함)를 부담하여야 한다.
⑤ 수증인은 제사 등 가족행사 참여해야 한다.
⑥ 수증인은 매월 2회 이상 (손자를 데리고) 증여인을 방문하여야 한다.

제4조(계약의 해제)

① 수증인이 제3조 ①항을 위반하였을 경우 증여인은 그 즉시 증여계약을 해제할 수 있다.
② 수증인이 정당한 사유없이 제3조 ②항 내지 ⑥항을 위반하였을 경우 증여

인은 수증인에게 시정을 요구할 수 있고, 수증인이 시정을 3회 이상 요구받았음에도 불구하고 그 위반한 사항을 지키지 아니한 경우에는 증여인은 계약을 해제할 수 있다(여기서 3회는 계속적일 필요 없음).

제5조(계약의 해제 후 조치)
① 제4조에 의해 계약해제가 되었을 경우, 수증인은 증여인에 대해 지체없이 표시 부동산의 소유권 이전등기와 동시에 인도를 해야 한다.
② 수증인이 부동산을 이미 매각한 경우에는 매각대금 상당액을 증여인에게 지급하여야 하고, 수증인이 임의로 담보를 설정한 경우에는 이를 말소하거나 채무액 상당의 금전을 증여인에게 지급한다.
③ 증여재산이 현금, 예금인 경우 또는 위 ②항에 의한 가액배상의 경우 수증인은 증여인에게 본 증여계약 해제일로부터 14일 내에 반환하여야 하고, 이를 이행하지 않을 경우 연 5%의 지연이자를 가산하여 지급하여야 한다.

증여인과 수증인은 위 부담부 증여를 증명하기 위해 이 부담부 증여계약서를 작성하고 증여인 및 수증인은 아래에 각 기명날인하여 1통씩 소지 보관한다.

2017. 12. 22 .

(증여인) 홍 길 동 (421230－1000000) ㊞
서울시 강남구 압구정동 ○○ 아파트 ○○ 동 ○○ 호
(수증인) 홍 아 들(681130－1000000) ㊞
서울시 서초구 서초동 ○○

* △'효도'라는 개념 자체가 추상적이기 때문에 증여자가 생각하는 효도의 내용을 항목별로 구체적이고 상세하게 적시하는 것이 좋다. △증여조건은 각자의 사정에 따라 상황이 다를 수 있으므로 예시한 항목에 구애받지 않고 탄력적으로 기재한다. △증여조건을 상세하게 적시하는 것은 결코 계산적이거나 냉정한 것이 아니다. 오히려 이것을 추상적으로 적시할 경우 나중에 분쟁의 화근이 되어 가족 간에 화목을 지킬 수 없게 된다.

72 | 교회재산 관련 분쟁

Q A씨는 아내와 함께 수십 년 동안 서울에 있는 교회를 다녔다. A씨는 안수집사이고 아내도 권사이다. 그런데 새로 부임한 목사가 교회를 망치고 계속해서 돈을 횡령하기에 교회가 목사파와 장로파로 두 동강이 났다. 화가 난 장로파들이 교회를 탈퇴하여 인근에 새로운 교회를 다시 만들었다. 그런데 그 후 그 목사는 교회재산 일부를 처분하려고 하기에 A씨는 지금이라도 다시 원래 교회에 가서 이를 저지하고 싶은데 가능한가?

몇 해 전 경기도 송탄 소재 한 교회가 교회자금 전횡으로 인한 담임목사와 교인들 간의 갈등이 있었다. 이 교회는 2010년 받은 12억원의 토지보상금 중 4억 5천만원과 2억 2천만원으로 교회 앞 주택 두 채를 구입하기로 했다. 그러나 한 채는 이미 교회에 증여된 집이었고, 또 한 채는 담임목사가 대표자로 있는 선교회 이름으로 매입된 사실을 뒤늦게 교인들이 확인하며 분쟁이 심화된 것이다.

교회재산은 교회활동에 반드시 필요한 기반이지만 잘못 운영할 때는 이처럼 교회 분쟁의 원인이 된다. 이 밖에도 교회 분열시 재산관계, 지교회가 소속 교단을 탈퇴한 경우 등 다양한 원인으로 교회재산 분쟁이 발생하기도 한다.

교회는 교인들의 헌금, 십일조 등의 수입으로 재산을 형성한다. 이와 같은 교회재산의 귀속형태는 총유, 즉 하나의 물건을 권리능력 없는 사단이 소유하는 공동소유로 분류, 교회 또한 권리능력 없는 사단법인의 일종으로 해석된다.

일반적으로 교회 내부에서 갈등이 생길 경우 해결 기준은 교회법이 우선적으로 적용된다. 그러나 교회법의 경우 교회재산 관련 분쟁을 해결하는데 명확한 규정이 없는 경우가 대부분이다. 그래서 이러한 경우 사회법에 제소하는 사례가 증가하고 있는 추세다. 일례로 사랑의교회, 제자교회, 홍대새교회, 여의도순복음교회 등 대형교회를 중심으로 발생해 사회 이목을 집중시킨 소송 사건만도 수십여 건에 달한다.

대법원은 "교회가 법인 아닌 사단으로서 존재하는 이상, 그 법률관계를 둘러싼 분쟁을 소송적인 방법으로 해결함에 있어서는 법인 아닌 사단에 관한 민법의 일반 이론에 따라 교회의 실체를 파악하고 교회의 재산 귀속에 대하여 판단해야 한다"며 "법인 아닌 사단의 재산관계와 그 재산에 대한 구성원의 권리 및 구성원 탈퇴, 특히 집단적인 탈퇴의 효과 등에 관한 법리는 교회에 대하여도 동일하게 적용되어야 한다"고 판시한 바 있다. 보통 교인들은 교회 재산을 총유의 형태로 소유하면서 사용·수익한다. 그중 일부 교인들이 교회를 탈퇴, 그 교회 교인으로서의 지위를 상실하게 되면 탈퇴가 개별적인 것이든 집단적인 것이든 이와 더불어 종전 교회의 총유 재산의 관리처분에 관한 의결에 참가할 수 있는 지위나 그 재산에 대한 사용·수익권을 상실하는 것이 순리에 적합하다는 것이 대법원의 입장이다(대법원 2006. 4. 20. 선고 2004다37775 전원합의체 판결).

과거에는 종전 교회 재산의 관리·처분행위에 관한 소송은 분열 당시 교인들로 구성된 교인총회의 결의를 거쳐 종전 교회 자체가 당사자가 되어 제기하여야 한다고 판시하였으나, 현실적으로 그러한 요건을 갖추기가 거의 불가능하였다. 이러한 총회 구성원 결의권 완비의 어려움을 보완하고 실질적인 권리의 구분을 위해 잔존 교인들을 구성원으로 하여 실체의 동일성을 유지하면서 존속하며 종전 교회의 재산은 그 교회에 소속된 잔존 교인들의 총유로 귀속된다는 원칙을 적용하게 된 것이다.

사례로 돌아가 살피건대, A씨의 경우 이미 원래 다니던 교회를 탈퇴하였으므로 종전 교회의 총유 재산의 관리처분에 관한 의결에 참가할 수 있는 지위나 그 재산에 대한 사용·수익권을 잃게 된다.

73 | 지교회와 교단 사이 재산분쟁

Q A교회는 B교단의 소속인데 B교단의 교회헌법에 의하면, 모든 지교회의 재산은 B교단의 명의로 등록해야 한다. 하지만 A교회는 B교단이 재산은 모두 명의신탁을 하게끔 하면서도 정작 아무런 도움을 주지 않는 것 때문에 B교단과 불화가 생겼다. 그래서 B교단 명의로 되어 있는 A교회 재산을 돌려달라고 했지만 B교단은 이를 거부하였다. A교회에서는 자신의 재산을 되찾기 위해 어떻게 해야 하나?

보통 교회헌법이 B교단과 같이 되어 있는 경우가 많다. 통상 명의신탁 약정을 할 경우에는 그 신탁에 대한 해지조건도 미리 약정해 놓는다. 하지만 교회헌법의 경우에는 그런 상황을 상정해 놓을 리가 없다. 그럼 이런 경우에는 지교회에서 어떤 방법으로 명의신탁을 해지할 수 있을까?

소속 교단에서의 탈퇴 내지 소속 교단의 변경은 사단법인 정관변경에 준하여 의결권을 가진 교인 2/3 이상의 찬성에 의한 결의를 요하는데 그 결의요건을 갖추어 소속 교단을 탈퇴하거나 다른 교단으로 변경한 경우에 종전 교회의 실체는 이와 같이 교단을 탈퇴한 교회로서 존속하고 종전 교회 재산은 위 탈퇴한 교회 소속 교인들의 총유로 귀속된다(대법원 2006. 4. 20. 선고 2004다37775 전원합의체 판결). 그러나 교단탈퇴에 의결권을 가진 교인의 2/3에 이르지 못한다면 종전 교회의 동일성은 여전히 종전 교단에 소속되어 있는 상태로서 유지되므로, 교단변경 결의에 찬성하고 나아가 종전 교회를 집단적으로 탈퇴하거나 다른 교단에 가입한 교인들은 교인으로서의 지위와 더불어 종전 교회 재산에 대한 권리를 상실한다(대법원 2006. 6. 30. 선고 2000다15944 판결 참조).

사례로 돌아가 살피건대, 결국 A교회에서 재산을 되찾기 위해서는 B교단에서 탈퇴한 후 명의신탁 약정을 해지해야 한다. 또한 그렇게 하려면 사전에 당회 등 총회를 개최하여 2/3 이상의 신도들의 찬성으로 교단 탈퇴를 결정해야만 한다.

74 | 공유물분할 시 등기부와 지적공부 중 어느 것이 우선할까?

Q A씨의 토지는 부동산등기부에는 독립되어 하나의 토지로 등기가 되어 있는데, 막상 토지대장을 보면 A씨 토지가 인근 2필지 토지와 하나로 합필되어 있다. A씨는 소유권을 확보하고 싶어 공유물분할 소송을 내려고 하는데 지적공부와 부동산 등기부가 다르게 되어 있어도 가능할까?

보통은 토지지적부와 부동산등기부는 일치한다. 그 이유는 지적부를 토대로 등기부등본이 작성되기 때문이다. 하지만 과거 전산화가 되기 전에는 전쟁, 화재 등의 사유 등으로 때로는 지적부나 토지등기부가 멸실되는 경우도 있다. **그 결과 지적부와 등기부가 달라진 경우 어느 것을 기준으로 판단될까?**

강원도 속초시 도문동 일대 토지는 원래 1062평(3511㎡) 1개의 필지였다가 각각 500평, 400평, 100평 등 세 개의 토지로 분필됐지만 6·25 전쟁 통에 등기와 지적공부가 모두 멸실됐다. 이후 세 토지는 각기 다른 사람 명의로 등기가 회복됐다. 이 가운데 400평 토지의 소유자인 A씨의 아버지 C씨는 1965년 100평짜리 토지도 사들였다. A씨는 아버지가 사망하자 이 토지를 상속했다. 하지만 복구된 토지대장에는 여전히 1,062평 1개의 토지로 표시돼 있었다. 그러다 2002년 6월 B씨가 법원 경매를 통해 1,062평을 사들이면서 문제가 발생했다.

B씨는 토지대장을 기준으로 땅을 감정해 1,062평 전부를 자신의 경계로 편입시켰다. 이에 A씨는 2013년 8월 자신의 토지 소유권을 확인하고 토지의 경계를 확정해달라며 소송을 냈다.

1, 2심은 토지대장에 1개의 토지만 존재하는 점에 비춰볼 때 토지가 3개로 나뉘어 존재했다고 단정하기 어렵다며 원고패소 판결했다. 하지만 대법원의 판단은 달랐다. 대법원은 등기상으로 분할이 돼 있지만 지적공부에는 분할이 돼 있지 않다면 등기를 기준으로 판단해야 한다고 본 것이다. 따라서 A씨가 B씨를 상대로 낸 공유물분할 등 소송에서 원고패소 판결한 원심을 깨고 사건을 강릉지원으로 돌려보냈다(대법원 2017. 2. 21. 선고 2016다225353 판결).

대법원 재판부는 "어느 토지에 대해 소유권이전등기가 마쳐져 있다면 등기 당시에는 소관청에 해당 토지의 지적공부가 비치돼 있었다고 보는 것이 타당하다"며 "토지를 분할하기 위해서는 우선 지적도상 토지를 나누고 새롭게 토지대장에 등록해야 하므로 특별한 사정이 없는 한 토지가 분할 등기돼 있다면 분할된 토지대장도 존재하고 있었다고 봐야 한다"고 설명했다. 이어 "여러 필지로 분할돼 지적공부에 등록됐다가 이것이 모두 멸실된 후 소관청이 이를 복구하면서 분할 전 1필지의 토지로만 복구한 경우 종전 분할된 토지의 각 소유자는 분할된 토지의 경계를 특정하여 소유권을 주장·행사할 수 있다"고 밝혔다.

따라서 A씨는 공유물분할소송을 제기하면 승소한다.

'지적도와 등기부취득시효'의 비교

앞서 등기부시효취득의 경우에는 등기부에는 분필되어 있지만, 토지대장에는 인근 토지들과 하나로 되어 있고 분할이 되어 있지 않은 경우 토지대장이 우선하여 적용되므로 등기부취득시효를 주장할 수 없다고 설명한 바 있다. 그런데 공유물분할 소송의 경우에는 반대로 토지대장에 분할이 되어 있지 않아도 등기부에 분필되어 있다면 등기부를 기준으로 판단하여 공유물분할이 가능하다고 하였다. 왜 토지대장과 부동산등기부의 선후 문제가 이렇듯 상반된 결론이 나는 것일까? 등기부취득시효의 경우 점유취득시효와 달리 토지대장에 분할이 되어 있지 않으면 취득시효 대상인 토지를 구체적으로 특정할 수가 없다. 즉 등기부취득시효를 주장하는 자는 자신이 실제로 점유한 부분에 대해 등기부상 소유자로 등재되어 있어야만 하는데(민법 제245조 2항), 설사 그 등기부에 기재된 면적에 해당하는 만큼의 토지를 특정하여 점유하였다고 해도 그 등기는 그가 점유하는 토지부분을 표상하는 등기로 볼 수 없다. 즉 토지대장에 구체적으로 분할되어 그 형상이 특정되어 있어야만 점유와 등기가 일치하게 되어 등기부취득시효를 인정할 수 있으므로, 토지대장에 분할이 되어 있지 않으면 안 되는 것이다. 반면 공유물분할소송의 경우에는 설사 토지대장에 분할이 되어 있지 아니하여도 어차피 분할소송 과정에서 협의에 의해 공유자의 토지는 특정되며, 만약 협의가 불성립할 경우에는 매각하여 가격으로 분할하면 된다. 때문에 설사 지적공부상 분할이 되어 있지 아니하여도 분필된 부동산등기부등본을 근거로 공유물분할소송이 가능한 것이다.

75 | 사해행위취소 [= 채권자취소권 행사]

Q A씨는 7년 전 B씨에게 1억원을 빌려줬는데 그가 변제기가 지나도 갚지 않기에 B씨를 상대로 소송을 걸려고 한다. 그런데 막상 A씨가 B씨 집의 등기부등본을 떼어 보았는데 6년 전에 이미 그 집을 자신의 아들인 C씨에게 증여하였다. B씨에게는 그 집이 유일한 재산인데 이 경우 A씨가 구제받을 수 있을까?

가. 채권자취소권의 성립요건

이 경우 쟁점은 채권자취소권, 흔히 말하는 사해행위취소 소송이 가능한가의 문제이다. 채무자가 채권자를 해함을 알면서 재산권을 목적으로 한 법률행위를 한 때에는 채권자는 그 취소 및 원상회복을 청구할 수 있다(민법 제406조 1항).

이러한 채권자취소권의 요건으로는,

① 채무자가 법률행위를 하였어야 한다. 법률행위는 계약은 물론 단독행위(권리포기, 채무면제, 채무승인), 합동행위(회사설립행위)를 불문한다. 하지만 채무자의 단순한 부작위나 사실행위, 순수한 소송행위에는 채권자취소권이 적용되지 아니한다. 따라서 증여나 유증의 거절과 같은 것은 사해행위가 되지 않는다. 한편 채무자의 법률행위가 설사 무효인 법률행위(예컨대 통정허위표시)인 경우에도 채권자취소권을 행사할 수 있다.

② 채무자의 법률행위는 재산권을 목적으로 하는 것이어야 한다. 따라서 상속의 승인이나 포기는 사해행위가 되지 않는다.

③ 채권자를 해하는 법률행위여야 한다. 채권자를 해한다는 것은 채무자의 재산행위로 그의 일반재산이 감소하여 채권의 공동담보에 부족이 생기고 채권자에게 완전한 변제를 할 수 없게 되는 것을 말한다. 일부의 채권자에게 변제하거나 물적 담보를 제공하는 것은 사해행위가 아니다. 다만 특정채권자와 서로 짜서 채무액 이상의 가치가 있는 대물변제를 하는 것은 사해행위이다. 보증을 서는 것은 주채무자에게 충분한 자력이 있을 경우에는 사해행위가 안되나 그렇지 않은 경우는 사해행위가 된다. 하지만 연대보증을 서는 경우에는 무조건 사해행위가 된다. 부동산을 매각해 현금으로 만드는 것은 특별한 경우가 아닌 한 사해행위가 되지 않는다.

한편 사해행위로 취소되는 효과는 모든 채권자의 이익을 위하여 그 효력이 있기 때문에 채권의 공동담보를 해하는 경우, 즉 채무자가 무자력(채무초과 상태)으로 되는 경우에만 허용된다. 그 결과 특정채권의 보전을 위하여서는 채권자취소권이 허용되지 않는다. 예컨대 소유권이전등기청구의 경우 그 등기청구권 역시 특정채권이므로 채무자가 이중매매를 하였다고 해도 이를 이유로 채권자취소소송을 제기할 수 없다(대법원 1991. 7. 23. 선고 91다6757 판결).

이러한 채권자취소권은 채권자가 취소원인을 안 날부터 1년, 법률행위가 있는 날부터 5년 이내에 행사하지 아니하면 소멸한다(민법 제406조 2항).

나. 수익자·전득자의 악의 추정

채무자의 사해행위로 인해 이득을 보는 사람을 수익자라 하고, 그로부터 다시 이익을 본 사람을 전득자라고 부르는데, 이러한 수익자나 전득자는 일응 악의로 추정된다. 즉 채무자의 행위가 그에 대한 채권자의 권리를 해하는 것을 알고 이익을 본 것으로 보는 것이다. 따라서 수익자나 전득자가 선의임을 입증하지 못하는 한 사해행위 취소 소송에서 채권자에게 패할 것이다(대법원 2010. 2. 25. 선고 2007다28819 판결 참조).

하지만 만약 수익자가 채무자의 재산 상태를 전혀 모르는 제3자이고 부동산 중개업자를 통해 정당하게 매수한 경우에는 악의 추정은 깨질 수 있다.

다. 수익자나 전득자를 상대로 한 가액배상청구

채권자의 사해행위취소 및 원상회복청구가 인정되면, 수익자 또는 전득자는 원상회복으로서 사해행위의 목적물을 채무자에게 반환할 의무를 진다. 만일 원물반환이 불가능하거나 현저히 곤란한 경우에는 원상회복의무의 이행으로서 사해행위 목적물의 가액 상당을 배상하여야 한다. 여기서 원물반환이 불가능하거나 현저히 곤란한 경우라 함은 원물반환이 단순히 절대적, 물리적으로 불가능한 경우가 아니라 사회생활상의 경험법칙 또는 거래상의 관념에 비추어 채권자가 수익자나 전득자로부터 이행의 실현을 기대할 수 없는 경우를 말한다(대법원 1998. 5. 15. 선고 97다58316 판결 등 참조). 다만 채권자는 자신이 가지는 피보전채권액을 한도로 채무자의 법률행위를 취소하고 그에 따른 원상회복으로 가액배상을 청구할 수 있다.

라. 결어

사례로 돌아가 살피건대, B씨의 법률행위인 증여는 자신의 책임재산을 감소시켜 무자력으로 만드는 사해행위에 해당된다. 더욱이 그 수증자는 아들 C씨이므로 당연히 악의가 추정되고, 사실상 그 악의추정을 깬다는 것은 거이 불가능하다. 통상 가족, 가까운 친척, 친지가 수익자인 경우는 강하게 악의로 추정되기 때문이다.

하지만 문제는 채권자취소권은 채권자가 취소원인을 안 날부터 1년, 법률행위가 있은 날부터 5년 내 이를 행사해야 한다. 이 기간은 제척기간이다. 그런데 사례의 경우 A씨는 취소원인을 안 것은 최근이라 문제가 없지만 B씨의 법률행위가 이미 6년 전에 이뤄졌기 때문에 채권자취소소송을 제기할 수 없다. 결국 A씨는 사해행위취소 소송으로 구제받을 수 없다.

76 | 사해행위취소로 원상회복된 등기를 다시 처분한 경우

Q A씨는 B씨에게 돈을 빌려주었는데 그 후 B씨는 자신의 유일한 재산인 아파트를 그의 아내 C씨에게 증여했다. A씨는 C씨를 상대로 사해행위취소 소송을 제기해 승소하여 다시 B씨의 이름으로 원상복귀시켜 놓았다. 그런데 B씨가 이번에는 다시 부동산중개업소를 통해 그 아파트를 제3자인 D씨에게 팔았다. 이 경우 A씨가 D씨를 상대로 어떤 조치를 취할 수 있을까?

부동산매매계약이 사해행위라는 이유로 취소되어 원상회복으로 수익자 명의의 소유권이전등기가 말소되었는데, 그 후 채무자가 부동산을 제3자에게 처분한 경우, 취소채권자가 강제집행을 위하여 제3자 명의의 등기 말소를 청구할 수 있을까? 최근 대법원은 이 사안에서 사해행위취소로 원소유자 앞으로 원상회복된 등기는 취소채권자를 위한 책임재산에 불과할 뿐 자유로운 처분권이 있는 정상적인 소유권이 아니므로 이를 위반하여 제3자에게 처분한 것은 원인무효 등기이므로 그에 터 잡은 등기들 역시 모두 무효로 된다고 해석, 말소대상이 된다고 판시하였다(대법원 2017. 3. 9. 선고 2015다217980 판결).

사안을 구체적으로 살펴보면 다음과 같다. 채무자가 수익자에게 부동산을 매도하고 소유권이전등기를 하였는데, 매매계약이 사해행위라는 이유로 취소되고 원상회복으로 수익자 명의의 소유권이전등기가 말소되자, 채무자가 다시 피고 A에게 부동산을 매도하여 소유권이전등기를 하고, 피고 B, C 명의의 소유권이전등기청구권가등기, 가등기의 이전등기, 가등기에 기초한 본등기가 순차로 이루어졌다. 그런데 사해행위의 취소는 채권자와 수익자의 관계에서 상대적으로 채무자와 수익자 사이의 법률행위를 무효로 하는 데에 그치고, 채무자와 수익자 사이의 법률관계에는 영향을 미치지 아니한다. 따라서 채무자와 수익자 사이의 부동산매매계약이 사해행위로 취소되고 그에 따른 원상회복으로 수익자 명의의 소유권이전등기가 말소되어 채무자의 등기명의가 회복되더라도, 그 부동산은 취소채권자나 민법 제407조에 따라 사해행위 취소와 원상회복의 효력을 받는 채권자와 수익자 사이에서 **채무자의 책임재산으로 취급**될 뿐, 채무자가 직접 그 부동산을 취득하여 **권리자가 되는 것은 아니다**(대법원 2015. 11. 17. 선고 2012다2743 판결 등 참조). 따라서 채무자가 사해행위 취소로 그 등기명의를 회복한 부동산을 제3자에게 처분하더라도 이는 **무권리자의 처분**에 불과하여 효력이 없으므로, 채무자로부터 제3자에게 마쳐진 소유권이전등기나 이에 기초하여 순차로 마쳐진 소유권이전등기 등은 모두 원인무효의 등기로서 말소되어야 한다. 이 경우 취소채권자나 민법 제407조에 따라 사해행위 취소와 원상회복의 효력을 받는 채권자는 채무자의 책임재산으로 취급되는 그 부동산에 대한 강제집행을 위하여 위와 같은 원인무효 등기의 명의인을 상대로 그 등기의 말소를 청구할 수 있다고 보아야 한다.

사례로 돌아가 살피건대, B씨가 다시 제3자인 D씨 앞으로 매도하였다고 해도 D씨 앞으로 된 등기는 원인무효이므로 A씨는 D씨를 상대로 한 소유권이전등기 말소소송에서 승소할 수 있다.

77 | 상사채권 소멸시효

Q A씨는 지인 B씨가 통닭집 가게 인테리어를 하는데 필요하다면서 "2달 안에 갚겠다"고 부탁하기에 거절치 못하고 3천만원을 빌려주었다. 물론 A씨는 B씨로부터 변제기를 2달 후로 해서 차용증을 받아놓았다. 그런데 A씨의 계속된 독촉에도 불구하고 B씨는 6년이 지나도 이를 갚지 않기에 A씨는 소송을 하려고 한다. A씨는 B씨로부터 돈을 돌려받을 수 있을까?

차용증을 받고 돈을 빌려주었다면 언제든 돈을 돌려받을 수 있다고 생각하기 쉽다. 하지만 차용증을 쓰고 빌려준 돈 역시 수명이 있기에 그 안에 돌려받지 못할 경우 채권이 시효로 소멸할 수 있다. 소멸시효 제도는 일정한 기간 동안 권리를 행사하지 아니할 경우 그 권리의 효력이 상실되는 것이다. 이는 '권리 위에 잠자는 자'를 법이 무한정 보호하지 않겠다는 것을 의미한다.

채권은 그 유형에 따라서 소멸시효가 각각 다르기에 제대로 알지 못할 경우 경제적 손실이 발생할 우려가 있다. 채권은 변제기로부터 민사채권의 경우는 10년, 상사채권의 경우는 5년이 각 경과하면 시효로 소멸된다. 문제는 민사채권과 상사채권에 대해 일반인들이 구별하기가 쉽지 않다. 특히 주의할 점은 상인이 아니지만 사업을 준비하는 사람도 상인에 해당된다는 것이다(보조적 상행위). 더욱이 상사시효는 어느 한쪽만 상인이어도 해당되기 때문(일방적 상행위)에 5년이 지나면 시효로 소멸된다. 즉 상법은 점포 기타 유사한 설비에 의하여 상인적 방법으로 영업을 하는 자는 상행위를 하지 아니하더라도 상인으로 보면서(제5조 제1항), 제5조 제1항에 의한 의제상인의 행위에 대하여 상사소멸시효 등 상행위에 관한 통칙 규정을 준용하도록 하고 있다(제66조). 한편 영업의 목적인 상행위를 개시하기 전에 영업을 위한 준비행위를 하는 자는 영업으로 상행위를 할 의사를 실현하는 것이므로 준비행위를 한 때 상인자격을 취득함과 아울러 개업준비 행위는 영업을 위한 행위로서 최초의 보조적 상행위가 되는 것이다. 이와 같은 개업준비 행위는 반드시 상호등기 · 개업광고 · 간판부착 등에 의하여 영업의사를 일반적 · 대외적으로 표시할 필요는 없으나, 점포구입 · 영업양수 · 상업사용인의 고용 등 준비행위의 성질로 보아 영업의사를 상대방이 객관적으로 인식할 수 있으면 당해 준비행위는 보조적 상행위로서 여기에 상행위에 관한 상법의 규정이 적용된다. 그리고 영업자금 차입 행위는 행위 자체의 성질로 보아서는 영업의 목적인 상행위를 준비하는 행위라고 할 수 없지만, 행위자의 주관적 의사가 영업을 위한 준비행위이었고 상대방도 행위자의 설명 등에 의하여 그 행위가 영업을 위한 준비행위라는 점을 인식하였던 경우에는 상행위에 관한 상법의 규정이 적용된다(대법원 2012. 4. 13. 선고 2011다104246 판결).

사례로 돌아가 살피건대, 채무자 B씨는 비록 차용당시에는 상인이 아니었지만 가게를 얻고 인테리어를 준비했던 것으로 이는 개업 준비 행위에 해당된다. 따라서 그의 인테리어 설치 역시 보조적 상행위에 해당되어 B씨는 상인에 해당된다. 또한 채무자 일방만 상인이라도 상사시효가 적용되므로 A씨의 채권은 5년이면 시효로 소멸된다. 따라서 A씨가 B씨를 상대로 대여금 소송을 할 경우, 운 좋게 B씨가 이러한 법리를 몰라 주장하지 않을 경우에는 승소할 수도 있지만, 만약 상사시효 항변을 할 경우에는 A씨는 패소한다.

78 | 소멸시효와 시효중단

Q 인테리어업자인 A씨는 B씨의 부탁으로 B씨 소유 아파트의 마루, 부엌, 목욕탕을 올 수리해주었고 수리비가 2천만원이 나왔다. 그런데 B씨는 차일피일 미루면서 공사비를 주지 않고 있는 상황이다. A씨가 공사를 마친 지 어언 2년 반이나 되어 가는데 A씨가 당장 소송을 제기하기는 좀 힘든 상황이다. 이 경우 A씨가 임시방편으로 할 수 있는 방안은?

A씨의 채권은 공사채권이므로 상사채권보다 더 단기로 소멸하게 된다. 민법에는 단기소멸시효가 적용되는 채권을 열거하고 있는데 1년짜리 단기채권과 3년짜리 단기채권이 있다.

가. 3년의 단기소멸시효가 적용되는 채권

① 이자, 부양료, 급료, 사용료 기타 1년 이내의 기간으로 정한 금전 또는 물건의 지급을 목적으로 한 채권, ② 의사, 조산사, 간호사 및 약사의 치료, 근로 및 조제에 관한 채권, ③ 도급받은 자, 기사 기타 공사의 설계 또는 감독에 종사하는 자의 공사에 관한 채권, ④ 변호사, 변리사, 공증인, 공인회계사 및 법무사에 대한 직무상 보관한 서류의 반환을 청구하는 채권, ⑤ 변호사, 변리사, 공증인, 공인회계사 및

법무사의 직무에 관한 채권, ⑥ 생산자 및 상인이 판매한 생산물 및 상품의 대가, ⑦ 수공업자 및 제조자의 업무에 관한 채권

나. 1년의 단기소멸시효가 적용되는 채권

① 여관, 음식점, 대석, 오락장의 숙박료, 음식료, 대석료, 입장료, 소비물의 대가 및 체당금의 채권, ② 의복, 침구, 장구 기타 동산의 사용료의 채권, ③ 노역인, 연예인의 임금 및 그에 공급한 물건의 대금채권, ④ 학생 및 수업자의 교육, 의식 및 유숙에 관한 교주, 숙주, 교사의 채권

다. 소멸시효가 다가오는 채권 연장방법

A씨의 경우 도급으로 인한 공사채권이므로 3년의 단기소멸시효가 적용되는데 2년 6개월이 경과되었으니 곧 시효가 완성된다. 따라서 6개월 안에 가압류를 하는 것이 좋다. 왜냐하면 가압류를 하면 소멸시효가 중단되기 때문이다. 시효중단 사유로는 가압류 말고도 가처분이나 채무자의 승인, 일부변제 등이 있다.

많은 사람들이 내용증명으로 최고를 하면 소멸시효가 중단되는 것으로 알고 있지만 사실 그 기간은 고작 6개월이며, 그 안에 가압류나 소송을 제기하지 않으면 최고의 효력은 상실되므로 주의를 요한다.

하지만 이러한 단기 소멸시효 채권이나 상사소멸시효 채권이라도 **판결에 의하여 확정된 채권**은 10년으로 시효가 연장된다. 파산절차에 의하여 확정된 채권 및 재판상의 화해, 조정 기타 판결과 동일한 효력이 있는 것에 의하여 확정된 채권도 위와 같다. 다만 위와 같은 경우라도 판결확정 당시에 변제기가 도래하지 아니한 채권에는 적용되지 않는다.

79 | 시효이익의 포기

Q A씨는 10여년 전에 친구 B씨에게 5천만원 빌려주었다. A씨는 B씨의 사정이 여의치 않은 것 같아 그 동안 '언젠가 갚겠지' 하고 기다려 주었다. 그런데 B씨가 10년이 지나도 갚지 않기에 A씨는 B씨에게 "친구야 급해서 그러는데 예전에 빌려준 5천만원을 갚아줘"라고 핸드폰 문자를 보냈더니, B씨가 "알았다 한 달 이내 갚을게"라고 답이 왔다. 그런데 그 후 B씨는 소멸시효 얘기를 어디서 들었는지 갑자기 태도를 바꿔 못 갚겠다고 발뺌을 하고 있다. A씨는 B씨에게 5천만원을 받을 수 있을까?

일단 시효가 완성되면 그 뒤 채권자가 청구를 해도 채무자는 소멸시효의 항변을 할 수 있다. 하지만 이미 채권의 소멸시효가 지났지만 그럼에도 불구 채무자가 돈을 갚겠다고 채무를 승인하거나 채무의 일부를 변제한 경우는 시효이익을 포기한 것이라서 채권은 다시 살아난다. 설사 채무자가 시효가 완성된 것을 모르고 채무를 승인하였다고 해도 마찬가지이다.[14] 예컨대 소멸시효가 완성된 후에 채무 일부를 변제하거나, 채무를 승인하거나, 기한유예를 요청하는 경우에는 시효이익을 포기한 것으로 간주된다. 그리고 시효이익을 포기한 경우에는 그것을 포기한 시점부터 소멸시효가 새로이 진행된다.

소멸시효의 완성 후 채무의 일부 변제로 인한 시효이익 포기의 효력이 미치는 범위는 통상적으로 동일 당사자 간에 계속적인 거래로 인하여 같은 종류를 목적으로 하는 수개의 채권관계가 성립되어 있는 경우에 채무자가 특정채무를 지정하지 아니하고 그 일부의 변제를 한 때에도 다른 특별한 사정이 없다면 잔존채무에 대하여도 승인을 한 것

14 하지만 소멸시효의 이익은 완성 전에는 미리 포기하지 못하고(민법 제184조 1항) 완성 후에만 포기할 수 있다.

으로 보아 시효중단이나 포기의 효력을 인정할 수 있다. 하지만 만약 그 채무가 별개로 성립되어 독립성을 갖고 있는 경우, 예컨대 채무자가 가압류 목적물에 대한 가압류를 해제받을 목적으로 피보전채권을 변제하는 경우에는 특별한 사정이 없는 한 피보전채권으로 적시되지 아니한 별개의 채무에 대하여서까지 소멸시효의 이익을 포기한 것이라고 볼 수는 없다(대법원 1993. 10. 26. 선고 93다14936 판결).

사례로 돌아가 살피건대, A씨의 채권은 민사채권이므로 시효가 10년이고 이미 10년이 경과하여 시효가 완성되었다. 하지만 채무자 B씨가 핸드폰문자로 채무를 승인하면서 갚겠다고 약속하였기 때문에 시효이익을 포기한 것으로 된다. 따라서 A씨가 B씨에게 차용금을 청구하면 승소한다. 이러한 시효이익의 포기는 재판상 증거관계가 중요한데 채무자가 보낸 문자메시지가 증거가 된다. 하지만 만약 B씨가 구두로만 채무를 승인했는데 A씨가 이를 미처 녹음하지 못했다면 나중에 재판에서 B씨가 채무 승인사실을 부인할 경우 A씨가 증거부족으로 패소할 수도 있다.

80 | 종중재산 관련 소송에서 주의할 점

Q A씨를 비롯한 파평 윤씨의 후손들은 같은 마을에 살면서 일가친척들과 함께 종중 땅에서 조상의 제사를 지내왔다. 그런데 그 종중은 종중 명의로 소유권이전등기를 하지 않고 오래 전부터 대대로 종원의 일원인 B씨, C씨 명의로 명의 신탁하였다. 그런데 B씨와 C씨는 갑자기 그 땅이 사실은 자신들의 것이라고 주장하면서 종중 땅을 모두 제3자인 D씨에게 매도하여 버렸다. 이 경우 A씨를 비롯한 다른 종원들은 B씨와 C씨를 상대로 어떠한 민 · 형사상 소송이 가능할까?

가. 종중의 의미

종중이란 공동선조의 후손들에 의하여 선조의 분묘수호 및 봉제사와 후손 상호간의 친목을 목적으로 형성되는 자연발생적인 단체이다. 종중은 공동시조의 후손 중 20세 이상 성인 남자와 여자를 종중원으로 하는 자연발생적 단체이므로 임의로 종중원의 구성을 바꿀 수 없다.

과거에는 관습법으로 공동선조의 자손 중 성년의 남자만이 종원의 자격으로 인정되었고 판례도 그와 같이 판시하였다. 하지만 대법원은 전원합의체 판결로 판례를 변경하여 이제는 공동선조와 성과 본을 같이 하는 후손은 성별의 구별 없이 성년이 되면 당연히 종중의 구성원이 된다고 해석하고 있다(대법원 2005. 7. 21. 선고 2002다1178 전원합의체 판결).

종중은 종중 규약이나 관습에 따라 선출된 대표자 등에 의하여 대표되는 정도로 조직을 갖추고 지속적인 활동을 하고 있다면 별도로 설립등록을 하지 않더라도 비법인 사단으로서의 단체성이 인정된다. 그런데 실제 명칭은 각양각색이다. 종회, 종중, 문중, 종친회, 화수회 등 필요에 따라 명칭을 사용하고 있지만 종중의 실체를 갖추고 있느냐 여부에 따라 종중인지 단순한 친목단체인지 따지게 된다. 하지만 명칭이 어떤 것이든, 공동선조로 하는 후손들로 구성되어 선조의 분묘수호, 제사 등을 목적으로 하고 있는 단체라면 종중으로서의 보호를 받게 된다.

나. 종중의 당사자능력 문제(단체성 구비요건)

이러한 종중 관련 소송에서 가장 중요한 것은 이렇듯 자연발생적인 단체인 종중을 어떻게 법적인 권한을 행사하는 실체로 만드는가이다. 고유 의미의 종중은 물론 공동선조의 후손 중에 일정한 지역에서 거주하는 후손 또는 일정한 친족 범위 내의 후손들로 구성된 유사종중

(= 소종중)에 관하여도 대법원은 과거에는 부정적 견해를 보였으나 현재는 이를 인정하고 있다. 즉 대법원은 "공동선조의 후손 중 일정한 범위 즉 공동선조의 후배(후실)의 분묘를 수호하고 친목을 도모하기 위한 종족집단이 사회조직체로서 성립하여 고유의 재산을 소유, 관리하면서 독자적인 활동을 하고 있다면 이와 같은 소종중은 고유의 의미의 종중이라고 보기는 어려우나 단체로서의 실체를 부인할 수는 없고 권리능력 없는 사단으로서 당사자능력이 인정된다"고 판시하였다(1989. 6. 27. 선고 87다카1915 판결). 나아가 "종중이 당사자능력이 있는지, 그 대표자가 적법한 대표권한을 가지는지 여부는 직권으로 조사할 사항이나 상대방에서 그 당사자능력 또는 대표권을 부인하거나 이것이 부적법한 것이 아닌 한 법원에서 적극적으로 이를 석명하거나 심리판단할 필요는 없다"라고 판시하고 있다.

결국 소송 실무상 권리능력 없는 사단으로서 종중의 실체를 만들기 위해서는 2인 이상의 사람의 단체와 대표자 선정, 정관 내지 종중규약 및 사원총회결의서 등을 구비하여 등록을 해야 한다. 따라서 소송에 앞서 사전에 종중에 대한 등록증명서[15]를 미리 받아 놓아야 하며, 소송을 위임하는 사원총회결의서 등도 필요하다. 실무상 종중 관련 소송이 접수될 경우 법원에서는 종중규약의 존재여부를 확인하여 이것이 없을 경우 보정명령을 하는 경우가 있다.

다. 종중재산의 실체 판단

그럼 어느 경우에 종중의 재산으로 보는가? 실무상 종중 소유로 인정할 수 있는 간접자료로 이를 판단할 수밖에 없는데, 구체적으로 등기명의인이 여럿이라면 그들 상호간의 관계, 등기명의인 앞으로 등기가 경료된 경위와 시기, 시조를 중심으로 한 종중분묘의 설치 상태,

15 종중등록증명서는 시장, 군수, 구청장이 발행한다.

분묘수호와 봉제사의 실태, 그 토지의 규모와 관리상태, 토지에 대한 수익의 수령 및 지출관계, 제세공과금의 납부관계, 등기필증의 소지관계 등이 중요한 간접자료가 된다. 즉 이러한 여러 간접자료를 토대로 종중의 재산인 점이 입증될 경우 설사 그 명의가 종중원 중 특정인 앞으로 되어 있다고 해도 종중재산으로 취급된다.

라. 종중재산 등기 방법

① 현행 부동산등기법상 종중의 이름으로 등기할 수도 있다. 종중(宗中), 문중(門中), 그 밖에 대표자나 관리인이 있는 법인 아닌 사단(社團)이나 재단(財團)에 속하는 부동산의 등기에 관하여는 그 사단이나 재단을 등기권리자 또는 등기의무자로 하고, 그 등기는 그 사단이나 재단의 명의로 그 대표자나 관리인이 신청한다(부동산등기법 제26조). ② 한편 현행 부동산 실권리자명의 등기에 관한 법률(속칭 '부동산실명법') 제8조에 의하면, 종중이 보유한 부동산에 관한 물권을 종중 외의 자의 명의로 명의신탁 등기하는 경우 그 명의신탁 약정은 무효가 아니다. 따라서 현재 종중 재산은 종중 명의 또는 종중원의 명의로 명의신탁 하여 등기가 된다.16

마. 종중재산에 대한 침해 및 구제방법

문제는 이렇듯 명의신탁된 등기임에도 종중원이 이를 자신의 것인양 처분하여 유용하는 경우이다. 이 경우 당연히 그 종중원에 대해 형사상 횡령·배임죄가 성립됨은 물론, 민사상으로도 종중은 그 종중원을 상대로 명의신탁해지를 원인으로 하는 소유권이전등기 소송, 소유권침해로 인한 불법행위 손해배상소송, 부당이득 반환청구소송도 가능하다. 그럼 **그 종중원으로부터 종중 땅을 받은 양수인에 대하여는 어떠**

16 사실 종전에는 종중 명의로 등기가 안 되어 대부분의 종중들은 종중원 명의로 재산을 등기하여 왔다.

한 구제책이 있나?

종중 소유의 재산은 종중원의 총유에 속하는 것이므로 그 관리 및 처분에 관하여 먼저 종중 규약에 정하는 바가 있으면 이에 따라야 하고, 그 점에 관한 종중 규약이 없으면 종중 총회의 결의에 의하여야 하므로 비록 종중 대표자에 의한 종중 재산의 처분이라고 하더라도 그러한 절차를 거치지 아니한 채 한 행위는 무효이다(대법원 2000. 10. 27. 선고 2000다22881 판결). 따라서 종중 명의로 되어 있는 재산을 누군가 이러한 절차에 위반하여 처분한 경우 그 계약은 무효가 되고, 종중은 양수인으로부터 종중재산의 반환을 청구할 수 있다.

하지만 명의신탁의 경우는 사정이 다르다. 부동산을 명의신탁한 경우에는 아무리 종중 소유 부동산이라고 해도 소유권이 대외적으로 수탁자에게 귀속하므로 명의신탁자는 신탁을 이유로 양수인에 대하여 그 소유권을 주장할 수 없다(대법원 2007. 5. 10. 선고 2007다7409 판결). 이는 그 양수인의 선, 악 여부와 무관하다. 즉 양수인이 사실은 그 부동산이 종중원(양도인) 개인의 소유가 아니라 종중의 것임을 알고 있었다고 해도 양도인의 처분행위는 대외적으로 유효한 것이다. 다만 양수인이 만약 종중원(양도인)의 횡령·배임 행위에 적극적으로 가담하였다면, 그러한 법률행위는 반사회질서에 해당되어 무효이므로 이 경우에는 종중은 양수인에게 종중재산의 반환을 청구할 수 있다.

대법원판례(2007. 5. 10. 선고 2007다7409 판결)에 대한 평석

이 대법원판례는 결과에서 있어 거래질서를 보호하기 위하여 합리적으로 보인다. 하지만 왜 부동산을 명의신탁한 경우에는 종중 재산에 대한 소유권이 대외적으로 수탁자에게 귀속하는지 그 논거가 없다. 생각건대, 명의신탁의 경우 그 소유권이 대외적으로 수탁자에게 귀속하는 것은 부동산실명제법 상 "명의신탁의 무효는 제3자에게 대항하지 못한다"라는 규정(동법 제4조 3항)

때문이다. 하지만 한편 동법 제8조 1호에 의하면 종중재산의 명의신탁은 특별한 경우가 아닌 한 제4조의 규정이 적용되지 아니하므로 (종중재산을 명의신탁한 약정 자체가 유효함은 물론) 제3자에 대한 대세적 효력 규정도 적용되지 않는다.

그렇다면 종중재산에 대한 명의신탁 약정에 관한 해석은 부동산실명제법이 아닌 일반 법원리로 해석되어야 하는데, 명의신탁을 한 경우 그 소유권이 수탁자에게 귀속한다는 규정을 어디에도 찾아볼 수 없다. 결국 판례는 마치 약한 양도담보에 있어 신탁적 양도설(외부적 이전형)과 같은 이론으로 종중재산 명의신탁의 경우에도 대외적으로는 소유권이 수탁자에게 넘어가는 것처럼 해석하여 거래의 안전을 보호하려는 것 같다. 하지만 개인적인 견해로는 이는 입법적으로 명확하게 해결해야 할 과제라고 생각한다. 즉 부동산실명제법 제8조에 단서 규정을 넣어 (종중재산 명의신탁 약정이 유효하더라도) 수탁자와 거래한 제3자에게는 대항할 수 없도록 명문화해야 할 것이다.

81 | 채권양도의 방식과 효과

Q A씨는 오래전 저축은행에서 친구 B씨가 2천만원을 빌리는데 보증을 선 적이 있다. 그런데 A씨와 B씨 모두 그 돈을 갚지 못하고 있다. 그런데 5년이 지난 어느 날 갑자기 대부회사에서 채권양도를 받았다면서 A씨에게 일단 100만원이라도 갚으면 채무를 감면해주겠다고 한다. A씨는 채무 감면을 받기 위해 100만원이라도 일단 갚는 것이 좋은가?

채권양도라 함은 채권을 동일성을 유지하면서 이전하는 계약을 말한다. 요즘은 특히 NPL(부실채권)의 경우 은행이나 제2금융권 등에서는 이를 자산관리 회사 등 대부업체나 추심업체에 추심을 위해 양도하는 사례가 많다. 이 경우 채권을 양도받은 자는 보통 채권양도인으로부터 채권양도 통지권한을 위임받아 채무자에게 통지한 후 소송을 통해 만족을 얻고자 한다. 그런데 채무자의 경우 이러한 채권양도통지를 받을 경우 특히 조심해야 할 것이 있다.

양도된 채권의 경우 이미 민사 혹은 상사시효가 지난 채권들도 있다. 그런데 아무리 시효가 지난 채권이라고 해도 채무자가 채무를 승인하거나 일부 변제를 한 경우에는 시효이익을 포기한 것으로 취급되어 시효완성의 효과는 상실되고 그 때부터 다시 시효가 진행된다. 이러한 점을 악용하여 채권양수인이 법에 무지한 채무자에게 소액의 변제를 요구하여 채권을 다시 살아나게 하는 것이다. 따라서 채무자 입장에서는 이러한 통지를 받을 경우 변호사와 상담하여 처리하는 것이 좋다.

채권양도의 경우 채권양도인이 그 양도통지를 해야만 한다. 따라서 원칙적으로 양수인이 한 통지는 효력이 없고, 양수인이 양도인을 대위하여 통지할 수도 없다. 하지만 양도인의 위임을 받아 한 통지는 유효하다(대법원 2004. 2.13. 선고 2003다43490 판결). 이러한 채권양도의 통지가 있기 전에 채무자가 채권양도인에게 변제한 경우 유효하며, 채권양도인 역시 채무자에게 상계, 면제 등의 법률행위를 할 수도 있다. 그리고 채권양도의 의사표시가 적법하게 채무자에게 도달되었다고 해도 채권양도인은 양수인의 동의를 얻어 언제든 철회할 수 있다(민법 제452조 2항). 만약 이러한 양도철회 의사표시가 채무자에게 도달하기 전에 채무자가 양수인에게 변제를 하였다면 양도인에게 대항할 수 있다.

채무자가 연대채무일 경우 그 연대채무자들 전원을 상대로 통지를 해야만 한다. 하지만 보증채무의 경우는 사정이 다르다. 보증채무는 주채무에 대한 부종성 또는 수반성으로 인해 주채무자에 대한 채권이 양도되면 특약이 없는 한 보증인에 대한 채권도 함께 이전된다. 그리고 이 경우 채권양도의 대항요건 역시 주채권의 이전에 관하여 구비하면 족하고 별도로 보증채권에 관하여 대항요건을 구비할 필요는 없다(대법원 2002. 9. 10. 선고 2002다21509 판결). 따라서 보증인에 대해 채권양도의 통지를 따로 하지 않아도 채권양도의 효력은 인정된다.

사례로 돌아가 살피건대, A씨는 B씨의 채무를 보증하였으므로 채권양도통지가 주채무자인 B씨에게 도달하였다면 설사 A씨가 직접 통지를 받지 못하였다고 해도 유효한 통지가 된다. 더욱이 통상적으로 대부회사는 원채권자로부터 채권양도 통지에 대한 포괄적위임을 받아 통지하므로 채권양도 통지에는 하자가 없을 것이다. 하지만 A씨의 경우 채무가 대출채무로서 상사시효 5년에 걸리므로 이미 5년이 넘었다면 소멸시효 항변을 주장할 수 있다. 그런데 A씨가 그 중 일부를 변제할 경우 앞서 설명한 바와 같이 시효이익의 포기로 간주되어 채무가 모두 되살아나게 되므로 주의해야 한다. 결론적으로 A씨는 대부회사에 100만원을 변제하지 않는 것이 좋다.

82 | 갭투자의 명과 암

Q A씨는 최근 몇 년간 아파트 값이 계속 뛰기에 친구의 권유로 소위 '갭투자'를 하였다. A씨는 전세보증금을 안고 소액만 투자해 아파트를 매수했는데 그렇게 해서 구입한 아파트가 무려 5채나 된다. 그런데 최근 전세가격이 하락하면서 전세입자가 차액을 돌려달라는 사람이 생겼고 어떤 사람은 이사를 가겠다면서 전세금반환을 요구하기도 하는데 A씨는 막상 새로운 세입자를 찾지 못해 대출까지 받아서 전세금을 줘야 하는 사태가 발생하였다. A씨와 같이 이러한 갭투자를 할 때 주의할 점은 무엇인가?

지난 몇 년 동안 전세값과 집값이 동반상승함에 따라 갭투자가 유행처럼 번지고 있다. 갭투자는 주택시장에서 전세금이 꾸준히 상승하는 점을 이용한 것으로 매매가 대비 전세값이 비싼 지역의 주택을 전세를 끼고 소액으로 투자해 매입한 뒤 집값이 뛰면 곧바로 집을 팔고 시세 차익을 얻는 단기 투자를 말한다.

정부는 이러한 갭투자를 막기 위해 2017. 8. 2. 강력한 부동산 정책을 발표하기도 했다. 갭투자는 전세가율(매매가격 대비 전세금)이 최소 70%를 넘는 지역에서 아파드를 사들여 매메기격이 오르면 이를 되팔아 이익을 내는 투자 방식이다. 전세를 안고 집을 살 경우 적은 금액으로 소유할 수 있어 향후 집값이나 전세가가 상승할 경우 차익을 볼 수 있는 것이 갭투자의 장점이다. 하지만 최근 정부의 규제정책이 나오고 집값 하락을 걱정하는 목소리가 커지면서 마땅히 들어오려는 세입자가 없어질 경우 세입자에게 전세금을 돌려주기 위해 추가 대출을 받는 최악의 상황으로 치닫게 될 수도 있다.

아파트 매매가 대비 전세가율이 80% 이상 되는 매물이 많은 지역으로 갭투자가 몰리고 있는데 추후 공급되는 물량이 많거나 정부의 규제책에 따라 변수가 발생할 수 있어 주변의 성공사례만 듣고 무작정 뛰어 들었다가는 큰 손해를 볼 수 있다. 즉 반드시 전세가율이 높다고 좋은 투자는 아니다. 오히려 전세금이 향후 오를 만한 집이 최적이며 전세가율은 높아도 매매수요가 없으면 역시 위험할 수 있다. 세입자의 전세금도 집주인의 입장에서는 채무이므로 나중에 전세금을 반환해주지 못하면 집에 대해 경매신청이 되어 손해를 볼 수도 있으므로 충분한 여유자금으로 장기간 접근해야 한다.

한편 갭투자의 경우 시세차익 대비 부대비용도 만만치 않다. 갭투자 시 취·등록세와 공인중개사 수수료, 법무사비 등 각종 비용도 만만찮고, 여러 채를 보유할 경우 종합부동산세 대상이 될 수 있다는 점도 고려해야 한다. 또한 주택시장의 경우 이제는 전세보다는 월세가 대세인 만큼 향후에는 전세를 끼고 사는 갭투자의 입지가 갈수록 좁아질 가능성이 높아지고 있다. 부동산시장이 얼어붙고 있는 시점에서 선부른 갭투자로 인해 오히려 큰 손해를 볼 수도 있으니 주의해야 할 것이다.

83 | 장사법[17] 이전 설치된 분묘, 분묘기지권 인정

Q A씨는 1995년에 남의 임야에 땅주인 몰래 선친의 묘를 만들었다. 그 묘는 봉분을 갖춘 묘로서 비석은 설치하지 않았지만 외관상 누가 봐도 산소로 보인다. 그리고 A씨는 지금껏 매년 제사를 지내고 산소에 벌초도 해주는 등 관리를 하여 왔다. 그런데 2017년 추석 때 A씨가 그 산소 앞에서 제사를 지내고 있는데 갑자기 임야주인 B씨가 와서 산소를 철거하라고 요구하며 그것을 불응할 시 바로 소송을 제기하겠다고 으름장을 놓았다. 이 경우 A씨는 선친의 묘를 철거해야 하나?

2001년 1월 13일 장사법 시행 이전 설치된 분묘에 대해는 여전히 분묘기지권이 인정된다. 즉 이러한 분묘의 경우 남의 땅에 허락 없이 설치됐더라도 20년간 평온·공연하게 점유됐다면 제사 등을 위해 계속 사용할 수 있다는 것이다. 통상 점유취득시효의 경우 남의 땅을 무단점유한 경우에는 인정되지 않는데 반해, 분묘기지권의 경우는 남의 땅이란 것을 알고 무단히 설치했다고 해도 인정되는 특징이 있다.

대법원 전원합의체는 강원도 원주의 한 임야소유자 B씨가 자신의 땅에 묘를 설치한 A씨 등을 상대로 낸 분묘철거소송에서 원고패소 판결한 원심을 확정했다(대법원 2017. 1. 19. 선고 2013다17292 판결). B씨는

17 '장사 등에 관한 법률'의 약칭. 동법은 장사(葬事)의 방법과 장사시설의 설치·조성 및 관리 등에 관한 사항을 정하여 보건위생상의 위해(危害)를 방지하고, 국토의 효율적 이용과 공공복리 증진에 이바지하는 것을 목적으로 한다(동법 제1조).

A씨 등이 자신의 땅에 허락 없이 분묘 6기를 설치해 사용하고 있다면서 지난 2011년 철거를 요구하며 소송을 냈다. 앞서 1, 2심은 분묘 6기 중 5기는 분묘기지권의 취득시효가 완성됐다며 나머지 1기만 철거하라고 판결했다.

분묘기지권은 분묘가 비록 다른 사람의 토지 위에 설치된 것이라 하더라도 그 분묘와 주변의 일정면적의 땅에 대해서는 사용권을 인정해주는 관습법상 권리를 말한다. 따라서 분묘기지권이 인정되면 땅 주인이라고 하더라도 함부로 분묘를 철거하거나 철거를 요구할 수 없다. 통상 분묘기지권은 △땅 소유자의 허락을 받아 묘지를 설치한 경우나 △자신의 땅에 묘지를 설치한 후 땅을 다른 사람에게 팔면서 묘지 이전에 대해서는 별다른 약정을 하지 않은 경우 △남의 땅에 묘지를 설치하고 20년 동안 평온·공연하게 점유해 사용한 경우에 인정된다. 대다수의 서민들이 분묘를 설치할 땅을 소유하지 못한 경제상황과 장묘시설이 부족해 남의 땅에 매장할 수밖에 없었던 현실 등을 감안한 것이었다.

이번 사건에서는 세 번째 유형인 '취득시효형 분묘기지권'이 문제가 됐다. 특히 2001년 1월 13일부터 시행된 '장사 등에 관한 법률'에 의하면 남의 땅에 허락 없이 묘지를 설치한 경우에는 토지 소유자에게 토지의 사용권이나 묘지 보존을 위한 권리를 행사할 수 없도록 했다(동법 제27조 3항). 즉 취득시효를 부정한 것이다. 하지만 위 법 시행 전에 설치된 분묘의 경우는 위 법에 제한받지 않고 종전의 분묘기지권이 여전히 인정된다(동법 부칙 제2조).

이러한 취득시효형 분묘기지권의 경우 실무상 몇 가지 문제점이 제기된다.

첫째, 존속기간인데, 2001년 1월 13일 이전에 설치된 분묘의 경우, 장사법에 의한 존속기간(30년 + 30년)의 제한을 받지 않는다. 따라서 특별한 약정이 없는 한 분묘의 수호와 봉사를 계속하며 그 분묘가 존

속하고 있는 동안에는 관습법상 분묘기지권은 영원히 존속한다.[18]

둘째, 지료지급 문제인데, 분묘기지권을 시효취득한 경우라도 지료를 지급해야 한다. 만약 2년간 지료를 지급하지 아니할 경우 분묘기지권은 토지소유자는 민법 제287조를 유추적용하여 분묘기지권자에게 분묘기지권의 소멸을 청구할 수 있다(대법원 2015. 7. 23. 선고 2015다206850 판결). 여기서 2년간 연체의 기산점은 '지료를 청구한 날'부터 계산된다. 왜냐하면 지료를 청구한 날부터 지료를 지급할 의무가 발생하기 때문이다(대법원 2021. 4. 29. 선고 2017다228007 전원합의체 판결).[19] 그런데 지료를 청구하려면 그에 앞서 지료가 결정되어야만 하고 만약 지료가 결정되지 아니하였다면 가령 토지소유자가 임의로 금액을 정해 지료를 청구하였다고 해도 지료연체로 볼 수 없다(대법원 2001. 3.13. 선고 99다17142 판결). 따라서 당사자 사이에 지료에 관한 별도의 협의가 없다면 종국에는 법원에 의하여 지료가 결정되어야만 한다.

셋째, 연체기간을 합산할 수 있는가의 점인데, 예컨대 지료연체 2년 도중에 토지소유자가 변경된 경우 새로운 소유권자가 종전의 소유권자에게 연체한 기간을 합산하여 2년을 채워 지상권소멸청구가 가능한가의 문제이다. 대법원은 토지의 양수인이 지상권자의 지료 지급이 2년 이상 연체되었음을 이유로 지상권소멸청구를 함에 있어서 종전 소유자에 대한 연체기간의 합산을 주장할 수 없다고 판단하였다(대법

---

18 개인적 견해로는, 화장(火葬) 문화가 대세인 지금 남의 땅에 몰래 설치된 분묘임에도 20년의 점유로 분묘기지권을 인정하고 나아가 사실상 존속기간을 무제한으로 인정하는 현 제도는 문제가 있다고 생각한다.

19 분묘기지권에는 '취득시효형 분묘기지권' 말고도 '양도형 분묘기지권'이 있다. 양도형 분묘기지권이라 함은 자기 토지 위에 분묘를 설치하고 이후에 분묘이장의 특약 없이 그 토지를 타인에게 양도한 경우 원 소유자에게 인정되는 권리이다. 이러한 양도형 분묘기지권은 분묘기지권이 성립한 때부터 토지소유자에게 그 분묘의 기지에 대한 토지사용의 대가로서 지료를 지급할 의무가 발생한다(대법원 2021. 5. 27. 선고 2020다295892 판결). 즉 원 토지소유자는 소유권이전등기 때부터 토지양수인에게 지료를 지급해야 한다.

원 2001. 3. 13. 선고 99다17142 판결).

사례로 돌아가 살피건대, A씨의 경우 20년간 평온·공연하게 남의 임야에 분묘를 점유함으로써 '취득시효형 분묘기지권'을 얻게 되었다. 또한 그 설치한 시점이 장사법이 시행된 2001년 1월 13일 전이므로 종전의 분묘기지권을 그대로 인정받게 된다. 따라서 임야주인 B씨가 분묘철거소송을 제기해도 (A씨가 취득시효를 주장하면) 패소한다.

84 | 약속어음 공정증서의 법적 효력

Q A씨는 아는 지인 B씨에게 3년 6개월 전에 2천만원을 빌려주고 그날 공증사무실에 함께 가서 약속어음에 집행할 수 있다는 문구가 담긴 공증을 받아 놓았다. 공증사무실 변호사는 그 약속어음으로 바로 집행할 수 있다고 했는데 그 후 채무자가 돈을 갚지 않고 있다. A씨는 B씨를 상대로 소송을 제기하지 않고 바로 집행문을 부여받아 강제집행할 수 있나?

흔히 채권자들이 채무자 명의로 약속어음을 발부받아 공증사무실에 가서 집행력 있는 공증을 받는 경우가 있다. 이를 '약속어음공정증서' 또는 간단히 '어음공정증서'라고 부른다. 이러한 약속어음에는 "발행인은 어음소지자의 강제집행을 인락한다"는 문구가 들어가므로 집행권원이 부여된다. 따라서 이것을 근거로 발행인의 재산을 바로 강제집행할 수 있고, 소송을 통한 판결문을 받지 않아도 된다는 편리성 때문에 널리 활용된다.

그럼 이러한 약속어음공정증서는 판결문과 효력이 같을까? 반드시 동일하지는 않다. 채무자의 재산을 강제집행하기 위해서는 집행권원이 필요한데, 이러한 집행권원이란 일정한 사법상(私法上)의 급여청구권의 존재 및 범위를 표시하고 그 청구권에 집행력을 인정한 공정의 문서를 말한다. 구체적으로 어떠한 증서가 집행권원으로 되는가는 민사집행법 기타의 법률에 정하여져 있고, 이에는 주로 판결 및 이에 준하는 효력을 가지는 조서가 집행권원으로 된다. 하지만 그 외에 당사자의 진술에 따라서 공증인 또는 법무부장관의 인가를 받은 합동법률사무소 및 법무법인이 작성한 증서도 집행권원으로 인정된다(민사집행법 제56조 4호). 즉, 공증인은 어음·수표에 부착하여 강제집행을 인낙하는 취지를 기재한 공정증서를 작성할 수 있고, 이 증서는 민사집행법 제56조의 규정에 불구하고 그 어음 또는 수표에 공증된 발행인과 배서인 및 공증된 환어음을 공증인수한 지급인에 대하여는 집행권원으로 본다(공증인법 제56조의2 제4항). 이와 같이 공증된 약속어음은 집행권원으로서의 효력을 가지게 되므로, 발행인이 약속어음상 기재된 채무를 변제하지 못할 경우 어음소지인은 **공증인으로부터 공증어음에 집행문을 부여받아** 바로 강제집행을 할 수 있는 것이다. 하지만 약속어음에 공증이 된 것이라고 하여 이 약속어음이 판결과 동일한 효력이 있는 것에 의하여 확정된 채권이라고 할 수 없다. 공정증서는 집행력이 있을 뿐이고 기판력이 없기 때문에 기판력 있는 판결을 받기 위하여 공정증서의 내용과 동일한 청구를 소로 제기할 이익이 있다(대법원 1996. 3. 8. 선고 95다22795 판결).

약속어음공정증서는 기판력이 인정되지 않고, 약속어음공정증서에 기하여 강제집행할 수 있는 소멸시효기간은 지급기일로부터 3년이다. 판결문의 경우 소멸시효기간이 10년인 점에 비춰볼 때 매우 짧으므로 주의를 요한다. 이러한 단점 때문에 시효를 5~10년으로 늘리기 위해 금전소비대차공정증서를 받는 경우도 있다(상사채권은 5년, 민사채권은 10년). 한편 집행문을 첨부한 약속어음공정증서에 기하여도 재산명시신청이 가능하다.

사례로 돌아가 살피건대, A씨의 경우 비록 약속어음공정증서를 받았지만 시효 3년이 이미 도과되어 버렸다. 따라서 위 약속어음은 이제는 단순한 차용 영수증에 불과하므로 바로 강제집행을 할 수 없고, 소송을 제기하여 강제집행을 해야 한다. 하지만 만약 A씨가 소비대차 공증을 받아놓았다면 10년 이내에는 강제집행이 가능했을 것이다.

85 | 집행력 있는 채권과 가압류 시효

Q A씨는 B씨에게 공사대금 3천만원을 받을 것이 있는데 B씨가 변제기에 갚지 않아 B씨의 집에 가압류를 하였다. 그 후 A씨는 B씨를 상대로 본안 소송을 제기하였는데 B씨가 소비대차 공증을 해주겠다고 하기에 A씨는 본안 소송은 일단 취하했다. 하지만 B씨는 변제는 하지 않았고 그렇게 가압류만 설정된 상태로 4년이 흘렀다. 그런데 적반하장 격으로 B씨는 A씨의 가압류가 3년의 시효가 지났다면서 가압류취소 소송을 제기하였다. A씨는 B씨가 제기한 가압류 취소소송에서 이길 수 있을까?

민사집행법 제288조 제1항 제3호에 의하면 '가압류가 집행된 뒤에 3년간 **본안의 소를 제기하지 아니한 때**'에는 가압류를 취소할 수 있도록 규정하고 있다. 이 사례는 실제 사건인데 위 제3호 사유의 해석에 관해 심급에 따라 견해가 갈렸다. 1심 재판부는 비록 가압류를 한 뒤 3년 내 본안 소송을 제기하지 않았으나 두 사람 사이에 가압류채권에 대한 공정증서가 존재한다는 이유로 B씨의 신청을 기각하였다. 반면 2심 재판부는 본안소송이 취소된 이상 공정증서가 존재한다고 해도 그것을 확정판결과 같은 집행권원으로 인정할 수 없다는 이유로 가압류가 취소되어야 한다며 B씨의 신청을 받아들였다.

하지만 대법원에서 다시 1심과 같은 취지로 결론이 바뀌었다. 대법원에서는 두 사람이 작성한 공정증서효력을 인정하였기 때문이다. 대법원은 A씨는 B씨를 상대로 공사대금 3천만원을 받고자 가압류신청을 냈고 그에 대한 본안소송을 제기하였으나 이후 B씨가 빚을 갚겠다는 공정증서를 작성해주자 일단 본안소송을 취하했다는 점에 주목하였다. 따라서 대법원은 가압류채권자가 공정증서를 받아 집행권원을 취득한 이상 3년이라는 기간이 지나도록 본안소송이 제기되지 않았더라도 공정증서효력이 인정되어 가압류는 유효하다고 보았다. 또한 민사집행법에서 가압류 취소 규정을 마련한 이유는 채권자가 채권의 보전에만 머무르지 않고 채권 회수 절차를 이행할 수 있도록 하는데 있다. 그런데 민사집행법 제288조 제1항의 규정 내용과 그 취지에 비추어 보면, 제3호 사유를 반드시 **본안의 소를 제기하여 확정판결이라는 집행권원을 취득하는 경우**로 한정할 이유가 없고, 소송과정에서 확정판결과 같은 효력이 있는 조정이나 재판상 화해가 성립하는 경우뿐만 아니라 집행증서와 같이 소송절차 밖에서 채무자의 협력을 얻어 집행권원을 취득하는 경우에도 가압류채권자가 채권의 실현 내지 회수의사를 가졌음이 명백하다면 가압류 집행 후 3년 내에 본안의 소를 따로 제기하지 아니하였더라도 제3호 사유에 해당한다고 할 수 없다고 판시하였다(대법원 2014. 3. 24.자 2013마1412 결정).

결국 가압류채권자가 공정증서를 통해 집행권원을 획득하였다면 3년 내 본안소송이 제기되지 않더라도 이 공정증서효력이 인정되어 가압류는 여전히 유효한 것이다. 따라서 A씨의 경우 B씨가 제기한 위 가압류 취소소송에서 승소할 수 있다.

86 | 공시송달과 추완항소 · 재심

Q A씨는 개인적 사정으로 인해 주민등록을 제대로 이전하지 못하였다. 그러던 와중에 B씨로부터 민사소송을 당하였는데 주소불명을 이유로 결국 공시송달로 재판이 진행되었다. 재판결과는 전혀 방어를 하지 못한 A씨의 패소로 확정되었다. 그런데 나중에 B씨가 A씨의 재산에 강제집행이 들어왔다. A씨는 지금이라도 소송을 다시 하고 싶은데 가능한가?

공시송달이라 함은 당사자의 주소 등 행방을 알기 어려워 송달장소의 불명으로 통상의 송달방법에 의해서는 송달을 실시할 수 없게 되었을 때 하는 송달이다. 통상적으로 △법원게시판 게시, △관보·공보·신문게재, △전자통신매체를 이용한 공시 중 어느 하나의 방법을 사용한다.

공시송달은 당사자의 주소 등 또는 근무지를 알 수 없는 경우와 외국에서 해야 할 송달에 관하여 촉탁송달이 어려운 것으로 인정되는 경우 할 수 있다. 통상은 유치송달이 어렵더라도 다른 수단의 송달방법, 예컨대 보충송달, 우편송달 등을 할 수 있으므로 그러한 송달들까지 모두 불가능한 경우에 한하여 공시송달을 해야 한다(**공시송달의 보충성**).

하지만 피고의 입장에서 공시송달로 판결이 난 경우 당연히 기간 내 항소를 제기하지 못할 것이고 그대로 판결이 확정되면 황당할 수밖에 없다. 이러한 경우를 구제하기 위한 것이 바로 추완항소이다. 즉 당사자가 책임질 수 없는 사유로 말미암아 불변기간을 지킬 수 없었던 경우에는 그 사유가 없어진 날부터 2주 이내에 게을리한 소송행위를 보완할 수 있다. 다만, 그 사유가 없어질 당시 외국에 있던 당사자에 대하여는 이 기간을 30일로 한다(민사소송법 제173조). 그런데 법원은 공시송달의 경우 여기서 말하는 당사자가 책임질 수 없는 사유로 불변기간을 못 지킨 경우로 해석한다. 따라서 공시송달로 항소기간을 놓친 사람은 추완항소를 할 수 있다. 아울러 그러한 사람은 재심사유에도 해당되어(민사소송법 제451조 1항 11호) 재심도 가능하기 때문에 둘 중 하나를 선택하여 불복하면 된다.

일단 공시송달이 된 경우 설사 공시송달의 요건에 흠이 있는 경우(예컨대 당사자가 그 주소에 사는 것은 분명한데 장기 해외여행 중이거나 일부러 도망 다니면서 송달을 피하는 경우, 당사자가 송달장소 변경신고를 하지 않아서 우편송달을 할 수 있는데 이를 어기고 바로 공시송달한 경우)에도 송달 자체가 무효가 되지는 않는다. 하지만 원고가 피고의 주소를 알고 있음에도 불구하고 일부러 허위 주소를 적어서 송달불능을 만들어서 하게 된 공시송달은 무효이다(**자백간주에 의한 판결편취**). 따라서 이 경우는 송달 자체가 인정되지 않으므로 항소를 제기하면 되고 재심을 청구할 수 없다(대법원 1978. 5. 9. 선고 75다634 전원합의체 판결; 대법원 1997. 5. 30. 선고 97다10345 판결 등). 반면 원고가 피고의 주소를 알고 있음에도 모르는 것처럼 소제기하여 공시송달로 승소한 경우(**공시송달에 의한 판결편취**)는 송달 자체는 유효하므로 상대방은 추완항소 또는 재심으로 다툴 수 있다.

그렇다면 공시송달이 아니라 보충송달의 경우는 어떨까? 보충송달이라 함은 우편배달부가 송달장소에 갔는데 정작 송달받을 사람은 없어 할 수 없이 그의 사무원, 피용자 또는 동거인으로서 사리를 분별할 지능이 있는 사람에게 교부하는 것을 말한다. 이러한 사람에게 한 보충송달은 송달로서 유효하기 때문에 추완항소나 재심 모두 불가능하다. 특히 요즘은 아파트 경비원이나 빌딩 관리인 등이 우편물을 대신 수령하는 경우가 많아 대법원도 그런 사람들에 대한 보충송달을 인정하고 있다(대법원 2000. 7. 4. 선고 2000두1164 판결). 다만 임차인에 대한 송달을 같은 집에 거주하는 임대인에게 한 경우는 (그 둘이 세대를 달리하여 동거인으로 볼 수 없기 때문에) 유효한 보충송달이 아니므로 이 경우는 나중에라도 항소할 수 있다.

사례로 돌아가 살피건대, A씨는 추완항소를 하거나 재심으로 다시 소송을 할 수 있으며 강제집행도 정지시킬 수 있다.

87 | 민사상 대상청구권

Q A기관은 정부를 대신하여 농축산물을 구매한 뒤 이를 대량으로 중간 도매상에 판매해 왔다. 그러던 중 B사는 A기관으로부터 냉동닭고기 309만 1,331kg을 구입하기로 하였고 그에 대한 가격은 1kg당 1,400원으로 합의하였다. 그런데 이 닭고기는 B사에 온전히 전달되지 못하고 화재사고로 인해 일부가 소실되었다. 다행히 A기관은 화재보험에 가입되어 있었고 그렇기에 A기관은 소실된 닭고기 1kg당 2,050원으로 환산하여 2억 9,000여만원의 화재보험금을 받게 되었다. 이에 B사는 A기관을 상대로 A기관이 받은 화재보험금 중 1kg당 1,400만원만 보상받을 수 있는가, 아니면 화재보험금 전액에 대해 권리행사를 할 수 있을까?

이 사건의 쟁점은 민사상 '대상청구권'의 문제이다. 예를 들어 甲이 乙에게 골동품을 팔기로 약정한 뒤에 그 골동품을 도난당하여 이행불능이 되었다. 이때 甲에게 골동품에 대한 보험금이 지급된다면, 乙은 약정의 목적물인 골동품에 갈음하는 이익, 즉 보험금을 채무자인 甲에게 청구할 수 있는 것이다. 이를 민사상 '대상청구권'이라 한다. 이 권리는 우리나라 민법에 명문화되어 있지는 않지만 공평(公平)의 관념에서 판례상 인정되어 온 것이다. 즉 대법원은 "우리나라 민법에서는 이행불능의 효과로서 채권자의 전보배상청구권과 계약해제권 이외에 별도로 대상청구권을 규정하고 있지는 않지만 해석상 대상청구권을 부정할 이유가 없다"고 판결하여 이를 인정하고 있다(대법원 2012. 6. 28. 선고 2010다71431 판결).

화재사고가 발생하게 되면 재상상의 피해가 막대할 수 있어 화재사고로 인한 금전적인 피해를 어느 정도 예방해 두고자 화재보험에 가입하는 사람들이 많다. 이와 관련하여 매매 목적물이 화재사고로 인해 불타 없어진 것을 두고 화재보험금과 관련된 소송이 제기될 수 있다. 위 사례의 경우, A기관은 소실된 12만 633kg의 닭고기 중 6만kg에 대해서 1kg당 2,050원의 보상금을 지급하였으나 나머지 6만 633kg에 대해서는 아무런 보상금도 지급하지 않았다. 이에 B사는 A기관을 상대로 A기관이 받은 화재보험금 전액에 대한 대상청구권을 주장하며 나머지 화재보험금을 지급하라는 내용의 소송을 제기한 것이다. 비록 B사가 A기관으로부터 닭고기를 1kg당 1,400원에 구매하기로 합의하였더라도 A기관이 그에 대한 보상금으로 2,050원을 받았다면 그 금액 전부에 대해서 B사가 권리를 가진다는 것이 B사의 주장이었다.

이에 대해서 대법원은 매매의 목적물이 화재를 이유로 소실되면서 이에 대한 매도인의 인도의무가 이행불능 상태를 보인다면 이로 인해 발생하는 화재보험금이나 화재공제금에 대해서 매수인이 대상청구권을 주장할 수 있다고 밝혔다. 즉, 화재로 인해 매도인인 A기관이 받은 화재보험금에 대해서 매수인인 B사가 대상청구권을 행사하는 것이 가능하다고 본 것이다(대법원 2016. 10. 27. 선고 2013다7769 판결).

사례로 돌아가 살피건대, B사는 A기관에 대해 그 기관이 보상받은 화재보험금 전액에 대해 대상청구권을 행사하여 지급을 요구할 수 있다.

88 | 건물소유자를 보호하는 제도, 법정지상권의 성립요건

Q A씨는 B씨에게 2억원을 빌려주면서 B씨 소유 땅과 그 지상 건물에 공동저당을 설정하였다. 그런데 B씨는 그 후 그 지상건물이 노후화되었다며 이를 헐고 그 지상에 새로운 건물을 다시 지었다. 그 후 A씨는 B씨의 땅만을 경매에 넘겼다. 건물은 설정 당시의 건물이 아니어서 경매에 넘길 수 없었기 때문이다. C씨가 위 땅을 낙찰받았는데, B씨는 C씨에게 새로운 건물에 대해 법정지상권을 주장할 수 있을까?

최근 토지와 그 지상 건물을 소유하고 있는 사람이 토지와 건물에 관하여 공동저당권을 설정한 후, 낡은 가옥을 헐고 연립주택이나 다세대주택을 재축하는 경우가 많다. 문제는 그 후 건물을 철거하고 새 건물을 신축하였는데 저당권의 실행으로 토지가 경락됨으로써 대지와 건물의 소유자가 달라졌을 경우, 토지에 관하여 신축건물을 위한 법정지상권이 성립하는지 여부다.

법정지상권이란 경매로 인해 토지소유자와 건물소유자가 달라졌을 때 일정한 요건 하에 건물소유자를 보호하는 제도다.[20] 토지와 건물이 원래는 같은 소유자의 소유였는데, 토지나 건물 어느 한쪽만이 경매에 회부되어 결국 소유자가 달라졌을 때 법정지상권이 인정되면 건물소유주는 건물을 철거하지 않아도 된다. 이렇게 되면, 토지를 낙찰받는 입장에서는 건물을 철거할 수 없게 되므로 이러한 토지를 낙찰받을 때는 특히 주의가 필요하다.

통상적으로 동일인의 소유에 속하는 토지 및 그 지상건물이 경매, 공매 등으로 소유권이 달라진 경우, 건물 소유자는 법정지상권을 갖게

20 매매 기타 원인으로 인해 소유자가 달라진 경우에도 '관습법상 법정지상권'이 성립된다.

된다. 그리고 이 경우 법정지상권이 있는 건물소유자가 그 건물을 철거한 뒤 다시 새로운 건물을 신축한다고 해도 법정지상권은 새로운 건물에 여전히 존속하게 된다. 다만 그 법정지상권의 내용은 구 건물을 기준으로 하여 그 이용에 일반적으로 필요한 범위 내로 제한될 뿐, 새 건물과 구 건물에 동일성이 있음을 요하지 않는다.

하지만 **동일인의 소유에 속하는 토지 및 그 지상 건물에 관하여 '공동저당권'이 설정된 후 그 지상 건물이 철거되고 새로 건물이 신축된 경우**에는 사정이 달라진다. 이 경우 특별한 사정이 없는 한, 저당물의 경매로 인하여 토지와 그 신축건물이 다른 소유자에 속하게 되더라도 그 신축건물을 위한 법정지상권은 성립하지 않는다(대법원 2003. 12. 18. 선고 98다43601 전원합의체 판결). 건물이 철거된 후 신축된 건물에 토지와 동순위의 공동저당권이 설정되지 아니하였는데도 그 신축건물을 위한 법정지상권이 성립한다고 해석하게 되면, 공동저당권자가 법정지상권이 성립하는 신축건물의 교환가치를 취득할 수 없게 되어 공동저당권자에게 불측의 손해를 입게 하기 때문이다.

89 | 법정지상권의 성립시기

A씨는 B씨에게 3억원을 빌려주면서 B씨 소유 나대지 땅에 저당권을 설정하였다. 설정 당시에는 그 건물에 아무런 건축물이 없었는데, 그 후 B씨는 A씨에게 그 지상에 건축을 하려고 하는데 동의해달라고 요청하였고, A씨는 이를 승낙하였다. 나중에 A씨는 B씨 소유 땅에 대해 경매를 신청하였는데 이 경우 B씨는 낙찰자에게 건물에 대한 법정지상권을 주장할 수 있나?

법정지상권이 성립되려면 땅에 대한 가압류나 저당권 설정 당시 그 지상에 건축물이 존재하거나 건축 중이어야만 한다(대법원 2012. 10. 18. 선고 2010다52140 전원합의체 판결,[21] 대법원 2013. 4. 11. 선고, 2009다62059 판결). 그렇다면 구체적으로 그 건물이 어느 정도 건축 중이어야 하나? 적어도 그 건물이 사회관념 상 독립된 건물로 볼 수 있는 정도에 이르지 않았다 하더라도 건물의 규모, 종류가 외형상 예상할 수 있는 정도까지 건축이 진전되어 있어야 하는데, 최소한의 기둥과 지붕 그리고 주벽이 이루어지는 등 독립된 부동산으로서 건물의 요건을 갖추어야 법정지상권의 성립이 인정된다(대법원 2003. 5. 30. 선고 2002다21592, 21608 판결).

반면 토지에 관하여 저당권이 설정될 당시 그 지상에 토지소유자에 의한 건물의 건축이 개시되기 이전이었다면, 건물이 없는 토지에 관하여 저당권이 설정될 당시 근저당권자가 토지소유자에 의한 건물의 건축에 동의하였다고 하더라도 역시 법정지상권은 성립되지 않는다(대법원 1971. 12. 28. 선고 71다2124 판결). 왜냐하면 그러한 사정은 주관적 사항이고 공시할 수도 없는 것이어서 토지를 낙찰받는 제3자로서는 알 수 없는 것이므로 그와 같은 사정을 들어 법정지상권의 성립을 인정한다면 토지 소유권을 취득하려는 제3자의 법적 안정성을 해하는 등 법률관계가 매우 불명확하게 되기 때문이다.

따라서 B씨는 낙찰자에게 법정지상권을 주장하지 못한다.

---

21 위 전원합의체 판결이 나오기 전에는 강제경매로 인하여 법정지상권의 성립 기준일을 **경매목적물의 매각시점, 즉 '낙찰자가 매각대금을 완납할 때'**로 보았다. 따라서 그 날까지 토지 상에 동일인 소유 건물이 있을 경우에는 나중에 경매로 소유권이 달라져도 건물소유자에게 법정지상권이 인정되었다. 하지만 이러한 종전의 판례에 따를 경우 담보권자나 가압류 채권자에게 불측의 손해가 발생할 수 있다는 지속적인 비판이 제기되었고, 그 결과 위와 같이 가압류한 날까지 지상에 건물이 존재하여야만 법정지상권이 성립되는 것으로 대법원판례(전원합의체)가 변경된 것이다. 그리고 그 후속 판결로 근저당설정이 있는 경우에도 마찬가지로 근저당 설정일 이전까지 건물이 존재하여야만 법정지상권이 인정되는 것으로 해석하게 된 것이다.

 **관습법상 법정지상권**

경매를 제외하고 매매 기타 원인에 의하여 동일인이 소유하던 토지와 그 지상건물이 소유자를 달리하게 된 경우에는 당사자들 사이에 약정을 통하여 건물을 철거한다는 약정이 없는 한 역시 지상권이 인정되는데 이것을 '관습법상의 법정지상권'이라고 부른다. 관습법상 법정지상권 역시 법정지상권과 법률상 동일하게 취급된다.

90 | 법정지상권이 성립 가능한 건물이란?

Q A씨는 자신의 토지 위에 컨테이너를 설치하여 그 안에서 거주하면서 B씨에게 그 토지를 매도하였다. 그런데 A씨가 그 후에도 컨테이너에 계속 거주하면서 비켜주지 않기에 B씨는 A씨에게 컨테이너 철거소송을 제기하였다. 이 경우 A씨는 B씨에게 관습법상 법정지상권을 주장할 수 있나?

관습법상 법정지상권이란 매매 기타 원인에 의하여 토지소유자와 건물소유자가 달라졌을 때 당사자들 사이에 약정을 통하여 건물을 철거한다는 약정이 없는 한, 건물소유자에게 인정되는 지상권이다. 따라서 관습법상 법정지상권이 인정되면 건물소유주는 건물을 철거하지 않아도 되며 일정 기간 그 땅을 지료를 내고 이용할 수 있다.

이러한 법정지상권이 성립되려면 '독립된 건물'이 존재하여야 한다. 하지만 건물이 아닌 수목,[22] 공작물 등 지상구조물의 경우는 독립된 건물이 아니어서 법정지상권이 인정되지 않는다. 판례상 단순한 지상구조물로 보는 경우로는 자전거보관소, 철봉, 유류탱크, 집진설비, 컨

22 수목을 위한 지상권설정 약정은 가능하나, 수목을 위한 법정지상권은 인정되지 않는다.

테이너, 파이프배관 등이 있다. 이러한 구조물은 쉽게 해체 및 이전이 가능한 것으로서 독립된 건물로 보지 않는 것이다. 또한 토지에 골프 연습장 및 예식장을 건축하기 위하여 터파기공사를 마친 후 토사붕괴 방지를 위해 설치된 에이취빔(h-beam) 철골구조물 역시 독립된 건물이 아니다. 하지만 정화조의 경우는 독립된 건물로 보아 법정지상권이 인정된다(대법원 1993. 12. 10. 선고 93다42399 판결).

한편 독립된 건물이면 족하고 반드시 그 건물이 허가를 득하거나 보존등기가 완료되어야 하는 것은 아니다. 건축 중인 미완성 건물의 경우는 원칙적으로 기둥, 지붕, 주벽 등 외관을 갖춰야 법정지상권이 인정될 수 있다(대법원 2003. 5. 30. 선고 2002다21592, 21608 판결).

사례로 돌아가 살피건대, A씨의 컨테이너는 쉽게 이전이 가능하므로 독립된 건물이 아니어서 B씨를 상대로 관습법상 법정지상권을 주장할 수 없다.

91 | 법정지상권의 효력과 존속기간

Q A씨는 법정지상권이 성립한 석조 건물을 경락받았다. 이 경우 A씨 역시 법정지상권을 그대로 승계하여 땅 주인에게 그 권리를 주장할 수 있나? 만약 법정지상권을 주장할 수 있다면 몇 년 동안 주장할 수 있나?

법정지상권이 성립되게 되면 법정지상권자는 물권으로서의 효력에 의하여 이를 취득할 당시의 대지소유자나 이로부터 소유권을 전득한 제3자에 대하여도 등기 없이 지상권을 주장할 수 있고, 나아가 대지소유자에 대하여 지상권설정등기 청구권도 갖게 된다.

한편 법정지상권의 존속기간은 성립 후 그 지상목적물의 종류에 따라 규정하고 있는 민법 제280조 제1항 소정의 각 기간으로 본다. 이점은 분묘가 존속하고 관리되는 한 그 기간이 지속되는 분묘기지권과 다른 점이다.

민법에서 규정하는 법정지상권의 구체적 존속기간으로는 건물의 종류에 따라 달라지는데 △석조, 석회조, 연와조 또는 이와 유사한 **견고한 건물**의 소유를 목적으로 하는 때에는 30년 △그 외의 건물의 소유를 목적으로 하는 때에는 15년이 법정지상권의 존속기간이 된다. 여기서 **견고한 건물**인가의 여부는 그 건물이 갖는 물리, 화학적 외력, 화재에 대한 저항력 또는 건물해체의 난이도 등을 종합하여 판단하여야 한다.

한편 법정지상권이 있는 건물을 경락받은 매수인은 그 법정지상권도 함께 이전받게 될까? 건물 소유를 위하여 법정지상권을 취득한 자로부터 경매에 의하여 건물의 소유권을 이전받은 경락인은 경락 후 건물을 철거한다는 등의 매각조건하에서 경매되는 경우 등 특별한 사정이 없는 한, 건물의 경락취득과 함께 위 지상권도 당연히 취득한다(대법원 2014. 12. 24. 선고 2012다73158 판결).

사례로 돌아가 살피건대, A씨는 법정지상권을 승계하므로 땅 주인에게 30년 동안 건물 소유를 위한 법정지상권을 주장할 수 있다. 다만 땅 사용하는 대가인 지료를 지급해야 한다.

92 | 지료체납으로 인한 법정지상권의 소멸

Q A씨는 경매로 땅을 샀는데 그 땅 위에 무허가 건물이 있다. 알고 보니 그 무허가 건물의 주인 B씨가 바로 땅 주인과 같은 사람이어서 B씨에게 법정지상권이 성립되어 있었다. A씨가 B씨를 상대로 무허가 건물에 대해 철거소송을 제기하고 싶은데 어떠한 방법이 있나?

무허가 건물이라도 해도 법정지상권이 성립된다. 한편 법정지상권자라도 일정한 지료를 땅주인에게 지급해야 하는데 이러한 지료체납으로 인해 법정지상권이 소멸될 수 있다. 즉 법정지상권이 성립될 경우에도 토지소유자는 건물소유자에게 지료를 청구할 수 있으며, 2년치 지료지급을 하지 않을 경우에는 토지소유자는 지상권의 소멸을 청구할 수 있다(민법 제287조). 여기서 2년치 지료를 지급하지 아니한 때라는 것은 체납된 지료액의 합계가 2년분 이상이 되는 것을 말하며, 연속해서 2년분의 지료를 체납해야 하는 것은 아니다. 한편 연체된 지료를 이의 없이 수령한 경우에는 그 수령된 돈에 해당되는 기간은 연체기간 산정에서 공제된다. 따라서 지료 일부를 수령하여 2년 미만이 된 경우에는 지상권 소멸청구를 하지 못한다(대법원 2014. 8. 28. 선고 2012다102384 판결).

그럼 지료는 어떻게 결정될까? 통상 법정지상권의 경우는 약정지상권과는 달리 지료에 관한 약정이 없다. 따라서 지료는 협의가 성립되지 않을 경우에는 당사자의 청구에 의해 법원에서 지료감정을 통해 정하게 된다.

이러한 지료결정에 관하여 아무런 입증이 없으면 지료지체 책임을 물을 수 없다(대법원 2001. 3. 13. 선고 99다17142 판결). 하지만 일단 확정판결 등에 의해 지료가 결정된 경우에는 그 확정판결 전후에 걸쳐서 2년간 지료를 체납하면 법정지상권의 소멸을 청구할 수 있다(대법원 2005. 10. 13. 선고 2005다37208 판결). 즉 판결확정일로부터 기산하여 2년 이상 지료의 지급을 지체하여야만 법정지상권의 소멸을 청구할 수 있는 것은 아니다.

사례로 돌아가 살피건대, A씨는 일단 B씨를 상대로 지료확정 및 지료지급 소송을 제기한 후, 지료확정된 시점 전후에 걸쳐 2년치 지료가 미납된 시점이 도달하면 다시 B씨를 상대로 법정지상권 소멸을 이유로 한 건물철거 소송을 제기하면 된다.

93 | 급수공사 하려는데 이웃 토지주인이 사용승낙서 안 해줄 때는?

Q A씨는 2014년 7월 경기도 성남시 소재 자신의 신축 건물에 급수공사를 하기 위해 시에 급수공사 시행신청서를 제출했다. 시는 "급수공사를 하기 위해서는 이웃 B씨 소유인 도로를 경유해야 하는데, 타인의 토지에 수도관 등을 설치할 경우 시 수도급수 조례에 따라 해당 토지 소유자의 토지사용승낙서를 첨부해야 한다"고 회신했다. A씨는 B씨에게 승낙을 해달라고 했지만 B씨는 들어주지 않았다. 시는 토지사용승낙서가 제출되지 않자 A씨의 급수공사 신청을 반려했다. 이에 A씨는 B씨를 상대로 민법 제218조의 수도 등 시설권을 근거로 "토지 사용 승낙의 의사표시를 하라"며 소송을 제기했다. A씨는 승소할 수 있을까?

이러한 일이 발생하는 이유는, 수도시설 공사를 하기 위하여 이웃 토지를 통과해야 할 경우 통상 관청에서 의례적으로 이웃 토지 주인의 '토지사용승낙서'를 요구하기 때문이다. 하지만 정작 이웃에서 이를 안 해주는 경우에는 법적 분쟁으로 발전하게 된다.

이런 경우 수도시설 공사를 하려는 사람은 보통 이웃을 상대로 '토지사용승낙 의사표시를 구하는 소'를 제기한다. 하지만 이 점에 관하여 대법원은, 급수 등 생활필수시설 설치를 위해서는 이웃의 승낙을 받을 필요가 없으므로 그러한 소송은 부적합하여 각하하고, 그 대신 시설권이 있다는 확인을 구하는 소를 구해 승소판결을 받아 관할 관청에 제출하면 된다고 판결했다(대법원 2016. 12. 15. 선고 2015다247325 판결).

토지소유자는 타인의 토지를 통과하지 아니하면 필요한 수도, 소수관, 까스관, 전선 등을 시설할 수 없거나 과다한 비용을 요하는 경우에는 타인의 토지를 통과하여 이를 시설할 수 있다(민법 제218조 1항 본문). 다만 손해가 가장 적은 장소와 방법을 선택해 시설해야 하고, 그

루 인한 손해를 보상해야 한다(단서). 따라서 급수공사 시설이 있다는 사실만 증명·확인하면 이웃의 동의 없이도 그 토지를 통과해 시설이 가능하다.

위 사례는 실제 사건이었는데, 이 소송에서 1, 2심은 A씨의 소송이 적법하다는 전제 하에 "A씨의 시설권 보장을 위해 B씨는 이 사건 도로 중 급수시설 공사에 필요한 사용부분에 대한 사용 승낙의 의사표시를 할 의무가 있다"며 A씨의 손을 들어줬다. 하지만 대법원은 "이 사건 소송은 부적법하다"며 본안에 대해 판단한 원심을 잘못이라고 지적했다.

대법원은 "수도 등 시설권은 법정의 요건을 갖추면 당연히 인정되는 것이고, 수도 등 시설공사를 시행하기 위해 따로 수도 등이 통과하는 토지 소유자의 동의나 승낙을 받아야 하는 것이 아니다"라고 밝히면서 고법으로 돌려보냈다. 결국 대법원은 A씨가 자신에게 법적으로 당연히 인정되는 권리를 상대방에게 이행청구하는 것이므로 **소의 이익이 없으므로 각하해야 된다**는 취지이다.

대법원은 "급수공사 신청인이 다른 자료에 의해 해당 토지의 사용권한이 있음을 증명하였음에도 급수공사를 승인하기 위해서는 예외 없이 토지사용승낙서의 제출이 필요한 것이라고 볼 수는 없다"며 성남시의 기존 관행에 일침을 가했다. 또 "A씨로서는 B씨가 토지사용승낙서의 작성을 거절하는 경우라도 **사용 승낙 진술**을 소로써 구할 것이 아니라, B씨에게 이 사건 도로 중 이 사건 사용부분에 대해 민법 제218조의 **수도 등 시설권이 있다는 확인을 구하는 소** 등을 제기해 승소판결을 받은 다음, 자신의 사용권한을 증명하는 자료로 제출해 시에 급수공사 시행을 신청하면 될 것"이라고 판시하면서 대안을 알려주기도 했다.

사례로 돌아가 살피건대, A씨는 위 소송에서는 부적법 각하 당할 것이다. 하지만 A씨가 수도 등 시설권이 있다는 **확인의 소**를 구하면 승소할 것이고, 그 승소판결문을 성남시에 제출하면 B씨 소유인 도로를 경유해서 수도관 등을 설치할 수 있다. 그리고 이 경우에는 B씨의 동의서를 따로 받지 않아도 된다.

94 | 파산절차의 남용

Q A씨는 만 30세의 젊은 남자로서 최근까지 화장품 판매업을 하면서 월 50~100만원 가량의 소득을 얻고 있었다. 하지만 그 후 계속적인 일정한 소득은 없어졌고 게다가 부채가 7천어만원에 달했다. 뿐만 아니라 가족은 질병을 앓고 있어 병원치료비까지 필요한 상황이다. A씨는 파산신청을 하려고 하는데 가능한가?

우리 주변에는 주위에 빚을 많이 지고 파산면책 신청을 하여 모든 빚을 청산해버린 뒤 뻔뻔하게 잘 사는 사람들이 종종 있다. 실제로 이렇듯 파산절차를 악용하는 사례가 심심치 않게 있는 것이 사실이다. 그래서 채무자 회생 및 파산에 관한 법률(약칭: 채무자회생법) 제309조에 보면 파산신청을 기각할 수 있는 사유가 열거되어 있다. 그 중 형식적 하자 말고 실질적인 하자로는 크게 두 가지가 문제가 된다.

첫째로 **신청이 성실하지 아니한 때**이다. 예컨대, 지급불능상태에 있을 때 자신의 아파트를 제3자에게 이전해 주어 파산신청 당시 재산이 없는 것처럼 허위 신고한 경우, 파산 신청 이전에 재산을 처분한 경험이 없다고 허위 신고하는 경우와 같이 파산신청서류에 허위의 사실을 기재하는 경우가 이에 해당되는 대표적 사례이다. 이러한 경우 채권자는 채무자가 다른 재산을 빼돌린 의심이 있다며 법원에 면책을 하지 말라는 의견서를 제출할 수 있다. 그 결과 허위사실이 드러날 경우 법원은 파산 면책을 인정하지 않는다.

둘째 채무자에게 파산원인이 존재하는 경우에도 파산신청이 **파산절차의 남용**에 해당하는 경우다. 그런데 실무상 파산절차의 남용에 관하여는 그 기준이 애매하여 문제가 많이 된다. 채무자가 개인인 경우 '파산신청이 파산절차의 남용에 해당한다'는 것은 채무자가 현재는 지급불능 상태이지만 계속적으로 또는 반복하여 일정한 소득을 얻고 있고, 이러한 소득에서 필수적으로 지출하여야 하는 생계비, 조세 등을 공제한 가용소득으로 채무의 상당 부분을 계속적으로 변제할 수 있기 때문에 회생절차·개인회생절차 등을 통하여 충분히 회생을 도모할 수 있음에도 불구하고 파산신청을 하는 경우를 뜻한다. 따라서 단지 채무자에게 장래 소득이 예상된다고 하여도 그 수입만으로는 회생이 어려울 경우에는 파산신청이 권한남용에 이르는 것은 아니다(대법원 2009. 9. 11.자 2009마1205 결정 참조).

사례로 돌아가 살피건대, A씨가 만 30세로 젊어 충분한 노동능력이 있고, 최근까지도 월 50~100만원 정도의 수입을 얻고 있었다고 해도 그것만으로 파산신청이 파산절차의 남용이라고 볼 수 없다. 따라서 만약 A씨가 어느 정도의 장래 소득을 얻을 수 있는지, 가족들에 대한 질병을 치료하면서 필요한 생계비가 어느 정도인지, 현재 부담하고 있는 채무 7천여만원을 변제하면서 생계를 유지할 수 있는지 등 종합적으로 검토하여 만약 회생이 불가능하다고 판단이 될 경우에는 파산이 인용될 것이다.

95 | 교통사고 보험합의금과 후유장애

Q A씨는 2012년 4월 자전거를 타고 교차로를 건너던 중 B씨가 운전하는 차량에 부딪혀 넘어졌다. A씨는 팔꿈치와 어깨 타박상 등

> 전치 2주의 상해를 입었다. A씨는 B씨 차량의 보험사인 삼성화재보험에서 진료비 80만원을 포함한 130여만원을 받고 사고와 관련된 일체의 권리를 포기하고 민사상 소송이나 이의를 제기하지 않기로 합의했다. 단 후유장애가 발병했을 때는 예외로 했다. 하지만 A씨는 이후 "합의 후 치료비가 더 발생했고, B씨는 불법행위자로서 보험사와 별도로 손해를 배상할 책임이 있다"며 B씨를 상대로 소송을 냈다. A씨는 승소할 수 있을까?

교통사고가 발생할 경우 가족이나 지인들보다 먼저 찾게 되는 것이 바로 보험사이다. 교통사고 보험사의 경우 사고로 인해 당황하고 혼란스런 상황에 처해 있을 보험 가입자를 대신해 여러 문제들을 발 벗고 나서 해결해 준다.

이와 관련하여 상대방의 보험사 측과 합의를 하였는데 차후에 후유장애가 발생할 경우 어떤 경우에 손해배상청구가 가능할까? 위 사례의 경우 법원은 A씨의 소송에 대해 "교통사고 피해자가 가해자의 보험사로부터 위로금 등을 받으면서 '향후 사고와 관련된 일체의 권리를 포기한다'는 합의를 했다면, 그 합의는 보험사의 피보험자인 가해자에게까지 효력이 미치므로 피해자는 이후 가해자에게 따로 손해배상 청구를 할 수 없다"고 원고 패소 판결을 했다(춘천지방법원 강릉지원 2016. 9. 21. 선고 2016가단52186 판결).

자동차보험사와 피보험자 사이는 자동차보험사가 최종적으로 모든 부담을 인수하는 관계이며, 보험사에 대한 채무면제는 채무액 전부에 관해 연대채무자인 피보험자에게도 효력이 있으므로 보험사와의 합의의 효력을 피보험자인 B씨도 주장할 수 있다.

한편 위 사안에 있어 A씨의 청구가 후유장애인지 여부에 관하여는 A씨가 주장하는 후발손해는 사건 합의 당시에 충분히 예견 가능했던 것으로 보이므로 A씨가 청구하는 후발손해는 보험사와 합의할 때 A씨가 포기한 손해배상 채권의 범위에 있다. 즉 '후유장애'는 이미 치료를 마친 후 더 이상의 치료효과를 기대할 수 없고 그 증상이 고정된 상태에서 생기는 신체의 장애를 말하는데, A씨가 주장하는 치료비 등은 후유장애로 인한 손해로 볼 수 없고, 이미 합의한 범주에 포함되는 것이므로 추가로 소송을 제기할 수 없게 된 것이다.[23]

96 | 농지취득 자격증명 없이 농지를 매수한 경우

Q A씨는 B씨로부터 그가 경작하는 농지를 매수하였는데 그 후 그 땅값이 급등하였다. 그러자 B씨는 A씨가 농지취득 자격증명이 없다는 이유로 계약이 무효라며 계약이행을 거부하였다. A씨는 B씨를 상대로 소유권이전등기 소송을 제기할 수 있을까?

농지취득 자격증명(약칭 '농취증')은 농지를 취득하는 자에게 농지취득의 자격이 있다는 것을 증명하는 것이다. 농지를 취득하려는 자는 농지 소재지를 관할하는 시장, 구청장, 읍장 또는 면장에게서 농취증을 발급받아야 하고, 그 소유권에 관한 등기를 신청할 때에는 이를 첨부하여야 한다(농지법 제8조 1항·6항). 따라서 농지를 취득하려는 자가 농지에 대하여 소유권이전등기를 마쳤다 하더라도 농취증을 발급받지 못한 이상 그 소유권을 취득하지 못한다.

이는 공매절차에 의한 매각의 경우에도 마찬가지이므로, 공매부동산이 농지법이 정한 농지인 경우에는 매각결정과 대금납부가 이루어

23 같은 취지 판결로 대법원 2000. 1. 14. 선고 99다39418 판결이 있다. 이 판결에 의하면 교통사고로 인한 손해배상에 관하여 합의할 당시 일체의 나머지 손해배상 청구권을 포기하였다면 예견된 후유장애로 인한 손해배상 역시 포기한 것으로 보아야 한다고 판결하였다.

졌다고 하더라도 농취증을 발급받지 못한 이상 소유권을 취득할 수 없다.

이 농지법 규정은 강행규정이므로 설령 어떠한 사유로 농취증 없이 매수인 앞으로 소유권이전등기가 경료되었다고 하더라도 달라지지 않는다. 따라서 농취증을 발급받지 못하는 한 설사 자신 앞으로 소유권이전등기가 경료되었다고 해도 소유권자가 아니므로 토지 인도나 차임을 청구할 수도 없다. 다만 매수인은 매각결정과 대금납부 후에 농취증을 추완할 수 있고, 그 경우에는 소유권을 취득하게 된다(대법원 2008. 2. 1. 선고 2006다27451 판결 참조).

하지만 농지 소유권이전등기청구소송에서 비록 매수인인 원고가 사실심 변론종결 때까지 농취증을 발급받지 못했다 하더라도 매도인인 피고는 자신의 소유권이전등기 의무가 이행불능임을 내세워 매수인인 원고의 소유권이전등기청구를 거부할 수 없다. 즉 농취증이 없다고 해서 소유권이전등기 청구를 기각할 수 없다는 것이다. 그렇다고 해서 '농지취득 자격증명이 필요하다'는 농지법 제8조 제1항이 적용되지 않는다는 취지는 아니므로 나중에 이전등기를 실제로 하기 위해서는 농취증을 사후라도 발급받아 추완해야 한다.

사례로 돌아가 살피건대, A씨는 B씨를 상대로 이전등기 소송을 제기할 수 있고, 이 경우 B씨는 A씨의 농취증 없음을 이유로 이행불능이라며 기각을 구할 수 없다. 다만 나중에라도 A씨는 반드시 이를 보완해서 이전등기를 경료해야 한다.

97 | 토지거래 허가구역 내의 토지거래

Q A씨는 B씨로부터 토지거래 허가구역 내의 토지를 매수하였다. 매수조건은 A씨가 토지거래 허가조건에 관하여는 책임진다는 것이었다. 그 후 A씨는 토지 이용목적을 공장설립으로 하여 토지거래 허가신청을 하면서도 공장설립을 위한 토지거래 허가신청 시에 필요한 사전 절차를 경료하였다는 소명자료를 첨부하지도 아니한 채, 그대로 토지거래 허가신청서를 관할관청에 제출함으로써 그 신청서가 반려되게 되었다. 그러자 A씨는 B씨를 상대로 위 매매계약이 무효로 확정되었다고 보아 매매대금 반환청구 소송을 제기하였는데 A씨는 승소할 수 있을까?

국토이용관리법상의 토지거래 허가구역 내의 토지에 관하여 관할관청의 허가를 받기 전에 체결한 매매계약은 처음부터 허가를 배제하거나 잠탈하는 내용의 계약일 경우에는 확정적 무효로서 유효화될 여지가 없다. 하지만 이와 달리 허가받을 것을 전제로 한 거래계약일 경우에는 일단 허가를 받을 때까지는 법률상 미완성의 법률행위로서 일단 허가를 받으면 그 계약은 소급하여 유효한 계약이 되고 이와 달리 불허가된 경우에는 무효로 확정되므로 허가를 받기까지는 유동적 무효의 상태에 있다고 보아야 한다.

이와 같이 허가를 배제하거나 잠탈하는 내용이 아닌 유동적 무효 상태의 매매계약을 체결하고 그에 기하여 임의로 지급한 계약금 등은 그 계약이 유동적 무효상태로 있는 한 그를 부당이득으로서 반환을 구할 수 없고, 유동적 무효상태가 확정적으로 무효가 되었을 때 비로소 부당이득으로 그 반환을 구할 수 있다.

유동적 무효상태의 계약은 관할 도지사에 의한 불허가처분이 있을 때뿐만 아니라 당사자 쌍방이 허가신청 협력의무의 이행거절 의사를 명백히 표시한 경우에 비로소 계약관계는 확정적으로 무효가 된다.

한편 토지거래허가를 받지 아니하여 유동적 무효 상태에 있는 계약이라고 하더라도 일단 거래허가 신청을 하여 불허되었다면 특별한 사정이 없는 한 불허가된 때로부터 그 거래계약은 확정적으로 무효로 되었다고 할 것이지만(대법원 1995. 2. 28. 선고 94다51789 판결 등 참조), 그 불허가의 취지가 미비된 요건의 보정을 명하는 데에 있고 그러한 흠결된 요건을 보정하는 것이 객관적으로 불가능하지도 아니한 경우라면 그 불허가로 인하여 거래계약이 확정적으로 무효가 되는 것은 아니다(대법원 1998. 12. 22. 선고 98다44376 판결). 이와 같이 토지거래허가를 받는 것이 객관적으로 불가능하지도 않고, 매도인에게 허가신청에 협력할 의사가 없다고 볼 수도 없는 경우라면 그 매매계약의 확정적 무효를 인정할 수 없다(대법원 1996. 6. 28. 선고 95다54501 판결).

사례로 돌아가 살피건대, A씨와 B씨의 계약은 아직 토지거래 허가 신청을 보완할 수 있는 상태이고, 매도인 B씨가 그런 허가신청 협력 의무를 게을리한 바가 없다면 확정적 무효가 아니라 단지 유동적 무효에 불과하다. 따라서 A씨는 B씨를 상대로 확정적 무효를 전제로 한 매매대금 반환청구를 할 수 없다.

98 | 결혼정보업체의 정보가 일부 허위인 경우 반환청구범위

Q 의사인 여성 A씨는 결혼정보업체 B사로부터 3차례에 걸쳐 배우자 후보를 소개받는 만남서비스를 제공받기로 하고 650여만원을 냈다. 상대 남성은 자신의 연봉인 1억원과 비슷한 수준의 고소득자이거나 경제력이 좋은 집안의 자제이어야 한다는 조건이 붙었다. B사는 같은 달 곧바로 A씨에게 기획재정부 5급 사무관인 C씨를 만나게 해줬다. B사는 C씨의 아버지가 고위공직자 출신이라고 A

씨에게 설명했다. A씨는 C씨가 공무원이어서 연봉 1억원에 미치지 못하였지만 아버지가 고위공직자 출신이어서 만남을 가졌다. 하지만 막상 C씨를 만나고 보니 그의 아버지는 고위공무원 출신이 아니었고, A씨는 B사가 자신을 속였다며 계약해지를 통보했다. 이후 A씨는 C씨와의 만남은 B사의 허위 프로필 제공으로 인해 이뤄진 것으로 유효한 만남서비스 제공으로 볼 수 없다며 "760여만원을 환급하라"면서 소송을 냈다. A씨는 얼마를 돌려받을 수 있을까?

결혼정보업체를 통해 짝을 구하려는 사람들이 갈수록 늘고 있다. 남녀 간의 만남에 있어 여러 조건이 중요해가는 점이 한 편으로는 씁쓸한 현실이기는 하나 결혼한 후 조건 때문에 다투고 이혼하는 것보다는 나을 수도 있다. 하지만 통상적으로 결혼정보업체의 정보는 다소 과장되는 점도 있으므로 너무 액면 그대로 믿을 수는 없을 것이다.

그럼 결혼정보업체와 만남 주선 계약을 했는데 조건에 맞지 않는 점을 나중에 알게 되었다면 어떻게 처리될까? 공정거래위원회 고시에서 정한 소비자분쟁해결기준에 따르면 결혼중개업체가 주선한 만남 개시 전에 계약이 해지된 경우에는 최대 '회원가입비+회원가입비의 20%'를, **1회 만남 이후 해지된 경우에는 '회원가입비*(잔여횟수/총횟수) + 회원가입비의 20%'**를 환급하도록 규정하고 있다.

그런데 위 사례에 있어 법원은 B사가 '고위 공직자 자제'라는 허위 정보를 제공해 만남이 이뤄졌더라도 유효한 만남서비스에 해당해 1회 만남 이후 계약이 해지된 경우에 해당하므로 그에 상응하는 금액만 돌려주라며 "B사는 560여만원을 지급하라"고 원고 일부승소 판결했다. A씨는 계약 당시 자신의 희망상대 조건을 '전문직 종사자일 필요는 없으나 자신의 연봉(약 1억원)과 비슷한 소득을 얻는 고소득자이거나 집안 경제력이 좋은 사람을 만나길 원한다고 명시했다. A씨는 상대방 남성인 C씨가 자신이 요구하는 상대방 남성의 조건에 부합하지 않는데도 '퇴직 고위 공무원의 자제'라는 점 때문에 만남을 결심한 것으로 보이는데, 실은 그 조건을 충족하지 못하였으므로 B사의 책임을 인정하여 계약해지 사유에는 해당된다고 본 것이다. 다만 A씨가 요구하는 상대방 남성의 조건에 C씨가 부합하지 않고 B사가 일부 잘못된 정보를 제공했다고 하더라도 유효한 만남서비스 제공이 없었다고 보기는 어렵다며 회원가입비 반환의 범위는 '1회 만남 이후 해지된 경우'에 해당한다고 본 것이다.

한편 최근에는 결혼식을 올렸으나 혼인신고 없이 1달 사실혼으로 살다가 파혼한 사례에서, 법원은 사실혼의 성립도 '성혼'에 해당하므로 결혼정보업체에게 성혼사례금을 지급해야 한다고 판결한 바 있다.

친족 · 상속 편

99 | 결혼축의금의 귀속과 증여세

Q A군은 B양과 결혼을 하였는데, A군의 부친 C씨는 상당한 권력가였다. C씨의 평소 지인들은 그가 권력가라는 이유로 축의금을 상당히 많이 하여 신랑 측 축의금의 액수만 무려 5억원에 달하였다. C씨는 그 돈을 A군이 신혼집을 사는데 모두 사용하였다. 이 경우 A군은 증여세를 내야 하는가?

결혼축의금이란 우리 사회의 전통적인 미풍양속으로 확립되어 온 사회적 관행으로서 혼사가 있을 때 일시에 많은 비용이 소요되는 혼주인 부모의 경제적 부담을 덜어주려는 목적에서 대부분 그들과 친분 관계에 있는 손님들이 혼주인 부모에게 성의의 표시로 조건 없이 무상으로 건네는 금품이다. 따라서 그 교부의 주체나 교부의 취지에 비추어 이 중 신랑, 신부인 결혼 당사자와의 친분 관계에 기초하여 결혼 당사자에게 직접 건네진 것이라고 볼 부분을 제외한 나머지는 전액은 혼주인 부모에게 귀속된다(서울행정법원 1999. 10. 1. 선고 99구928 판결).

보통 축의금 자체는 사회상규에 반할 정도의 거액이 아니라면 증여세 부과대상에 제외되므로 만약 C씨가 받은 축의금 자체에 대하여는 증여세가 부과되지 않는다. 하지만 위 사례의 경우, A군은 부친 C씨로부터 축의금을 다시 증여받아 그 돈으로 신혼집을 마련한 것인데, 이는 부모 자식 사이에 증여가 이뤄진 것으로서 A군은 5억원에 대한 증여세를 부담해야 한다.

부의금의 귀속주체와 증여세

사람이 사망한 경우에 부조금 또는 조위금 등의 명목으로 보내는 부의금은 상호부조의 정신에서 유족의 정신적 고통을 위로하고 장례에 따르는 유족의 경세적 부담을 덜어줌과 아울러 유족의 생활안정에 기여함을 목적으로 증여되는 것으로서, 장례비용에 충당하고 남는 것에 관하여는 특별한 다른 사정이 없는 한 사망한 사람의 공동상속인들이 각자의 상속분에 응하여 권리를 취득한다(대법원 1992. 8. 18. 선고 92다2998, 판결).

다만, 본인의 결혼 축의금 또는 상속인들이 받는 부의금은 일반적으로 증여세를 내지 않아도 되며 다른 재산의 취득자금 출처로도 활용할 수 있다. 다만 주택이나 상가 등의 부동산 취득자금 출처로 인정받기 위해서는 결혼식 청첩장 명단과 축의금 명세, 장례식장 문상객 기록부 등을 잘 보관·관리해야 한다. 나아가 실질적으로 축의금이나 부의금으로 부동산 매수자금을 댄 것을 입증할 수 있도록 자금의 흐름이 드러나도록 금융자료 등을 철저히 준비해 놓아야 한다.

100 | 혼인신고 전 파경과 손해배상청구

Q A군과 B양은 혼인식은 올렸지만 혼인신고에 이르기 전에 부부싸움으로 파탄에 이르렀다. A군과 시어머니 C씨는 B양이 가져온 혼수물이 적다며 더 가져올 것을 요구하고, 급기야는 결혼식 후 B양의 친정으로 가 혼수물이 적다는 이유로 며느리로 맞이할 수 없다는 말을 남기고 B양을 친정에 둔 채 돌아갔다. 그 뒤 B양은 신혼집에 돌아온 뒤에도 A군의 구타로 타박상을 입어 2주간 입원치료를 받기도 했고, A군이 혼인신고도 거절하자 별거할 수밖에 없었다. 이러한 경우 B양은 A군을 상대로 예물(예단) 반환 및 정신적 손해배상을 청구할 수 있나?

가. 서언

사실혼이 성립되려면 객관적으로 당사자 사이에 사회관념 상 가족질서적인 면에서 부부공동생활이라고 인정할 만한 사회적 사실이 존재해야 한다. 그런데 사례와 같이 당사자가 결혼식을 올린 후 신혼여행까지 다녀왔으나 이어 부부공동생활을 하기에까지 이르지 못하였다면 사실혼으로서 아직 완성되지 않는다. 하지만 이 사안은 비록 사실혼으로 완성되지 못하였다고 하더라도 A군의 귀책사유로 사실상 혼인관계를 깬 것과 다름이 없다.

나. 정신적 손해배상 청구

대법원은 "일반적으로 약혼은 특별한 형식을 거칠 필요 없이 장차 혼인을 체결하려는 당사자 사이에 합이가 있으면 성립하는 데 비하여, 사실혼은 주관적으로는 혼인의 의사가 있고, 또 객관적으로는 사회통념상 가족질서의 면에서 부부공동생활을 인정할 만한 실체가 있는 경우에 성립한다(대법원 1995. 3. 10. 선고 94므1379, 1386 판결 등 참조). 그런데 일반적으로 결혼식(또는 혼례식)이라 함은 특별한 사정이 없는 한 혼인할 것을 전제로 한 남녀의 결합이 결혼으로서 사회적으로 공인되기 위하여 거치는 관습적인 의식이라고 할 것이므로, 당사자가 결혼식을 올린 후 신혼여행까지 다녀온 경우라면 단순히 장래에 결혼할 것을 약속한 정도인 약혼의 단계는 이미 지났다고 할 수 있으나, 이어 부부공동생활을 하기에까지 이르지 못하였다면 사실혼으로서도 아직 완성되지 않았다고 할 것이다. 그러나 이와 같이 사실혼으로 완성되지 못한 경우라고 하더라도 통상의 경우라면 부부공동생활로 이어지는 것이 보통이고, 또 그 단계에서의 남녀 간의 결합의 정도는 약혼 단계와는 확연히 구별되는 것으로서 사실혼에 이른 남녀 간의 결합과 크게 다를 바가 없다고 할 것이므로, 이러한 단계에서 일방 당사자에게 책임 있는 사유로 파탄에 이른 경우라면 다른 당사자는 사실혼의 부당 파기에 있어서와 마찬가지로 책임 있는 일방 당사자에 대하여 그로 인한 정신적인 손해의 배상을 구할 수 있다고 할 것이다"라고 판시하였다(대법원 1998. 12. 8. 선고 98므961 판결).

다. 예물(예단)의 반환청구

혼인의 전후에 수수된 혼인예물(예단)은 혼인의 성립을 증명하고 혼인이 성립한 경우 당사자 내지 양가의 정리를 두텁게 할 목적으로 수수되는 것으로서 **혼인의 불성립을 해제조건으로 하는 증여**와 유사한 성질을 가지는 것이다. 혼인이 단기간 내에 파탄된 경우에는 혼인의 불성립에 준하여 증여의 해제조건이 성취되었다고 보는 것이 신의칙에 부합하므로, 이러한 경우에는 혼인예물(예단)이 그 제공자에게 반환되어야 한다. 한편 혼인관계 파탄에 과실이 있는 유책자에게 그가 제공한 혼인예물·예단을 적극적으로 반환청구할 권리가 없다(서울가정법원 2010. 12. 16. 선고 2010드합2787 판결).

사례로 돌아가 살피건대, B양이 A군과 결혼식을 올린 후 신혼여행을 다녀왔으나 A군에게 책임 있는 사유로 단기간 내에 혼인관계가 파탄에 이르렀으므로 A군은 B양에게 정신적 손해는 물론, 혼인 예물(예단)도 모두 반환해 주어야 한다. 한편 A군이 B양에게 준 예물(예단)은 돌려받지 못한다.

부부관계 성립된 경우에도 예물(예단)과 예식비용은 돌려받을 수 있나?

법원은 혼인신고와 결혼식을 치른 후 파탄에 이르기까지 8개월 이상 부부로 지낸 경우에는 예단비와 예식비용 등 결혼관련 비용 상당을 손해배상이나 원상회복으로 돌려받지 못한다고 본다.

혼인이나 약혼 시 주고 받는 예물(예단)은 혼인의 불성립을 해제조건으로 하는 증여와 유사한 성질을 가지는 것이다. 따라서 예물(예단)의 수령자측이 혼인 당초부터 성실히 혼인을 계속할 의사가 없고 그로 인하여 혼인의 파국을 초래하였다고 인정되는 등 특별한 사정이 있는 경우에는 신의칙 내지 형평의 원칙에 비추어 혼인 불성립의 경우에 준하여 예물(예단) 반환의무를 인정함이 상당하나, 그러한 특별한 사정이 없는 한 일단 부부관계가 성립하고 그 혼인이 상당 기간 지속된 이상 후일 혼인이 해소되어도 그 반환을 구할 수는 없다. 따라서 비록 혼인 파탄의 원인이 며느리에게 있더라도 혼인이 상당 기간 계속된 이상 약혼 예물의 소유권은 며느리에게 있다(대법원 1996. 5. 14. 선고 96다5506 판결).

결국 사실상 부부로서의 실체를 갖추었다면 예물(예단)이나 예식비용에 대해 반환청구는 할 수 없다.

101 | 이혼숙려기간의 단축 혹은 면제

Q A씨는 남편 B씨와 현재 협의이혼 진행 중이다. 둘 사이에는 미성년의 자녀인 C양(만 10세)이 있는데 이혼 숙려기간으로 3개월을 기다려야 한다. 그런데 B씨는 A씨를 날마다 구타하여 A씨는 이혼 숙려기간을 최대한 줄이고 싶은데 어떻게 해야 하나?

협의이혼을 하려면 부부가 함께 등록기준지 또는 주소지를 관할하는 가정법원에 출석하여 협의이혼의사 확인신청서를 제출하고, 이혼에 관한 안내를 받아야 한다(가족관계의 등록에 관한 법률 제75조 1항, 동 법규칙 제73조 1항). 그런데 가정법원의 확인은 신청 후 일정기간이 경과한 후에야 받을 수 있는데 그 이유는 2007년 민법 개정에 의해 이혼숙려기간 제도가 도입되었기 때문이다. 이 제도가 도입된 이유는 이혼이 혹시 순간적인 감정에 의해 결정된 것이 아닌지 다시 한 번 생각해보라는 취지이다.

가정법원에 이혼의사의 확인을 신청한 당사자는 이혼에 관한 안내를 받은 날로부터 일정한 기간이 지난 후에 이혼의사의 확인을 받을 수 있다. 그 기간은 양육하여야 할 자(포태중인 자 포함)가 있는 경우에는 3개월이고(민법 제836조의2 제2항 1호), 그 밖의 경우는 1개월이다(동항 2호). 다만 가정법원은 폭력으로 인하여 당사자 일방에게 참을 수 없는 고통이 예상되는 등 이혼을 하여야 할 급박한 사정이 있는 경우에는 위 이혼숙려 기간을 단축 또는 면제할 수 있다(동조 3항).

숙려기간 단축이나 면제사유로는 △가정폭력뿐만 아니라 △일방이 해외장기체류를 목적으로 즉시 출국하여야 하는 사정이 있는 경우, △쌍방 또는 일방이 재외국민이므로 이혼의사확인에 기간이 오래 걸릴 것으로 예상되는 경우, △신청일 전 1년 이내에 이혼의사확인신청을 하여 위 민법 소정 숙려기간 경과 후 이혼의사 불확인을 받은 사정이 있는 경우 등을 들 수 있다.

이혼숙려기간을 면제 혹은 단축받고 싶다면 서울가정법원의 상담위원의 상담을 받은 후 숙려기간 면제 혹은 단축 사유서를 제출하면 된다. 담당 판사는 상담위원의 의견과 소명자료를 참고해 결정한다. 숙려기간의 단축 또는 면제 사유가 있는 것으로 판단되면 이혼의사확인기일을 조기의 날짜로 변경하고 변경된 기일을 당사자에게 전화 등으로 통보한다. 상담을 받은 날부터 7일(상담을 받은 경우) 또는 사유서를 제출한 날부터 7일(상담을 받지 않은 경우) 이내에 새로운 확인기일의 지정 통지가 없으면 최초에 지정된 확인기일이 유지된다.

협의이혼숙려기간 제도에 대해서는 국가가 지나치게 개인의 사생활에 개입한다는 비판도 있지만, 이혼율을 낮추는데 기여한 것으로 긍정적으로 평가받고 있다.

[서식] (협의)이혼숙려기간 면제·단축사유서

이혼숙려기간 면제(단축) 사유서

2017 제1234호 협의이혼의사확인신청

당 사 자 성 춘 향 (710214- 2○○○○○○)
주 소 서울 서초구 반포동 ○○○

위 사건에 관하여 2017. 11. 11. 15:00로 이혼의사 확인기일이 지정되었으나 다음과 같은 사유로 이혼의사 확인까지 필요한 기간을 면제(단축)하여 주시기 바랍니다.

다 음

사유 : 1. 가정 폭력으로 인하여 당사자 일방에게 참을 수 없는 고통이 예상됨 (√)
2. 일방이 해외장기체류를 목적으로 즉시 출국하여야 하는 사정이 있음 ( )
3. 쌍방 또는 일방이 재외국민이므로 이혼의사확인에 장기간 소요되는 경우 ( )
4. 신청 당시 1년 이내에 이혼의사확인신청을 하여 「민법」 제836조의2 제2항의 기간 경과 후 이혼의사 불확인을 받은 사정이 있는 경우 ( )
5. 기타 (상세히 적을 것)

첨 부 서 류

1. 가정폭력확인서 1통

2017. 9. .

위 당사자 성 춘 향 (인)
(연락처 : 010-555-5555)
(상대배우자 연락처 010-555-6666)

서울가정법원 귀중

102 | 혼전재산분할은 유효한가?

Q A군과 B양은 결혼하여 9년을 살다가 B양이 외도하는 바람에 이혼하게 되었다. 그런데 A군은 결혼 전에 부모로부터 10억원 상당의 아파트와 현금 5억원을 증여받았고, 반면 B양은 아무런 재산이 없었다. 둘은 결혼을 하여 10년 동안 열심히 돈을 벌어 재산이 35억원에 이르게 되었다. 그런데 결혼 당시 A군 측 시댁에서는 B양네 친정이 너무 가난해 마지못해 결혼을 허락하면서 대신 결혼 전에 나중에 이혼 시 재산분할에 대한 약정을 미리 해달라고 요구하였고, B양은 이를 승낙하였다. 그 결과 혼전재산분할약정서에 "이혼을 하게 되면 재산 분할에 관하여 다음과 같이 약정한다. B양은 ① 5년 내 이혼 시는 재산분할을 한 푼도 못 받고, ② 10년 내 이혼 할 시는 2억원, ③ 10년 이상 혼인생활을 유지할 경우에는 5억원을 받는다"라고 기재되었다. A군은 이 약정을 근거로 B양에게 2억원만 재산분할로 인정하겠다고 주장하는데 그 주장은 타당한가?

미국의 경우는 부부간의 재산분할 시 우리나라처럼 각자의 특유재산을 인정하지 않는 경우가 많다. 그 결과 혼인 전의 각자의 재산도 재산분할의 대상이 되므로, 재산이 많은 사람과 그렇지 못한 사람이 결혼할 경우 재산이 많은 사람의 입장에서 보면, 나중에 재산을 반으로 나누는 것이 형평에 맞지 않을 수 있다. 그래서 이러한 경우를 대비하여 '혼전재산분할 계약(prenuptial agreement)'을 허용하고 있다.

하지만 우리나라의 경우는 이러한 혼전재산분할 계약을 인정하지 않는다. 대법원은 "혼인이 해소되기 전에 미리 재산분할청구권을 포기하는 것은 성질상 허용되지 않으므로(대법원 2000. 2. 11. 선고 99므2049, 2056 판결 참조), 원심이 피고의 1999. 8. 31.자 재산분할포기의 의사표시는 이 사건 소가 제기된 직후로서 아직 혼인이 해소되기 전에 한 것이므로 효력이 없다는 취지로 판단한 것은 정당하다"라고 판시하였다(2003. 3. 25. 선고 2002므1787).

사례로 돌아가 살피건대, B양이 비록 외도를 하였다고 해도 위자료 지급은 별론으로 하고, 재산분할은 제대로 해야 한다. 따라서 부부가 혼인한 후 재산증식이 20억원이 되었으므로[24] 그 절반인 약 10억원 정도의 재산을 분할하여야 한다. 결국 위 결혼 전 재산분할 계약은 효력이 없다.

103 | 부부 사이 작성한 각서의 효력

Q A씨와 그의 아내 B씨는 10년 동안 함께 살아온 부부 사이이다. 그런데 A씨의 숱한 폭력행사로 인해 B씨는 이혼을 원하였는데 A씨가 이혼에는 응해주지 않았다. B씨는 소송을 통해 이혼을 할까도 생각해보았지만 주위 사람들에게 창피하기도 하고 아이들이 받을 상처도 걱정되어 A씨에게 "모든 재산을 포기할테니 제발 이혼해 달라"고 요구하여 결국 재산분할 포기각서를 작성하고 합의이혼에 이르렀다. 그런데 막상 이혼을 해보니 B씨는 생계가 걱정되어 나중에라도 재산분할 및 위자료를 요구하고 싶은데 가능할까?

혼인관계에 있는 상태에서 부부가 주고받은 각서는 나중에 이혼 시 효력이 있을까? 흔히 바람난 배우자 혹은 도박에 빠진 배우자에게 다시 같은 일을 할 경우 재산 전체를 포기한다는 각서를 요구하는 경우가 있다. 예전에는 부부 사이의 계약은 혼인 중 언제든지 취소할 수 있었는데(민법 제828조), 2012. 2.10. 위 조항이 삭제되었다. 그렇다고

24 A군이 결혼 전 부모로부터 증여받은 15억은 고유재산이므로 재산분할 대상에서 제외된다.

부부간에 작성된 각서나 약정서 등이 모두 다 유효하다는 뜻은 아니다.

보통 이혼 과정에서 한쪽 배우자가 '재산을 포기하겠다'고 하는 사례의 상당수는 불륜 등으로 인해 약점을 잡혔거나 아니면 지속적 폭력을 견디지 못해 억지로 하는 경우가 많다. 하지만 부부가 재산분할에 관하여 구체적으로 협의하지 않았다면, 비록 어느 일방이 각서를 썼더라도 이를 재산분할을 포기했다고 섣불리 보게 될 경우 실질적으로 형평에 맞지 않는 경우가 많게 된다. 이러한 문제점 때문에 대법원도 "협의 또는 심판에 따라 구체화되지 않은 재산분할청구권을 혼인이 해소되기 전에 미리 포기하는 것은 성질상 허용되지 아니한다. 아직 이혼하지 않은 당사자가 장차 협의상 이혼할 것을 합의하는 과정에서 이를 전제로 재산분할청구권을 포기하는 서면을 작성한 경우, 부부쌍방의 협력으로 형성된 공동재산 전부를 청산·분배하려는 의도로 재산분할의 대상이 되는 재산액, 이에 대한 쌍방의 기여도와 재산분할 방법 등에 관하여 협의한 결과 부부 일방이 재산분할청구권을 포기하기에 이르렀다는 등의 사정이 없는 한 성질상 허용되지 아니하는 '재산분할청구권의 사전포기'에 불과할 뿐이므로 쉽사리 '재산분할에 관한 협의'로서의 '포기약정'이라고 보아서는 아니 된다"라고 판결하였다(대법원 2016. 1. 25.자 2015스451 결정). 즉 부부가 각서를 쓸 때 구체적이고 실질적으로 재산 분할 문제를 상의했어야만 재산포기각서가 법률상 효력을 갖는다는 것이다.

사례로 돌아가 살피건대, 대법원이 제시한 기준에 따르면 B씨가 재산포기각서를 쓰고 협의이혼을 했더라도 다시 소송을 통해 따져볼 수 있다. 다만 재산분할청구는 이혼한 날로부터 2년 내에 해야 한다(민법 제839조의2 제3항). 이는 제척기간이다. 한편 위자료 청구도 가능한데 그 이유는 혼인파탄의 실질적인 원인이 A씨의 폭력 때문이므로 B씨는 이로 인한 정신적 피해를 배상받을 수 있다. 위자료청구는 민사상 손해배상의 일종이므로 3년 안에 행사해야만 한다(민법 제766조 1항). 이는 제척기간이 아니라 소멸시효이므로 시효중단이 가능하다.

104 | 가짜로 부자 행세한 경우 혼인취소 가능?

Q A씨(남, 36세)는 보험회사 영업사원으로 근무하며 월수입이 평균 12만원에 불과했고 카드빚으로 인해 생활고에 시달렸다. 이런 사정을 아는 B씨(여, 33세)는 사실은 아무 재산도 없으면서 A씨에게 "부동산 경매로 돈을 많이 벌어 300억원 가까운 돈이 있는데 결혼하면 재산의 일부를 주겠다"고 거짓말을 하여 이에 속은 A씨와 결혼에 성공하였다. 결혼 후에 A씨는 B씨의 말이 모두 거짓말인 사실을 알게 되어 혼인취소 소송을 제기하였는데 그 결과는?

위 사례에 있어, 법원은 A씨가 아내 B씨를 상대로 제기한 '혼인취소' 청구소송에서 두 사람의 혼인을 취소한다는 판결을 했다. 1심에서는 "B씨가 결혼하면 거액을 주겠다고 약속했다는 A씨의 주장은 근거가 부족하다"며 원고의 청구를 기각했다. 그러나 항소심 재판부는 남편 A씨가 월평균 수입이 12만원에 불과하고 카드빚으로 생활고를 겪고 있는 상황에서 아내 B씨가 A씨에게 선물을 하거나 데이트 비용을 부담하면서 재력이 있는 것처럼 속여 결혼한 것은 잘못이라고 판단했다. 아내 B씨는 법정에서 "남편 A씨를 놓치고 싶지 않아 거짓말을 했다"며 진정성을 알아달라고 호소한 것으로 알려졌다. 재판부는 "원고는 자신의 재력에 관하여 거짓말을 한 피고에게 속아 피고와 혼인했고, 결혼하면 수억 원의 거금을 증여해 주겠다는 피고의 약속은 원고가 혼인을 결정하는 데 있어 가장 중요한 요소로 고려됐던 것으로 보인다"며 "B씨의 행동은 민법에 정해진 혼인의 취소사유에 해당한다"고 판시했다.

민법 제816조는 '△근친혼 금지규정을 위반하였을 때(8촌 이내 혈족 사이의 혼인은 무효), △혼인 당시 당사자일방에 부부생활을 계속할 수 없는 악질 기타 중대 사유 있음을 알지 못한 때, △사기 또는 강박으로 인하여 혼인의 의사표시를 한 때'를 혼인취소 사유로 규정하고 있다. 사기 또는 강박으로 인한 혼인은 사기를 안 날 또는 강박을 면한 날부터 3월 이내에 가정법원에 혼인취소를 청구할 수 있다.

보통 재판실무상 혼인취소나 무효 주장은 쉽게 받아들여지지 않는데 그 이유는 이혼보다는 혼인취소나 무효가 더 서류상 당당하다고 생각하기 때문에 사실은 이혼임에도 혼인취소나 무효로 주장하는 경우가 많기 때문이다. 그런데 위 사안의 경우 거짓말의 정도가 너무 심하고 명백하여 사기결혼에 해당될 정도로 기망을 한 것으로 보아 혼인 취소 판결이 선고된 것이다. 하지만 결혼을 앞두고 통상은 자신의 약점이나 단점은 숨기고, 반면 장점은 과장하거나 거짓말을 하는 경우도 종종 있으므로 그런 모든 경우가 다 혼인취소 사유가 되는 것은 아니다. 결혼을 함에 있어 사랑보다 재산적 이유 때문에 상대를 선택하는 것도 떳떳한 일은 아니기 때문이다.

105 | 사실혼 성립요건

Q A씨(남, 39세)는 B씨(여, 37세)와 교제하던 중 조만간 결혼식을 하기로 하고 A씨 명의로 아파트를 임차해 동거를 시작하였다. 동거한 지 20일 만에 서로 다툼이 벌어져 B씨는 아파트에서 나와 버렸다. B씨는 A씨 아파트로 주민등록을 이전한 바도 없었는데, 그럼에도 불구하고 A씨는 B씨를 상대로 사실혼 부당파기를 원인으로 하는 손해배상청구를 할 수 있을까?

우리나라는 법률혼주의를 채택하고 있어 결혼 후 함께 살고 있다고 하더라도 혼인신고를 하지 않으면 법률상 부부로 인정하지 않는다. 따라서 혼인신고 없이 함께 살아온 배우자가 사망해도 재산을 상속 받지 못하며 다른 사람과 또 혼인을 한다고 해도 중혼이 되지 않는다. 다만 사실혼이 성립될 경우에는 사실혼 부당파기로 인하여 위자료청구와 사실혼관계 기간 동안 증식된 재산에 대하여는 재산분할청구가 가능하다.

그렇다면 **사실혼의 성립요건**은 무엇일까? 대법원이 인정하는 사실혼의 성립요건으로는 △주관적으로 혼인의사의 합치가 있고, △객관적으로 사회 관념상 가족질서적인 면에서 부부공동생활을 인정할 만한 혼인생활의 실체가 있을 것을 요구하고 있다. 즉 함께 살기만 해서 사실혼이 되는 것은 아니고 사실상의 혼인 관계를 영위하고자 하는 주관적 의사와 상식적으로 부부 생활이라고 인정할 만한 객관적 사실이 모두 존재해야 한다. 이 점이 혼인의사의 합치가 없는 동거와 다른 점이다. 여기서 혼인의사란 '남녀가 영속적으로 결합하여 경제적 생활공동체를 형성하고 혼인이라는 사회적 제도에 따른 제도적 효과 즉 권리와 의무를 취득하겠다는 의사'를 말한다. 그렇기 때문에 간헐적 정교관계로 자식이 태어났다 하더라도 서로 혼인의사의 합치가 없는 경우에는 사실혼이 성립될 수 없는 것이다.

사례로 돌아가 살피건대, 위 사례와 같이 혼인을 전제로 20일 동안 동거하였다고 하더라도 그 동거기간이 짧고, 혼인이 무산되자 동거를 곧바로 중단하였다면 당사자 사이에 혼인의사의 합치나 혼인생활의 실체가 존재하였다고 볼 수 없어 사실혼 관계가 인정되지 않는다. 그 결과 사실혼이 아니기 때문에 A씨의 사실혼을 전제로 한 위자료 청구 역시 인정될 수 없다.

106 | 사실혼과 유족연금

Q A씨(남, 50세)와 B씨(여, 46세)는 10년 동안 혼인신고를 하지 않고 사실혼의 관계로 살아왔는데 둘 사이에는 자녀가 하나도 없었다. 그런데 A씨가 회사에서 근무하던 중 산업재해로 사망하였다. A씨에게는 남겨진 유산이 5억원이 있었고, 산업재해보상연금도 나오게 되어 있다. B씨는 유산상속과 연금보상 모두 받을 수 있나?

사실혼의 경우 법률혼과 신분적, 재산적 효과에 있어 큰 차이는 없다. 즉 사실혼이라 해도 동거, 부양, 협조의무가 있으며, 정조 의무도 있다. 제3자가 사실혼을 부당하게 침해한 경우 손해배상청구도 가능하다.[25] 또한 재산적으로도 상호 일상가사대리권이 있고, 나중에 헤어질 때 재산분할청구권도 있다. 하지만 한 가지 큰 차이점이 바로 상속권은 인정되지 않는다는 점이다.

그럼 연금보상 청구권은 어떤가? 통상의 경우 산업재해보상보험이나 공무원연금법 등 연금관련법에서는 사실혼의 배우자도 법률상의 배우자와 마찬가지로 유족으로 취급한다. 즉 "유족"이란 사망한 자의 배우자 등을 일컫는데 여기서 배우자는 '사실상 혼인 관계에 있는 자'를 포함한다(산업재해보상보험법 제5조 3호, 공무원연금법 제3조 1항 2호 가목).

사례로 돌아가 살피건대, B씨는 A씨의 유족으로서 산업재해보상보험법에 의한 연금을 받을 수 있으나 A씨 유산에 대한 상속권은 없다. 이 경우 A씨의 재산은 그의 직계비속이 있을 경우에는 그 직계비속이, 직계비속이 없을 경우에는 직계존속이 상속한다. 물론 A씨의 유산이 특유재산이 아니라 B씨와 사실혼관계 중 취득하거나 증식된 경우라면 법률상 부부처럼 2년 안에 재산분할청구는 할 수 있다.

---

25 따라서 사실혼 관계있는 여자와 성관계를 한 제3의 남자는 그 여자의 사실혼 남자에게 손해배상을 해줘야 한다.

107 | 이혼재산분할 시 숨겨놓은 재산 찾기 [재산조회 제도]

Q A씨(여, 50세)는 부동산 임대업을 하는 B씨(남, 57세)와 20년간 결혼 생활을 하였다. 그런데 A씨가 B씨를 상대로 최근 이혼소송을 하였는데, B씨는 이혼소송에 대비라도 했듯이 부동산 이외의 재산을 다른 곳에 은닉한 것으로 보였다. 이 때 A씨는 B씨가 지난 몇 년간 숨겨놓은 재산을 찾아 재산분할을 요구할 수 있을까?

이혼 시 통상적으로 재산분할의 대상은 남자의 소유 재산이 많다. 그 이유는 대부분 경제권을 남자들이 쥐고 있기 때문이다. "저희 남편이 최근 이혼소송을 걸어왔는데 아마 수년 전부터 재산을 빼돌린 것 같아요. 제가 남편 재산 중 부동산은 알고 있지만 그 외 예금이나 주식, 연금저축 등은 잘 모르는데 그것들도 다 찾아서 재산분할할 수 있을까요?" 많은 여성 의뢰인들이 이혼을 앞두고 하는 질문이다. 이러한 상황을 위해 가사소송법에서는 '재산명시'와 '재산조회' 제도를 두고 있다. 즉 가정법원은 재산분할, 부양료 및 미성년자인 자녀의 양육비 청구사건을 위하여 특히 필요하다고 인정하는 경우에는 직권으로 또는 당사자의 신청에 의하여 당사자에게 재산상태를 구체적으로 밝힌 재산목록을 제출하도록 명할 수 있다(동법 제48조의2).

또한 가정법원은 재산명시 절차에 따라 제출된 재산목록만으로는 재산분할, 부양료 및 미성년자인 자녀의 양육비 청구사건의 해결이 곤란하다고 인정할 경우에 직권으로 또는 당사자의 신청에 의하여 당사자 명의의 재산에 관하여 조회할 수 있다(동법 제48조의3). 이 경우 당사자의 재산과 신용정보에 관한 전산망을 관리하는 공공기관, 금융기관, 단체 등(이하 '기관 등'이라고 한다)에 대하여 당사자 명의의 재산을 조회할 수 있도록 하고, 조회를 받은 기관 등의 장이 정당한 사유 없이 거짓자료를 제출하거나 자료를 제출할 것을 거부하면 1천만원 이하의 과태료가 부과된다(동법 제67조의3).

당사자 명의의 재산에 관한 조회를 요구하는 신청은 서면으로 하여야 하는데 기재될 필수 사항으로는 △조회의 대상이 되는 당사자(조회대상자), △조회할 공공기관, 금융기관 또는 단체 △조회할 재산의 종류, △과거의 재산보유내역에 대한 조회를 요구하는 때에는 그 취지와 조회기간, △신청취지와 신청사유 등이 있고, 조회신청의 사유를 소명하여야 한다(가사소송규칙 제95조의6). 위 규정을 살펴보면, 현재의 조회할 재산의 종류는 물론 과거의 재산보유내역에 대한 조회도 가능하다는 것이다.

따라서 이혼을 앞두고 사전에 재산을 숨겨놓거나 처분하였다면 이러한 **가사소송법상 재산조회제도를 활용**하여 찾을 수 있다. 이러한 재산조회신청은 재산명시절차에서 재산명시 대상 당사자의 상대방이 주소보정명령을 받고도 이를 이행할 수 없었던 경우(동법 제48조의3 제2항, 민사집행법 제74조 1항 1호)와 재산명시 대상 당사자가 재산목록의 제출을 거부하거나 거짓의 재산목록을 제출한 경우(동법 제48조의3 제2항, 민사집행법 제74조 1항 3호)에도 가능하다.

재산조회는 개인의 재산과 신용에 관한 전산망을 관리하는 기관에 대하여 전자통신매체를 이용하는 방법으로 할 수 있다(가사소송규칙 제95조의5 본문, 민사집행규칙 제37조 7항). 전자통신매체를 이용한 재산조회를 위하여 재산조회신청 시스템(재산조회신청을 접수한 가정법원의 전담관리자가 사건관리를 위하여 조작함)과 재산조회 시스템(대법원 웹서버에 설치된 시스템으로서, 법원 및 조회대상기관이 접속하여 재산조회에 관련된 정보를 송수신함)이 운영되고 있다. 조회대상기관으로 정하여진 기관 등은 법원행정처장으로부터 재산조회시스템에 접속할 수 있는 권한을 부여받아 재산조회에 대한 회신을 할 수 있다.

108 | 이혼 시 재산분할로 받은 재산 및 위자료에 대한 세금부과

Q A씨(여, 35세)는 B씨(남, 40세)와 결혼 생활 10년 만에 B씨의 외도로 이혼하게 되었다. 이혼 시 다행히 원만하게 합의가 성립되었는데 재산분할로 그 동안 결혼생활로 모은 재산 총 20억원 중 절반인 10억원과 위자료로 5천만원을 현금으로 지급받기로 조정이 성립된 것이다. A씨는 이 경우 얼마의 세금을 내야 하나?

재산분할은 원래 공유로 추정된 것을 분할한 것이므로 설사 배우자의 이름으로 되어 있었다고 해도 사실상 자신의 지분을 되찾는 것이므로 세금이 없다. 반면 위자료는 과거에는 기타소득으로 잡아 세금을 부과하여 왔으나, 이번에 법이 개정되어 위자료 역시 현금으로 지급받는 경우에는 증여세를 면제해준다. 즉 이혼 등에 의하여 정신적 또는 재산상 손해배상의 대가로 받는 위자료는, 조세포탈의 목적이 있다고 인정되는 경우를 제외하고는, 이를 증여로 보지 아니한다(상증세법 집행기준 4-0-9). 다만 조세포탈의 목적으로 위자료 및 재산분할청구권으로 소유권이전등기하는 경우 증여세가 모두 과세된다(서면4팀-2404, 2007.8.9., 서면4팀-1038, 2007.3.30.).[26]

한편 당사자 간의 합의에 의하거나 법원의 확정판결에 의하여 일정액의 위자료를 지급하기로 하고, 동 위자료 지급에 갈음하여 당사자 일방이 소유하고 있던 부동산으로 대물변제한 때에는 그 자산을 양도한 것으로 본다(소득세법 기본통칙 88-0…3). 따라서 이 경우에는 위자료로 부동산을 준 사람에게는 양도소득세가 부과된다. 부동산경매절차

26 이는 국세청의 기준이며, 소송실무상으로는 결론이 다를 수 있다. 대법원은 이혼에 관해 '형식적 의사설'을 취하고 있어 가장이혼이라고 해도 이혼의 효력을 그대로 인정한다. 즉 조세포탈 목적으로 가장이혼을 한 후 재산분할로 소유권을 넘겨준 경우 국세청은 이에 대해 증여세를 부과하지만, 막상 부과처분받은 사람이 이에 대한 소송을 제기할 경우 가장이혼한 사람이 승소할 확률이 높다.

에서 경매를 당하는 사람에게 양도소득세가 별도로 부과되는 것과 비슷한 구조이다.

간혹 가다 위자료 명목으로 부동산소유권을 이전할 때 그 원인을 편의상 '증여'로 하는 경우가 있다. 이혼하기 이전이라면 배우자공제 6억원이 적용돼 6억원까지는 증여세가 부과되지 않는다. 하지만 이혼한 후 위자료로 부동산을 주면서, 등기부에는 증여를 원인으로 이전할 경우에는 문제가 된다. 즉 위자료 지급시점이 이미 이혼한 후이므로 타인간의 증여로 취급되어(배우자공제 6억원은 적용되지 않아) 세무서에서는 일단 증여세를 부과처분한다.[27] 따라서 부득이하게 증여로 이전하고자 할 경우에는 반드시 이혼 전에 미리 소유권이전등기를 해야 한다.

한편 부동산을 이전받는 사람의 입장에서는 추후 그 부동산을 다시 양도할 경우를 대비하여 취득시점이 매우 중요한데, 위자료와 재산분할의 경우가 각각 그 시점이 달라진다. **위자료로 부동산을 이전하는 경우**에는 부동산을 주는 배우자에게 양도소득세가 부과되므로 그 시점에서 한번 끊기게 된다. 즉 부동산을 이전받는 배우자(양수배우자)의 취득시점은 그 사람 앞으로 명의변경되는 '소유권이전등기 접수일'이 된다. 따라서 양수배우자가 나중에 이를 제3자에게 양도할 경우, 취득시점이 뒤로 이전하므로 양도차익이 적게 될 가능성이 크다. 반면 **재산분할로 부동산을 이전하는 경우**에는 양도배우자에게 양도소득세가 부과되지 않기 때문에, 양수배우자의 취득시점은 양도배우자의 취득일로 소급하게 된다. 그 결과 양수배우자가 나중에 이를 제3자에게 처분할 경우 양도소득세를 많이 내게 될 가능성이 크다.

결론적으로 말해 세법상으로 살펴보면 부동산 양수배우자의 입장에서는 위자료로 받는 것이 유리하고, 부동산 양도배우자의 입장에서

27 물론 이 경우에도 나중에 세무서에게 이혼시 받은 판결문 등을 제출하여 소명할 경우에는 증여세 부과처분은 취소된다. 하지만 일단 송사에 휘말리게 되므로 가능한 이러한 일을 피하는 편이 좋다.

는 재산분할로 주는 것이 유리하다.

이혼 시 부동산을 양도하는 경우

구분	증여세 과세여부	양도소득세 과세여부	양수배우자가 양도 시 세법상 취득시점[28]
위자료	양수배우자: 증여세 과세안됨*	양도배우자: 양도소득세 과세대상 (위자료에 갈음하여 부동산으로 대물변제 시 양도차익에 대해 양도소득세 과세)	이전받은 재산의 소유권 이전등기접수일 양도배우자의 보유 및 거주기간이 미통산
재산분할청구권	양수배우자: 증여세 과세안됨*	양도배우자: 양도소득세 과세 안 됨	분할전 배우자(양도배우자)의 취득일 양도배우자의 보유 및 거주기간이 통산

109 | 이혼한 부부 사이 면접교섭권과 양육비지급

Q A씨(남, 40세)는 B씨(여, 35세)와 이혼하였는데 그 둘 사이에는 10살 난 아들이 하나 있다. 이혼하면서 A씨는 B씨에게 매달 양육비로 70만원을 주기로 하였고, 매달 2회 면접교섭을 허가받았다. 그런데 B씨는 그 후 재혼을 하면서 아이가 전 남편인 A씨를 만나는 것이 싫어서 면접교섭을 해주지 않았고, 이에 화가 난 A씨는 B씨에게 양육비를 반년 동안 지급하지 않았다. A씨와 B씨는 어떤 제재를 받게 될까?

---

28 위자료로 부동산을 이전받은 경우 양수인의 취득시점은 부동산의 소유권이전등기접수일이다. 또한 동시에 이 날이 부동산을 이전해 준 배우자의 양도시점이기도 하다. 그러나 재산분할로 부동산을 이전받은 경우는 재산분할 전 배우자가 부동산을 취득한 날이 취득시점이 된다. 이러한 취득시점은 나중에 양도소득세를 계산할 때 기준점이 된다. 그 결과 취득시점에 따라 취득가액이 달라지기 때문에 양도차익도 달라진다.

가. 면접교섭권의 개념

부부가 이혼하게 되면 부모 가운데 어느 한 쪽이 자식에 대한 양육권을 가지게 된다. 양육권자는 당사자의 협의로 정할 수 있지만, 협의가 되지 않거나 협의할 수 없을 때는 당사자의 청구에 따라 가정법원이 양육권자를 결정하거나 변경할 수 있다. 면접교섭권은 이렇듯 양육권자가 결정된 뒤 자식을 양육하지 않는 부모와 자식이 상호 주기적으로 만나거나(면접), 전화·편지 등을 통해 서로 대화(교섭)할 수 있는 권리를 말한다.

가정법원은 오로지 子의 복리를 위하여 필요한 때(예컨대 알코올 중독과 같은 방탕한 생활로 인해 자식의 안전이나 건강을 해칠 우려가 있을 때)에만 면접교섭권을 제한할 수 있을 뿐 그 외는 제한되지 않는다. 또 제한되는 경우에도 가정법원이 판단해 제한할 수 있을 뿐, 부모가 임의적으로 제한할 수는 없다. 면접교섭의 횟수는 통상 일주일에 1번, 또는 졸업식·입학식 같은 중요한 시기에 인정되며, 합의나 가정법원의 결정에 따라 조절이 가능하다.

나, 면접교섭권 침해 시 제재수단

현행법상 면접교섭권을 침해한 경우 가정법원은 과태료를 부과하도록 돼 있다. 즉 가정법원은 당사자의 신청에 의하여 일정한 기간 내에 그 의무를 이행할 것을 명할 수 있고(가사소송법 제64조), 정당한 이유 없이 이 명령을 위반한 경우에는 직권으로 또는 권리자의 신청에 의하여 1,000만원 이하의 과태료를 부과할 수 있다(동법 제67조 1항). 하지만 과태료를 내지 아니하여도 이를 사실상 재촉하거나 강제할 방법은 없다. 양육비지급의무 불이행의 경우와 같이 의무자를 30일의 범위 내에서 감치할 수 있다는 규정(가사소송법 제68조)은 여기에 적용되지 않는다. 따라서 면접교섭권을 침해하였다고 해서 인신을 구속시키는 감치는 할 수 없다.

다. 양육비지급과 관련

반면 양육비지급을 3기 이상 거절할 경우에는 30일 이내의 감치를 할 수 있다(가사소송법 제68조 1항 1호). 그 결과 면접교섭권을 침해당한 비양육자가 이에 대한 보복으로 양육비 지급을 거절하는 경우에 실무상 문제가 발생하게 된다. 흔히 남편이 양육권을 아내에게 주고 면접교섭권을 가지면서 양육비를 정기적으로 지급하도록 이혼판결이 나는 경우가 많다. 이 때 아내가 남편의 면접교섭권을 방해하면 남편은 홧김에 혹은 면접교섭권을 강제하려고 양육비 지급을 거절하는 경우가 종종 있다. 이러한 경우 결국 남편만 양육비 거절로 감치될 수 있고, 면접교섭권을 방해한 아내는 그러한 제재를 받지 않게 되므로 형평성에 문제가 있다. 이러한 이유 때문에 면접교섭권의 강제수단이 현행법상으로 매우 미흡하다는 비판과 함께 앞으로 법 개정을 통해 면접교섭권을 방해하는 경우에도 감치명령을 해야 한다는 견해도 있다.

하지만 양육비 지급은 **자녀의 복지를 위한 부모로서의 의무**이므로 그것을 빌미로 면접교섭권을 강제할 수 없으므로 이러한 양육비지급 거절은 결코 정당화될 수 없다. 부모의 이혼으로 자녀가 받게 되는 정신적·경제적 고통을 가히 상상할 수 없다. 따라서 부모로서의 양육권과 면접교섭권은 어느 일방의 독점대상이나 이혼한 배우자에 대한 한풀이 수단이 되어선 안 된다. 무엇보다 중요한 것은 자녀의 행복이기 때문이다.

110 | 혼외자와 양친자 관계

Q A씨와 아내 B씨 사이에는 딸 C씨가 하나 있을 뿐 아들이 없었다. 그러자 A씨는 다른 여자와 바람을 펴서 몰래 혼외자 아들 D씨를 낳아 집에 데려왔다. B씨는 너무 화가 났지만 아들을 못 낳은 죄 때문에 결국은 남편의 외도를 용서하고 D씨를 마치 A씨와 B씨 사이의 친자인 것처럼 허위 신고를 하고 D씨의 생모에게는 다시는 나타나지 말라고 신신당부를 하였다. 그 후 수 십 년이 흐른 뒤 B씨가 사망하게 되었는데 이러한 사정을 뒤늦게 알게 된 C씨는 D씨가 B씨와 아무런 혈연관계가 없으므로 상속권이 없다고 주장한다. 그 주장은 타당한가?

원칙적으로 적모서자(嫡母庶子) 간이거나 계모자(繼母子) 간에는 혈연관계가 없으므로 상속권이 없다. 하지만, 만약 이 경우라도 입양을 할 경우 민법상 양친자관계가 발생하여 양부모와 친생부모 양쪽으로 모두 부모의 사망 후 제1순위 상속인이 될 수 있다. 흔히 남편이 혼외자를 친자로 호적에 올리는 경우가 많다. 이 경우에는 남편의 입장에서는 혼외자를 인지하는 것이고, 아내의 입장에서는 입양의 실질적 성립요건이 갖춰졌다면 입양의 효과가 발생되어 그 혼외자와 양친자관계가 성립된다. 따라서 그 혼외자는 아내의 재산에 대해서도 상속권을 갖게 된다.

하지만 만약 남편이 혼외자를 아내 몰래 친자로 올린 경우에는 아내에 대하여는 입양의 실질적 성립요건이 결여되므로 아내와 혼외자는 양친자관계가 성립되지 않아서 아내의 재산에 대해서는 혼외자의 상속권이 인정되지 않는다.

그러면 고아원에서 갓난아기를 입양하면서 나중에 아이가 받게 될 상처를 우려해 허위로 친생자신고하는 경우에는 어떻게 될까? 이 경우 친생자 관계는 분명 아니지만 입양의 효력이 인정되는가가 중요한 문제이다. 그 이유는 나중에 그 아이의 상속권과 밀접한 관련이 되기 때문이다. 대법원은 우여 곡절 끝에 전원합의체 판결로 이 경우에 입양의 효력이 있다고 해석하여 입양된 아이의 상속권을 보호하고 있다(대법원 2001. 5. 24. 선고 2000므1493 전원합의체 판결). 하지만 허위의 출생신고를 하였고 실제로도 양친자로서의 신분적 생활사실, 예컨대 같이 살면서 양육을 하지 아니하였다면 입양의 효력은 인정되지 않는다(대법원 2010. 3. 11. 선고 2009므4099 판결).

사례로 돌아가 살피건대, B씨는 남편 A씨의 외도사실을 용서하고 D씨를 자신이 친아들처럼 호적에 올렸고 그 뒤 가족으로 수십 년을 부양하며 살아왔다. 따라서 이런 경우 B씨와 D씨는 비록 피는 안 섞였지만 양친자 관계로서 보아 D씨에게 상속권이 인정된다. 따라서 C씨의 청구는 기각된다.

111 | 인지 혼외자의 상속재산 분할방법

Q A씨는 아내 B씨와 사이에 자녀 C씨가 한 명이 있었다. 그런데 사실 A씨는 D씨와 내연관계를 유지하면서 그 둘 사이에 또 다른 자식 E가 있었는데 D씨가 몰래 혼자서 키워 왔고, A씨는 E의 존재조차 몰랐다. D씨는 불치병에 걸려 죽어가면서 20세에 이른 E씨에게 A씨가 친부라는 사실을 알려주었다. E씨는 A씨를 상대로 인지청구를 한 후 재산상속권은 물론 그 동안 부양료도 소급해서 청구하고 싶은데 가능할까?

요즘에는 DNA 분석 등 유전자감식을 통한 친자감별 기법이 발달하면서 혼외자에 의한 상속소송도 늘고 있다. 법적인 혼인관계가 아닌 상태에서 출생하게 된 혼외자는 실제로 혼인관계에서 출생을 한 자녀들과 동등한 권리를 가진다. 우리나라 민법 제864조에는 '부모가 이미 사망했더라도 부모의 사망을 안 날부터 2년 내에 검사를 상대로 인지청구를 해 자녀임을 인정받을 수 있다'고 되어 있다. 이처럼 민법은 인지(認知)라고 해서 혼인 외에 출생한 자녀에 대해 친아버지나 친어머니가 자기 자식임을 확인하는 제도를 두고 있다. 만약 아버지가 혼외자를 자녀로 인정하면 부자 혹은 부녀관계가 성립하는데 이를 '임의인지'라고 한다. 그런데 만약 아버지가 자기자식으로 인정하지 않는다면, 혼외자는 재판으로 인지를 청구할 수 있다. 이렇게 해서 이루어진 인지를 '강제인지' 또는 '재판상 인지'라고 한다.

이러한 '인지청구의 소'는 아버지나 어머니가 생존하는 동안은 제한 없이 할 수 있으나, 사망한 때에는 그 사망을 안 날부터 2년 내에 검사를 상대로 제기해야만 한다(민법 제864조). 이 경우 부모의 사망으로 친자관계가 명확하게 밝혀지지 않는 경우에는 법원에서 당사자나 관계인에게 혈액형의 검사 등을 그 형제자매 등 친족을 상대로 명할 수 있다.

인지청구의 소에서 혼외자가 승소한 경우, 판결문을 가지고 가족관계등록 절차에 따라 신고하면 혼외자는 자신이 태어난 날부터 소급해서 아버지와 부자관계가 있었던 것으로 확정된다(민법 제860조 본문). 따라서 다른 자식들과 동등하게 상속권자가 될 수 있을 뿐만 아니라 성년에 이르기까지의 기간 동안에 대한 부양료도 소급해서 청구할 수 있다. 이렇게 아버지 사망 전에 인지가 되면 1순위 상속인이 되어 아버지 사망 후 배다른 형제자매들과 같은 상속분의 재산을 받게 된다.

그런데 사망 후에 인지되어 이미 다른 형제들이 상속재산을 다 나눠가진 경우는 어떻게 될까? 피상속인의 사망 후 친자관계가 명확해졌는데 이미 다른 공동상속인들이 상속재산의 분할 기타 처분을 한 경우, 인지된 혼외자는 상속인들의 분할이나 처분행위의 무효를 주장할 수 없고, 다만 다른 공동상속인에게 혼외자의 상속분에 상당한 가액의 지급을 청구할 권리만 있다(민법 제1014조). 이러한 '가액지급청구' 역시 '**상속회복청구권**'의 일종이므로 그 침해를 안 날부터 3년 내, 침해행위가 있은 날부터 10년 안에 하면 되는데, 이 두 기간 중 하나라도 종료되면 상속회복청구를 할 수 없다. 침해를 알게 된 날에 대한 기준에 대해서 대법원은 혼외자에 대한 '법원의 인지 판결이 확정된 날'이라고 보고 있다.

사례로 돌아가 살피건대, E씨는 A씨를 상대로 인지청구를 할 수 있으며, 성년에 이르기까지 부양료도 소급해서 청구할 수 있다. 다만 실제 부양료를 청구할 수 있는 기간은 소멸시효 10년 이내의 것만 가능하다. 상속에 관하여는 C씨와 동등하다. 다만 E씨는 B씨와는 아무런 혈연관계나 양친자관계가 성립되지 않으므로 B씨 재산에 관하여는 상속권이 인정되지 않고, 친부인 A씨의 재산에 관하여만 상속권이 인정될 뿐이다.

112 | 성년후견인 제도와 후견인의 권한범위

Q A씨(여, 55세)는 남편인 B씨(남, 60세)가 최근 치매로 인한 정신이상 증세를 보이는 것을 알게 되었다. 더욱이 B씨에게는 첩인 C씨(여, 40세)가 있는데 B씨의 막대한 재산을 노리고 접근한 여자로서 B씨의 재산을 마치 자신의 것인 양 물 쓰듯이 쓰고 있다. 이에 불안함을 A씨는 B씨를 상대로 성년후견인 신청을 하려고 한다. 어느 경우에 이러한 신청이 가능하며 후견인으로 될 경우 그 권한 범위는 어디까지인가?

흔히 재벌이나 돈이 많은 사람의 경우 재산다툼으로 친인척 사이에 치열한 법적 공방이 발생하곤 한다. 특히 돈이 많은 당사자가 치매 등으로 정신상태가 온전하지 아니할 경우에는 이를 기회로 주위의 측근이 경쟁적으로 재산처분을 임의로 하는 경우도 많다. 이러한 상황 속에서 가족들이 정신이 온전치 않는 사람의 후견인으로 지정되어 본인의 재산을 관리해 줄 필요가 있는데 이를 위해 등장한 제도가 바로 '성년후견인' 제도이다.

성년후견인 제도는 인지능력의 결핍으로 인하여 사무처리 능력이 지속적으로 결여된 자를 후견하기 위한 제도다. 즉 질병, 장애, 노령 또는 그 밖의 사유로 인한 정신적 제약으로 사무를 처리할 능력이 지속적으로 결여된 사람에 대해 가정법원은 일정한 절차에 따라 성년후견 개시의 심판을 해야 한다. 실무상 뇌병변이나 뇌경색 등 뇌질환이 발생한 경우, 중증 치매를 앓고 있는 경우, 불의의 사고로 의식이 없거나 인지기능에 장애가 발생한 경우, 선천적으로 심한 정신장애를 가지고 있는 경우 등이 사무처리 능력이 결여된 경우로 본다. 하지만 정신상태는 멀쩡한데 거동할 수 없는 신체적 장애는 여기에 해당되지 않는다.

가사소송법 제45조의2에 의하면 가정법원은 성년후견 개시의 심판을 할 경우에는 피성년후견인의 정신상태에 관하여 의사에게 감정을 시켜야 한다. 다만 다른 충분한 자료가 있을 경우에는 의사의 감정 없이도 할 수 있다. 또한 때때로 사무처리 능력을 회복하더라도 지속적으로 그 능력을 유지하지 못할 경우에도 후견개시 요건을 충족한다.

가정법원은 질병, 장애, 노령, 그 밖의 사유로 인한 정신적 제약으로 사무를 처리할 능력이 지속적으로 결여된 사람에 대하여 본인, 배우자, 4촌 이내의 친족, 미성년후견인, 미성년후견감독인, 한정후견인, 한정후견감독인, 특정후견인, 특정후견감독인, 검사 또는 지방자치단체의 장의 청구에 의하여 성년후견개시의 심판을 한다(민법 제9조 1항). 가정법원은 성년후견개시의 심판을 할 때 본인의 의사를 고려하여야 한다(동조 2항). 만약 가족들 간에 성년후견을 개시할 필요가 있는지, 성년후견인이 누가 되어야 하는지에 대하여 의견 다툼이 있는 자가 있다면 가정법원은 이들에게 의견을 제출하도록 하거나 절차 참가의 기회를 보장한다.

성년후견 개시가 될 경우 피성년후견인의 법률행위는 원칙적으로 취소할 수 있다. 다만 일상생활에 필요하고 그 대가가 과도하지 않은 법률행위는 취소할 수 없다. 피성년후견인이라 해도 만 17세 이상일 경우 의사능력이 회복된 때에는 단독으로 유언을 할 수 있다. 실무상 유언서에 피성년후견인이 심심회복의 상태임을 의사가 부기하고 서명날인 함으로써 의사능력이 회복된 것을 증명하게 된다.

성년후견인은 피성년후견인의 법정대리권을 갖게 되므로, 후견심판 결정문에 대리권에 특별한 제한을 설정하지 않은 한, 피후견인의 재산을 관리·처분할 수도 있다. 나아가 '신상에 관한 결정' 권한도 있는데 통상 의료행위 동의, 거주이전에 관한 결정, 우편통신에 관한 결정 및 사회복지서비스 선택 또는 결정 등의 권한을 갖게 된다.

[성년후견심판 결정문 양식]

서 울 가 정 법 원

심 판

사 건 2017느단1**** 성년후견 개시 심판청구
청 구 인 황 진 이 (620444 – 2○○○○○○)
사 건 본 인 홍 길 동 (541010 – 1○○○○○○)
주소 서울 서초구 서초동 ○○○
등록기준지 서울 강남구 논현동 ○○

주 문

1. 사건본인에 대하여 성년후견을 개시한다.
2. 사건본인의 성년후견인으로 [황진이(620444 – 2○○○○○○), 서울 서초구 서초동 ○○]를 선임한다.
3. 취소할 수 없는 사건본인의 법률행위의 범위, 성년후견인의 법정대리권의 범위 및 성년후견인이 사건본인의 신상에 관하여 결정할 수 있는 권한범위는 각 별지 기재와 같다.
4. 후견인은 이 심판 확정일로부터 2개월 이내에 사건본인의 재산목록[기준일: 이 심판 확정일, 상속인(후견인) 금융거래조회서비스 조회결과를 첨부할 것]을 작성하여 이 법원에 제출하여야 한다.
5. 후견인은 이 심판 확정일로부터 1년이 경과한 날을 기준으로 하여 매년 후견사무보고서(기준일: 매년 이 심판 확정일과 같은 월, 일)을 작성하여 이 법원에 제출해야 한다.

이 유

이 사건 청구는 이유 있으므로 주문과 같이 심판한다.

2017. 12. 22.
판사 정 판 관

[별지]

Ⅰ. 취소할 수 없는 피성년후견인의 법률행위의 범위
취소권 권한 없음

Ⅱ. 성년후견인의 법정대리권의 범위
법정대리권 제한 없음

Ⅲ. 성년후견인이 피성년후견인의 신상에 관하여 결정 할 수 있는 권한의 범위
아래 사항에 관하여 피성년후견인이 스스로 결정을 할 수 없는 경우 성년후견인이 결정권을 가짐

1. 의료행위의 동의
2. 거주 이전에 관한 결정
3. 우편 통신에 관한 결정
4. 사회복지서비스 선택 또는 결정

[성년후견 안내문 양식]

성년후견(한정후견, 특정후견) 안내문

청구인이 심판문을 송달받고 15일이 지나 사건 확정이 되어야 등기를 촉탁할 수 있습니다. 따라서 등기가 이루어지려면 약 3주 정도 걸리는 점을 참고하여 **최소 3주가 지난 이후에 후견등기부등본을 발급**받아 권리행사를 하시기 바랍니다.

후견등기부등본은 전국 어디든 가까운 법원의 가족관계등록계에서 발급 가능합니다. (기본증명서에는 후견사항이 나오지 않음)

등기가 이루어지려면 수일이 걸릴 수 있으니, 등기 여부를 확인하여 후견등기부등본을 발급 받으시기 바랍니다.

※ 주문 4, 5항에 기재된 재산목록보고서 및 후견사무보고서 양식은 성년후견개시 및 선임 사건이 확정된 이후에 후견감독절차안내문과 함께 후견인에게 발송할

예정이오니 참고하시기 바랍니다. (**이와 관련한 전화 문의는 받지 않습니다.**)

☎ 가사비송1,3단독 : 032－320－○○○○
(심판문을 송달받고 3주가 지나도 등기가 이루어지지 않으면 연락 바랍니다.)

★ 심판문이 더 필요한 경우 : ○○법원 1층 종합민원실 '제증명계'에서 신청하면 발급 받을 수 있습니다. (비용은 1부당 인지 1,000원)

113 | 유언의 방식

Q A씨는 사망하기 전에 공정증서에 의하여 자식 중 장남 B씨에게 전 재산을 다 물려주는 것으로 유언을 하였다. 하지만 그 뒤 마음이 바뀌어 차남 C씨에게 전 재산을 다 물려주겠다고 자필로 유언증서를 작성하였다. A씨는 그 자필유언 증서의 말미에는 연월일을 기재하고 성명을 자서하고 무인하였는데, 깜박 잊고 주소를 기재하지 않았다. 나중에 A씨가 사망할 경우 어느 유언이 우선할까?

유언의 방식에는 크게 다섯 가지가 있다. ① 공정증서에 의한 유언은 유언자가 증인 2인이 참여한 공증인의 면전에서 유언의 취지를 구수하고 공증인이 이를 필기 낭독하여 유언자와 증인이 그 정확함을 승인한 후 각자 서명 또는 기명날인하여야 한다(민법 제1068조). ② 자필증서에 의한 유언은 유언자가 그 전문과 연월일, 주소, 성명을 자서하고 날인하여야 한다. 만약 증서에 문자의 삽입, 삭제 또는 변경을 할 경우에는 유언자가 이를 자서하고 날인(무인 포함)하여야 한다(민법 제1066조). ③ 녹음에 의한 유언은 유언자가 유언의 취지, 그 성명과 연월일을 구술하고 이에 참여한 증인이 유언의 정확함과 그 성명을 구술하여야 한다(민법 제1067조). ④ 비밀증서에 의한 유언은 유언자가 필자의 성명을 기입한 증서를 엄봉날인하고 이를 2인 이상의 증인의 면전에 제출하여 자기의 유언서임을 표시한 후 그 봉서표면에 제출연월일을 기재하고 유언자와 증인이 각자 서명 또는 기명날인하여야 한다. 그리고 유언봉서는 그 표면에 기재된 날부터 5일 내에 공증인 또는 법원서기에게 제출하여 그 봉인 상에 확정일자인을 받아야 한다(민법 제1069조). ⑤ 구수증서에 의한 유언은 질병 기타 급박한 사유로 인하여 다른 방식에 의할 수 없는 경우에 유언자가 2인 이상의 증인의 참여로 그 1인에게 유언의 취지를 구수하고 그 구수를 받은 자가 이를 필기낭독하여 유언자의 증인이 그 정확함을 승인한 후 각자 서명 또는 기명날인하여야 한다. 이 경우 그 증인 또는 이해관계인이 급박한 사유의 종료한 날로부터 7일 내에 법원에 그 검인을 신청하여야 한다.

유언의 증서나 녹음을 보관한 자 또는 이를 발견한 자는 유언자의 사망 후 지체 없이 법원에 제출하여 그 검인을 청구하여야 한다(민법 제1091조). 검인은 유언증서의 형식·태양 등 유언의 방식에 관한 모든 사실을 조사·확인하고 그 위조·변조를 방지하며 보존을 확실히 하기 위한 일종의 검증절차이자 증거보전절차이다.[29] 단 위 검인청구 절차는 공정증서나 구수증서에 의한 유언에는 적용하지 아니하는데, 그 이유는 공정증서에 의한 유언은 공증인이 한 것이므로 별도의 검인이 필요치 아니하고, 구수증서에 의한 유언의 경우 이미 법원에 의해 한 번 검인이 되었기 때문이다. 통상적으로 공정증서의 경우 공증인들이 위와 같은 법적 요건을 다 갖춰서 작성하기 때문에 형식적 흠결이 거의 없다. 반면 유언자 스스로 하는 자필증서에 의한 유언, 녹음에 의한 유언, 비밀증서에 의한 유언, 구수증서에 의한 유언의 경우는 형식적 요건이 흠결되는 경우가 종종 있다. 그런데 이런 형식적 요건이 하나라도 흠결될 경우에는 그 유언은 무효가 된다(민법 제1060조).

29 김주수·김상용, 친족상속법(법문사).

사례로 돌아가 살피건대, A씨가 작성한 자필증서에 의한 유언은 유언자의 주소가 기재되지 아니하였으므로 유언의 효력이 없게 된다. 따라서 공정증서에 의한 유언이 비록 시간적으로는 과거의 것이지만 유효하다. 따라서 일단 B씨가 전 재산을 상속받게 된다. 하지만 C씨의 유류분이 침해되었으므로 C씨는 B씨를 상대로 자신의 법정상속지분의 절반에 대해 유류분반환소송을 제기할 수 있다.

114 | 상속포기와 보험금청구권

Q A씨는 자신을 피보험자로 하고, 자신의 유일한 자식인 B씨를 보험수익자로 하여 3억원짜리 생명보험을 들었다. 그런데 그 후 A씨의 경제적 사정이 극도로 악화되어 빚이 더 많은 상태로 사망하였고, B씨는 3개월 이내 상속을 포기하였다. 하지만 B씨는 자신에게 생명보험금 청구권이 있다는 사정을 알고 보험회사를 상대로 3억원의 보험금지급청구를 하였으나, 보험회사는 B씨가 상속포기를 하였으니 보험금청구권이 없다고 맞서고 있다. 누구의 말이 옳은가?

상속세 및 증여세법 제8조는 제1항에서 "피상속인의 사망으로 인하여 지급받는 생명보험 또는 손해보험의 보험금으로서 피상속인이 보험계약자가 된 보험계약에 의하여 지급받는 것은 이를 상속재산으로 본다"고 규정하고, 제2항에서 "보험계약자가 피상속인 외의 자인 경우에도 피상속인이 실질적으로 보험료를 지불하였을 때에는 피상속인을 보험계약자로 보아 제1항의 규정을 적용한다"고 규정하고 있다. 위 규정은 상속세 과세대상이 되는 본래 의미의 상속재산, 즉 상속 또는 유증이나 사인증여에 의하여 취득한 재산은 아니라고 하더라도 실질적으로는 상속이나 유증 등에 의하여 재산을 취득한 것과 동일하게 볼 수 있는 보험금의 경우에 상속세를 부과하기 위한 것으로서 실질과세의 원칙 및 과세형평을 관철하기 위한 것이다.

하지만 위 규정에도 불구하고 이 경우 보험수익자의 상속인이 피보험자의 사망이라는 보험사고가 발생한 때에 보험수익자의 지위에서 보험자에 대하여 가지는 보험금지급 청구권은 상속재산이 아니라 **상속인의 고유재산**이다(대법원 2007. 11. 30. 선고 2005두5529 판결). 결국 보험금지급 청구권은 세법상으로는 상속재산으로 취급되지만, 그 고유의 성질은 상속재산이 아니라 상속인의 고유재산으로 보는 것이다.

사례로 돌아가 살피건대, B씨가 비록 상속포기를 하였다고 해도 보험금지급 청구권은 자신이 고유재산이므로 보험회사에 생명보험금을 청구할 수 있다. 다만 위 돈에 대하여는 B씨는 상속세를 납부해야 하는데 (A씨에게 배우자가 없더라도) 5억원까지는 일괄공제가 되므로 실질적으로 B씨는 상속세를 한 푼도 납부하지 않아도 된다.

115 | 상속재산분할 시 기여분 제도

Q 甲에게는 A, B라는 두 아들이 있었다. 그런데 A씨는 아버지인 甲을 모시고 살면서 병수발도 다 들어주면서 극진히 부양을 하였다. 부양에 필요한 식비, 의류비, 병원비 등 모든 경비를 A씨가 벌은 돈으로 다 부담하였다. 반면 B씨는 장가를 가자마자 아버지와 발길을 끊어버리고 용돈도 한 푼 보태주지 않으면서 남처럼 지냈다. 그렇게 20년이 흐른 뒤 甲은 10억원의 유산을 남기고 유언 없이 사망하였다. 이 경우 A씨와 B씨는 각 얼마씩 상속하게 될까?

단순하게 법정 상속지분대로 계산한다면 A씨와 B씨는 각각 5억원씩 가져가면 된다. 하지만 이런 사례에 있어 그렇게 가져가게 된다면 그것은 정의와 형평에 맞지 않는다. 그래서 이런 경우 때문에 상속재산 분할시 중요한 요소로 인정되는 것이 '기여분' 제도이다.

기여분은 공동상속자 중에서 상당한 기간 동거, 간호 그 밖의 방법으로 피상속인을 특별히 부양하거나 피상속인의 재산의 유지 또는 증가에 관하여 특별히 기여한 자가 있을 경우에는, 이를 상속분의 산정에 관하여 고려하는 제도이다.[30] 간단히 말해 다른 상속자들에 비해 망인의 생전에 더 많은 희생을 한 사람에 대해 상속지분을 더 많이 주는 것이다.

과거에는 기여분에 관하여 부모님의 생계를 책임지는 정도의 돈을 부모님께 드리거나 부모의 사업을 직접 도와 재산을 불리는 정도의 기여를 해야 '특별한' 기여로 인정했으나, 최근 판례의 경향은 기여분에 대한 인정의 폭이 넓어지고 있는 추세이다. 예컨대 부모와 한 집에서 같이 사는 경우는 물론, 가까이 살며 자주 얼굴을 비친 것만으로도 '특별한 기여'를 인정해주는 경향이다.

실제로 부모 근처에 거주하지 않았지만 주말과 휴일에 찾아와 나이 든 부모의 생활을 돌본 자식에게 기여분 50%가 인정된 사례도 있었다. 또한 자금능력이 충분한 부모에게 비록 경제적 부양은 하지 않았지만, 단지 부모와 같이 살았다는 이유만으로도 그 아들에게 기여분 40%가 인정된 사례도 있다. 이러한 사례들은 최근에는 부모를 모시고 사는 자녀수가 급격히 줄면서 부양 자체가 다른 형제의 노력에 비해 특별한 기여로 인정된다는 것을 의미한다. 심지어는 형제 중 부모의 생활비와 병원비 등을 전적으로 부담한 자식에게 100%의 기여분을 인정한 사례도 있다. 기여분은 배우자도 인정받을 수 있는데 법원은 배우자에 대한 기여분도 종전보다 덜 까다롭게 인정하는 경향이다. 하지만 사실혼의 관계에 불과한 경우라면 공동상속인이 아니므로 기여

30 김주수 · 김상용, 친족상속법(법문사).

분을 인정받지 못한다.[31]

기여분은 유류분과 무관하다. 따라서 기여분의 가액이 상속재산의 가액의 5할이 넘는다고 해도 이것은 다른 공동상속인의 유류분을 침해한 것이 아니다. 즉 상속재산을 계산할 때 망인이 남긴 유산에서 기여분을 선공제한 뒤 나머지 재산을 상속재산으로 취급하게 된다. 이를 법률용어로 '상정상속재산'이라고도 부른다. 이러한 기여분의 결정은 공동상속인 간의 협의나 가정법원의 심판으로 결정되며, 피상속인의 유언에 의해 결정되는 것이 아니다.

사례로 돌아가 살피건대, A씨의 기여분은 50~100% 사이에서 결정될 것으로 보인다. 만약 기여분이 70%로 인정된다면 상속재산 중 7억원은 A씨에게 일단 돌아가고 나머지 3억원이 실질적인 상정상속재산이 된다. 따라서 그 3억원을 법정상속지분대로 반씩 나누면 각 1억 5천만원씩 된다. 그 결과 A씨는 8억 5천만원, B씨는 1억 5천만원을 가져가게 된다. 이 경우 B씨는 자신의 유류분을 침해당했다고 A씨에게 주장할 수 없다.

116 | 배우자의 기여분

Q A씨(여, 60세)는 남편 B씨(70세)와 30평생을 살면서 남편이 벌어다 준 돈을 알뜰히 모아서 집도 사고, 근검절약하면서 남편의 내조에 충실하였다. 집안일도 가사도우미 없이 스스로 다 하였고, 남편이 퇴근하면 늘 집에서 밥을 손수 지어 주었다. 또한 B씨가 지병으로 죽기 직전까지 정성껏 간호하였다. 둘 사이에는 X, Y, Z 세 자녀가 있는데 B씨는 사망하면서 12억원 유산으로 남겼다. 이 경우 A씨는 자신이 그 동안 배우자로서 남편과 늘 함께 사면서 내

31 박도희, 배우자의 기여분, 한양법학 제20권 제1집(통권 제25집), 2009. 2.

조를 한 부분에 관하여 기여분 청구를 할 수 있나?

배우자에게 기여분이 인정되기 위해서는 당해 기여행위가 신분관계를 기초한 통상의 기대를 넘는 공헌 즉 부부간의 당연한 의무를 넘는 공헌을 했어야 한다. 따라서 배우자의 경우에는 다른 공동상속인에 비해 특별한 기여가 인정되는 것이 상당히 힘들다. 그 이유는 배우자 사이에는 부부간의 부양과 협력의무가 있기 때문에 다른 혈족상속인들과 같은 정도의 노무제공이나 요양간호 등의 부양이 특별한 기여로 평가되기에는 힘들기 때문이다.[32]

대법원도 "망인은 공무원으로 종사하면서 적으나마 월급을 받아 왔고, 교통사고를 당하여 치료를 받으면서 처로부터 간병을 받았다고 하더라도 이는 부부간의 부양의무 이행의 일환일 뿐, 망인의 상속재산 취득에 특별히 기여한 것으로 볼 수 없으며, 또한 처가 위 망인과는 별도로 쌀 소매업, 잡화상, 여관업 등의 사업을 하여 소득을 얻었다고 하더라도 이는 위 망인의 도움이 있었거나 망인과 공동으로 이를 경영한 것이고, 더욱이 처는 위 망인과의 혼인생활 중인 1976.경부터 1988.경까지 사이에 상속재산인 이 사건 부동산들보다 더 많은 부동산들을 취득하여 처 앞으로 소유권이전등기를 마친 점 등에 비추어 보면, 위 부동산의 취득과 유지에 있어 위 망인의 처로서 통상 기대되는 정도를 넘어 특별히 기여한 경우에 해당한다고는 볼 수 없다"라고 판결하였다(대법원 1996. 7. 10.자 95스30, 31 결정).

따라서 배우자로서 가사노동·병간호 등의 행위를 한 것만으로는 기여분을 인정받기 어렵고, 나아가 재산형성 과정에 결정적인 기여를 하였거나, 아니면 자신의 특유재산을 투자 내지 증여한 경우에 한하여

32 이러한 점에 대해 비판적인 견해를 가지고 있는 사람들도 많다. 외국의 경우 배우자의 상속분을 거의 절반을 인정해 주는 경향인 점에 비춰볼 때 우리나라의 상속제도에 대한 개정논의가 필요할 수 있다고 생각한다.

기여분이 인정된다.

사례로 돌아가 살피건대, A씨의 경우 B씨를 열심히 내조하였고, 가사노동도 충실하게 하였지만 이것만으로는 기여분을 인정받지 못한다.

117 | 상속재산 분할 시 특별수익 제도

Q 甲에게 A, B, C 세 자녀가 있는데, 甲은 생전에 A씨의 결혼비용으로 6천만원을 주었다(생전증여). 5년 뒤 甲은 실제로 1억 8천만원이 유산을 남기고 사망하면서 유언공증을 하였는데 유산 중 1억원을 B씨에게 유증하였다. 이 경우 A, B, C가 실제로 상속받게 되는 돈은 각 얼마씩인가?

상속재산에 있어 기여분에 대비되는 것으로 '특별수익'이란 것이 있다. 특별수익은 상속자 중 다른 상속자들에 비해 많은 경제적 혜택을 본 사람에 대해 상속분에서 감하는 것이다. 즉 공동상속인 중에 피상속인으로부터 재산의 증여 또는 유증을 받은 자는 특별수익자인데 그 사람은 이와 같이 받은 수증재산이 자신의 상속분에 달하지 못한 때에만 그 부족분 한도에서 상속분이 있다(민법 제1008조). 따라서 이러한 생전증여나 유증재산이 이미 상속분을 초과할 경우에는 더 이상 한 푼도 상속받지 못한다.

사례로 돌아가 살피건대, 상속분을 계산하기 위한 실질적 상속재산은 1억 8천만원이 아니라 2억 4천만원이 된다. 왜냐하면 A씨가 받은 생전증여 6천만원이 특별수익이므로 가산되어야 하기 때문이다. B씨가 받게 될 유증 역시 특별수익이기는 하나 상속개시 당시 기준으로 보면 아직 상속재산에 포함되어 있기 때문에 그 금액을 가산할 필요는 없다.

이와 같이 상속지분을 나누기 위한 분모가 될 실질적 상속재산을 먼저 계산하는데 이것을 법률용어로 '상정상속재산'이라고 부른다. 그럼 이 상정상속재산인 2억 4천만원을 상속인 3명이 3등분하면 각 8천만원이 상속지분이 되는데, A씨는 이미 6천만원을 받았으니 나머지 2천만원만 한도에서 상속권이 인정되고, B씨는 유증으로 1억원을 받게 되었으므로 그 금액이 이미 자신의 상속지분을 초과하여 더 이상 받을 상속지분은 없게 된다. 따라서 C씨는 6천만원(=1억 8천만원−1억원−2천만원)을 상속받게 된다. 이 경우 C씨는 결국 원래 자신의 상속지분에서 2천만원의 손해를 보았지만 유류분 4천만원(8천만원의 1/2)을 침해당한 것은 아니므로 A씨나 B씨에게 유류분반환 청구권은 없다.

118 | 기여분과 특별수익이 병존하는 경우 상속재산 계산방법

Q 甲에게 A, B, C 세 자녀가 있는데 甲 사망 당시 유산은 1억 5천만원이다. 그런데 A씨는 甲을 모시고 살면서 죽는 순간까지 지극정성으로 병간호를 했기에 기여분으로 3천만원이 결정되었다. 반면 B씨는 생전에 사업자금으로 甲으로부터 6천만원을 증여받아 특별수익을 얻었다. 이 경우 A, B ,C가 실제로 받게 될 상속분은?

기역분과 특별수익이 병존하는 경우 상속분을 어떻게 계산하는가의 문제이다. 먼저 상속재산에서 기여분을 뺀 뒤 특별수익 부분을 더해서 상속재산을 확정하면 된다. 위 사례의 경우, 남겨진 유산은 1억 5천만원이지만 상정상속재산은 1억 8천만원이 된다. 그 이유는 유산에서 A씨에게 기여분을 먼저 떼어주어야 하며, 반면 B씨가 받은 생전 증여금은 특별수익으로 상속재산에 포함시켜야 하기 때문이다.[33] 그래

33 김주수 · 김상용, 친족상속법(법문사).

서 상정상속재산이 1억 8천만원(= 1억 5천만원 - 3천만원 + 6천만원)이 되는 것이다. 그 결과 A, B, C의 각 상속분은 이를 3등분하여 각 6천만원이 되고, A씨는 기여분 3천만원을 더해 9천만원을 실제로 받게 되고, B씨는 6천만원에서 이미 받은 특별수익 6천만원을 공제하니 받을 것이 한 푼도 없다. C씨는 기여분도 특별수익도 없으니 그대로 상속분 6천만원을 받게 된다.

119 | 배우자의 기여분과 자녀의 특별수익

Q 甲에게는 아내인 乙과 A, B, C 세 자녀가 있었다. 그런데 A씨에게는 2억원을 들여 4년간 외국유학을 시켜주었고, B씨에게는 장사밑천으로 1억원을 주었고, C씨에게는 1억 5천만원을 유증으로 주었다. 그리고 사망 당시 재산으로는 10억원이 있었다. 乙은 위 10억원을 형성하는데 시집올 때 가져온 재산을 제공함은 물론, 甲과 함께 열심히 일하였는데 기여분은 약 40%에 해당된다. 이 경우 상속재산은 어떻게 분할될까?

'상속분'은 각 공동상속인이 승계받게 되는 권리 및 의무의 양을 전체 상속 재산에 대하여 차지하는 비율로 표시한 것으로서 상속재산에 대한 각 상속인의 공동지분을 의미한다. 또한, 상속분은 피상속인의 유언에 의해 정해질 수 있는데 이를 '유언상속분' 또는 '지정상속분'이라고 한다. ① 유언이 없는 경우, ② 유언으로 처분한 나머지 부분, ③ 유류분에 관한 공동상속인의 상속분은 상속법의 규정에 의해 정해지는데 이를 '법정상속분'이라고 한다.

그런데 여기서 문제가 되는 것이 바로 '특별수익'과 '기여분'이란 변수이다. 공동상속인들 중에서 피상속인으로부터 생전증여 또는 유증을 받은 사람이 있는 경우 이러한 수익자를 '특별수익자'라고 하는데, 특별수익자는 그 특별수익(수증재산)이 자신의 상속분에 미치지 못한 때에는 그 부족한 부분의 한도에서 상속분이 있고(민법 제1008조), 특별수익이 특별수익자의 상속분을 초과하는 경우에는 다른 공동상속인의 유류분을 침해하고 있는 경우에만 그 한도 내에서 반환할 의무가 있다.

한편 '기여분'이란 공동상속인 중 피상속인을 특별히 부양하거나 피상속인의 재산의 유지 또는 증가에 특별히 기여한 자가 있는 경우 상속분 계산에서 그러한 부양이나 기여를 고려하는 제도를 말한다. 따라서 상당한 기간 동거, 간호 기타의 방법으로 피상속인을 특별히 부양하거나 피상속인의 재산의 유지나 증가에 특별히 기여해야 인정받을 수 있다.

기여분 결정은 먼저 공공상속인들의 협의로 정하고 협의가 되지 않거나 불가능한 경우에는 가정법원이 기여자의 조정신청에 따라 기여분을 정하며 조정이 성립되지 않으면 심판으로 재판한다. 기여분이 있는 경우, 상속개시 당시의 피상속인의 상속재산가액에서 기여분을 공제한 것을 상속재산으로 보고, 그 상속재산에 상속분을 곱하여 계산한 구체적 상속분에 기여분을 더한 것이 기여자의 실질적인 상속분(상속이익)이 된다.

기여분은 반드시 상속재산분할심판청구와 같이 하여야 하며 기여분만 별도로 청구하는 것은 허용되지 않는다. 상속인 각자가 상속재산의 증식과 유지에 특별한 기여분이 있다고 주장하는 경우에는 기여의 시기, 방법 및 정도와 상속재산의 액, 기타의 사정을 참작해 기여분으로 정해지는데, 특별히 기여한 바가 있는 경우 상속재산에서 먼저 공제받게 된다. 다만 처의 일반적인 가사노동은 부부간 동거 부양의무상의 협조의무 안에 있는 것으로 기여분에 해당되지 않는다.

※ 기여자의 실질적 상속분 계산식
(상속개시 당시 상속재산 − 기여분) × 상속분 + 기여분

사례로 돌아가 살피건대, 이 경우 일단 상정상속재산을 도출해야 한다. 먼저 기여분이 우선이므로 乙에게 기여분 40%인 4억원을 인정한다. 그러면 6억원이 실제로 남게 될 상속재산인데 여기에 특별수익자들의 수익분을 더해야 한다. A씨가 받은 유학비용 2억원과, B씨가 받은 장사밑천 1억원이 여기에 해당된다. 그러면 총 상정상속재산은 9억원(6 + 2 + 1)이 된다. 그러면 이 돈을 각자의 상속지분으로 계산하면 처인 乙이 3억원(9 × 3/9), 나머지 자식 세 명은 각 2억원(9 × 2/9)이 된다. 그런데 A씨는 이미 2억원을 특별수익으로 받았으므로 더 이상 가져갈 돈이 없고, B씨는 1억원(2억원 - 특별수익분 1억원), C씨는 2억원(유증받은 1억 5천만원은 여기에 포함되어 버림), 그리고 乙에게는 3억원이 상속분이 돌아간다. 그 결과 실제로 남겨진 10억원 중 乙은 7억원(4 + 3), A씨는 0원, B씨는 1억원(2 − 1), C씨는 2억원을 각 가져가게 된다.

상속재산분할심판청구의 조정전치주의와 분할방법

'상속재산분할 심판청구'는 공동상속인 간에 상속재산의 분할에 관한 협의가 이뤄지지 않는 경우 공동상속인 중의 1인 또는 수인이 나머지 공동상속인들을 상대로 상속재산의 분할을 청구하는 것을 말한다(민법 제1013조, 제269조). 상속재산분할을 신청하려면 먼저 조정을 신청하여야 하며 조정이 성립되지 않는 경우에 분할심판을 청구하는 것이다.

심판분할의 경우 분할방법으로는 '현물분할'이 원칙이지만 예외적으로 가정법원이 경매분할, 대상분할 등의 방법을 재량으로 정할 수 있다. ① 첫째, '지정분할'은 피상속인이 상속개시 후 상속재산을 둘러싼 분쟁을 방지하기 위

해 유언으로 상속재산의 분할방법을 정하거나 이를 정할 것을 제3자에게 위탁하는 것을 말한다. 반드시 유언으로 해야 하고, 보통 어떤 재산은 장남에게 주고 어떤 재산은 차남에게 주는 방식으로 지정한다. ② 둘째, '협의분할'은 당사자가 자유롭게 정할 수 있다. ③ 셋째, '심판분할'은 원칙적으로 현물분할에 의하여야 하지만 경매분할, 대상분할 등 가정법원이 재량으로 정할 수 있다. 여기서 '대상분할'이란 상속인 중 일부가 상속재산을 현물로 취득하게 하는 대신 다른 상속인에게 현금으로 정산하게 하는 방법이다.

120 | 상속재산분할협의가 잘 이뤄지지 않을 때 상속재산 분할방법

Q 甲은 유산으로 부동산을 남기고 사망하였다. 상속인으로는 아내 乙과 장남 A씨, 차남 B씨, 장녀 C씨, 차녀 D씨가 있는데, 乙과 B씨는 부모를 계속 모시고 있던 A씨에게 상속지분을 양보하겠다고 하였으나, C씨와 D씨는 자신들이 상속재산에 기여한 바가 있다면서 자신들의 법정상속지분보다 더 많은 지분을 요구하여 협의분할이 안되었다. 이런 경우 일단 乙과 A씨, B씨의 상속지분 등기만이라도 할 수 있을까?

보통 상속이 개시되면 공동상속인은 피상속인의 권리, 의무를 각자 승계하며 상속재산은 공동상속인의 공유가 된다. 이때 상속재산은 상속인 각자의 재산으로 분할되어야 할 필요가 있는데, 이것을 '상속재산분할'이라고 한다. 분할되는 상속재산의 평가는 상속개시일이 아닌 분할시 또는 분할심판시를 기준으로 한다. 공동상속인들은 기본적으로 유언이나 합의로 상속재산분할을 금지한 경우가 아니라면 '지정분할', '협의분할', '심판분할'의 방법으로 상속재산을 분할할 수 있다.

① **지정분할**은 공동상속인 사이에 있어서 상속재산을 각자의 상속

분에 따라 분할하는 상속 형태로서, 피상속인은 유언으로 상속재산의 분할방법을 정하거나 이를 정할 것을 제3자에게 위탁할 수 있는데, 분할방법의 지정이란 현물분할이나 대상분할, 또는 환가분할을 하도록 지정하거나 또는 이들 방법을 병행하도록 지정하는 것을 의미한다.

② **협의분할**은 가장 일반적인 상속분할 방법이다. 협의분할은 공동상속인이 피상속인에 의한 지정분할이 없을 때 분할요건이 갖추어져 있는 한, 언제든지 그 협의에 의하여 분할을 할 수 있는 것을 말한다. 원칙적으로 협의분할에는 공동상속인 전원이 참여하여야 한다. 상속인 중 태아가 있는 경우에는 태아에게도 상속이 인정되는데 태아가 사산될 가능성을 고려하여 통상 태아의 출생 시까지 협의를 중지한다. 상속이 개시된 이후에 행방불명된 상속인이 있는 경우에는 그의 부재자 재산관리인이 가정법원의 허가를 얻어 분할협의에 참가할 수 있다. 또한, 공동상속인 중 무능력자가 있는 경우에는 그 자의 법정대리인이 분할협의에 참여해야 한다. 그러나 법정대리인 역시 공동상속인일 경우에 이러한 상속재산분할협의는 민법 제921조의 이해상반행위이므로 무능력자를 위한 특별대리인을 선임하여 상속재산분할협의를 해야 하고 특별대리인의 선임 없이 행한 협의는 무효다.

협의분할은 원칙적으로 공동상속인들이 자유롭게 분할방법을 정할 수 있는데, 법정상속분에 따르지 않아도 되며 현물, 환가, 대상분할 방법 모두 가능하다. 상속재산을 공유하기로 합의하는 것도 가능하며 이후 분할은 통상의 민사상 공유물분할방법에 의한다.

협의분할이 성립될 경우 공동상속인들 사이의 상속분을 자유롭게 증여할 수 있고 상속개시일로부터 6개월이 달하는 월말까지 최종적으로 귀속되는 각자의 상속지분 비율로 상속세를 내면 되므로 그 기간 내에는 증여세 등의 문제가 발생하지 않는다.

③ **심판분할(법원분할)**은 상속재산의 분할방법에 관하여 협의가 성립되지 않는 경우에 전부 또는 일부의 공동상속인이 가정법원에 그

분할을 청구할 수 있는 것을 말한다. 또한 상속재산을 현물로써 분할할 수 없거나 분할로 인하여 현저히 그 가액이 떨어질 염려가 있을 때에는 법원은 그 물건의 경매를 명할 수 있다(원칙적 현물분할, 예외적 가액분할).

사례로 돌아가 살피건대, 이 사건과 같이 공동상속인 간의 협의가 이루어지지 않을 때에는 공동상속인 중 1인이 신청서에 상속인 전원의 법정상속분을 표시하여 그 지분대로 공동상속등기를 신청할 수 있고, 그 후 乙과 B씨는 자신들의 상속지분을 A씨에게 별도로 이전하는 절차를 밟아야 한다. 이와 같이 일단 상속재산지분이 확정되어 등기 등이 이뤄진 후 공동상속인 간에 재협의분할에 의하여 지분이 변경된 경우에는 원칙적으로 이를 증여재산으로 취급하여 증여세를 부과한다. 다만 그 재협의 분할이 상속세 신고기한[34] 내에 이루어진 경우에는 증여세를 부과하지 않는다(상속세 및 증여세법 집행기준[2017. 2. 21.] 4-0-4).[35]

상속재산 분할절차

상속재산분할청구는 가사소송법상 가사비송사건으로서 가정법원의 관할이며 심문절차로 진행되는 것이므로 심판이나 결정의 고지기일을 지정하거나 미리 당사자에게 통보하지 않아도 되는 것이 원칙이다. 상속재산의 심판분할을 청구하려는 자는 가정법원에 조정을 신청하고 조정이 불성립으로 끝난 때에 심판에 의한 분할절차가 시작된다(조정전치주의).

상속재산분할청구가 있는 때에는 가정법원이 당사자가 기여분 결정을 청구할 수 있는 기간을 1개월 이상 정하여 고지할 수 있으며, 그 기간 내에 기여분 청구가 이뤄진 경우 상속재산분할 청구사건에 병합하여 심리 · 재판한다.

---

34 상속개시일(피상속인의 사망일)이 속하는 달의 말일부터 6개월 이내.

35 상속회복청구의 소에 의한 법원의 확정판결에 의하여 상속재산에 변동이 있는 경우에도 증여세를 부과하지 않는다.

가정법원은 1심 심리 종결 시까지 분할이 청구된 모든 상속재산에 대하여 동시에 심판하여야 하며, 심판을 함에 있어 금전의 지급, 물건의 인도, 등기 기타의 의무이행을 동시에 명할 수 있다.

상속재산의 분할은 상속 개시된 때에 소급하여 효력이 발생된다. 하지만 제3자의 권리를 해하지 못하는데, 여기에서 보호받는 제3자는 등기 등 대항력을 갖춘 특정승계인(예를 들어 지분등기를 한 자, 목적물에 대한 압류채권자, 저당권자 등)에 한하게 된다.

또한, 무자격자가 분할협의에 참가한 경우나 공동상속인 중 일부가 협의에서 제외된 경우에는 분할협의가 무효이고, 이런 경우 공동상속인은 상속회복청구가 아닌 분할무효의 확인 및 재분할을 청구할 수 있다.

121 | 대습원인 발생 전 증여행위와 특별수익

Q A씨(남, 70세)에게는 아들 B씨(40세)와 딸 C씨(38세)가 있고, B씨에게는 어린 딸인 D씨(13세)가 있었다. 그런데 A씨는 생전에 손녀인 D씨에게 2억원을 증여하였다. 그런데 1년 뒤 아들 B씨가 사망하였고, 다시 2년 뒤에 A씨마저 사망하면서 유산으로 2억원을 남겼다. 이 경우 손녀 D씨는 B씨를 대신하여 1억원을 대습상속을 하게 되었는데, C씨는 위 생전증여 2억원이 특별수익이므로 상속분에서 공제되어야 한다고 주장한다. 그 주장은 타당한가?

대습상속과 관련해 증여와 유류분에 대한 논란이 일기 쉽다. 대습상속이란 추정상속인(推定相續人)인 직계비속이 상속개시 전에 사망 또는 상속결격(相續缺格)으로 인하여 상속권을 상실한 경우에 그 자의 직계비속이 대신 상속하는 경우를 말한다. 즉, 아버지가 할아버지보다 먼저 사망한 경우, 손자가 아버지를 대신해서 할아버지의 재산을 상속하는 경우이다.

그런데 대습원인이 발생하기 전 이루어진 증여의 경우 유류분 산정 시 기준이 되는 기초재산으로 포함될 것인가를 두고 다툼이 일곤 한다. 하지만 대습상속인이 대습원인이 발생하기 전에 피상속인으로부터 증여를 받은 것은 **상속인의 지위**에서 받은 것이 아니기 때문에 특별수익에 해당하지 않는다(대법원 2014. 5. 29. 선고 2012다31802 판결). 민법 제1008조의 특별수익 규정은 공동상속인 중에 피상속인으로부터 재산의 증여 또는 유증을 받은 특별수익자가 있는 경우 공동상속인들 사이의 공평을 기하기 위해 그 수증재산을 상속분의 선급으로 다루어 구체적인 상속분을 산정할 때 참작하도록 하려는 데 그 취지가 있는 것이다. 따라서 대습상속인이 대습원인의 발생 이전에 피상속인으로부터 증여를 받은 때는 상속인의 지위에서 받은 것이 아니므로 상속분의 선급으로 볼 수 없는 것이다.

만약 이를 상속분의 선급으로 보게 되면, 피대습인(B씨)이 사망하기 전에 피상속인(A씨)이 먼저 사망하여 상속이 이루어진 경우에는 특별수익에 해당하지 않았던 것이 피대습인(B씨)이 피상속인(A씨)보다 먼저 사망하였다는 우연한 사정으로 인하여 특별수익으로 되는 불합리한 결과가 발생한다. 따라서 위와 같은 D씨의 수익은 특별수익에 해당하지 않는 것이다.

사례로 돌아가 살피건대, 손녀 D씨가 받은 생전증여 2억원은 특별수익이 아니므로 상속분에서 공제되지 않는다. 그 결과 남겨진 유산 2억원 중 손녀 D씨는 자신의 돌아가신 아버지인 망 B씨의 상속분 1억원을 대습상속하고, C씨는 나머지 1억원을 상속하게 된다. 결국 C씨의 주장은 타당하지 않다.

122 | 대습상속의 요건

Q A씨(남, 70세)에게는 장남 B씨(45세), 차남 C씨(42세), 막내딸 D씨(36세)가 있고, B씨에게는 아들인 b(15세), C씨에게는 딸 c(14세), D씨에게는 남편 d(40세)씨가 있다. 그런데 아들 B씨가 아버지인 A씨를 살해하기 위해 A씨의 자동차 브레이크를 일부로 고장 냈다. 마침 A씨는 딸 D와 함께 자동차를 몰고 나갔다가 브레이크 파열로 낭떠러지로 떨어져 함께 사망하였다. 그 사실을 뒤늦게 알게 된 차남 C씨는 모든 게 재산 때문에 벌어진 일이라 생각하고 허탈한 마음에 상속을 포기하였다. A씨에게는 상속재산으로 10억원이 있었다. 이 경우 b, c, d는 각 얼마의 상속분을 받게 되나?

상속인이 상속을 포기한 경우는 대습상속의 사유가 되지 않는다. 하지만 대습상속은 동시사망의 경우도 포함되므로 피상속인(할아버지)과 그의 직계비속(딸)이 동시에 사망한 경우는 직계비속의 상속권자(배우자)는 직계비속(딸)의 상속분에 대하여 대습상속을 할 수 있다(대법원 2001. 3. 9. 선고 99다13157 판결[36]).

B씨의 경우는 피상속인을 살해한 자이므로 상속결격자에 해당한다(민법 제1004조). 하지만 상속결격자은 대습상속의 장애사유가 되지 않기 때문에 상속결격자의 상속인(자녀)은 대습상속이 가능하다. 결국 위 사례에 있어 손자 b와 사위 d는 각 대습상속을 받게 되고, 상속포기를 한 C씨의 자녀인 c만 대습상속을 받지 못한다. 결국 b와 d가 각 5억원씩 상속받게 된다.

36 이 판례는 유명한 대한항공기(KAL) 괌추락 사고로 인한 상호신용금고 회장의 유산 1천억원과 관련된 상속 소송 사건이다. 이 소송에서 동시사망으로 추정되는 경우도 대습상속이 가능하다고 보아 사위가 유산전체를 상속하였고, 피상속인의 형제자매들이 패소한 사건이다.

동시사망의 추정

2인 이상이 동일한 위난으로 사망한 경우에는 동시에 사망한 것으로 추정한다(민법 제30조). 따라서 이 경우 그 2인 중 하나가 상속인이고 나머지가 피상속인인 경우에는 상속이 일어나지 않는다. 왜냐하면 상속은 피상속인이 상속인보다 먼저 사망해야 발생하기 때문이다. 결국 동시사망의 추정을 뒤집지 못하는 한 상속인이 피상속인보다 먼저 죽은 것과 마찬가지의 효과가 나게 된다.

예컨대 A씨는 미혼의 자녀 C씨와 같은 비행기로 여행하다가 추락하여 모두 사망하였는데, A씨에게는 재산이 10억원이 있고, C씨는 재산이 하나도 없었다. A씨에게는 처인 B씨와 어머니 D씨가 있다. 이 경우 A씨와 C씨가 동시에 사망한 것으로 추정되므로 C씨는 상속을 전혀 하지 못한 채 상속인 자격에서 제외된다. 따라서 결국 배우자인 B씨와 직계존속인 D씨는 법정 상속지분대로 상속하게 되어 B씨는 6억원(10억 × 0.6), D씨는 4억원(10억 × 0.4)을 각 상속하게 된다.

하지만 만약 동시사망의 추정이 깨졌을 경우에는 사정이 달라진다. 예컨대 같은 비행기 사고였지만 극적으로 직계비속인 C씨가 생존하여 병원에 실려 갔다가 1시간 뒤 사망한 사실이 밝혀졌다고 가정해보자. 이 경우에는 배우자인 B씨와 자식인 C씨에게 상속권이 생기고, 직계존속인 D씨는 상속권이 전혀 없게 된다. 그리고 C씨가 1시간 뒤 이어서 사망하였으므로 그의 직계존속인 B씨가 C씨 몫까지 모두 상속하게 된다. 결국 B씨가 10억원을 모두 상속하게 된다.

123 | 상속과 생전증여의 공제금액

Q A씨는 재산이 30억원이 있는데 지병이 있어 오래 살기가 힘들다. A씨가 생전증여할 경우와 상속으로 재산을 물려주는 경우 각각의 공제금액은 어떻게 다른가?

상속과 증여의 차이는 무엇일까? 세법상 차이를 들자면 상속은 돌아가신 부모님의 전체 재산에 대하여 세금이 부과되고, 그 후 이를 상속인들이 분할하는 것인데 반해, 증여는 받는 사람 기준으로 받는 재산에 대하여 부과된다는 것이다.

상속, 증여세 세율은 동일하나 각각의 공제금액이 다르다. 증여를 하는 경우 배우자간에는 6억원, 성년자녀에게는 5천만원(단 미성년자녀는 2천만원)이 공제 적용되는데 이는 10년 동안 적용되는 금액이므로 10년 단위로 분산하여 증여를 하면 절세를 할 수 있다. 반면 상속은 기본 5억원이 일괄공제되고(상증세법 제21조 1항), 배우자가 있는 경우에는 5억원이 추가로 공제되어(상증세법 제19조 4항) 총 기본 10억원이 공제가 된다.

상속세 공제한도는 경우에 따라서 천차만별로 나누어지는 만큼 미리 살펴보는 것이 중요하다. 결과적으로 살펴보면 배우자가 있는 경우, 재산이 10억원이 넘는 경우에는 미리 증여를 통한 절세방안을 고려해볼 수 있고, 그 이하의 경우 상속을 통하는 것이 유리한 편이다.

하지만 설사 생전증여를 하였다고 해도 그 후 10년 이내 증여자가 사망한 경우에는 이를 상속재산으로 취급하여 상속세율이 적용된다(상속세 및 증여세법 제13조 1항 1호). 그 결과 생전증여를 받은 사람은 절세한 세금부분을 추가로 납부해야 한다. 결국 생전증여로 절세효과를 보려면 그 후 증여자가 10년 이상을 생존해야만 한다.

124 | 상속포기 신고 후 재산처분하면 단순승인으로 취급

Q C씨는 남편이 사망하자 3개월 이내 가정법원에 상속포기 신고를 했다. 그런데 남편의 지인인 K씨가 C씨의 남편이 빌려간 5천만원을 갚으라고 소송을 내면서 분쟁이 벌어졌다. C씨는 자신이 상속

> 을 포기했기 때문에 돈을 갚지 않아도 주장했지만, K씨는 C씨가 상속포기 신고를 낸 나흘 뒤에 남편 소유였던 차량을 판 사실을 문제 삼았다. K씨는 "상속포기 수리 심판일 이전에 C씨가 상속재산을 처분하거나 부정소비 했기 때문에 단순승인한 것으로 봐야 한다"고 주장했다. K씨의 주장은 타당한가?

상속인이 상속을 포기한다는 신고를 하였다고 해도 가정법원이 이를 수리하는 심판을 하기 전에 상속재산을 처분했다면 상속포기의 효력이 없고 단순승인으로 취급된다. 위 사건에 대해 1, 2심은 상속재산을 처분한 시점이 상속포기 신고를 낸 이후라는 이유로 C씨의 손을 들어줬다. 즉 1,2심에서는 상속포기 신고를 한 후에는 재산을 처분하더라도 그것이 부정소비가 되어야만 단순승인의 효과가 인정되는데 C씨가 남편 소유 차량을 판 사실만으로는 '부정소비'라 단정할 수 없으므로 단순승인 효과를 인정할 수 없다고 본 것이다.

하지만 대법원에서는 원고승소 취지로 파기 환송하였다(대법원 2016. 12. 29. 선고 2013다73520 판결). 대법원은 상속의 한정승인이나 포기는 상속인의 의사표시만으로 효력이 발생하는 것이 아니라 가정법원에 신고를 해 가정법원의 심판을 받아야 하며, 그 심판은 당사자가 이를 고지받음으로써 효력이 발생한다고 판시하였다. 그 이유는 한정승인이나 포기의 의사표시의 존재를 명확히 해 상속으로 인한 법률관계가 획일적으로 처리되도록 함으로써 상속재산에 이해관계를 가지는 공동상속인이나 차순위 상속인, 상속채권자, 상속재산의 처분 상대방 등 제3자의 신뢰를 보호하고 법적 안정성을 도모하고자 하는 것이기 때문이다. 그런데 상속인이 가정법원에 상속포기의 신고를 했다고 하더라도 이를 수리하는 가정법원의 심판이 고지되기 이전에 상속재산을 처분했다면 이는 상속포기의 효력 발생 전에 처분행위를 한 것에 해당하므로 민법 제1026조 1호에 따라 상속의 단순승인을 한 것으로 봐야 한다.

반면에 상속포기 후에 상속재산을 처분한 경우에는 '부정소비'에 이르러야 비로소 민법 제1026조 3호에 의해 단순승인으로 간주되는 차이점이 있다. 1호의 '처분'과 3호의 '부정소비'의 가장 큰 차이점은 부정소비는 **상속채권자의 불이익을 의식하고 상속재산**을 소비하는 것을 의미하는 것인데, 예컨대 상속재산을 처분하여 그 처분대금 전액을 우선변제권자에게 귀속시킨 경우에는 부정소비에 해당한다고 할 수 없다.

사례로 돌아가 살피건대, C씨의 경우 상속포기 신고는 하였지만 가정법원의 상속포기심판이 나기 전에 재산을 처분하였으므로 단순승인으로 취급되어 K씨에게 남편의 빚을 갚아야 한다.

125 | 상속포기의 효과

Q A씨는 빚만 잔뜩 남겨 두고 사망하였고, 그 상속인으로는 처 B씨와 총각인 아들 C씨, 결혼한 딸인 D씨가 있었다. 그리고 D씨에게는 남편 E씨와 그 둘 사이에서 낳은 5살짜리 아들 F씨가 있었다. B, C, D는 상속포기를 하기로 마음먹었는데 상속포기신청서에 B, C, D, E만 기재하고 손자인 F씨의 이름을 기재하지 않았다. 그 후 6개월 뒤 A씨의 채권자 甲은 F씨를 상대로 소송을 제기하였다. F씨는 비록 지금은 어린 아이지만 나중에 성년이 되어 돈을 벌게 되면 할아버지가 남긴 빚을 갚아야 하나?

피상속인이 남긴 상속재산 중 재산보다 빚이 많은 경우 상속인은 '상속개시 있음을 안 날'부터 3개월 내에 피상속인의 최후 주소지 관할 법원에 상속포기신고를 할 수 있다. 상속포기를 하면 피상속인의 사망으로 발생한 상속의 효력, 즉 권리·의무의 승계는 부인되고 처음부터 상속인이 아니었던 것과 같이 된다. 하지만 일단 상속을 포기한 후에는 이를 다시 취소하지 못한다.

동순위의 상속인들이 상속을 모두 포기할 경우 다음 순위의 사람이 상속인이 된다. 상속인이 무능력자인 경우에는 **법정대리인이 상속개시 있음을 안날**부터 상속포기 기간이 시작된다(민법 제1020조). 따라서 자식들이 상속을 포기하고 손자가 포기하지 않을 경우에는 상속채무가 손자에게 상속될 수 있으므로 손자들까지 모두 포기하는 편이 좋다.

그런데 상속포기신고 당시 미성년자인 후순위상속인의 법정대리인들이 법을 잘 몰라 자신들을 포함한 선순위상속인들만 상속포기신고를 하고, 미성년인 자기 자식에 대한 상속포기신고를 기간 내에 하지 않은 경우가 종종 있다. 이 경우 종전의 판례는 민법 제1020조를 문리해석하여 미성년자가 상속한 것으로 취급하여 왔다. 하지만 그와 같이 해석할 경우 미성년자의 입장에서는 너무 억울하게 되므로 그 후 법원은 견해를 바꾸었다. 즉 재판부는 "상속포기신고 당시 미성년자인 후순위상속인들의 법정대리인들이 상속제도에 관한 법률의 부지 및 법무사의 잘못된 조언 등으로 인하여 자신들을 포함한 선순위상속인들만 상속포기신고를 하고 후순위상속인들의 상속포기신고를 하지 않은 경우, 후순위상속인들은 선순위상속인들의 상속포기신고로 자신들이 상속인이 된 사실을 알았다고 할 수 없고, 나중에 피상속인의 채권자가 제기한 소송의 관련 서류를 송달받고 나서야 비로소 자신들이 상속인이 된 사실을 알았다고 봄이 상당하다. 또한 경험칙상 피고들의 법정대리인들이 자신들을 포함한 선순위상속인들의 상속포기로 직계비속들인 피고들이 상속인으로 된다는 사실을 알았더라면 직계비속들의 상속도 함께 포기하였을 것으로 보인다"라고 판시하였다(서울고등법원 2005. 7. 15. 선고 2005나7971 판결).[37]

37 위 서울고법 판례는 2002. 1. 14. 민법 개정의 취지에 맞춰 종전의 판례를 변경한 것으로 보인다. 즉 개정 민법에 의하면 "상속인은 상속채무가 상속재산을 초과하

사례로 돌아가 살피건대, 미성년자인 F씨는 나중에 피상속인의 채권자가 제기한 소송의 관련 서류를 송달받고 나서야 비로소 자신이 상속인이 된 사실을 알았다고 봄이 상당하므로 그 때부터 3개월 내에 상속포기할 수 있다(한편 위 사례의 경우 피상속인의 사위인 E씨는 법정상속인이 아니므로 상속포기를 할 필요가 없었는데 불필요하게 한 것임).

126 | 상속포기가 사해행위?

Q A씨는 B씨에게 수년 전 2억원을 빌려주었지만 B씨는 그 후 무자력 상태가 되어 그 빚을 갚을 능력이 없었다. 그런데 최근 B씨의 부친 C씨가 사망하면서 유산으로 7억원을 남겼다. 사망한 C씨에게는 아내 D씨와 아들인 B씨, 딸인 E씨가 있다. 그런데 B씨는 자신이 유산을 물려받을 경우 A씨로부터 가압류를 당할 것으로 우려하여, D씨, E씨와 함께 상속재산을 D씨와 E씨가 나눠 갖기로 상속재산 분할협의를 하고, 얼마 후 B씨 본인은 상속을 포기하였다. 이 경우 A씨가 B씨의 상속포기를 사해행위로 보아 자신의 채권 2억원 한도에서 상속포기를 취소하고 다른 상속인들에게 가액배상을 청구할 수 있을까?

사해행위는 돈을 빌린 채무자가 돈을 빌려 준 채권자를 해치는 것을 알면서도 한 행위를 말한다. 즉 자신의 재산을 빼돌려 채권자에게

는 사실을 중대한 과실 없이 상속포기 기간 내에 알지 못하고 단순승인을 한 경우에는 그 사실을 안 날부터 3월 내에 한정승인을 할 수 있다"라는 규정을 신설하였다(민법 제1019조 3항). 종전의 판례는 자식이 법을 몰라 손자에게 너무 가혹한 결과를 초래하게 한다는 비판이 있었는데, 위 서울고법 판례는 신설 규정의 취지에 부응한 매우 합리적인 법해석이 아닐 수 없다. 따라서 아직 대법원판례가 나오지는 아니하였지만 대법원도 같은 견해일 가능성이 크다고 생각된다.

채무를 변제해주지 않으려는 행위라고 할 수 있다. 이러한 사해행위는 사해행위취소를 통해 제3자에게 넘어간 재산을 도로 찾아올 수 있게 된다. 사해행위취소권은 그러한 사해행위 및 사해의사를 안 날부터 1년 내에, 사해행위를 한 날부터 5년 내에 소송을 제기할 수 있다.

그런데 이러한 사해행위 취소문제가 상속문제와 얽히는 경우가 종종 있는데, 대법원은 상속포기가 사해행위취소의 대상이 아니라고 보고 있다(대법원 2011. 6. 9. 선고 2011다29307 판결). 위 대법원 재판부의 판결을 보면, 상속포기는 비록 포기자의 재산에 영향을 미치는 바가 있지만, 상속인으로서의 지위 자체를 소멸하게 하는 행위로서 순전한 재산법적 행위와 같이 볼 것이 아니라고 본다. 오히려 상속포기는 1차적으로 피상속인 또는 후순위상속인을 포함해 다른 상속인 등과의 인격적 관계를 전체적으로 판단해 행해지는 인적결단으로서의 성질을 갖는다. 즉 상속은 피상속인이 사망 당시에 가지던 모든 재산적 권리 및 의무, 부담을 포함하는 총체 재산이 한꺼번에 포괄적으로 승계되는 것으로서 다수의 관련자가 이해관계를 가지는 것이다. 그리고 사해행위 취소는 채권자 자신과 수익자 또는 전득자 사이에서만 상대적으로만 효력이 있는 것이다. 그런데 이런 상대적 효과를 상속포기에 적용시킨다면 상속을 둘러싼 법률관계는 그 법적 처리의 출발점이 되는 상속인 확정의 단계에서부터 복잡하게 얽히게 된다. 한편 상속인의 채권자의 입장에서는 상속의 포기가 그의 기대를 저버리는 측면이 있다고 하더라도 채무자인 상속인의 재산을 현재의 상태보다 악화시키지는 않는다.

사례로 돌아가 살피건대, 상속의 포기는 민법 제406조 제1항에서 정하는 "재산권에 관한 법률행위"에 해당하지 아니하여 사해행위취소의 대상이 되지 못한다. 따라서 A씨는 사해행위 취소소송을 제기하여도 패소하게 된다.

상속재산 무상양도와 비교

하지만 상속재산 분할협의를 통해 이미 자신 앞으로 상속받은 자가 그 뒤 채무초과 상태에서 자신의 상속재산을 다른 공동상속인에게 무상으로 양도하였다면 이는 사해행위가 되어 취소대상이 될 수 있다(대법원 2001. 4. 24. 선고 2000다41875 판결 참조).

127 | 주택연금(역 모기지론) 상속분쟁

Q A씨는 5년 전에 남편인 B씨 명의의 아파트로 주택연금에 가입하여 매달 139만 원씩 받아왔다. 그런데 최근 B씨가 병으로 갑자기 사망하면서 주택연금 지급이 중단되었다. 그 이유는 아들 C씨가 동의를 해주지 않아서이다. A씨는 C씨의 동의 없이도 주택연금을 계속 받을 수 있을까?

주택을 담보로 고정적인 생활자금을 받을 수 있는 주택연금, 즉 '역모기지론'이 최근 큰 인기를 얻고 있다. 하지만 주택연금에 가입한 배우자가 사망하면 주택연금을 받지 못할 수도 있다. 사례와 같이 B씨 명의로 주택연금 계약을 하였는데 가입자가 사망할 경우 배우자가 그 지위를 이어받을 수는 있으나 공동상속인의 동의가 반드시 필요하다. 왜냐하면 가입자인 B씨의 사망으로 상속이 이뤄진 것인데, 배우자인 A씨와 아들 C씨가 공동상속인이 되기 때문이다.

따라서 A씨가 계속해서 주택연금 받으려면 상속 지분이 있는 자식 C씨의 동의를 받아야만 하는데 자식이 끝까지 동의를 해주지 않으면 가입자의 배우자인 A씨는 주택연금을 계속 지급받을 수 없다. 결국 청산절차에 들어가야 하고 남은 재산가치에 대해 공동상속인 간에 상속지분대로 분배하게 된다.

이런 경우 대책은?

그렇다면 자식들에게 미리 '상속포기각서'를 받는다면, 그 각서는 법적으로 유효한가? 상속은 사전에 포기할 수 없다. 따라서 살아생전에 자식에게 재산 포기각서를 받는다고 해도 나중에 자식이 변심해서 상속을 주장하면 방법이 없다. 그럼 다른 대안은 없는가? 이런 분쟁을 막기 위해 우리나라도 미국에서 성행하는 '부동산신탁 방식'을 활용할 수 있다.

부동산신탁 제도란 소유권을 제3자나 신탁회사에 맡겨 관리하는 제도인데, 이 경우에는 소유권이 수탁자 앞으로 이전되기 때문에 신탁자가 사망해도 상속이 문제되지 않는다. 따라서 신탁자는 자신이 원하는 방향대로 재산이 처분되게 할 수 있다.

현재 우리나라에도 신탁법 제59조의 '유언대용신탁'와 동법 제60조의 '수익자연속신탁' 제도가 있다.[38] 즉 신탁자의 사망과 동시에 수익자가 지정되도록 할 수 있고, 그 수익자가 다시 사망할 경우 연속해서 수익자를 지정할 수도 있다. 이 사례와 같은 경우에도 만약 B씨가 자신의 부동산을 신탁하여 수익자를 아내인 A씨로 지정하였다면 A씨가 계속 주택연금을 받을 수 있었을 것이다.

38 하지만 유언대용신탁과 수익자연속신탁은 유류분침해, 상속세부과 문제 등과 관련하여 법해석상 혼란이 예상되어 아직은 입법적 보완이 필요한 제도이다. 참고로 2014. 1. 1. 지방세법 개정으로 신탁재산의 경우 재산세를 납부해야 할 주체가 위탁자가 아닌 수탁자인 신탁회사로 변경된 바 있다(지방세법 제107조 1항 3호).

128 | 유류분 계산방법

Q 甲에게는 상속인으로서 자식 A씨(남,30세), B씨(남, 28세), C씨(여, 25세)가 있는데, 甲은 생전에 자기 재산 3억원 중에서 A씨에게는 사업자금으로 1억 5천만원을 주었고, 사실혼의 관계에 있던 乙(여, 45세)에게 9천만원을 주었다. 甲은 B씨와 C씨에는 아무런 재산도 주지 아니한 채 2년 뒤 55세의 젊은 나이로 사망하였다. 사망 당시 남은 재산은 6천만원이 전부였다. B씨와 C씨는 A씨 또는 乙을 상대로 유류분반환을 청구할 수 있나?

피상속인(사망자)은 원칙적으로 사망 전에 아무런 제한 없이 자신의 재산을 자유롭게 증여나 유증을 통해 제3자나 공동상속인들 중 1인에게 처분할 수 있다. 하지만 이런 경우 증여나 유증을 받지 못한 상속인의 최소한의 생계보장 및 공평한 상속 분배를 위해서 인정하고 있는 제도가 '유류분'이다. 이처럼 유류분이란 상속인이 법정상속분 중에 일정 비율을 법률상 반드시 취득할 수 있도록 보장하는 제도이다.

유류분의 권리를 가지는 자는 피상속인의 직계비속, 배우자, 직계존속, 형제자매로서 법률의 상속순위에 따라 상속권을 갖는 자이다(민법 제1112조). 피상속인에게 자녀가 있는 경우에는 제2순위인 피상속인의 부모 또는 형제자매는 상속권을 갖지 못하므로 유류분권도 인정되지 않는다. 상속포기자와 상속결격자는 상속권을 상실하였으므로 유류분권도 없다. 유류분의 비율은 피상속인의 직계비속과 배우자는 법정상속분의 2분의 1이고, 피상속인의 직계존속과 형제자매는 법정상속분의 3분의 1이다.

증여재산은 원칙적으로 **상속인 이외의 자에 대해 했을 경우에는 상속개시 1년 이내에 이루어진 것만 포함된다.** 다만, 예외적으로 증여계약의 쌍방이 유류분 권리자에게 손해를 가할 것을 알고 한 증여는 1년 이전의 것도 포함된다(민법 제1114조). 여기서 "손해를 가할 것을 알고"의 의미는 객관적으로 손해를 가할 가능성이 있다는 사실을 알고 있었으면 되고, 가해의 의도까지는 필요하지 않다.[39]

위 사례에서는 甲은 사망 당시 비교적 젊은 나이여서 계속하여 경제활동을 할 수 있을 가능성이 크므로 객관적으로 사실혼녀인 乙에게 한 증여는 상속인들에세 손해를 가힐 가능성이 있디는 사실을 알고 있었다고 보기 어려울 것이다. 한편, **공동상속인 A씨에게 한 증여는 특별수익분이므로 1년 전에 한 증여라도 유류분 산정재산에 포함된다**(민법 제1008조, 제1118조).

반환범위로는 상속인의 유류분을 구체적으로 산정하여 상속인이 받을 상속재산의 가액이 유류분액에 미달하게 되면 유류분의 침해에 해당하고, 법원은 유류분을 침해하는 한도에서 상속인에게 유류분 반환에 대한 판결을 하게 된다.[40]

유류분반환청구권은 유류분 권리자가 상속의 개시와 반환하여야 할 증여 또는 유증을 한 사실을 안 때부터 1년 내에 하지 않으면 시효에 의하여 소멸하며, 상속이 개시한 때부터 10년을 경과하여도 소멸한다.

사례로 돌아가 살피건대, 이 경우 유류분산정의 기초재산은 2억 1,000만원(= 6,000만원(사망 시 잔존재산) + 1억 5천만원)이다. 왜냐하면 乙이 받은 9천만원은 1년 전의 증여이고, 상속인들에게 손해를 가할 것을 알고 한 것이라고 단정하기 어려우므로 제외되기 때문이다. 그러면 A씨, B씨, C씨 각자의 원래 상속분은 각 7천만원(= 2억 1,000만원 × 1/3)인데 A씨는 이미 특별수익분 1억 5천만원을 받았으므로 자신의

39 김주수 · 김상용, 친족상속법(법문사).

40 우리 민법에서는 유류분의 반환 방법에 관해 별도의 규정을 두지 않고 있으나 승여 또는 유증대상 새산 그 자체를 빈환하는 것이 통상적인 반환방법이라고 할 수 있다. 따라서 유류분 권리자가 원물반환의 방법에 의하여 유류분 반환을 청구하고, 그와 같은 원물반환이 가능하다면 달리 특별한 사정이 없는 이상 법원은 유류분 권리자가 청구하는 방법에 따라 원물반환을 명한다.

상속지분을 이미 초과해 더 이상 배분받을 돈이 전혀 없다. 따라서 B씨, C씨는 각각 남은 재산 6천만원의 절반인 3천만원을 상속지분으로 배분받게 된다. 그런데 그들의 유류분은 기초재산을 기준으로 본 원래의 상속지분 7,000의 1/2인 3,500만원이 된다. 하지만 B씨와 C씨가 각 실제로 분배받은 금액이 3천만원에 불과하므로 각 500만원의 유류분반환청구권을 A씨에게 행사할 수 있다. 결국 A씨는 남은 재산 6천만원을 분배받기는커녕 오히려 B씨와 C씨에게 각 500만원을 반환해 줘야 한다.

129 | 상속포기가 애매한 경우 할 수 있는 한정승인 제도

Q A씨는 2개월 전 교통사고로 남편 B씨와 사별하였다. 그리움 속에 하루하루를 보내던 어느 날 뜻밖의 손님이 찾아왔다. 그는 바로 남편의 거래처 K사장이었는데, K씨는 생전에 B씨에게 빌려준 5천만원짜리 차용증을 A씨에게 보여주며 그 빚을 갚으라고 했다. 참고로 B씨가 남겨놓은 유산은 7천만원이 전부인데 앞으로 A씨는 또 다른 채권자가 나타날까봐 겁이 난다. 그렇다고 상속포기하기에는 성급한 것 같은데 이 경우 A씨는 어떻게 해야 하나?

상속받을 땐 몰랐지만 상속 후에 물려받은 빚이 있다는 걸 알았다면 어떻게 해야 할까? ① 먼저 그 빚이 진짜인지부터 따져봐야 한다. 따라서 차용증에 적힌 날짜에 남편의 금융내역을 확인해보는 것이 좋다. ② 다음으로 차용증의 필적 감정이나 인영 감정을 통해 문서의 진위여부를 따져야 한다. 이러한 필적이나 인영 감정은 전문 감정인에게 의뢰하여 감정받게 된다. 통상적으로 본인이 차용증을 직접 썼거나 아니면 적어도 자필로 사인을 했거나 인감도장이 찍혔고 인감증명이 첨부된 경우 진짜 차용증으로 본다. 요즘은 문자 메시지나 SNS, 이메일 녹취록도 차용증과 비슷한 효과를 갖는다. 반면 실무상으로 증인의 증언은 증명력이 약하다. 따라서 목격자가 돈을 빌리는 걸 봤다는 증언은 사실 법정에서는 큰 효력이 없다. 왜냐하면 가짜 증인이 너무 많기 때문이다. ③ 마지막으로 피상속인이 채무가 어느 정도 있는데 그것이 유산보다는 적지만 앞으로 더 많은 채무가 발견될 가능성이 있다면 상속 개시 3개월 이내 법원에 '한정승인'을 신청하면 된다.

한정승인은 상속인이 상속으로 인해 취득한 재산의 한도에서 피상속인의 채무와 유증을 변제하는 것을 조건으로 상속을 승인하는 것이다(민법 제1028조). 상속인이 한정승인을 하려면, 3월 내에 상속재산의 목록을 첨부하여 가정법원에 한정승인의 신고를 해야 한다(민법 제1030조). 만약 상속인이 중대한 과실 없이 상속채무의 초과사실을 알지 못하고 기간 내에 단순승인을 한 경우에는 그 사실을 안 날부터 3월 내에 한정승인을 할 수 있는데(민법 제1019조 3항), 이 때에는 상속재산의 목록 이외에 이미 처분한 상속재산의 목록과 가액을 함께 제출해야 한다(민법 제1030조 2항).

한정승인자는 한정승인을 한 날부터 5일 내에 일반상속채권자와 유증받은 자에 대하여 한정승인의 사실과 일정한 기간 내에 그 채권 또는 수증을 신고할 것을 공고하여야 한다. 그 공고기간은 2월 이상이어야 한다(민법 제1032조 1항). 한정승인자는 위 기간만료 전에는 상속채권의 변제를 거절할 수 있다(민법 제1033조).

최고기간이 종료되면 경매의 배당과 비슷하게 변제하게 된다. 즉 유치권, 질권, 저당권자와 같은 우선권자에게 먼저 변제하고, 그 뒤 일반채권의 경우 동순위로 채권액에 비례하여 변제하면 된다(민법 제1034조 1항). 이러한 채권자들에 대한 번제가 완료되고도 남은 금액이 있으면 유증받은 자에게 변제하면 된다(민법 제1036조).

보전 · 집행 편

130 | 가압류와 해방공탁

Q A씨(채권자)는 B씨(채무자)가 C씨(제3채무자)에게 갖고 있는 1억원 채권(피압류채권)을 가압류하였다. A씨가 B씨를 상대로 주장하는 집행채권액은 5천만원이었다. 그 결과 C씨는 B씨에게 1억원을 변제기일이 되었는데도 한 푼도 변제하지 않고 있다. B씨는 A씨에게 5천만원 채무를 다 인정하지 않아 다투고 싶은데 당장 C씨로부터 1억원을 회수하지 못하여 경영상 어려움을 겪고 있다. B씨가 나중에 A씨와 소송에서 다투더라도 당장 급한 대로 A씨의 채권가압류에서 벗어나려면 어떻게 해야 하나?

가압류란 민사집행법에 따른 금전과 관련된 채권을 가진 채권자가 채권보전을 위해 미리 채무자의 재산을 동결시키는 것을 말한다. 즉 채무자로부터 그 재산에 대한 처분권을 잠정적으로 가져오는 집행보전제도의 하나이다. 그런데 위 사안과 같이 채권을 압류당할 경우, 그 압류의 효력은 피압류채권(B씨의 1억원 채권)이 집행채권(A씨의 5천만원 채권)보다 많은 경우라도 특별히 범위를 한정해 신청하지 아니하였으면 **피압류채권 전부**에 대하여 효력이 미친다(대법원 1991. 10. 11. 선고 91다12233 판결). 이는 민사집행법 제232조 제1항 본문 유추해석 상 판례 및 실무에서 다 인정되고 있다. 따라서 C씨는 B씨에게 1억원 전체를 지급하면 안 된다.

이러한 가압류 채무자를 위한 구제방법으로는 **가압류 결정에 대해 이의나 제소명령**을 신청할 수 있다. ① 가압류 결정에 대한 이의는 사실상 본안 재판의 예비 전으로 볼 수 있고, ② 제소명령을 신청한 경우에는 채권자가 일정 기간 안에 본안소송을 제기하지 않을 경우 이를 근거로 채무자가 바로 법원에 가압류 취소를 신청할 수 있다. ③ 한편 채무자는 가압류 이유가 소멸했거나 채무변제 등 사정변경이 있는 경우 또는 가압류 시효가 완성된 경우에 **가압류에 대한 취소**를 신청할 수 있다. 하지만 이러한 방법들은 모두 그 절차를 밟는데 일정 기간이 필요하다. 그럼 당장 가압류를 풀 수 있는 방법은 무엇일까? ④ 가장 손쉽고 빠른 해결책은 해방공탁제도를 이용하는 것이다.

해방공탁이라 함은 채권자가 가압류한 채권 금액을 법원에 공탁한 후 가압류에 대한 집행을 취소하는 제도이다. 가압류에 대한 집행을 취소하는 것이므로 가압류 자체는 살아있고 채권자의 가압류는 해방공탁금으로 전이되는 것이다. 그 결과 채권자는 나중에 본안 소송을 제기하여 해방공탁금에 집행하여 채권을 만족 받을 수 있다. 다만 해방공탁금은 가압류의 집행정지나 취소로 인한 채권자의 손해를 담보하는 것이 아니라 가압류의 목적재산을 갈음하는 것이기 때문에 가압류 채권자는 해방공탁금에 대하여 우선변제권이 없다. 왜냐하면 가압류집행의 목적물에 갈음하여 가압류해방금이 공탁된 경우에 그 가압류의 효력은 공탁금 자체가 아니라 공탁자인 채무자의 공탁금회수청구권에 대하여 미치게 되므로 일반 채권집행과 마찬가지로 다른 채권자들과 경합하여야 하기 때문이다. 따라서 채무자의 다른 채권자가 해방공탁금회수청구권에 대하여 별도로 가압류를 하게 되면 가압류채권자의 가압류와 그 집행대상이 중복되어 서로 경합하게 되므로 나중에 안분비례로 채권의 만족을 얻게 된다. 그 결과 가압류해방금의 공탁금 회수청구권에 관하여 가압류명령 등이 송달된 때에는 공탁공무원은 지체 없이 집행법원에 그 사유를 신고하여야 하고, 해방공탁금의 회수청구권에 대하여 압류 및 추심명령을 받은 채권자에게 공탁금을 지급하여서는 아니 된다.

사례로 돌아가 살피건대, B씨의 경우 만약 급하게 가압류를 풀고 싶을 경우에는 일단 A씨를 상내로 5천만원을 해방공탁을 한 뒤 소송에서 다투면 된다. 이 경우 채권 가압류에 대한 집행은 취소되므로 결국 B씨는 C씨로부터 1억원을 변제받을 수 있다.

해방공탁과 집행공탁의 차이점

위에서 살핀 것처럼 가압류채무자가 '해방공탁'을 한 경우 가압류채권자는 그 해방공탁금에 관하여 우선변제권이 없다. 하지만 '집행공탁'의 경우는 사정이 다르다. 집행공탁이라 함은 강제집행을 정지하기 위해서 채무자가 담보로 제공하기 위해 행하는 공탁인데, 통상 집행채무의 원금 및 이자를 더한 금액을 공탁하게 된다. 특히 가집행 선고41가 난 경우 채권자는 채무자가 항소를 하더라도 일단 채무자의 부동산을 압류하여 경매에 넘길 수 있다. 그 결과 채무자의 입장에서 항소심이 길어질 경우 설사 나중에 항소심에서 재판이 뒤집어지더라도 자신의 부동산이 이미 경매 낙찰자의 소유로 된 이후라 사실상 경제적 손실을 입을 수밖에 없다. 비단 부동산뿐만 아니라 금전에 대한 집행의 경우도 마찬가지이다. 가령 가집행채권자가 자력이 충분하지 않을 경우 가집행채무자가 나중에 항소심에서 이겨 부당이득반환을 청구하더라도 그 시점에 가집행채권자가 무자력이 되면 역시 가집행채무자는 권리구제가 어렵게 된다. 즉 이러한 상황 속에서 가집행채무자는 일단의 강제집행을 정지하고자 집행공탁을 하게 되는 것이다. 그런데 이러한 집행공탁의 경우는 강제집행정지로 인하여 채권자에게 생길 손해를 담보하기 위한 것이고 정지의 대상인 기본채권 자체를 담보하는 것은 아니므로, 채권자는 그 손해배상청구권에 한하여서만 질권자와 동일한 권리가 있을 뿐 기본채권에까지 담보적 효력이 미치는 것은 아니다(대법원 2000. 1. 14. 선고 98다24914 판결). 즉 집행공탁의 경우는 집행정지로 인한 손해배상청구권에 대해서는 우선변제권이 인정되나 기본채권에 대해서는 여전히 우선변제권이 없으므로 실무상 가집행채권자는 채무자의 공탁금회수청구권을 다시 압류하여 배당절차에 대비하여야 한다.

---

41 가집행선고 있는 판결은 선고에 의하여 즉시 집행력이 발생한다(민사집행법 제56조). 가집행의 방법으로는 가압류·가처분과 같은 집행보전에 그치는 것이 아니라, 종국적 권리의 만족에까지 이를 수 있는 점에서 확정판결에 기한 본집행과 다름이 없다. 다만 확정판결에 의한 본집행과 달리 가집행은 확정적인 것이 아니며, 상급심에서 가집행선고 또는 그 본안판결이 취소되지 않을 것을 해제조건으로 집행의 효력이 발생한다. 또한 가집행 선고부 판결로는 재산명시나 재산조회

채권압류와 집행실무

앞서 설명한 바와 같이, 채권에 대한 압류나 가압류의 효력은 피압류채권이 집행채권보다 많은 경우라도 특별히 범위를 한정해 신청하지 아니하였으면 피압류채권 전부에 대하여 효력이 미친다. 그런데 실무상 예외적인 경우가 있다.

① 카드채권을 압류하는 경우

이 경우 실무상 이러한 원칙이 지켜지지 않는 경우가 많다. 그 이유는 카드가맹점의 카드대금 채권은 매달 계속하여 누적되기 때문에 카드회사는 가맹점주의 이익을 위해 (카드회사 본인의 위험부담으로) 집행채권액 만큼만 남겨놓고 이를 초과하는 카드채권 금액은 가맹점주에게 지급하고 있는 실정이다.

② 예금채권을 압류하는 경우

이 경우에는 카드채권과는 달리 원칙적으로 은행은 압류된 통장의 예금잔고가 집행채권보다 많더라도 한 푼도 인출해주지 않는다. 하지만 여기에도 예외가 있는데 예금주가 VIP 고객일 경우에는 은행이 고객과의 거래관계를 고려하여 집행채권만 남겨놓고 나머지는 인출해주는 경향이 있다. 또한 그 고객이 은행으로부터 담보채무를 지고 있을 때는 아예 은행의 담보채권과 고객의 예금채권을 사전에 상계처리해 버리는 것이다. 통상 고객의 예금채권이 담보채무보다 소액일 가능성이 많으므로 이러한 은행의 상계처리로 인해 사실상 예금채권은 유명무실해져 집행채권자는 채권에 대한 압류집행이 거의 어렵게 된다.

131 | 가처분의 종류와 관급공사 입찰 관련 가처분신청

Q A사는 최근에 청주시에서 발주하는 130억짜리 하수도공사에 대해 입찰을 들어갔다. 그런데 A사의 경쟁업체 B사에서는 분명히 입찰서류에도 문제가 있고 더욱이 입찰설명회에서도 정해진 인원

를 신청할 수 없다(민사집행법 제61조 단서).

> 보다 한 명 더 많은 사람이 들어갔다. 그럼에도 B사가 최고점을 받아 낙찰이 되어 1주일 뒤 발주처와 계약을 하려 한다. 이런 긴급한 상황에서 A사가 공사를 빼앗기지 않을 방법은 없을까?

이 경우처럼 당장 급한 불을 끄기 위해 사용되는 제도가 바로 '가처분신청' 제도이다. 가처분이란 금전채권 이외의 특정 지급을 목적으로 하는 청구권을 보전하기 위하거나 쟁의 있는 권리관계에 관해 임시의 지위를 정함을 목적으로 하는 재판이다. 가처분에는 '다툼의 대상에 관한 가처분'과 '임시의 지위를 정하는 가처분'이 있다.

① 먼저 '**다툼의 대상에 관한 가처분**'은 채권자가 금전 이외의 물건이나 권리를 대상으로 하는 청구권을 가지고 있을 때 그 강제집행 시까지 다툼의 대상이 처분, 멸실되는 등 법률적, 사실적 변경이 생기는 것을 방지하고자 다툼의 대상의 현상을 동결시키는 보전처분이다. 따라서 금전채권의 집행보전을 위해서가 아니라 특정의 지급을 목적으로 하는 청구권(예컨대 부동산소유권 이전청구)에 대한 강제집행의 보존을 위해 그 효능이 있는 것으로서 금전채권의 보전을 위한 가압류와 구별된다. 가처분 후 본안에 관한 확정판결이 있게 되면 그대로 본 집행으로 이전되지 않고 가처분된 상태에서 따로 청구권 실현을 위한 강제집행을 해야 한다.

② 다음으로 '**임시의 지위를 정하는 가처분**'은 당사자 사이에 현재 다툼이 있는 권리나 법률관계가 존재하고 그에 대한 확정판결이 있기까지 현상의 진행을 그대로 내버려둔다면 권리자에게 큰 손해를 입게 하는 등 소송의 목적을 달성하기 어려운 경우에 잠정적으로 하는 보전처분이다.

실무상 '부동산처분금지가처분'에는 채권자취소, 점유취득시효, 명의신탁해지, 유류분반환청구 소송 등이 주로 활용되고 있다. 특히 부동산 명도소송에서 나중에 승소판결을 받더라도 집행 전에 점유가 이전되면 새로운 점유자를 상대로 다시 명도소송을 해야 하므로 명도소송 전에는 '점유이전금지가처분' 결정을 반드시 받아놔야 한다.

한편 '직무집행정가처분'에는 '임기만료가 임박한 이사에 대한 직무집행정지가처분', '조합장해임청구권을 피보전권리로 하는 직무집행정지가처분' 등이 많이 활용되고 있다. 또한 건설공사중지 관련해 '지하굴착으로 인한 위험성에 근거한 공사중지가처분', 일조권침해를 이유로 하는 '건축공사중지가처분'이 있으며 상가 내 경업금지약정 위반을 이유로 하는 '경업금지가처분'도 많이 활용되고 있다. 회사법 관련해 흔히 사용되고 있는 가처분으로는 '의결권행사금지', '신주발행금지', '주주총회결의효력정지', '주주총회개최금지', '주식명의개서금지', '주식처분금지' 등이 있다. 최근에는 헤어진 부부나 애인 사이 혹은 악의적 스토커에 대한 인격권침해를 이유로 하는 '접근금지가처분', '업무방해금지가처분'의 활용도 증가되고 있는 추세이기도 하다. 이 경우에는 위반 시 매회 금전지급을 명하는 간접강제도 함께 신청해야 효과를 거둘 수 있다.

사례로 돌아가 살피건대, 지방자치단체에서 발주한 입찰관련 소송에서 A사와 같이 적격심사대상에서 탈락될 위기에 놓일 경우에는 일단 발주처가 B사와 계약을 체결하기 전에 재빨리 '적격심사대상자 지위확인 및 낙찰자와의 계약금지 가처분' 소송을 제기해야만 한다.[42] 통상 이런 지방자치단체에서 발주한 공사 관련하여 가처분 소송에서 이길 경우에는 (본안 소송까지 안 가고) 그 공사를 딸 수 있다.

---

42 국가나 지방자치단체에서 발주하는 관급공사 입찰의 경우 '나라장터시스템'을 통해 입찰을 하게 되는데, 이 경우 발주처는 '입찰시 낙찰자 결정기준' 및 그 세부항목을 공표한다. 그런데 위 기준에 적합한지 여부를 놓고 통상 낙찰자와 차점자 사이에 낙찰자 지위확인 가처분 관련 소송이 발생하게 된다. 필자도 이러한 소송을 여러 번 했었는데 특히 소수점 계산 방식 때문에 심하게 다투었던 사건(대법원 2012. 5. 16.자 2012마144 결정)이 인상 깊었다. 결국 그 사건에서 필자의 주장이 받아들여져 정부에서 그 후 나라장터시스템의 소수점 계산 방식 프로그램을 변경하였다.

132 | 가압류(가처분) 취소사유

Q A씨는 12년 전 B씨에게 1억원 빌렸는데 갚지 못하였고, 2년 뒤 B씨는 A씨의 시골땅에 가압류 등기를 설정하였다. 그런데 그 후 10년이 흘렀는데도 B씨는 본안 소송을 제기하지 않고 그대로 놔두었다. 이러한 경우 A씨가 B씨를 상대로 어떻게 대응하는 것이 가장 효과적일까?

가압류(가처분) 등기에 대한 취소 사유로는 크게 △제소명령에 의한 제소기간 경과로 인한 취소, △담보제공으로 인한 취소, △사정변경에 따른 취소가 있다.

여기서 사정변경에는 '피보전권리의 소멸·변경'과 '보전집행 후 3년간 본안의 소를 제기하지 아니한 때'를 의미한다. '피보전권리의 소멸·변경'이라 함은 예컨대 채무자가 변제하였거나 채권자가 본안 소송에서 패소한 경우가 대표적인 예이다.

본안소송에서 채권자의 패소는 확정되어야만 하는가? 과거에는 확정되어야만 가압류(가처분)를 취소해주었지만 요즘은 꼭 그렇지 않다. 즉 대법원은 원고의 청구권이 부정되고 그 판결이 판결이유, 증거 등에 비추어 상소심에서 취소나 파기될 염려가 없다고 인정되면 사정변경이 있는 것으로 해석한다(대판 1977. 5. 10. 선고 77다 471). 실무적으로 1심에서 승소한 채무자가 가압류(가처분)취소 신청을 하면 대부분 받아들여진다. 이 경우 가압류(가처분)취소 소송의 심리종결 시를 기준으로 하여 그 때까지 제출된 당사자의 주장과 증거방법을 기초로 취소 여부를 판단하게 된다.

그럼 3년간 본안의 소를 제기하지 아니한 때는 어떤 의미일까? 이 기간은 과거 10년에서 5년을 거쳐 현재 3년으로 단축되었는데, 채권자가 보전집행 후 3년간 본안의 소를 제기하지 아니하면 채무자는 가압류(가처분)취소를 신청할 수 있다.

만약 3년이 지난 후 채권자가 본안의 소를 제기할 경우에는 채무자는 가압류(가처분) 취소를 신청할 수 없는가? 그렇지 않다. 즉 이 경우에도 가압류(가처분) 취소를 배제하는 효력이 생기지 않기 때문에 가압류(가처분)취소를 신청할 수 있다.

그럼 본안의 소를 제기하였는지에 대하여는 누구에게 주장과 입증책임이 있나? 채무자에게 주장책임이 있고, 채권자에게 입증책임이 있다. 따라서 채무자는 가압류(가처분) 후 3년 이내 본안의 소를 제기하지 않았다는 주장만 하면 되고, 채권자가 본안의 소를 제기하였음을 입증해야 한다.

가압류(가처분) 후 3년간 본안의 소를 제기하지 않으면 당연히 그 가압류(가처분)의 효력이 상실되는가? 그렇지 않다. 이 경우에도 채무자가 취소신청을 해서 가압류(가처분)를 말소해야만 효력이 있을 뿐이다. 그렇기 때문에 만약 채권자가 그 기간을 도과하였다고 해도 가압류(가처분)가 말소되지 아니한 상태에서 본압류로 이행되어 강제집행이 이뤄지면 그 뒤에는 채무자는 가압류(가처분)의 취소를 구할 이익이 없게 되므로 각하 사유가 된다.

사례로 돌아가 살피건대, A씨는 제소명령을 신청하여 본안에서 다툴 수도 있지만, 그것보다는 일단 3년간 본안의 소를 제기하지 아니한 것을 이유로 가압류취소 신청을 하는 것이 유리하다. 한편 가압류는 소멸시효 중단의 효과가 있으므로 12년이 흘렀다고 해서 B씨의 채권 자체가 시효로 소멸된 것은 아니다.

133 | 경매와 공매의 유형 및 경합

Q A씨는 거래처 B씨에게 2억원을 빌려주고 B씨의 아파트에 근저당권을 설정하였다. 그런데 B씨가 변제기에 돈을 갚지 않아 그 아파트를 임의경매 신청하였는데 그 아파트는 이미 국세청에서 압류하여 공매가 진행되고 있다. 이 경우 경매와 공매가 경합되었는데 어느 것이 우선하게 되나?

경매란 매도인이 다수의 매수희망인 중 가장 높은 가격으로 청약을 한 사람과 매도계약을 체결하는 매매의 한 형태를 말한다. 경매는 경매목적물에 따라 부동산경매와 동산경매로 나눌 수 있으며, 경매집행주체에 따라 공경매와 사경매로 나뉜다. 또한 집행권원의 필요여부에 따라 임의경매와 강제경매로 나눌 수 있다. 한편, 채권자가 자신의 권리를 충족하기 위해 행하는 실질적 경매와 공유물분할청구와 같은 형식적 경매로도 나뉜다.

가장 일반적인 경매의 형태는 채무자가 빚을 갚을 수 없는 경우에 채권자가 이를 원인으로 법원에 경매를 신청하면 법원이 입찰을 통해 채무자의 물건을 매각한 후 그 매각대금으로 채권자의 채권을 충당하는 **법원경매**이다. 이 경우에도 집행권원에 의해 행하는 강제경매와 저당권 등 담보권행사로 진행되는 임의경매가 있다.

즉 임의경매는 채권자가 채무자에게 담보로 제공받은 부동산에 설정한 저당권·근저당권·유치권·질권·전세권·담보가등기 등의 담보권을 실행하는 경매이므로 집행권원이 필요 없는 반면, 강제경매는 실행할 담보가 없는 경우로서 법원의 집행권원을 부여받아야만 경매를 실시할 수 있다. 집행력 있는 판결, 지급명령정본, 화해조서정본, 집행력 있는 공정증서 등이 집행권원의 대표적인 예이다.

경매의 대상, 즉 경매의 목적물이 무엇인지에 따라 경매는 부동산

경매와 동산경매로 나눌 수 있는데 부동산경매는 토지·주택·상가건물·임야·농지·공장 등 토지 및 그 정착물을 대상으로 하는 반면, 동산경매는 가구·가전·콘도 회원권 등 유체동산, 채권 및 그 밖의 재산권을 대상으로 실시한다.

한편 경매는 경매를 집행하는 주체가 누구인지에 따라 사경매와 공경매로 나눌 수 있다. 사경매는 개인이 주체가 되어 경매를 실시하는 반면, 공경매는 국가기관이 주체가 되어 경매를 실시한다. 공경매에는 법원이 집행주체가 되는 **법원경매**와 한국자산관리공사(KAMCO) 등의 공기관이 집행주체가 되는 **공매**가 있다. 세분해 보면, 공매의 경우도 조세채무를 확보하기 위해 국세징수법에 의거하여 하는 경우와, 국유재산법에 의거 국유재산을 처분하는 경우로 크게 나뉜다. 흔히 신탁회사에서 행하는 매매를 '공매'라고 부르는데 이는 사실상 공경매가 아닌 사경매의 일종으로 '공개매각'의 약자에 불과하다.

임의경매와 강제경매의 효과면에서 가장 두드러진 차이점은, 임의경매에서는 경매절차가 완료되어 매수인이 소유권을 취득했더라도 경매개시결정 전부터 저당권 등의 담보권이 부존재하거나 무효였다면 매수인의 소유권 취득이 무효가 되지만, 강제경매에서는 집행권원에 표시된 권리가 처음부터 부존재하거나 무효였더라도 매수인의 소유권 취득은 유효한 점이다.

그럼 사례로 돌아가 **경매와 공매가 경합하는 경우 최종적으로 누구에게 소유권이 넘어가게 되나**? 먼저 매각대금을 납부한 사람이 소유권을 취득하게 된다. 예컨대 경매낙찰자가 먼저 매각대금을 납부하게 되면 공매는 자동적으로 정지되며 경매절차에 의하여 배당이 진행된다.

경매와 공매의 차이점[43]

내용		공매		경매
		유입·수탁재산	압류재산	
의의		부동산 등을 처분할 때 모든 조건을 공개하고 일반경쟁 입찰을 통하여 최고가 입찰자를 결정하는 제도		법원에서 입찰 경쟁을 통하여 최고가 입찰자를 결정하는 제도
공통점	낙찰자 결정	최고가 입찰자		최고가 입찰자
공통점	입찰방법	공개경쟁 입찰		공개경쟁 입찰
공통점	농지취득자격증명	필요(소유권 이전시)		필요(매각허가결정 전)
차이점	입찰보증금	매수희망가: 10%		최저매매가: 10%
차이점	매각예정가격 체감	2회 차감부터 최초매각예정가격의 10%씩 체감하여 50%까지 진행		전 최저 매각금액의 20~30%씩 체감(가격체감원칙 없음)
차이점	대금납부방법	일시불 or 분할납부	① 일시불 ② 1,000만원 미만 ▶ 7일 이내 ③ 1,000만원 이상 ▶ 60일 이내	일시불
차이점	명도책임	매도자	매수자	매수자
차이점	부동산 인도명령	불가		가능
차이점	배동요구의 종기	배분계산서 작성시까지 가능		첫 매각기일 이전
차이점	우선매수청구권	불가		가능
차이점	임대차 내용	별도의 자료 없음		집행관의 임대차현황 조사보고서
차이점	대금선납시 이자 감면	있음	불가	불가
차이점	계약내용 변경	가능	불가	불가
차이점	권리분석	불필요	필요	필요
차이점	개시기입등기	압류 후 공매(별도의 개시기입등기 없음)		경매개시결정 후 경매개시 기입등기

43 정규범, 실전에 바로 써먹는 현장경매(이담출판).

	잔대금 불납시 입찰보증금 처리	국고, 지방자치단체 등에 귀속됨	배당금 금액에 포함됨(단, 재경매기일 3일 전까지 대금 납부시 유효)
	수의계약	가능	불가
	명의변경	가능	불가

134 | 경매에 참가할 때 반드시 알아야 할 점

Q A씨는 최근 재테크를 위해 경매학원에 다니고 있다. A씨는 경매법정에 가서 입찰에 직접 참가하여 부동산을 싼값에 사고 싶은데 입찰에 들어갈 때 꼭 유의해야 할 점은 무엇이 있나?

부동산 경매절차는 일반적으로 채권자의 경매 신청 → 법원의 경매개시결정, 매각 준비 및 매각기일 공고 → 입찰자의 정보수집 및 입찰 참여 → 법원의 최고가매수인 선정 및 매수신청보증 반환 → 법원의 매각허가 결정 → 매수인의 매각대금 지급 및 권리 취득 → 채권자에 대한 배당 순으로 진행된다.

입찰 시 입찰자는 사건번호와 부동산의 표시, 입찰자의 이름과 주소, 대리인의 이름과 주소, 입찰가격 등을 적은 입찰표를 작성하여 입찰보증금과 동시에 제출해야 한다. 입찰보증금은 최저매수가격의 10%[44](단, 재경매 등 특별매각조건이 있는 경우에는 20~30%)에 해당하는 금액을 입찰보증금란에 기재하고, 입찰가격은 최저매각가격 이상이면 유효하다. 입찰금액 및 입찰보증금액의 수정은 절대무효이므로 만약 수정하고자 하는 경우에는 새로운 용지에 기입해야 하고, 입찰보증금은 1원

44 경매의 경우는 최저매수가격의 10%만 입찰보증금으로 내면 된다. 반면 공매에 참여할 경우에는 투찰가의 10%를 내야만 한다.

이라도 부족하면 무효이다.

매각기일에 최고가매수신고인이 정해지면 법원은 일주일 후에 매각허가 또는 불허가 여부를 결정한다. 통상 이해관계인의 진술이나 심리 없이 매각여부를 결정하지만 이해관계인의 진술을 듣고 이의 사유가 있는지 여부를 조사한 후에 결정하기도 하는데, 법원은 매각결정기일을 변경할 수도 있다.

매수신고인이나 이해관계인은 법원의 매각허가가 부당하고 신청요건에 해당될 경우 매각허가에 대한 이의신청을 할 수 있다. 매각허가에 대한 이의신청 요건으로는, △이해관계인이 강제집행을 허가할 수 없거나 계속할 수 없을 때, △최고가 입찰자가 부동산을 인수할 능력이나 자력이 없는 때, △부동산을 매수할 자격이 없는 사람이 최고가 입찰자를 내세워 매수신고를 한 때, △최저매각가격의 결정, 일괄매각의 결정, 매각물건명세서의 작성에 중대한 흠이 있는 때, △천재지변, 그 밖에 자기가 책임질 수 없는 사유로 부동산이 현저하게 훼손된 사실, 부동산에 대한 중대한 권리관계가 변동된 사실이 매각절차의 진행 중에 밝혀진 때 등이다(민사집행법 제121조).

법원은 이의신청이 정당하다고 인정되면 매각을 허가하지 않고, 정당하다고 인정되지 않으면 매각허가 결정을 선고한다. 이 경우 이의신청의 배척에 대해서는 불복할 수 없고, 매각허가결정에 대해 1주일 내에 즉시항고를 해야 한다.[45]

입찰에 참가할 경우 특히 주의할 것이 '제시 외 건물'인데 법원기록상 이것이 발견될 경우 등기부등본이나 무허가건물대장 등을 확인하여 그 소유자가 누구인지, 경매목적물에 포함되었는지를 반드시 확인해야 한다. 만약 감정평가가 되지 않은 경우에는 매수자는 그 제시 외 건물의 소유권을 취득하지 못하므로 토지매수인의 경우 그 제시 외

---

45 후술하는 <142. 매각허가결정에 대한 이의절차> 참조.

건물에 대한 법정지상권을 인정해줘야 하는 경우가 있으므로 조심해야 한다.

또한 토지에 가압류나 저당권설정 당시 건물이 존재하고 토지와 건물의 소유자가 동일인인 경우 매각으로 토지와 건물의 소유자가 다르게 된 경우, 건물이 등기, 미등기, 무허가건물이든 불문하고 법정지상권이 성립된다. 그 결과 토지매수자에게 뜻하지 않는 손해가 발생될 가능성이 있으므로 입찰참가 시 전문가와 상의해 권리분석을 하는 편이 좋다.

135 | 경매절차에서 말소기준등기란?

Q A씨는 남편 B씨와 이혼소송을 하면서 B씨 이름으로 되어 있는 10억 상당 아파트에 재산분할청구권을 피보전권리로 하는 처분금지가처분을 해 놓았다. 문제는 그 전에 이미 위 아파트에 이미 H은행의 선순위 근저당(채권최고액 8억원)이 설정되어 있었고, 가처분 뒤에도 여러 채권자들이 가압류를 신청하였다. 그 후 H은행이 근저당권에 기한 임의경매를 신청하였는데 A씨는 그 경매절차에서 어떠한 구제를 받을 수 있나?

이 사건을 통해 우리는 말소기준등기가 무엇이며 그 기준이 되는 등기로 말소되는 영역이 어디까지인가를 살펴볼 필요가 있다. 말소기준등기라 함은 경매물건을 낙찰받을 경우 낙찰자가 낙찰대금 이외에 추가로 인수해야 되는 권리가 있는지 여부를 가리는 기준이 되는 등기를 말한다. 즉 경매로 인해 그 말소기준권리와 그 이후의 모든 권리나 등기가 다 말소되는 데 반해, 말소기준등기 전의 권리는 여전히 남아있게 되어 낙찰자가 그 부담을 인수해야 하는 것이다.

말소기준등기의 대표적 예는 저당권등기, 근저당권등기, 담보가등기, 압류등기, 가압류등기, 경매신청기입등기 중에서 등기부 갑구 및 을구 전체 중 시간적으로 가장 앞선 등기다. 반면 말소기준등기에 해당되지 않는 예로 지상권, 지역권, 전세권(대항력을 갖춘 임차권 포함), 보전가등기, 가처분, 환매등기 등이 있는데 이러한 권리가 말소기준등기보다 앞서 설정될 경우에는 낙찰자가 이를 인수해야 한다. 예를 들어 설명하면, 경매 목적 부동산등기부 상 ① 전세권 ② 근저당 ③ 가압류 ④ 가처분이 순차로 등기되었다고 하자. 이 경우 만약 ③ 가압류권자가 경매를 신청할 경우 말소기준 등기는 ② 근저당이 된다. 그러므로 근저당을 비롯한 그 이후의 모든 권리나 등기는 다 말소되므로 낙찰자는 ① 전세권만 인수하면 된다. 하지만 만약 이 경우에도 전세권자가 경매신청을 할 경우, 혹은 나중에 배당요구를 하게 되면 매각으로 인해 전세권이 소멸하게 된다.

그럼 대항력 있는 부동산임차권이 있는데 후순위 근저당권자가 경매신청을 한 경우에는 어떻게 될까? 만약 부동산임차권보다 선순위 근저당권이 없는 경우에는 후순위 근저당권이 말소기준등기가 되므로 낙찰자는 부동산임차권을 인수해야 한다.46 하지만 대항력 있는 부동산임차권보다 선순위 근저당권이 설정된 경우에는 사정이 달라진다. 만약 선순위 근저당권자는 가만히 있는데 후순위 근저당권자가 임의경매를 신청하였을 경우, 말소기준등기는 선순위 근저당권이 되므로 낙찰자는 임차권을 인수할 필요가 없게 된다. 예컨대 ① 근저당(말소기준) ② 대항력 있는 부동산임차권 ③ 근저당(경매신청) 순서로 되어 있다고 가정하자. 이러한 경우 설사 임의경매를 ③번 근저당권자가 신청하였다

46 이러한 경우가 경매에 참가하는 사람들이 가장 주의해야 하는 것이다. 경매참가시 반드시 말소기준 등기보다 선순위 임차인이 있는지, 유치권행사가 진행중인지를 살펴봐야 한다. 또한 토지 경매 시에는 그 지상에 법정지상권이 있는 건물(무허가건물 포함)이 존재하는지를 검토해야 한다.

고 해도 말소기준등기는 선순위 ①번 근지당권이 되기 때문에 대항력 있는 부동산임차권은 소멸된다. 따라서 임차권자는 낙찰자에게 대항할 수 없다.

다만, 법정지상권, 분묘기지권, 경매개시결정의 등기가 되기 전에 점유를 개시한 유치권은 말소기준권리보다 먼저 설정되었건 나중에 설정되었건 무조건 낙찰자가 인수해야 한다.

사례로 돌아가 살피건대, B씨 명의 아파트가 경매로 넘어가면서 선순위 근저당권 등기가 말소기준등기가 되는 바람에 A씨 명의 가처분등기는 자동으로 말소되며 배당에 참여할 수도 없다. 그 이유는 처분금지가처분권자는 배당요구를 할 수 있는 자가 아니기 때문이다. 경매 시 가압류권자나 담보권자는 당연배당권자이고, 그 외 채권자의 경우는 배당요구권자이다. 하지만 처분금지가처분은 소유권의 이전을 받을 수 있는 권한을 위한 보전처분일 뿐 금전채권과는 무관하기 때문에 배당을 요구할 수도 없다. 따라서 선행하는 말소기준등기가 있을 경우에는 이러한 가처분등기는 아무런 힘을 발휘하지 못한 채 사라져 버리게 된다. 차라리 이 경우 A씨가 재산분할청구권을 피보전권리로 하여 B씨 아파트에 가압류를 설정하였다면 일부라도 배당받을 수 있었을 것이다.[47]

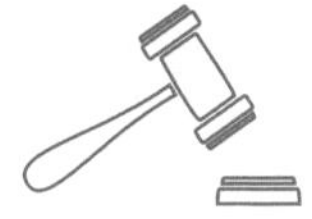

47 이 사건은 실제로 필자가 상담했던 사례인데, 그 전에 이혼전문변호사가 이혼사건을 진행하면서 말소등기에 대한 이해부족으로 위와 같은 실수를 범하는 바람에 손을 쓸 수가 없었던 안타까운 경우였다. 어느 분야이든지 결국 부동산경매를 통해 금전을 회수할 수밖에 없으므로 집행법은 모든 소송의 종착역임을 잊지 말아야 한다.

136 | 입찰 시 '제시 외 물건' 관련 분쟁

Q A씨는 최근 다세대 건물을 낙찰받았다. 그런데 그 건물 옥상에 조그마한 옥탑건물이 하나 있었는데 경매물건명세서에는 독립된 물건으로 평가하여 '제시 외 건물'이라고 기재되었다. 그 결과 그 부분은 감정평가에서도 제외되었는데 나중에 A씨가 낙찰받은 뒤 알아보니 그 옥탑건물은 독립된 건물이 아니라 원 건물에 부합된 것이었다. 이 경우 A씨는 그 옥탑건물에 대하여도 소유권을 취득하게 되는가?

입찰에 참가할 경우 특히 주의할 것이 '제시 외 물건'이다. 제시 외 물건이라 함은 경매신청채권자의 **경매신청 목적물에는 해당물건이 없는데도** 법원의 의뢰를 받은 감정평가기관이 실제로 감정을 한 결과 현장에서 발견된 건물을 말한다.

제시 외 물건이 부합물, 종물이라고 하면 낙찰자는 이에 대한 소유권까지 함께 취득한다. 그 이유는 부합물과 종물은 주물의 처분에 따르게 되어 소유권이 주물의 소유자에게 귀속되기 때문이다(민법 제100조, 제256조). 반면 제시 외 건물이 부합물이나 종물이 아니라 독립된 물건으로 평가될 경우에는 낙찰자는 소유권을 취득하지 못하게 된다. 이러한 경우 종종 경매정보지 등에 '경매외 혹은 입찰외 물건, 매각외 물건'이라고 표시되는 경우가 있다.

하지만 제시 외 물건인지 여부는 경매과정에서 제대로 감정평가가 되었는지 여부와 무관하게 결정된다. 가령 감정평가가 제대로 되지 않았더라도 부합이 인정될 경우에는 낙찰자가 소유권을 취득하게 되며, 경매목적물의 시가와 감정평가액의 차액을 부당이득으로 볼 수 없다(대법원 1997. 4. 8. 선고 96다52915 판결). 심지어는 부합되는 건물이 기존건물의 면적에 비하여 2배 이상이고 그 평당 가격도 훨씬 높다고 하더라도 그 구조상이나 용도, 기능의 점에서 기존건물에 부합하여 그 일부를 이루고 거래상의 독립성이 인정되지 아니하는 이상 독립된 건물이라고는 할 수 없다(대법원 1981. 12. 8. 선고 80다2821 판결).

그럼 어느 경우에 부합으로 인정될 수 있을까? 대법원은 △객관적인 요소로, 기존건물과 독립한 경제적 효용을 가지고 거래상 별개의 소유권의 객체가 될 수 있는지 여부 △기능적인 요소로, 어느 건물이 주된 건물의 종물이기 위해서는 주된 건물의 경제적 효용을 보조하기 위하여 계속적으로 이바지되어야 하는 관계가 있어야 하고, △주관적인 요소로, 증축하여 이를 소유하는 자의 의사 등을 종합하여 판단해야 한다고 보고 있다.

판례를 살펴보면, 지하 1층, 지상 7층의 주상복합건물을 신축하면서 불법으로 위 건물 중 주택 부분인 7층의 복층으로 같은 면적의 상층을 건축하였고, 그 상층은 독립된 외부 통로가 없이 하층 내부에 설치된 계단을 통해서만 출입이 가능하고, 별도의 주방시설도 없이 방과 거실로만 이루어져 있으며, 위와 같은 사정으로 상·하층 전체가 단일한 목적물로 임대되어 사용된 경우, 그 상층 부분은 하층에 부합되었다고 보았다(대법원 2002. 10. 25. 선고 2000다63110 판결). 반면 별도의 건물이 방과 마루 및 부엌이 설치되어 있어 그 자체만으로도 주거용으로 쓰일 수 있는 구조를 갖추고 있는 경우에는 부합을 인정하지 않은 사례도 있다(대법원 1988. 2. 23. 선고 87다카600 판결).

만약 기존의 건물에 증축되어 부합된 건축물에 대한 감정평가가 없었거나 터무니없이 낮은 금액으로 저평가된 경우에도 주물을 낙찰받은 사람은 부합물에 대한 소유권을 취득하게 될까? 이점에 관하여 대법원은 제시 외 물건이 제대로 감정평가가 되었는지와 무관하게 낙찰자는 주물에 딸린 부합물과 종물의 소유권을 취득한다고 보고 있다. 하지만 이와 같이 부합물로서 경매목적물에 포함됨에도 불구하고, 경매법원에서 이를 독립된 물건으로 보고 매각물건명세서에 기재하지도 않고, 감정평가 대상에도 포함시키지 않은 경우에는 감정가격의 결정이 정당하게 이뤄졌다고 볼 수 없다. 결국 경매가가 떨어짐으로 인해 경매 이해관계인들은 모두 손해를 보게 되고 낙찰자만 이익을 취득하게 된다.

낙찰자가 매각대금을 지급하면 부합물에 대한 소유권을 취득하게 되나, 만약 매각대금을 지급하기 전이라면 어떨까? 이 경우에는 최저매각가격의 결정, 일괄매각의 결정 또는 매각물건명세서의 작성에 중대한 흠이 있는 때에 해당되므로 **매각허가에 대한 이의**를 제기할 수 있고, 법원이 이를 직권으로 매각허가를 불허할 수도 있다(민집 제121조 5호, 제123조 2항).[48] 매각불허가 결정이 나게 되면 부합물을 포함시켜 경매대상 물건을 재감정을 한 후 다시 경매를 진행하게 된다.

사례로 돌아가 살피건대, A씨가 낙찰받은 건물은 주물이고, 옥탑건물은 부합물이므로 비록 감정평가에서 옥탑건물에 대한 부분이 제외되었다고 해도 A씨가 매각대금을 지급하면 옥탑건물에 대하여도 소유권을 취득하게 된다. 하지만 매각대금을 지급하기 전에 이해관계인이 매각허가에 대한 이의를 신청할 경우 매각불허가결정이 될 수도 있으니 A씨의 입장에서는 매각대금을 신속하게 지급하는 것이 유리하다.

---

48 대법원도 "과세관청이 체납처분으로서 하는 공매에 있어서 공매재산에 대한 감정평가나 매각예정가격의 결정이 잘못되었다 하더라도, 그로 인하여 **공매재산이 부당하게 저렴한 가격으로 공매**됨으로써 공매처분이 위법하다고 볼 수 있는 경우에 공매재산의 소유자 등이 이를 이유로 적법한 절차에 따라 공매처분의 취소를 구하거나, 공매처분이 확정된 경우에는 위법한 재산권의 침해로서 불법행위의 요건을 충족하는 경우에 국가 등을 상대로 불법행위로 인한 손해배상을 청구할 수 있음은 별론으로 하고, … "라고 판결하여(대법원 1997. 4. 8. 선고 96다52915 판결), 매각허가에 대한 이의신청이 가능함을 시사하고 있다.

137 | 재산명시, 재산조회, 채무불이행명부 제도

Q A씨는 B씨를 상대로 약정금 1억원에 대한 소송을 제기하여 승소하였고 그 판결은 확정되었다. 그럼에도 불구하고 B씨는 돈을 지급하지 않고 있다. 문제는 A씨는 B씨의 재산 내역을 전혀 알지 못해 집행할 방법이 없는데, 이런 경우 A씨가 B씨를 상대로 할 수 있는 방법은?

어렵게 변호사를 선임해 소송을 했고 승소까지 했는데도 채무자가 '배 째라'는 식으로 버티는 경우가 있다. 애초부터 돈이 없어서 못 주는 채무자의 경우는 당장은 집행할 방법이 없다. 이 경우는 판결문의 시효인 10년간 상대방의 재산이 생길 때까지 기다려야 하고, 그래도 안 될 경우는 다시 시효연장판결을 받아 또다시 10년을 연장시켜서 때를 기다려야 한다. 극단적으로 채무자가 죽을 때까지 돈을 안 주고 사망한 경우에는 상속인에게라도 집행을 할 수 있다(단 상속인이 상속개시를 안날부터 3개월 이내 상속포기를 하지 않은 경우에 한함).

그런데 문제는 상대방이 분명히 재산이 있음에도 승소한 돈을 주지 않는 경우이다. 만약 채무자가 재산을 빼돌린 경우 사해행위취소 소송을 하거나 형사상 강제집행면탈죄로 고소하는 방안도 있다. 한편 채무자가 재산을 갖고 있는 경우에도 채권자가 강제집행을 들어가기 위해서는 채무자의 재산상태를 알아야만 가능하다. 채권자가 다행히 채무자의 재산이 어디 있는지 알 경우에는 바로 강제집행을 하면 그만인데, 그렇지 못한 경우에는 어떻게 해야 할까? 이 경우 채권자가 사용할 수 있는 비장의 무기가 바로 재산명시신청, 재산조회 및 채무불이행자명부 제도이다.

① 재산명시는 채권자가 집행력 있는 정본과 집행개시요건을 갖추어 법원에 신청해 **채무자로 하여금 자산의 재산상태를 스스로 공개**하도

록 하는 제도이다(민사집행법 제61조). 법원으로부터 재산명시명령이 내려지면 그 결정문은 채무자에게 송달되고, 채무자의 이의신청이 없거나 이의신청이 기각될 경우에는 법원은 명시기일을 정해 채무자에게 출석을 요구한다. 채무자는 출석해서 선서를 해야 하고 재산목록을 제출해야만 한다. 만약 채무자가 명시기일에 불출석, 재산목록의 제출거부, 선서거부 등을 할 경우에는 20일 이내 기간 동안 감치된다. 나아가 법원에 제출된 채무자의 재산목록이 허위임이 판명된 경우에는 3년 이하의 징역이나 500만원 이하의 벌금에 처해진다(민사집행법 제68조 9항).

② 이와 같이 채무자가 재산목록을 제출하였음에도 집행할 재산이 부족하거나 그 재산목록에 의심이 있을 경우, 채무자가 도주하여 재산명시신청 절차의 진행이 불가능할 경우, 채무자가 정당한 사유 없이 명시기일에 불출석, 재산목록 제출거부, 선서거부, 허위재산목록 제출 등 명시기일의 실시에 비협조적인 경우 등의 사유가 있을 경우 채권자는 법원에 서면으로 채무자의 재산조회를 신청할 수 있다(민사집행법 제74조). 이 경우 법원은 공공기관, 금융기관, 단체 등에 채무자의 재산 및 신용에 관한 자료를 요구할 수 있다.

③ 채권자는 더 나아가 집행권원이 생긴 때로부터 6개월 내에 채무자가 채무를 이행하지 않을 경우, 정당한 사유 없이 명시기일 불출석, 재산목록 제출거부, 선서거부 또는 거짓의 재산목록제출 등 명시절차에 비협조적인 때에는 채무자를 블랙리스트에 올려 일반인들에게 공개할 수 있는데 이를 '채무불이행자명부' 제도라 한다(민사집행법 제70조). 여기에 등재될 경우 일반인에게 공개되고 금융기관에도 통지되어 신용자료로 삼게 된다(민사집행법 제72조 3항, 4항). 이 제도는 채무자에 대한 심리적 압박을 통해 돈을 변제하도록 간접적으로 강제하는 것이다.

138 | 부동산인도명령 집행절차 [유체동산 매각명령신청]

Q A씨는 최근 강남에 있는 아파트 한 채를 10억원에 낙찰받았다. 그런데 그 집의 원주인 B씨는 이사비 1천만원을 주지 않으면 나가지 않겠다고 버티고 있다. A씨는 인도명령을 신청하여 B씨를 내보내려 하는데 구체적인 인도명령 신청 및 그 집행절차는 어떤가?

부동산을 경매받을 경우 집주인이 비워주지 않으면 인도명령을 신청하면 된다(민사집행법 제136조). 그럼 인도명령의 구체적인 집행절차, 즉 원 주인의 가재도구 등은 어떻게 처분되고 그 보관절차는 어떻게 진행될까? 먼저 인도명령도 집행문을 부여받아야 하고, 그 후 집행을 들어가기 전에 집행관이 집행계고를 한다. 계고기간은 통상 1주일에서 1달 정도이다. 막상 집행을 들어갔는데 현장에 집주인(이하 '채무자'로 칭함)이 있을 경우에는 그 안의 동산들을 인수하라고 고지하게 되고 만약 인수할 경우에는 문제가 없다. 그런데 채무자가 이를 인수하지 않겠다고 거절할 경우에는 집행관은 채권자에게 보관을 의뢰하고, 채권자는 보관업자에게 비용을 주고 이를 위탁 보관하게 된다. 보관업자는 통상적으로 1컨테이너 기준으로 2달치 보관료 약 50~60만원을 채권자로부터 선납을 받은 뒤 보관을 한다.

그런데 채무자가 그래도 그 동산을 가져가지 않을 경우 채권자는 계속하여 보관료를 창고업자에게 지불해야만 한다. 채권자의 입장에서는 부담이 아닐 수 없다. 언제 가져갈지도 모르기 때문에 계속하여 이를 부담할 수는 없는 노릇이다. 이와 같이 채무자가 그 동산의 수취를 게을리 한 때에는 집행관은 집행법원의 허가를 받아 동산에 대한 강제집행의 매각절차에 관한 규정에 따라 그 동산을 매각하고 비용을 뺀 뒤에 나머지 대금을 공탁하여야 한다(민사집행법 제258조 6항). 이것이 채권자의 '유체동산 매각명령신청' 제도이다. 채권자는 사전에 채무자에게 내용증명으로 짐을 가져가라고 고지한 뒤 그래도 안 가져갈 경우 매각명령신청서를 제출하면 된다.

채권자가 매각명령을 신청하면 법원으로부터 한 달 정도 뒤에 매각명령이 나오고, 그 후 다시 한 달 정도 경과하면 경매기일이 잡힌다. 보통 채권자가 1회 경매기일에 그 유체동산을 본인 스스로 경락받아 버린다. 왜냐하면 이러한 유체동산을 살 사람은 거의 없기 때문이다.

매각명령에 의해 매각된 대금은 보관료로 지급되는데 그 이유는 원칙적으로 보관비용은 채무자의 몫이기 때문이다(동조 5항). 보관비용을 공제하고도 남은 돈이 있으면 집행관은 이를 채무자를 위해 공탁하고, 채무자가 나중에 이를 찾아갈 수 있다. 채권자는 경매받은 유체동산을 자신이 사용할 수도 있고, 원하지 않으면 이를 다시 보관업체나 쓰레기 처리업체를 통해 처분해 버린다. 이와 같이 채무자의 유체동산을 처분하는데 최종적으로 걸리는 기일은 2달이 넘는 경우도 많다. 그래서 채권자는 나중에 추가로 보관비용을 더 내야 하는 경우가 많다.

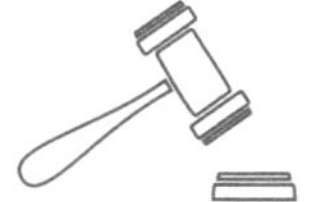

[서식]

부동산인도명령신청서

사건번호 2017타경 12345
신청인(낙찰자) 이 몽 룡(710211－1○○○○○○)
서울 서초구 서초동 ○○○
피신청인(채무자) 성 춘 향 (815211 －2○○○○○○)
서울 강남구 압구정동 ○○○

위 사건에 관하여 매수인은 2017. 6. 6. 낙찰대금을 완납한 후 채무자(소유자)에게 별지 매수부동산의 인도를 청구하였으나 채무자가 불응하고 있으므로 귀원 소속 집행관으로 하여금 채무자의 위 부동산에 대한 점유를 풀고 이를 매수인에게 인도하도록 하는 명령을 발하여 주시기 바랍니다.

2017 년 7 월 7 일

신청인 이 몽 룡 (인)
전화번호 :

첨부 : 부동산 목록

서울중앙지방법원 귀중

매각명령신청서

사건번호　　2017타기 12345
채 권 자　　이 몽 룡
채 무 자　　성 춘 향

위 사건에 관한 인도명령 집행을 위해 채권자는 채무자에게 집행목적물 내의 유체동산의 수취를 요구하였으나 채무자가 이에 응하지 아니하므로 부득이하게 민사집행법 제258조 제6항에 의거 채무자 소유 유체동산에 관하여 매각명령을 구합니다.

첨부서류

1. 내용증명　　1통

2017.　9. 7.

신청인 이몽룡

서울중앙지방법원 귀중

139 | 명도소송과 승계집행문

A씨는 상가 세입자 B씨가 월세도 내지 않으면서 버티고 있기에 점유이전금지가처분을 해 놓고 명도소송을 제기하여 승소하였고, 2주 후 그 판결은 확정되었다. 그런데 A씨가 막상 강제집행을 하려고 하니 변론종결 후에 점유자가 C씨로 바뀌었다. 그럼에도 불구하고 A씨는 C씨를 상대로 명도집행을 할 수 있는가?

명도소송 판결문의 기판력은 소송의 당사자 사이에만 효력이 미친다. 이것을 '기판력의 인적범위'라고 한다. 하지만 '변론종결 뒤의 승계인'은 당사자 간 판결의 기판력의 효력을 그대로 받게 된다(민사소송법 제218조 1항). 바꿔 말하면 이 말은 '변론종결 전의 승계인'은 당사자 간 판결의 효력을 받지 않게 된다는 의미이기도 한다. 즉 명도소송을 제기할 당시 점유자가 소송진행 중에 부동산을 다른 사람에게 이전해 버리면 기존의 점유자를 상대로 받은 승소판결문은 새로운 점유자에게 아무런 효력이 없게 된다. 그래서 이것을 막기 위해 명도소송을 제기할 때 점유이전금지가처분을 미리 해놓는 것이다.

특히 상가의 경우에는 사업자등록을 누구로 하였는가가 명도소송 시 점유권자를 가리는 중요한 척도가 된다. 그럼 점유이전금지가처분을 해 놓고 명도소송을 제기하였음에도 막상 강제집행을 하려고 하니 변론종결 후에 점유자가 바뀐 경우에는 어떻게 하여야 하나? 위와 같이 명도판결문의 효력이 변론종결 뒤의 점유자에게도 효력이 미치므로 바로 집행이 가능한가? 그렇지 않다. 이러한 경우 점유이전금지가처분 이후의 점유승계자는 계쟁물에 관한 당사자적격을 승계한 사람으로서 판결의 영향을 받는 승계인에 해당된다. 따라서 그를 상대로 다시 명도소송을 제기할 필요는 없지만 명도집행을 하기 위해서는 승계집행문(= 명의변경집행문)을 얻어야만 한다.

집행권원에 표시된 당사자 이외의 사람을 채무자로 하는 강제집행에 있어서는 그 승계가 법원에 명백한 사실이거나 승계사실을 증명서로 증명한 때에 한하여 법원사무관[49] 등이나 공증인이 집행문을 내어준다(민사집행법 제31조 1항). 그리고 승계가 법원에 명백한 사실인 때에는 이를 집행문에 적어야 한다(동조 2항). 이와 같은 집행문은 당사자의 승계인에 대하여 집행력이 미치는 사실을 공증하여 집행권원을 보충하는 의미가 있다.

사례로 돌아가 살피건대, A씨는 먼저 C씨가 실질적인 점유권자인가를 봐야 한다. 상가의 경우 점유자인지 여부는 사업자등록이 되어 있는지가 관건이므로 B씨의 사업자등록이 C씨에게 넘어간 것이 맞는지가 중요하다. 그런데 사업자등록을 내려면 통상 건물주인과 부동산 임대차계약을 체결하여야 하므로 A씨의 동의 없이 B씨의 사업자등록이 C씨에게 넘어가거나 C씨가 별도의 사업자등록을 내는 것은 거의 불가능하다. 따라서 만약 C씨가 사실상의 점유자일 뿐 사업자등록이 여전히 B씨 앞으로 되어 있다면 점유자는 B씨이므로 승계집행문 없이도 명도집행이 가능하다. 하자만 만약 B씨와 C씨가 임대차계약서 혹은 A씨의 동의서를 위조하는 등 부정한 방법으로 C씨 앞으로 사업자등록이 이전된 경우에는 앞서 설명한 바와 같이 승계집행문을 받아서 집행해야 한다. 한편 주택의 경우에는 사업자등록이 필요 없이 주민등록 이전으로 쉽게 되므로 새로운 점유자에 대해 승계집행문을 받아야 하는 경우가 많다.

---

49 법원사무관은 사법보좌관의 명령에 의해 집행문을 부여한다(사법보좌관사무규칙 제2조 1항 4호).

140 | 경매로 취득한 건축물의 건축허가명의 변경절차

Q A씨는 경매를 통해 건물을 건축 중인 토지를 취득하였다. 건축 중인 건물은 아직 미완성으로서 독립된 건물이 아니어서 법정지상권이 성립되는 건물이 아니었다. 그 결과 그 건축물은 토지의 부합물로 취급되어 A씨가 소유권을 취득하게 되었는데 문제는 건축허가가 원 소유자인 B씨와 C씨 공동 명의였다. A씨는 건축허가 명의를 원 소유자들의 동의 없이도 자신의 이름으로 변경할 수 있을까?

경매에 의하여 건축 중인 건물을 포함한 토지를 취득한 경우 기존 건축주의 동의 없이 건축주명의를 변경할 수 있는지 문제가 된다. 건축물의 건축허가를 받거나 신고를 한 자로부터 건축 중인 건축물을 양수한 사람은 건축 관계자 변경신고서에 '변경 전 건축주의 명의변경 동의서' 또는 '권리관계의 변경사실을 증명할 수 있는 서류'를 제출(전자문서로 제출하는 것을 포함)하면 건축주 명의를 변경할 수 있다(건축법 시행규칙 제11조 1항 1호). 통상적으로 건축주 명의변경동의서에 양도인의 인감증명을 찍고 인감증명서를 첨부하여 변경신고를 한다.

그런데 만약 양도인이 건축주 명의변경동의를 해주지 않는 경우에는 어떻게 해야 하나? 경매로 땅을 낙찰받은 경우, 그 땅의 원주인은 낙찰자에게 건축 중인 건물의 건축허가 명의변경 동의를 거부하거나 막대한 보상을 요구하는 경우가 종종 있다. 이렇듯 건축 중인 건물을 양도한 자(경매당한 자도 양도한 자에 포함됨)가 건축주 명의변경에 동의하지 아니한 경우에 양수인으로서는 그 의사표시에 갈음하는 판결을 받을 필요가 있다(대법원 2015. 9. 10. 선고 2012다23863 판결). 결국 그 승소판결문이 위에서 말하는 '권리관계의 변경사실을 증명할 수 있는 서류'에 해당되는 것이다.

한편 허가 등에 관한 건축주 명의가 수인으로 되어 있을 경우에는 공동건축주 명의변경에 대하여는 변경 전 건축주 전원으로부터 동의를 얻어야 한다.[50]

건축허가는 토지의 소유권과는 별개로 양도가 되는 것이므로 단순한 토지소유권의 취득과 관련된 서류가 있다고 해도 당연히 건축허가 명의 변경동의를 받았다고 단정할 수 없다. 즉 건축허가서는 허가된 건물에 관한 실체적 권리의 득실변경의 공시방법이 아니며 그 추정력도 없다. 그 결과 건축허가서에 건축주로 기재된 자가 그 소유권을 취득하는 것은 아니며, 건축 중인 건물의 소유자와 건축허가의 건축주가 반드시 일치하여야 하는 것도 아니다(대법원 2009. 3. 12. 선고 2006다28454 판결). 따라서 경매에 의하여 매수한 토지와 그 토지에 건축 중인 건축물(부합된 구조물의 경우에는 토지)에 대한 매각허가결정서 및 그에 따른 매각대금 완납서류 등만으로는 건축관계자 변경신고에 관한 건축법의 '권리관계의 변경사실을 증명할 수 있는 서류'라고 볼 수 없다.

사례로 돌아가 살피건대, A씨는 원 건축주들인 B씨와 C씨로부터 건축허가 명의변경 동의서를 받거나, 그것이 어려울 경우에는 그들 전원을 상대로 **건축허가 명의변경 동의절차이행 소송**을 제기하여 그 승소판결문으로 변경동의서에 갈음하여 건축허가명의 변경을 신청하면 된다.

---

50 다만 그 명의변경에 관한 동의의 표시는 변경 전 건축주 전원이 참여한 단일한 절차나 서면에 의하여 표시될 필요는 없고 변경 전 건축주별로 동의의 의사를 표시하는 방식도 허용되므로, 동의의 의사표시에 갈음하는 판결도 반드시 변경 전 건축주 전원을 공동피고로 하여 받을 필요는 없으며 부동의 하는 건축주별로 피고로 삼아 그 판결을 받을 수 있다(대법원 2015. 9. 10. 선고 2012다23863 판결).

■ 건축법 시행규칙 [별지 제4호서식] <개정 2011.4.1>	세움터(www.eais.go.kr)에서도 신청할 수 있습니다.

건축관계자 변경신고서

• 어두운 란(　　)은 신고인이 작성하지 아니하며, [ ]에는 해당하는 곳에 √ 표시를 합니다. (앞 쪽)

접수번호		접수일자		처리일자		처리기간	일
신청구분	[ ]건축주		[ ]공사감리자		[ ]공사시공자		
허가(신고)번호							
대지위치							

① 건축주

구분	변경 전		변경 후	
성명		(전화번호 :)		(전화번호 :)
생년월일(사업자 또는 법인등록번호)				
주소				

② 공사감리자

구분	변경 전		변경 후	
성명		(자격번호 :)		(자격번호 :)
사무소명		(신고번호 :)		(신고번호 :)
주소		(전화번호 :)		(전화번호 :)
감리기간	~		~	
최초도급금액	원		도급계약일자	
정산금액	원		잔여계약금액	원

③ 공사시공자

구분	변경 전		변경 후	
대표자명				
회사명		(면허번호 :)		(면허번호 :)
주소		(전화번호 :)		(전화번호 :)
시공기간	~		~	
최초도급금액	원		도급계약일자	
정산금액	원		잔여계약금액	원

「건축법 시행규칙」 제11조에 따라 위와 같이 건축관계자변경신고서를 제출합니다.

년 월 일

신고인 (서명 또는 인)

서울특별시 서초구청장 귀하

210㎜×297㎜[보존용지(2종) 70g/㎡]

141 | 공유지분 경매와 우선매수청구권

Q A씨는 B씨와 공유로 상가부지를 소유하고 있다. 각자의 지분은 A씨가 1/3이고 B씨는 2/3이다. 그런데 B씨가 사업차 돈이 필요하여 은행에 자신의 지분을 담보로 하여 2억원을 빌렸다가 이를 변제하지 못하여 B씨의 지분에 대해 경매가 진행되었다. A씨는 모르는 사람과 그 땅을 공유하는 것이 꺼림직 하여 자신의 단독 소유로 하기 위해 경매에 참여하려 한다. A씨는 경매 참여시 어떻게 하는 것이 가장 유리한가?

1. 공유자 우선매수청구권의 의의

공유지분이 경매될 경우 '공유자우선매수' 제도가 있다. 공유자는 매각기일까지 보증을 제공하고 최고매수신고가격과 같은 가격으로 채무자의 지분을 우선 매수하겠다는 신고를 할 수 있는데, 이 경우 법원은 최고가매수신고가 있더라도 그 공유자에게 매각을 허가하여야 한다. 이를 '공유자 우선매수청구권' 내지 '공유자 우선매수권'이라고 부른다(민사집행법 제140조 1항, 2항). 이렇듯 공유자가 우선매수신고를 한 경우에는 최고가 매수신고인을 차순위 매수신고인으로 본다(동조 4항). 공유물의 경우 이용을 위해서는 다른 공유자와 협의를 해야 하는데 공유지분 매각으로 인해 새로운 사람이 공유자가 되는 것보다는 기존의 공유자에게 우선권을 부여하여 매수기회를 주는 제도이다. 한편 공유물분할판결에 기하여 공유물전체를 경매에 붙여 그 매득금을 분배하기 위한 현금화의 경우, 즉 형식적 경매에 있어서는 이러한 공유자 우선매수청구권은 적용되지 않는다.

2. 우선매수신고 시한

이러한 우선매수신고는 집행관이 매각기일을 종결한다는 고지를 하기 전까지 할 수 있다(민사집행규칙 제76조 1항). 즉 입찰이 마감되었다고 해도 집행관이 매각기일을 종결한다고 고지하기 전이면 공유자 우선매수신고를 할 수 있다는 뜻이다(대법원 2004. 10. 14.자 2004마581 결정). 이와 같은 공유자의 우선매수권은 일단 최고가매수신고인이 결정된 후에 공유자에게 그 가격으로 경락 내지 낙찰을 받을 수 있는 기회를 부여하는 제도이기 때문이다. 실무적으로 매각종료를 선언하기 전에 손을 들고 공유자 우선매수권을 행사하겠다고 소리쳐서 행사하기도 한다.

3. 매각기일 전의 우선매수청구권 행사

우선매수청구권을 행사하기 위해서는 통상적으로 공유자가 매각기일에 출석한다. 하지만 신고 시기에 법적으로 제한이 없으므로 공유자가 매각기일 전에 미리 집행관 또는 집행법원에 (통상적으로 입찰보증금을 제공하고) 최고매수신고가격과 같은 가격으로 우선매수청구권을 행사하겠다고 신고할 수도 있다(대법원 2002. 6. 17.자 2002마234 결정). 이 경우 집행법원은 입찰기록표지에 우선매수청구권이 있다는 취지를 기재한다.

4. 공유자우선매수청구 시 입찰보증금을 동시에 납부해야만 하는가?

공유자가 입찰기일 이전에 집행법원 또는 집행관에게 공유자우선매수신고서를 제출하는 방식으로 우선매수신고를 한 경우에도 반드시 이와 동시에 입찰보증금을 집행관에게 제공하여야만 적법한 우선매수신고를 한 것으로 볼 것은 아니다. 즉 공유자가 사전에 우선매수신고서를 제출한 경우, 입찰기일에 입찰법정에서 집행관은 최고가입찰자와 그 입찰가격을 알려 입찰의 종결선언을 하기 전에 우선매수신고자의 출석 여부를 확인한 다음, 최고가입찰자의 입찰가격으로 매수할 의사가 있는지 여부를 확인하여 즉시 입찰보증금을 제공 또는 추가 제공하도록 하는 등으로 그 최고입찰가격으로 매수할 기회를 주어야 한다. 만약 집행관이 위와 같은 절차를 이행하지 아니하거나 소홀히 하여 매각기일에서 사전에 우선매수신고를 한 공유자를 호명하여 출석을 확인하고 보증의 제공 등 후속절차를 이행할 수 있는 기회를 부여하지 아니하였다면, 이는 이해관계인의 이익이 침해되거나 매각절차의 공정성을 해칠 우려가 있는 중대한 절차위반이 되기 때문에 민사집행법 제121조 7호에서 규정하는 "경매절차에 그 밖의 중대한 잘못이 있는 때"에 해당된다(대법원 2002. 6. 17.자 2002마234 결정). 따라서 이 경우 우선매수청구를 한 공유자가 이의신청을 하면 매각이 불허될 수 있다.

5. 우선매수신고자가 입찰에도 참여한 경우

한편, 입찰기일 전에 공유자우선매수신고서를 제출한 공유자가 입찰기일에 입찰에 참가하여 입찰표를 제출하였다고 하여 그 사실만으로 우선매수권을 포기한 것으로 볼 수 없다. 따라서 만약 공유자가 입찰에서 최고가를 쓰지 못하여 다른 최고가를 쓴 사람에게 낙찰이 되었다고 해도 다시 공유자 우선매수청구권을 행사할 수도 있다. 하지만 만약 공유자가 매각기일 전에 우선매수신고를 한 후, 이와 별도로 입찰에 참여하여 최고가를 써서 낙찰된 경우에는 그 낙찰의 효과를 부인할 수 없다. 즉 이 경우 공유자우선매수신고를 하였으니 자신을 제외한 차순위 입찰가격을 쓴 사람의 가격으로 우선매수권을 행사하겠다고 주장할 수 없다.[51]

6. 공유자가 우선매수신고했으나 유찰된 경우

공유자가 사전에 우선매수신고를 하였으나 다른 입찰참여자가 전

51 윤경(실무), 877－878, 민사집행법실무연구 Ⅱ(논의된 사안은 임차인 우선매수의 경우이나, 공유자 우선매수의 경우도 마찬가지임).

허 없이 유찰된 경우에는 최저매각가격을 최고가매수신고가격으로 보아 우선매수를 인정한다(민사집행규칙 제76조 2항). 매수신고인이 전혀 없는 경우 최저매각가격을 상당히 낮추어 다시 매각절차를 진행해야 하는데 그것보다는 공유자가 최저로 매수하는 것이 경제적이기 때문이다. 한편 공유자의 입장에서도 새 매각절차에서 반드시 그 전의 최저가보다 낮은 가격으로 낙찰된다는 보장이 없으므로 당해 입찰기일의 최저가로 매수하는 편이 더욱 유리한 경우도 있다. 그러한 이유 때문에 때로는 공유자가 유찰되더라도 당해 입찰기일의 최저가로 매수하고 싶을 때에는 사전에 우선매수신고를 하는 경우도 종종 있다.

만약 공유자가 우선매수신고만 해놓고 막상 유찰이 되자 보증금을 납부하지 않아 우선매수신고를 무효화시킬 경우는 어떻게 될까? 과거에는 공유자우선매수신고를 제한 없이 받아줘 이와 같이 악용하는 사례가 많았다. 하지만 이러한 악의적인 우선매수신고로 인해 유찰이 계속되어 경매진행이 방해되자, 최근에는 법원에서 실무상 공유자우선매수신고를 1회에 한해서만 받아주고 있다.[52]

7. 일괄매각의 경우도 공유자 우선매수청구가 가능한가?

일괄매각의 경우 여러 개의 부동산을 동시에 매각하는데 그 중 일부 부동산에만 공유자로 등재되어 있는 자가 매각부동산 전체에 대해 공유자우선매수신고를 할 수 있는지가 문제된다. 학설이 나뉘나 판례의 태도는 소극적이다. 즉 집행법원이 일괄매각결정을 유지하는 이상 매각대상 부동산 중 일부의 공유자는 특별한 사정이 없는 한 매각부동산 전체에 대해 공유자의 우선매수권을 행사할 수 없다(대법원 2006.

52 일부 법원에서는 "매각기일 전에 공유자우선매수신고를 한 뒤 보증금을 납부하지 않으면 그 다음 매각기일에는 공유자 우선매수신고를 하지 못한다"는 내용의 특별매각조건를 부여하기도 하는 등의 노력을 기울이고 있다[주석 민사집행법(4)(제3판), 2012. 5].

3. 13.자 2005마1078 결정).

142 | 매각허가결정에 대한 이의절차

Q A씨는 부동산 입찰에 참여하였는데 당시 부동산의 감정가격은 5억원이었다. A씨는 감정가의 10%인 5천만원을 입찰보증금으로 제출하고 입찰가격은 7억원을 기재하였고 낙찰 결과 A씨가 가장 최고가를 쓴 것으로 확인되었다. 하지만 경매법원에서는 A씨가 작성한 입찰표의 보증금액란에 처음에는 7천만원으로 기재되었다가 나중에 두 줄을 긋고 그 옆에 5천만원으로 수정된 것을 발견하고는 차순위자인 B씨에게 매각허가결정을 하였다. A씨는 입찰보증금을 투찰가의 10%인줄 알고 7천만원으로 기재하였다가 나중에 감정가의 10%라는 것을 알고 고친 것인데 뭐가 문제냐고 항의하며 B씨에 대한 매각허가결정에 대해 이의를 제기하려고 하는데 그 절차와 승소할 가능성은?

가. 서설

부동산 경매의 매각절차에 따라 법원이 매각허가 여부를 결정하게 된다. 매각허가가 결정나기 전에는 매각결정기일에 이해관계인이 허가여부에 관하여 의견을 개진할 수 있다. 하지만 막상 매각결정이 날 경우에는 이에 대한 즉시항고를 할 수 있는데, 과거에는 판사가 매각결정을 하였으므로 바로 (즉시)항고절차로 이어졌지만, 지금은 사법보좌관이 매각결정을 하므로 절차가 복잡하게 되었다. 사법보좌관규칙에 이에 대한 상세한 규정이 있는데 아직까지 민사집행법의 조문이 이에 상응하게 개정되지 아니하여 해석에 혼선을 일으키고 있다.

더욱이 2014. 9. 1. 사법보좌관규칙이 개정(2015. 5. 23. 시행)되면서 이제는 사법보좌관의 매각결정에 대한 이의신청 단계에서 보증금을 납부하도록 함으로써 이의신청 시에도 민사집행법의 (즉시)항고절차에 따른 요건을 갖추도록 규정을 정비하였다. 뿐만 아니라 민사집행법의 항고절차 등에 관해서는 같은 법이 준용되고, 사법보좌관규칙이 적용되지 않음을 분명히 하였다(사법보좌관규칙 제4조 10항).

나. 사법보좌관에 대한 이의절차(= 즉시항고 선행절차)

법원에서 사법보좌관 제도를 시행하면서 경매절차에 있어 매각허가여부에 관한 결정은 일단 사법보좌관이 하게 되어 있다. 따라서 사법보좌관이 매각허가 혹은 불허가결정을 할 경우에는 이에 대해 즉시항고를 한다고 해도 이를 이의신청으로 간주한다(사법보좌관규칙 제4조 1항). 또한 이러한 이의신청은 사법보좌관에게 하여야 하며 그 처분(매각결정)을 고지받은 날로부터 7일 이내 하여야 하는데 이 기간은 불변기간이다(동조 2항, 3항).

이의신청을 사법보좌관에게 하도록 한 것은 사법보좌관 스스로 '**제도의 고안**'으로써 자신이 한 처분을 경정할 기회를 주기 위한 것이다.[53] 따라서 당사자가 사법보좌관의 처분에 대해 이의신청을 하지 않고 즉시항고로 불복하더라도 이는 이의신청으로 처리하게 되어 있으므로 인지를 붙일 필요가 없다(동조 4항).

다만 보증서류에 관하여는 예전에는 인지와 마찬가지로 붙일 필요가 없다고 되어 있었으나,[54] 지금은 보증서류를 붙여야 한다(2014. 9. 1. 사법보좌관규칙 개정). 원칙적으로 매각허가결정에 대한 이의신청 시

53 법문에는 사법보좌관은 이의신청을 받은 때에는 이의신청사건을 **지체 없이** 소속 법원의 단독판사등에게 송부하여야 한다고 규정되어 있다(사법보좌관규칙 제4조 5항). 하지만 실무상으로는 사법보좌관에게 2~3일 내에 경정처리할 시간을 줌으로서 사실상 '제도의 고안'의 인정되는 것이다.

54 예전에는 원심법원 판사가 기록을 항고법원에 송부한 때 비로소 즉시항고로 간주하였으므로 그 뒤 보증금을 납부하면 되었다.

낙찰대금의 10%의 보증금을 현금 내지 법원이 인정하는 유가증권으로 내야 한다.[55] 매각허가결정에 대한 이의신청(항고)을 제기하면서 항고장에 보증을 제공하였음을 증명하는 서류를 붙이지 아니한 때에는 원심법원은 이의신청서(항고장)를 받은날부터 1주 이내에 결정으로 이를 각하하여야 한다(민사집행법 제130조 4항).

다. 항고심 절차

만약 사법보좌관이 이의신청 사유가 타당하다고 인정할 경우 2~3일 내 즉시 경정처리를 한다(제도의 고안). 하지만 만약 사법보좌관이 이의사유가 없다고 인정할 경우에는 지체 없이 소속법원의 단독판사에게 송부한다(사법보좌관규칙 제4조 5항). 판사는 이의신청이 이유 있다고 인정할 경우 사법보좌관의 처분을 경정하나(동조 6항 3호), 이의신청이 이유 없다고 인정할 경우 사법보좌관의 처분을 인가하고, 이의신청사건을 항고법원에 송부한다. 이 때 비로소 이의신청은 즉시항고로 본다(동조 6항 5호).

인가결정은 이의신청인에게 고지한다(동조 6항 5-2호). 이 때 원심법원은 사법보좌관의 처분에 대한 인가를 하면서 동시에 이의신청한 사람에게는 인지보정 명령을 내리고 보정을 하지 아니하면 이의신청은 각하한다(동조 6항 6호). 하지만 사법보좌관의 처분을 인가할 때 항고의 요건이 되는 항고이유서, 항고보증금 등은 보정을 명하지 아니하고 각하한다(사법보좌관규칙 제2552호, 2014. 9. 1., 일부개정이유).[56]

---

55 낙찰이 되면 1주일 내로 매각결정기일이 정해지고, 그 때 이해관계인의 의견을 듣는데, 이때 이해관계인은 매각허가에 대한 이의신청을 할 수 있다. 이의신청사유는 민사집행법 제121조에 7가지 종류로 제한적 열거를 하였다. 이 때 이해관계인이 매각허가에 대한 이의신청을 할 때는 보증금을 납부할 필요가 없다. 이점이 매각허가에 대한 이의신청과 매각허가결정에 대한 이의신청과의 중대한 차이점이다.

56 즉 이의신청서 제출일부터 보증금은 7일 이내, 항고이유서는 10일 이내 각 제출

항고이유와 관련하여, 이의신청서에 신청이유(= 항고이유)를 적지 아니한 때에는 이의신청서[57]를 제출한 날부터 10일 이내에 항고이유서를 원심법원에 제출하여야 한다(민사집행법 제15조 3항). 항고이유서는 제출강제주의이며, 항고법원이 이를 촉구하거나 보정명령을 내릴 필요도 없으므로 기간 내에 미제출할 경우 항고가 각하됨을 유의해야 한다.

항고이유는 △매각허가에 대한 이의신청사유가 있다거나, △그 결정절차에 중대한 잘못이 있는 경우, △재심사유(민사소송법 제451조 1항 각호의 사유)가 있을 경우에만 할 수 있다(민사집행법 제130조 1항, 2항). 항고이유가 위의 내용에 위반되거나, 항고가 부적법하고 이를 보정할 수 없음이 분명한 경우에도 즉시항고가 각하된다.

항고법원은 항고장 또는 항고이유서에 적힌 이유에 대해서만 조사한다. 그러나 원심재판에 영향을 미칠 수 있는 법령위반 또는 사실오인이 있는지에 대해서는 직권으로 조사할 수도 있다. 항고심에서 집행법원(원심법원)의 결정이 취소되면 해당 물건의 매각허가 여부에 대한 결정은 항고법원이 아닌 원심법원이 한다.

항고인이 항고를 취하하거나 항고법원에서 항고가 기각되면 집행

하지 아니하면 각하된다. 하지만 종전의 대법원판례에 따르면 "…원심이 갑에게 상당한 기간을 정하여 민사집행법 제15조 제3항 및 제4항에 따른 적법한 항고이유서를 제출하도록 명하지도 않은 채 적법한 항고이유가 없음을 이유로 민사집행법 제15조 제5항에 따라 항고를 각하한 데에는 집행절차에서 사법보좌관의 결정에 대한 불복절차의 법리를 오해하여 재판에 영향을 미친 위법이 있다"라고 판결하였다(대법원 2011. 9. 8.자 2011마734 결정). 위 판례가 사법보좌관규칙이 개정되기 전의 것이기는 하나 실무상 법원에서는 위 대법원판례의 취지상 항고이유서에 흠결이 있을 경우 보정명령을 일단 내릴 가능성이 클 것이다.

57 법문에는 항고장이라고 되어 있으나 지금은 매각결정에 대한 이의신청서가 항고장을 갈음하게 되어 있으므로 이의신청서를 제출한 때로부터 10일 이내로 해석하는 것이 안전하다. 왜냐하면 앞서 설명한 바와 같이 항고이유서와 항고보증금은 항고법원에 보정을 명하지 아니하고 요건이 흠결될 경우 바로 각하할 수 있기 때문이다.

법원의 원심대로 절차가 진행된다. 이 경우 항고인이 **채무자나 소유자**라면 그들이 제공한 보증금은 모두 배당금액에 산입되어 보증으로 제공한 금전이나 유가증권을 돌려줄 것을 요구할 수 없다(민사집행법 제130조 6항). 하지만 항고인이 채무자와 소유자 이외의 사람이라면 보증원금을 돌려받을 수 있으나, 보증으로 제공한 금전이나 유가증권을 현금화한 금액 가운데 항고를 한 날부터 항고기각결정이 확정된 날까지의 매각대금에 대한 이자(연15%)는 돌려줄 것을 요구할 수 없다.[58]

라. 사례해설

사례로 돌아가 살피건대, A씨는 위와 같은 절차를 거쳐 사법보좌관의 매각허가결정에 대한 이의신청을 제기할 수 있으나, 입찰금액 또는 입찰보증금액을 수정할 경우 입찰이 무효가 되므로 낙찰을 받을 수 없다. 따라서 B씨에게 매각허가결정된 것은 정당하며 A씨의 이의신청은 결국 항고법원으로 송부되어 즉시항고 절차로 전이된 후 결국은 항고 기각될 것이다. 다만 이 경우 즉시항고를 한 사람이 소유자나 채무자가 아니므로 항고일부터 항고기각일까지의 매각대금에 대한 이자를 공제한 나머지 보증금은 돌려받을 수 있다. 아울러 입찰보증금은 단 1원이라도 부족할 경우에도 입찰자체가 무효이므로 신중을 기해야 한다.

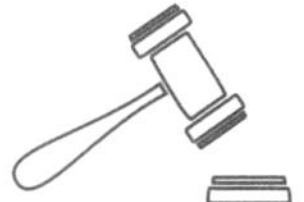

58 민사집행규칙 제75조(2015. 10. 29. 개정).

143 | 집합건물의 공유지분에 대한 매각불허가

Q 채권자 H회사는 40층짜리 집합건물의 채무자 K사 소유 일부지분(감정가 120억원)에 대해 근저당권을 설정하고 K사에게 100억원을 빌려주었다. 그 후 K사는 그 빚을 변제기 내에 갚지 못하여 H회사는 임의경매를 신청하였다. 경매는 4회나 유찰되었다가 5회 경매기일에 비로소 A회사에 50억원으로 낙찰되었다. 한편 B회사는 위 건물의 7층 전체(K사 지분 포함)를 결혼 예식장으로 임차하여 사용 중인 임차권자로서 위 경매절차에서 가압류 신청을 한 이해관계인이었다. 그런데 위 집합건물은 건물등기부나 건축물 대장상에는 호수별로 구분등기가 되어 있으나 실제로는 이러한 구분 없이 사용하고 있었다. B회사는 낙찰가가 너무 저렴한 탓에 자신의 채권에 대해 배당받기 어려운 상황에 처하자 위 부동산지분에 대한 매각불허가결정을 받기를 원하였다. B회사는 이를 위해 어떤 조치를 취해야 하나?

위 사례에 있어 K사 지분 매각허가에 대한 이의신청 사유는 무엇일까? 그것은 건물의 일부분이 구분소유권의 객체가 되기 위한 요건 및 구분소유권의 객체로서 적합한 물리적 요건을 갖추지 못한 건물의 일부를 낙찰받은 자는 그 소유권을 취득할 수 없다는 점이다.

대법원은 "1동의 건물의 일부분이 구분소유권의 객체가 될 수 있으려면 그 부분이 구조상으로나 이용상으로 다른 부분과 구분되는 독립성이 있어야 하고, 그 이용 상황 내지 이용형태에 따라 구조상의 독립성 판단의 엄격성에 차이가 있을 수 있으나, 구조상의 독립성은 주로 소유권의 목적이 되는 객체에 대한 물적 지배의 범위를 명확히 할 필요성 때문에 요구된다고 할 것이므로 **구조상의 구분에 의하여** 구분소유권의 객체범위를 확정할 수 없는 경우에는 구조상의 독립성이 있다고 할 수 없다"라고 판시하였다(대법원 1999. 11. 9. 선고 99다46096 판결). 그 결과 위와 같은 요건을 갖추지 못한 건물의 일부에 대하여는 그에 관한 구분소유권이 성립될 수 없으므로, 비록 건축물관리대장상 독립한 별개의 구분 건물로 등재되고, 부동산등기부에도 구분소유권의 목적으로 등기되어 있어서, 이러한 등기에 기초하여 경매절차가 진행되어 이를 낙찰받았다고 하더라도, 그 등기는 그 자체로 무효이므로 낙찰자는 그 소유권을 취득할 수 없는 것이다(대법원 2008. 9. 1.자 2008마696 결정 참조).

한편 사법보좌관이 매각허가결정을 한 뒤에는 이해관계인이 이에 대한 이의신청을 할 경우 낙찰대금의 10% 보증금을 내야 하는데 이 사건의 경우 낙찰대금이 50억원이니 보증금이 5억원이나 되었다.[59] 따라서 가능한 사법보좌관이 매각결정을 하기 전에 매각허가에 대한 이의신청을 하는 것이 좋다. 그 경우 보증금을 납부할 필요가 없기 때문이다.

위 사례는 실제로 필자가 B회사를 대리한 사건이었는데, B회사의 경우 경매대상 지분을 포함한 7층 전체를 임차하였기 때문에 매각허가결정이 나게 되면 예식장 문을 닫아야 하는 절체절명의 위기였다. 필자는 사법보좌관이 매각허가결정을 하기 3일 전에 위 대법원판례를 근거로 매각불허가에 대한 의견서를 제출하였다. 다행스럽게 사법보좌관은 필자의 의견대로 이 사건 경매물건이 집합건물로 등재되어 있으나 실제로 구분소유권의 객체로서의 요건을 갖추지 못하고 있다고 보아 매각불허가결정을 하였다. 만약 반대로 매각허가결정이 났다면 필자의 의뢰인인 B사는 결혼식장 문을 닫아야 했고, 결국 자신의 채권을 한 푼도 배당받지 못했을 것이다.

59 물론 이 사례에서 이의신청인이 채무자나 소유자가 아니므로 만약 항고절차에서 기각된다고 해도 이자만 몰취되고 보증원금은 몰취되지 않는다.

144 | 압류금지채권 [임금과 퇴직금]

Q A씨는 B씨에게 2천만원을 빌려줬는데, B씨가 변제기에 돈을 갚지 않아 B씨의 월급을 압류하였다. 그런데 B씨는 매달 200만원의 월급을 받았는데 A씨의 압류는 200만원의 월급 전체에 미치는가? 만약 그렇다면 B씨는 무엇으로 생계를 이어갈 수 있나?

민사집행법 제246조에는 압류금지채권을 다음과 같이 규정하고 있는데 그 중 급료·연금·봉급·상여금·퇴직연금, 그 밖에 이와 비슷한 성질을 가진 급여채권의 2분의 1에 해당하는 금액은 압류하지 못한다. 다만, 그 금액이 185만원에 미치지 못하는 경우에 185만원까지는 압류가 금지된다(동법 제246조 1항 4호, 동법시행령 제3조). 결국 정리하면 다음과 같다.

① 월 급여 185만원 이하: 압류금지
② 월 급여가 185만원 초과 370만원 이하인 경우: 월 급여－185만원
③ 월 급여가 370만원 초과 600만원 이하인 경우: 월 급여의 1/2
④ 월 급여가 600만원 초과하는 경우: 월 급여－300만원+[{(급여/2)－300만원}/2]

한편 국가, 지방공무원의 경우에는 각 공무원연금법에서 퇴직연금 전체의 압류를 금지하는 규정이 있고, 사립학교교원이나 교직원의 경우에도 마찬가지 규정이 있어 압류가 전면 허용되지 않고 있다. 또한 근로자퇴직급여보장법에서는 퇴직연금급여를 받을 권리는 양도하거나 담보로 제공할 수 없다고 규정하고 있으므로 퇴직연금제도의 급여를 받을 권리는 법률에 의하여 양도가 금지된 채권이다. 양도가 금지되는 채권은 압류할 수 없는 것이 원칙이다.

그렇다면 근로자퇴직급여보장법상의 양도금지 규정과 민사집행법의 압류금지 규정의 관계가 어떻게 되는지 문제가 생긴다. 대법원은 이에 대하여 근로자퇴직급여보장법상의 양도금지 규정이 우선하여 적용되기 때문에 퇴직연금채권은 법률에 의하여 양도가 금지된 채권으로서 압류할 수 없다고 판결하였다(대법원 2014. 1. 23. 선고 2013다71180 판결). 확정급여형 퇴직연금 제도, 확정기여형 퇴직연금 제도 및 개인형 퇴직연금제도의 퇴직연금 채권에 대해서도 마찬가지로 적용될 수 있다. 그러나 **퇴직금** 제도에 대해서는 근로자퇴직급여보장법 제7조가 적용되지 아니하므로, 민사집행법에 따라 2분의 1에 해당하는 금액은 압류될 수 있다(대구지방법원 2014. 9. 26. 선고 2014나3113 판결).[60]

한편 압류가 금지된 퇴직연금을 수령한 경우 그 금액이 은행예금 계좌로 입금되게 된다. 하지만 일단 통장에 입금될 경우 그 통장 안의 다른 돈들과 섞여버려 나중에 은행예금채권으로 압류가 될 수 있다(대법원 2014. 7. 10. 선고 2013다25552 판결 참조). 이를 피하기 위해서 기초생활급여가 적용되는 '압류방지 전용통장' 제도가 있다. 우체국은 기초생활수급자는 물론, 기초노령연금, 장애인연금, 장애(아동)수당 수급자와 국민연금수급자의 최저생활을 보장할 수 있도록 급여가 압류되지 않는 '우체국 행복지킴이통장'과 '국민연금 안심통장'을 출시해 판매중이다. 국민연금 수급자라면 누구나 가입 가능한 국민연금 안심통장은 기본적으로 연금급여 외 다른 돈은 입금할 수 없으며 가입금액은 제한이 없으나 1회 입금한도는 185만원 이하로 정해져 있다. 따라서 국민연금 수급액이 185만원이 넘을 경우에는 압류금지통장 외 수급통

---

60 퇴직금과 퇴직연금은 지급방식에 차이가 있을 뿐 본질적인 면에서는 차이가 없음에도 이렇게 압류금지의 범위가 달라지는 것은 형평에 맞지 않는다. 따라서 입법적으로 통일시켜야 할 것으로 보인다. 개인적 견해로는 퇴직금도 임금의 일종이므로 일반 월급채권과 달리 해석할 것은 아니다. 따라서 퇴직금이든 퇴직연금이든 1/2 한도에서는 양도, 담보제공 및 압류가 가능하도록 통일하는 것이 옳다고 생각한다.

장을 하나 더 국민연금관리공단에 등록해야 한다.

압류금지채권에 관련된 몇 가지 쟁점

① 압류금지채권의 목적물이 채무자의 예금계좌에 입금된 경우에는 그 예금채권에 대하여 더 이상 압류금지의 효력이 미치지 아니하므로, 그 예금은 압류금지채권에 해당하지 아니한다(대법원 1999. 10. 6.자 99마4857 결정, 대법원 2008. 12. 12.자 2008마1774 결정 등 참조).

② 2011. 4. 5. 법률 제10539호로 개정된 민사집행법에서 신설된 제246조 제2항은, 압류금지채권이 금융기관에 개설된 채무자의 계좌에 이체되는 경우 더 이상 압류금지의 효력이 미치지 아니하므로 그 예금에 대한 압류명령은 유효하지만, 원래의 압류금지의 취지는 참작되어야 하므로 채무자의 신청에 의하여 압류명령을 취소하도록 한 것이다. 하지만 개정 민사집행법 제246조 제3항과 같은 압류금지채권의 범위변경에 해당하고, 위 조항에 따라 압류명령이 취소되었다 하더라도 압류명령은 장래에 대하여만 효력이 상실할 뿐 이미 완결된 집행행위에는 영향이 없고, 채권자가 집행행위로 취득한 금전을 채무자에게 부당이득으로 반환하여야 하는 것도 아니다(대법원 2014. 7. 10. 선고 2013다25552 판결).

③ 압류금지채권의 목적물이 채무자의 예금계좌에 입금된 경우에는 그 예금채권에 대하여 더 이상 압류금지의 효력이 미치지 아니하므로 그 예금은 압류금지채권에 해당하지 않지만, 압류금지채권의 목적물이 채무자의 예금계좌에 입금되기 전까지는 여전히 강제집행 또는 보전처분의 대상이 될 수 없으므로, (압류금지채권의 목적물을 수령하는 데 사용하던 기존 예금계좌가 채권자에 의해 압류된) 채무자가 압류되지 않은 다른 예금계좌를 통하여 그 목적물을 수령하더라도 강제집행이 임박한 채권자의 권리를 침해할 위험이 있는 행위라고 볼 수 없어 강제집행면탈죄가 성립하지 않는다(대법원 2017. 8. 18. 선고 2017도6229 판결).

145 | 추심명령과 전부명령

Q A씨는 B씨에 대해 1억원의 채권이 있는데 채무자 B씨에게는 아무런 재산이 없고 단지 B씨가 제3채무자인 C씨에게 채권 1억원이 있을 뿐이다. 그리고 B씨에게는 A씨 말고도 다른 채권자들이 있을 가능성이 매우 크다. 한편 A씨는 C씨의 재산내역에 대해 아는 바가 전혀 없다. 이 경우 A씨는 B씨가 C씨에게 갖고 있는 채권이라도 압류하려고 하는데 추심명령과 전부명령 중 어느 것을 신청하는 것이 유리할까?

추심명령은 채무자가 다른 제3자에 대해 가지고 있는 금전채권을 채권자가 직접 추심할 수 있는 권한을 부여하는 명령이다. 여기서 채권 추심권한이라 함은 금전채권에 대해 이행을 촉구하여 현금화하는 것을 의미한다. 한편 전부명령이란 압류된 채무자의 금전채권을 채권자에게 이전하라는 명령이다. 먼저 추심명령과 전부명령의 공통점은 채무자에게 금전채권 외 다른 재산이 없는 경우 그 채무자의 금전채권에 대해 압류를 하여 채권의 만족을 얻을 수 있는 점이다. 한마디로 얘기하면 채권자가 채무자의 부동산에 대해 압류 후 경매처분을 하여 배당을 받음으로써 채권의 만족을 얻듯이, 채무자의 채권을 압류한 후 그 채권을 금전으로 현실화하는 절차인 것이다. **그럼 추심명령과 전부명령은 어떠한 차이가 있으며 각각의 장점과 단점은 무엇일까?**

추심명령에 의한 채권자는 추심신고를 하기 전 압류 등을 한 다른 채권자와 채무자의 금전채권을 자신의 채권 금액에 비례하여 나누어 배당받아야 한다. 즉 채권자가 추심명령에 의하여 제3채무자로부터 추심금을 지급받으면 그 사실을 집행법원에 신고해야 한다(민사집행법 제236조 1항). 하지만 다른 채권자가 경합하면 추심한 금액을 전부 공탁하고 그 사유를 신고해야 한다(동법 제236조 2항). 이를 '추심의 신고'라고 부른다.

반면 전부명령에 의한 채권자는 채무자의 금전채권을 독식할 수 있다. 그 이유는 채무자의 제3채무자에 대한 채권을 채권자에게 돌려놓았기 때문에 단독으로 그 채권에 대한 만족을 얻을 수 있는 것이다. 따라서 전부명령이 제3채무자에게 송달될 때까지 그 금전채권에 관하여 다른 채권자가 압류·가압류 또는 배당요구를 한 경우에는 전부명령은 그 효력을 잃는다(동법 제229조 5항).

전부명령은 추심명령과 달리 독식할 수 있는 장점이 있기는 하나 여기에는 두 가지 함정이 도사리고 있다. ① 첫째, 전부명령은 추심명령과 비교하여 확정되는데 시간이 걸린다는 점이다. 즉 추심명령은 (채무자가 즉시항고를 하든 안하든) 제3채무자에게 송달되면 바로 추심을 진행해 돈을 회수할 수 있다. 하지만 전부명령은 채무자나 제3채무자가 즉시항고를 할 경우 집행정지의 효력이 있기 때문에 확정되지 않는데 전부명령은 확정이 되어야만 효력이 발생한다(동법 제229조 7항). ② 둘째, 전부명령이 확정되면 집행절차는 소급하여 종료된다. 즉 전부명령이 제3채무자에게 송달된 때 소급하여 채무자가 집행채무를 변제한 것으로 본다(동법 제231조 본문). 그리고 송달 시에 집행채권은 소멸된다(동법 제229조 5항). 따라서 제3채무자가 무자력이어서 변제가 불가능할 경우에는 그 위험부담을 전부명령 채권자가 부담하게 된다. 이 점 때문에 많은 사람들이 추심명령을 선호하는 것이다.[61]

하지만 전부명령받은 채권 자체가 처음부터 존재하지 않았거나 아니면 소멸시효로 등으로 사후에 소멸된 경우에는 전부명령 자체가 무효가 되므로 다시 채무자의 다른 재산에 강제집행할 수 있다.

사례로 돌아가 살피건대, B씨에게 다른 채권자들이 존재할 가능성이 있어 A씨가 B씨의 채권을 압류한다고 해도 압류가 경합될 가능성

61 하지만 제3채무자가 재력이 확실하거나 국가기관일 경우에는 무자력의 위험이 없으므로 전부명령에 도전해 보는 것도 좋다.

이 크다. 따라서 채권전체를 만족받을 수는 없고 다른 채권자들과 채권액에 비례하여 안분비례로 배당받을 수밖에 없다. 하지만 그렇다고 해서 채권전체를 혼자 독식하기 위해 전부명령을 신청할 수도 없다. 왜냐하면 제3채무자인 C씨의 재산상태를 알 수가 없는데, 만약 C씨가 무자력일 경우 A씨는 한 푼도 변제받지 못할 위험성이 크기 때문이다. 따라서 설사 압류의 경합이 된다고 해도 A씨 입장에서는 안전하게 추심명령을 신청하는 것이 유리하다.

146 | 채권자가 닉찰자로 된 경우 본인의 채권으로 매깍대금을 상계처리할 수 있을까?

A씨는 서울 강남구 논현동 소재 대지 100평에 채권최고액 10억원의 근저당권(실재 채권은 8억원)을 설정했다. 그런데 B씨는 위 근저당권부 채권을 양도받아 임의경매를 신청한 후 그 땅을 B씨 본인이 경매를 받고자 한다. 이 경우 만약 B씨가 위 땅을 최저경매가인 9억원에 낙찰 받을 경우 B씨는 본인이 배당받을 위 근저당권부 채권 8억원과 낙찰대금을 상계처리할 수 있을까?

가. 관련규정: 민사집행법 제143조(특별한 지급방법)

① 매수인은 매각조건에 따라 부동산의 부담을 인수하는 외에 배당표(配當表)의 실시에 관하여 매각대금의 한도에서 관계채권자의 승낙이 있으면 대금의 지급에 갈음하여 채무를 인수할 수 있다.

② 채권자가 매수인인 경우에는 매각결정기일이 끝날 때까지 법원에 신고하고 배당받아야 할 금액을 제외한 대금을 배당기일에 낼 수 있다.

③ 제1항 및 제2항의 경우에 매수인이 인수한 채무나 배당받아야 할 금액에 대하여 이의가 제기된 때에는 매수인은 배당기일이 끝날

때까지 이에 해당하는 대금을 내야 한다.

나. 매각대금 채권상계신청의 의미

부동산 경매에서 채권자(근저당권자, 임차인, 배당요구권자 등)가 동시에 매수인(낙찰자)일 때 매각대금의 특별한 지급방법이다. 즉, 낙찰자가 채권자인 경우 자신의 배당금액을 낙찰대금과 상계할 것을 신청하는 것을 의미한다.

즉 위 민사집행법 제143조 제2항에 의하면 매수인은 배당액과의 차액지급(배당액의 공제)을 지급함으로써 매각대금을 납입한 것으로 보는 것인데, 이는 매수인이 일단 대금전액을 납부하도록 하였다가 나중에 배당을 받게 되는 이중의 절차를 피하고자 마련한 제도이다.

다. 상계신청 방법(=매각결정기일이 끝날 때까지)

(1) 상계처리할 채권액 신고

채권자가 매수인인 경우에는 매각결정기일이 끝날 때까지 법원에 신고하고 배당받아야 할 금액을 제외한 대금을 배당기일에 낼 수 있다(법 제143조 2항). 여기서 배당받아야 할 금액이란 매수인이 배당 요구한 채권을 의미하는 것이 아니라, 매수인이 배당할 금액과 배당순위에 따라 배당기일에 실제로 배당받을 수 있는 금액을 말한다. 즉, 채권자는 매각대금을 상계방식으로 지급하고 싶으면, 매각결정기일이 끝날 때까지 법원에 위와 같은 상계를 하겠음을 신고하여야 하고, 배당 기일에 매각대금에서 배당받아야 할 금액을 제외한 금액만을 납부하게 된다.

(2) 신청 시 필요한 서면

① 차액지급(상계)신청서(별첨, 신청서 참조)

② 채권계산서(기재할 내용: 채권의 원금, 이자, 비용, 기타 부대채권)

라. 상계처리가 허용되지 않는 경우

(1) 총설

매수인이 배당받을 절차적 요건을 갖추었다고 하더라도 그 배당순위에 비추어 실제로 배당받을 것이 없거나 또는 적법한 배당요구를 하지 못하였을 때는 상계처리가 허용되지 아니한다. 또는 채권자라고 해도 일단 입찰 참여시 납입해야 하는 입찰보증금(최저경매가의 10%)은 본인의 돈으로 납입해야 한다.

(2) 배당가능한 채권이 실제로 존재할 것

매수인이 배당표에 배당을 받는 것으로 기재되더라도 다음의 경우에는 상계처리가 허용되지 아니한다.

① 민사집행법 제160조 제1항 각 호의 공탁사유에 해당하는 경우
② 매수인인 저당권자의 저당권부채권이 압류 또는 가압류된 경우
③ 매수인의 채권(차액지급신고인의 배당금교부청구권)이 압류·가압류된 경우
④ 매수인이 배당받아야 할 금액에 이의가 제기된 경우(법 제143조 3항)

(3) 신고기간을 준수할 것

상계처리는 매각결정기일이 끝날 때까지 법원에 신고되어야 하므로(법 제143조 2항), 그 이후에 된 차액지급의 신고는 부적법하다.

마. 결어

사례로 돌아가 살피건대, B씨는 자신의 채권으로 상계처리할 수 있다. 따라서 매각잔금 8억 1천만원(매각대금 9억원 중 이미 지급한 입찰보증금 9천만원을 공제) 중에서 자신의 실재채권 8억을 공제한 나머지 1천만원만 내면 된다.

147 | 부동산 경매에서 대리권에 관한 증명과 집행이의 신청

Q A씨는 최고의 가격으로 입찰하였음에도 불구하고, 위 입찰절차를 진행한 집행관은 위임장에 첨부된 A씨의 인감증명서가 사본이라는 이유로 A씨나 그 대리인에게 별다른 증명의 기회를 부여함이 없이 대리인이 제출한 입찰표를 무효처리하고 차순위 입찰자를 최고가매수신고인으로 결정하였다. A씨는 이에 대해 다툴 수 있을까?

가. 대리권 증명에 관하여 기회를 줘야

기일 입찰에서 입찰자의 대리인이 제출한 위임장에 인감증명서가 첨부되어 있지 아니하거나 위임장과 인감증명서의 인영이 다른 경우가 종종 있다. 이 경우는 원칙적으로 개찰 대상에서 제외된다. 하지만 이 경우 집행관은 입찰자에게 일단 대리권을 증명할 수 있는 기회를 주어야 하고 만약 그럼에도 불구하고 입찰자가 이를 증명하지 못할 경우에만 개찰하지 않고 차순위 입찰자를 최고가매수인으로 결정하여야 한다.

대법원은 “기일입찰에서 입찰자의 대리인은 대리권을 증명하는 문서를 집행관에게 제출하여야 하므로(민사집행규칙 제62조 제4항), 임의대리의 경우 대리인은 진정성립이 증명되는 위임장을 제출하는 방법으로 대리권을 증명할 수 있는 것인바, 대리인이 집행관에게 제출한 위임장이 사문서로 인감증명서가 첨부되어 있지 아니하거나 위임장과 인감증명서의 인영이 다른 경우라 할지라도 최고가매수신고인 결정 전까지 인감증명서를 제출하거나 그 밖에 이에 준하는 확실한 방법으로 위임장의 진정성립을 증명한 때에는 유효한 입찰로 처리할 수 있다고 할 것이므로, 집행관은 입찰자의 대리인이 제출한 위임장에 인감증명서가 첨부되지 아니한 경우라 할지라도 최고가매수신고인 결정을 하기 전에 그 입찰자 또는 대리인에게 위와 같이 위임장의 진정성립을 증명할 기회를 부여하여야 한다"라고 결정하였다(대법원 2008. 5. 30. 자 2008그45 결정).

위 사건의 경우 A씨나 그 대리인에게 별다른 증명의 기회를 부여함이 없이 대리인이 제출한 입찰표를 무효처리하고 차순위 입찰자를 최고가매수신고인으로 결정한 집행관의 처분은 입찰자 또는 그 대리인에게 대리권을 증명할 기회를 주지 아니한 절차상 하자가 있다. 위 판례에서와 같이 사법보좌관의 사실행위에 관하여는 원칙적으로 '집행에 관한 이의신청'으로 다툴 수 있고(민사집행법 제16조 1항), 심사 결과 위 사례와 같은 집행관의 절차상 하자가 있는 경우에는 최고가매수신고인결정을 취소하도록 하고 입찰자 또는 그 대리인에게 위임장의 진정성립을 증명할 기회를 부여한 다음 최고가매수신고인을 결정하도록 하였어야 한다.

나. 집행이의신청과 즉시항고

집행에 관한 이의신청은 원칙적으로 그 자체로 집행정지의 효력은 없지만, 즉시항고와 마찬가지로 집행정지의 잠정처분이 가능하다. 통상적으로 집행에 관한 이의신청인이 법원에 집행정지를 신청하고, 그 경우 법원은 담보 혹은 무담보부로 집행정지의 잠정처분을 할 수 있다(동법 제16조 2항). 집행이의신청을 인용하여 집행관에게 집행절차의 취소를 명하는 결정에 대하여는 즉시항고를 할 수 있다(동법 제17조 1항). 반면 집행이의신청을 기각하는 결정에 대하여는 즉시항고는 허용되지 않는다. 즉 집행이의신청은 신청인의 입장에서는 1심으로 끝이 난다. 이 점이 항고와 재항고가 허용되는 매각허가결정에 대한 이의신청 절차와 차이점이다. 불복기간도 즉시항고의 경우 1주일 이내 제기하여야 하지만, 집행이의신청은 그 기간에는 제한이 없다. 다만 집행이 종료될 경우, 즉 낙찰자가 매각대금을 납부할 경우에는 집행이의신청은 그 실익이 없으므로 부적법하여 각하된다.

다. 집행이의신청이 기각될 경우 구제방법-특별항고

그렇다면 실무상 이와 같이 집행이의신청을 하였지만 기각될 경우 즉시항고 말고 다른 구제방법은 전혀 없는가? 마지막 구제방법이 하나 있는데 그것이 바로 특별항고 절차이다. 특별항고라 함은 불복할 수 없는 결정·명령에 대하여 재판에 영향을 미친 헌법위반이 있거나, 재판이 전제가 된 명령·규칙·처분의 헌법·법률의 위반 여부에 대한 판단이 부당할 경우 대법원에 직접 소송을 제기할 수 있는 비상구제방법이다(민사소송법 제449조 1항). 그래서 실무상 집행에 관한 이의신청이 기각될 경우 바로 대법원에 특별항고를 하여 다투는 경우가 종종 있는데 위 대법원판례 역시 특별항고로 다투어서 입찰자가 구제받은 사건이었다.

라. 기일입찰표의 유·무효 처리기준

실무상 입찰기일, 사건번호를 적지 않는 경우, 입찰자 본인 또는 대리인의 이름 다음에 날인이 없는 경우, 보증금액의 기재가 없거나 그 기재된 보증금액이 매수신청보증과 다른 경우 등과 같이 형식적 하자의 경우에는 무효처리 되지 않고 개찰에 포함된다. 하지만 입찰인 본인 혹은 대리인의 이름 자체를 적지 않는 경우, 입찰자 본인의 주소와 이름만 적혀 있고 대리인의 이름이 적혀 있지 아니한 경우, 위임장이 붙어있지 아니한 경우, 입찰자 본인 또는 대리인의 이름이 위임장 기재와 다른 경우, 입찰가격의 기재를 정정한 경우, 입찰가격의 기재가 불명한 경우, 마지막으로 위임장은 붙어 있으나 인감증명서가 붙어 있지 않거나 위임장과 인감증명서의 인영이 다른 경우 등은 기일입찰표가 무효처리되어 개찰에서 제외된다. 여기서 인감증명서는 원본이어야 하므로 사본의 경우는 원칙적으로 무효처리된다. 다만 위 사례와 같이 입찰자가 인감증명서 사본을 제출한 것은 원본이 있을 가능성이 크므로 이런 경우 집행관은 입찰자 혹은 대리인에게 입찰자의 대리인에게 위임장의 진정성립을 증명할 기회를 부여하여야 하는데 이를 하지 아니하였기 때문에 위와 같이 집행이의신청에 대한 특별항고가 받아들여진 것이다.

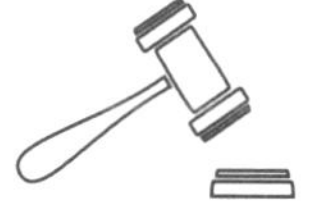

세무 · 행정 편

148 | 세무조사권 남용, 별건 세무조사는 부적법 취소돼야

Q S세무서는 C씨에 대해 증여세 포탈 혐의가 있다는 제보를 받고 세무조사를 하였다. 하지만 위 제보는 아무런 근거가 없다고 결론이 났는데도, S세무서는 피제보자와 관련된 회사 등에 세무조사를 대대적으로 확대해 '먼지털이'식 조사를 한 다음 다른 명목으로 증여세를 부과하였다. C씨는 S세무서장을 상대로 증여세 부과처분에 대해 취소하라고 소송을 걸었는데 승소 가능성은?

세무당국이 임의적으로 세무조사 대상범위를 확대하는 경우 이러한 세무조사는 위법한 세무조사이고, 그에 근거해 수집한 과세자료를 기초로 이루어진 세금부과 역시 위법하여 취소되어야 마땅하다.

위 사례는 실제 사건이었는데 구체적으로 사실관계를 살펴보면 다음과 같다. 세무공무원인 B씨는 2011년 10월 C씨와 토지매매와 관련해 분쟁을 겪던 지인 D씨로부터 해결 방법에 대해 문의를 받고 "세무조사를 통해 압박을 하라"고 조언했다. 이에 D씨는 국세청에 'C씨가 토지를 시가보다 낮은 가액으로 인수해 증여세를 포탈했다'는 내용의 탈세제보서를 냈다. 제보내용을 토대로 조사를 하던 서울지방국세청은 곧바로 C씨에게 증여세 포탈 혐의가 인정되지 않는다는 점을 파악했지만 여기서 멈추지 않았다. 국세통합전산망 시스템을 이용해 C씨와 관련된 회사들의 법인결산서 등을 조회해 C씨가 최대주주로 있는 E사의 주주변동이 빈번하고 출처를 알 수 없는 돈이 들어온 것을 발견한 것이다. 서울지방국세청은 이후 C씨와 E사를 세무조사 대상자로 선정해 세무조사를 실시했다. 이 과정에서 또 다른 세무공무원은 C씨에게 "D씨와 원만히 합의하면 세무조사를 받지 않았을 것"이라는 말까지 했다. 서울지방국세청은 석 달간의 세무조사 끝에 C씨가 A씨에게 주식 일부를 명의신탁했다고 판단해 서초세무서에 과세자료를 통보했고, 서초세무서는 A씨에게 증여세 4,600여만원을 누락했다며 세금을 납부하라고 고지했다. 이러한 세무조사에 부당함을 느낀 A씨는 이에 불복해 증여세부과처분 취소소송을 냈다.

국세기본법 제81조의6 제3항은 정기적으로 세무신고의 적정성을 검증하기 위해 세무조사 대상을 선정(정기선정 세무조사)하는 외에 △납세자에 대한 구체적인 탈세 제보가 있는 경우 △신고 내용에 탈루나 오류의 혐의를 인정할 만한 명백한 자료 있는 경우 △납세자가 신고·성실신고확인서 제출 등 납세협력의무 이행을 하지 않은 경우 등에 해당할 경우 세무조사를 할 수 있도록 규정하고 있다.

대법원은 판결문에서 "이 사건 세무조사는 외관상 세무조사의 형식을 취하고 있지만, 실질은 세무공무원이 개인적 이익을 위해 권한을 남용한 전형적 사례"라며 "세무조사가 위법하므로 그에 근거해 수집된 과세자료를 기초로 이뤄진 세금 부과 역시 위법하다"고 밝혔다(대법원 2016. 12. 15. 선고 2016두47659 판결).

결국 C씨의 승소로 증여세 부과처분은 취소되었다.

149 | 상속세와 증여세 중 선택문제

Q A씨는 재산이 많은 갑부인데 자신의 상속인으로 자녀가 여럿 있다. A씨가 생전에 재산을 증여하는 것이 좋을까 아니면 상속으로 물려주는 것이 좋을까?

상속세는 피상속인이 죽고 나서 상속받는 재산에 대해 부과되는 세금이고, 증여세는 증여자가 살아있는 동안의 법률행위로 인해 취득하게 되는 재산에 대한 세금이다. 상속세와 증여세는 둘 다 최대 50%까지 부과되는 누진세로서 두 세금은 세율구간이 똑같다. 즉 1억원 이하는 10%, 1억원 초과~5억원 이하는 20%, 5억원 초과~10억원 이하는 30%, 10억원 초과~30억원 이하는 40%, 그리고 30억원 초과는 50%이다.

상속세는 사망자의 재산 전체에 부과되는 반면, 증여세는 증여를 받는 수증자 기준으로 세금이 부과되기 때문에 증여세가 상속세보다 통상 적다(다만 공제율에 따라 상속세가 적은 경우도 있음). 예를 들어 홀아버지가 자식 5명에게 50억원을 남기고 사망하였을 때 이를 상속세로 계산하면 구간별로 위 상속세율이 적용되어 20억 4천만원{1천만원(1억) + 8천만원(4억) + 1억 5천만원(5억) + 8억(20억) + 10억(20억)}을 세금으로 내게 된다. 이를 5인으로 나누면 1인당 4억 8백만원씩 상속세를 부담하게 된다. 그런데 홀아버지가 사망 전 자식 5명에게 각 10억원씩 증여했다고 가정해보자. 각 10억 원에 대해 30%의 증여세율이 적용되어 1인당 2억 4천만원씩 증여세를 내야 한다(단, 이 계산들은 상속 혹은 증여공제를 고려하지 않은 것).

하지만 사망 전 10년 이내 증여의 경우는 상속세와 동일하게 취급되므로 사망 10년 전에 이미 증여를 했을 경우에만 위와 같은 차이가 발생된다. 결국 재산이 많은 사람은 증여세가 유리하고, 재산이 적은 경우는 상속세가 유리하다는 결론이 난다. 통상적으로 세법상으로만 보아서는 10억원이 그 분기점인데 그 이유는 보통 10억원 정도는 상속세에 있어 일괄공제가 되기 때문이다. 따라서 그 이상의 재산은 생전에 미리미리 증여를 해주는 것이 세제상 유리하다. 다만 재산을 미리 증여할 경우 자칫 잘못하면 효도를 받지 못하게 될 수 있으니 그 점은 각오해야 할 것이다.[62]

---

62 개인적 견해로는, 자신의 남은 여생기간 동안 필요한 충분한 재산을 죽을 때까지 갖고 있고, 그 이상의 여유재산에 대해 조금씩 분할해 생전증여를 하는 것이 좋다고 생각한다. 그러면 세제상으로도 혜택을 받고, 동시에 자식들로부터도 효도를 받을 수 있어 일거양득이다.

※ 상증세법 제26조【상속세 세율】

상속세는 제25조에 따른 상속세의 과세표준에 다음의 세율을 적용하여 계산한 금액(이하 "상속세산출세액"이라 한다)으로 한다. (2010. 1. 1. 개정)

〈과세표준〉	〈세 율〉
1억원 이하	과세표준의 100분의 10
1억원 초과 5억원 이하	1천만원 + (1억원을 초과하는 금액의 100분의 20)
5억원 초과 10억원 이하	9천만원 + (5억원을 초과하는 금액의 100분의 30)
10억원 초과 30억원 이하	2억4천만원 + (10억원을 초과하는 금액의 100분의 40)
30억원 초과	10억4천만원 + (30억원을 초과하는 금액의 100분의 50

증여나 상속을 고려하고 있다면 유리하게 적용받을 수 있는 전략

① 첫째, 상속증여가 발생하면 제 기간에 신고를 해야 한다. 증여의 경우는 증여일이 속한 달의 말일부터 3개월 이내에, 상속은 상속개시일이 속한 달의 말일부터 6개월 이내에 신고하면 전체 금액의 3%에 해당하는 세금을 공제받을 수 있다(상증세법 제69조).

② 둘째, 사망 시 상속재산을 줄이기 위해 사전증여도 생각해봐야 한다. 10년 단위로 배우자에게는 6억원까지, 자녀에게는 각 5천만원씩 (미성년자는 2천만원) 증여세를 공제받을 수 있기 때문에(상증세법 제53조 2호), 10년 단위로 위 금액 한도 내에서 생전에 가족들에게 증여해 두는 것이 상속세나 증여세를 합법적으로 피할 수 있는 길이다.

③ 셋째, 저평가 재산을 증여하는 것이 좋다. 증여할 대상이 부동산 등 현금이 아닌 경우에는 자산 평가 문제가 발생한다. 현행 세법은 증여일 전후 3개월간의 매매 사례 가액, 감정 평가액, 기준 시가 등의 순서에 따라 적용하도록 규정하고 있다. 특히 부동산의 경우, 매매가 빈번한 아파트나 오피스텔은 주변 시세를 적용해서 평가할 수 있지만, 토지나 단독 주택, 근린생활시설

등은 주변 시세 파악이 쉽지 않아 개별 주택은 가격, 토지는 공시 지가, 근린생활시설 등은 기준 시가를 적용한다. 이때 개별 주택 가격, 공시 지가, 기준 시가 등은 시세의 약 50~80%로 평가되고 있기 때문에 현금이나 아파트보다 토지, 단독 주택, 근린생활시설 등의 재산을 증여하는 것이 유리하다.

④ 넷째, 펀드는 일반 저축보다 높은 수익률을 보여주기 때문에 이를 증여에 이용하면 더욱 높은 효과를 누릴 수 있다. 즉 자녀 명의로 5천만원의 펀드에 가입하고 가입 시 증여세 신고를 하면 증여시점은 가입할 당시가 되기 때문에 펀드 가입 후의 수익에 대해서는 증여세 납세의무가 없어진다. 만약 본인 명의로 펀드를 운영하고 수익이 난 후에 증여를 하려면 납부하지 않아도 될 증여세를 납부해야 한다.

⑤ 다섯째, 수익이 생기는 자산을 증여하는 것이 좋다. 여러 자산이 있는 경우, '증여 재산에 수익이 발생할 수 있는지' 여부를 점검해야 한다. 자녀에게 재산을 증여했을 때 수익이 생긴다면 그 역시 자녀의 몫이 된다. 자녀에게 종자돈을 모을 수 있는 장점이 된다.

150 | 증여세 냈어도 상속세 또 내야 하는 경우

Q A씨는 어머니인 B씨로부터 2억원을 증여받은 뒤 그에 대한 증여세 2,160만원을 신고하고 납부하였습니다. 이후 A씨의 어머니 B씨는 사망하게 되었고 A씨는 별도로 상속세 과세표준 및 세액을 신고하지 않았다. 그런데 과세당국은 A씨가 B씨로부터 과거에 받은 금전 2억원이 사전증여에 해당한다고 보고 그를 상속세 과세가액에 가산하여 상속세 3,200만원을 부과한 것이다. A씨는 상속세를 추가로 납부해야 하나?

이 사건의 경우 증여세를 납부한 재산이 사전증여에 해당한다고 본 과세당국의 결정에 의해 분쟁이 발생한 것이다. 상속세가 증여세보다

1천만원 이상 더 부과된 것은 상속세는 상속재산 전체에 부과되므로 각자 개별적으로 부과되는 증여세보다 누진비율이 상대적으로 높기 때문이다.

위 사례에 있어 A씨는 어머니 B씨로부터 받은 2억원은 증여가 아니라며 과세당국의 과세는 부당하다고 소송을 제기하였다. 즉 그 돈은 A씨의 아버지인 C씨가 10억을 유산으로 남겼는데 A씨와 B씨를 비롯한 공동상속인 5명이 그 돈을 각 2억원씩 나눠 갖기로 합의하여 어머니인 B씨 통장에서 2억원을 송금받은 것인데 그 당시 법을 잘 몰라 2억원에 대해 증여신고를 한 것이라고 항변했다. 그러나 재판부는 A씨의 이 같은 주장에도 불구 과세당국의 과세는 정당하다는 판결을 내렸다.

재판부는 앞서 살펴본 사연에도 불구하고 B씨가 A씨에게 준 2억원을 사전증여로 본 것인데 당시 A씨가 증여신고를 하고 세무서에 증여세를 납부한 것이 결정적으로 불리하게 작용한 것이다. 그렇기에 재판부는 상증세법 제13조 제1항 제1호에 따라 상속 개시일 전 10년 이내에 피상속인이 상속인에게 증여한 재산은 상속세 과세가액에 가산한다고 밝혔으며 따라서 과세당국의 과세는 정당하다고 보고 A씨의 청구를 기각하였다.

다만 이 경우에도 A씨는 이미 증여세 2,160만원을 납부한 바 있으므로 상속세 3,200만원에서 이를 공제한 나머지 금액인 1,040만원만 납부하면 될 것으로 보인다. 상증세법 제28조 제1항에 의하면 "상속재산에 가산한 증여재산에 대한 증여세액(증여 당시의 그 증여재산에 대한 증여세산출세액)은 상속세산출세액에서 공제한다"라고 규정되어 있기 때문이다. 하지만 실무적으로는 세무서에서는 위 사례와 같이 일단 과거 10년 이내의 증여재산을 더해 상속세를 부과할 가능성이 높으므로 과거 증여세 납부로 인한 공제는 납세자가 주장해야 할 가능성이 크다.

151 | 1세대 2주택임에도 양도소득세 중과세 면제되는 경우

Q A씨(남, 35세)는 아파트 한 채를 소유하고 있는 총각인데 이번에 B씨(여, 30세)와 결혼을 하게 되었다. 그런데 B씨도 빌라 한 채를 소유하고 있어 그 둘이 결혼하게 되면 1세대 2주택이 된다. 1세대 2주택이 되지 않으려면 결혼하기 전에 이 둘 중 누군가 한 사람은 집을 처분해야만 하는가?

법에도 눈물이 있듯이 1세대 2주택임에도 양도소득세가 면제되는 경우가 있다. 1세대 2주택 양도소득세 면제조건을 잘 알아두면 내지 않아도 될 세금을 절약할 수 있다. 대부분 본의 아니게 2주택자가 되는 경우가 이에 해당되는데 면제조건을 미리 확인하고 숙지해야 상황에 따라 합법적으로 절세를 할 수 있다. 그럼 1세대 2주택이라도 1세대 1주택 특례를 받을 수 있는 요건을 사안별로 살펴보면 다음과 같다.

① 먼저 가장 흔한 예로 **매매로 인한 일시적 2주택의 경우**가 있다. 새롭게 집을 매수하거나 아파트를 분양받았는데 기존 주택이 팔리지 않을 경우에는 일시적으로 2주택이 된다. 이 경우에는 3년 이내에 기존에 보유하고 있던 주택을 매도하면 1세대 1주택 특례를 받을 수 있다.[63] 단, 이 경우에도 기존주택을 매입한 날로부터 1년 이상 지난 후에 새로운 주택을 샀을 경우에 적용된다.

② 1주택을 소유하다가 그 주택을 양도하기 전에 조합원입주권을 취득함으로써 일시적으로 1주택과 1조합원입주권을 소유하게 된 경우는 조합원입주권을 취득한 날로부터 3년 이내에 기존주택을 양도한 경우는 1세대 1주택 특례를 받을 수 있다. 단, 기존주택을 취득한 날로부터 1년이 지난 후 조합원입주권을 취득해야 한다.

③ **주택을 증여받아 2주택이 되는 경우**가 있다. 즉 상속이 아니라 생

63 2023. 1. 12.부터는 서초·강남·송파·용산 등 조정대상지역도 이에 포함된다.

진에 재산분배를 위해 증여를 받았다면 증여받은 날부터 3년 이내에 기존에 보유하고 있던 주택을 양도할 때 양도소득세 비과세 혜택을 받을 수 있다. 단, 이 경우에도 기존 주택을 취득한 날부터 1년 이상이 지난 후 새로운 주택을 증여받을 경우에 1세대 1주택 특례가 적용될 수 있는데 결국 매매로 인한 일시적 2주택의 경우와 비슷한 구조이다.

④ **주택 상속으로 인해 2주택이 되는 경우가 있다**. 예컨대 부모님께서 돌아가시면서 주택을 상속받아 2주택이 되는 경우이다. 이 경우에는 피상속인과 상속인이 별도의 세대를 구성해야 하며, 상속개시로 인해 본인의 의지와 관계없이 소유하게 된 주택으로 기존 주택은 언제나 (양도기간의 제한 없이) 1세대 1주택 특례를 받을 수 있다. 단, 매도시 기존주택의 주택 보유기간이 2년 이상이어야 하고 매도가가 12억원 이하여야 한다. 또한 기존 보유 주택은 상속개시일 전에 취득한 것에 한한다.

⑤ 노부모 부양을 위한 합가하는 바람에 2주택이 되는 경우도 있다. 60세 이상의 직계존속[64]을 모시기 위해 집을 합쳐 2주택이 된 경우에는 10년 이내 어느 한 채[65]를 팔면 1세대 1주택 특례를 받는다. 효를 장려하기 위해 정책적으로 혜택을 주는 것이다.

⑥ 취학이나 지방 발령으로 인한 2주택이 되는 경우도 있다. 만약 근무지 발령이나 취학으로 인해 지방 등지로 가족과 떨어져 작은 주택을 매매해 사는 경우가 있다. 이 경우에는 기존에 보유하고 있던 주택을 해당 사유가 해소된 날부터 3년 이내에 양도하는 경우에 1세대 1주택 특례를 받을 수 있다.

---

64 배우자의 직계존속을 포함하며, 직계존속 중 어느 한 사람이 60세 미만인 경우도 포함)

65 다른 경우는 기존주택을 팔 경우만 비과세 혜택을 받는데 반해 이 경우는 어느 주택이든 10년 이내 팔면 비과세 혜택을 받는다.

⑦ 혼인으로 인한 2주택이 되는 경우도 있다. 집을 보유한 남녀가 혼인으로 2주택이 되었다면 결혼한 날로부터 5년 이내에 먼저 파는 주택[66]에 대해서는 1세대 1주택 특례를 받을 수 있다.

주택소유자가 입주권 소유자와 혼인한 경우는 주택으로 완공된 후 보유기간이 2년이고, 혼인한 날로부터 5년 이내 양도하는 경우에도 1세대 1주택 특례를 받을 수 있다.

사례로 돌아가 살피건대, 마지막 ⑦의 사례에 해당된다. 따라서 결혼 한 뒤 5년 이내 누군가 한 사람만 집을 처분하면 1세대 1주택 특례를 받을 수 있다.

별장은 1세대 2주택에 해당되나?

우리는 위에서 1세대 2주택이라도 일정 기간 안에 한 채를 처분하면 양도소득세 중과세를 면하는 몇 가지 사례를 검토했다. 그럼 주택 중 한 채가 별장인 경우에는 어떨까? 만약 별장을 세법상 주택으로 본다면 1세대 2주택이 되므로 나중에 그 중 한 채를 팔 경우 양도소득세를 많이 납부해야 한다. 하지만 그와 같이 해석하게 되면 결국 별장을 갖지 말라는 것과 다름없다. 그래서 세법상으로 별장은 주택이 아닌 것으로 취급된다. 예컨대 서울에 집이 한 채 있는 사람이 제주도에 한 채의 집이 더 있는데 제주도 집은 평소에 거주하지 않고 오로지 휴가 때나 주말 등에 골프치러 갈 때만 일시적으로 사용하는 경우에 그 제주도 집은 별장으로 보아 1세대 2주택에 해당되지 않는다. 따라서 두 집 중 어느 것을 먼저 처분할 경우 1세대 2주택의 양도소득세율이 적용되지 않게 된다(대법원 2008. 5. 29. 선고 2008두4459 판결, 서울행정법원 2016구단59181 판결).

여기서 별장의 개념이 매우 중요한데, 세법상 별장이라 함은 '주거용 건축물이지만 늘 주거용으로 사용하지 않고 휴양이나 피서, 놀이 등의 용도로 사용하는 건축물과 부속토지'를 말한다(지방세법 제13조 5항 1호). 따라서 만

66 취득일과 상관없다.

약 그 별장을 누군가에게 세를 주거나 관리인 등에게 상시 거주케 하였다면 이는 세법상 주택으로 취급될 수 있다(서울고등법원 2008. 1. 25. 선고 2007누9206 판결). 다만 어떤 건축물이 별장에 해당하기 위해서는 그 건축물이 사실상의 현황에 의하여 별장용으로 사용되고 있으면 족하고, 그 사용주체가 반드시 그 건축물의 소유자임을 요하는 것은 아니며 그 건축물의 임차인이라도 무방하다. 따라서 별장으로 사용하던 주택을 타인에게 세를 놓았지만 그 세입자 역시 임대인과 마찬가지로 역시 별장으로만 사용하였다면 그 주택은 세법상 별장으로 취급된다(대법원 1988. 4. 12. 선고 87누932 판결). 참고로 세무서에서는 사실상의 현황에 의해 별장으로 사용하고 있는지 여부를 판단할 때 그 주택에서 사용한 전기 및 수도료, 전화사용료 등을 조사하여 그 주택이 상시 거주용인지 여부를 살펴본다.

152 | 철거된 집도 1세대 2주택에 해당되나?

Q A씨는 자신이 살던 지역이 재개발이 되는 바람에 주택을 수용 당하였다. 그런데 A씨의 주택이 철거되면서 토지에 대한 등기를 넘기기 전에 A씨는 새로운 주택을 구입하였고 그 새로운 주택을 나중에 매도하면서 양도소득세로 4,700만원을 납부하였다. 하지만 세무서에서는 A씨가 새로운 주택을 구입할 당시 기존의 주택에 대한 등기가 살아있었다면서 A씨가 1세대 2주택자라고 판단하여 1억 4천여만원의 양도소득세를 부과하였다. A씨는 이 부과처분에 응해야 하나?

재개발이나 공익사업 등을 이유로 거주지였던 주택이 철거될 예정이라면 철거 일이 다가오기 전에 주거지를 옮길 필요가 있다. 그런데 국세청에서 이와 같이 사실상은 1세대 1주택인데 기존 집에 대한 등기부가 아직 살아 있다는 이유로 일시적으로 1세대 2주택으로 판단한 것은 잘못된 것이다. 위 사례는 실제 있었던 사건인데, 이 같은 관할 세무서의 양도소득세 부과에 A씨는 불만을 품게 되어 이의신청을 한 후 국세심판을 청구하였으나 기각당하자 행정소송을 제기하였다. 하지만 재판부는 세무서의 견해와는 달리 A씨에게 원고 승소 판결을 내렸다. 재판부는 이번 사건에 대해서 중과세 적용을 받게 되는 1세대 2주택의 경우 부동산의 양도 당시에 주택이 실제로 존재하는 상태에서 새로운 주택을 구입해야 하는데, A씨의 경우 건물이 철거된 이후에 등기가 있는 상태에서 새로운 주택을 매매한 것이므로 이는 1세대 2주택으로 볼 수 없다고 밝혔다(서울행정법원 2007구단26).

재판부는 이 밖에도 주택이 철거된 시점에서 그에 대한 소유권은 종국적으로 소멸된다고 보이며 주거 이전 등을 위하여 A씨가 서둘러 주택을 구입할 필요가 있었던 점을 고려해 현실적 필요에 따라 주택을 구입한 A씨에게 불이익을 주는 것은 위법하다는 이유에서 A씨에게 원고 승소판결을 내린 것이다.

153 | 집을 사고 팔 때 내야 하는 양도소득세 계산방법

Q A씨는 15년 전인 2007. 10.경 3억 1,500만원을 주고 아파트를 샀는데 당시 매도인의 요청도 있었고 본인도 취·등록세를 줄여보려고 매매가를 1억 8천으로 다운계약서를 작성하였다. 그런데 A씨는 최근에 위 아파트를 3억 5천만원에 매도한 경우 양도소득세를 얼마를 내야 할까? 참고로 A씨는 1세대 2주택자이다.

집을 팔 때 시세차익에 따라 납부하는 양도소득세는 자칫 잘못 계산하면 세금 폭탄을 맞을 수도 있다. 양도소득세는 자산을 양도할 때 발생하는 소득에 대해 부과되는 세금이다. 일반적으로 양도차익에서

기본공제 250만원과 장기보유공제액을 제하고 표준세율을 곱한 후 누진공제액을 뺀 금액을 말한다. 즉

{(양도한 금액) – (취득한 금액) – (취득시 필요경비) – (장기보유특별공제) – 기본공제} × 세율 – 누진공제액 = 양도 소득세

예컨대 필요경비를 0원으로 상정해서 계산하면 다음과 같다.

〈1세대 2주택의 경우〉

{(현재 시세 – 매매계약서 상 취득금액) – <장기보유특별공제 = 양도차익 × 30%(15년 이상 보유규정이며, 보유기간 10년 이상 11년 미만의 경우 20%) > – (기본 공제)} × 세율 – 누진공제액

{(3억 5천만원 – 1억 8천 5백만원) – <49,500,000원 = 165,000,000원 × 30% > – 250만원)} × 35% – 1,544만원 = 24,110,000원(세율은 2023년부터 개정)

여기에 지방소득세(10%)까지 포함하여 납부할 세금은 총 26,521,000원이다.

하지만 만약 A씨가 정상적인 매매계약서를 작성하였다면,

{(3억 5천만원 – 3억 1천 500만원) – <10,500,000원 = 3,500만원 × 30%(15년 이상 보유규정이며, 보유기간 10년 이상 11년 미만의 경우 20%) > – 250만원} × 15% – 1,260,000원(누진공제액) = 2,040,000원이 되고, 여기에 지방소득세 10%를 가산하면 2,244,000원이 된다.

이렇듯 다운계약서를 작성한 경우 당장에는 취·등록세를 절감할 수 있으나 나중에 양도소득세를 거의 10배 더 내게 된다. **그럼 이런 경우 실제 거래내역을 주장해서 세금을 절감할 수 있을까?** 실질과세의 원칙상 가능한 일이기는 하나 실제와 다르다는 것을 인정받기 위해서

는 주장하는 쪽에서 이를 입증을 해야 한다. 따라서 세금을 줄이기 위해서는 계약서에 적힌 취득가액이 아닌 실제로 매매한 가액이 기재된 매매계약서와 매매대금의 이체내역 등의 실제 거래가격을 입증할 수 있는 증거를 확보해야만 하는데 실무상 그리 녹녹치 않다. 결국 취득가격과 각종 비용들을 증명하는 자료들을 제출해야 하는데 이를 입증하지 못할 경우 실제 금액보다 낮은 금액으로 인정받아 양도소득세 폭탄을 맞을 수도 있다.

한편 실제 취득금액을 밝힐 수 없는 경우에는 당시 거래가액의 일정비율을 취득가액으로 인정하는 **환산가액**을 사용하는 경우도 있다. 취득당시 실지거래가액을 확인할 수 없어 취득일 현재의 매매사례가액, 감정가액, 환산가액으로 취득가액을 적용하는 경우, 양도소득세 계산 시 비용으로 인정되는 금액은 해당 취득가액과 필요경비개산공제액을 합산한 금액이다. 필요경비개산공제액은 실제지출경비가 아닌, 기준시가의 3% 등 양도자산별로 소득세법 시행령 제163조에서 규정하는 금액으로 한다. 결국 집을 매도할 때 지불하는 중개보수, 거주하고 있을 때 들어가는 창틀 교체 비용, 확장 공사비용 등 각종 수선비용이 발생했다면 양도소득세 계산 시 비용으로 인정되기 때문에 집과 관련 된 금융자료를 모두 문서나 파일로 남기고 보관하는 것이 중요하다. 참고로, 2016년 2월부터는 세금계산서, 신용카드영수증, 현금영수증으로 사용한 비용만 양도소득세 필요경비로 인정되기 때문에 간이영수증과 같은 법적증빙이 아닌 것은 비용으로 인정되지 않으므로 유의해야 한다. 하지만 모든 집을 사고 팔 때 양도소득세를 내야 하는 것은 아니다. 보유시기만 잘 따져서 집을 팔아도 양도소득세 면제 혜택을 받을 수 있다. 주택 1개가 있으면 원칙적으로 양도소득세 면제가 가능한데 단 2년간 보유 및 거주해야 한다.

1세대 1주택 비과세 요건을 충족하기 위해서는 양도일 현재 1세대가 국내에 1주택을 보유하고 있는 경우로서, 주택의 보유기간이 2년 이상이어야 하고 조정대상지역의 경우 2년 이상 거주해야 하는 요건이 추가된다.

1세대 1주택 비과세 규정의 특례 규정으로서 일시적 2주택에 따라 세제상 비과세 혜택을 받기 위해서는 종전의 주택을 취득하고 1년 이상이 지난 뒤 신규 주택을 취득하고, 다음에 따라 종전의 주택을 팔아야 세제상 비과세 혜택을 볼 수 있다.

(보유요건)

원칙대로의 1세대 1주택 비과세 요건을 충족해야 하므로, 보유기간 2년 요건이 필요하며 조정대상지역의 경우 2년 이상 거주요건이 추가적으로 필요하다.

(기간요건)

종래에는 ① 신규 주택을 취득하고 3년 이내 종전 주택을 양도하는 경우 또는 ② 종전의 주택이 조정대상지역에 있는 상태에서 조정대상지역에 있는 신규 주택을 취득할 경우에는 신규 주택을 취득하고 2년 이내 종전 주택을 팔아야 세제상 비과세 혜택을 볼 수 있었다.

그러나 2023년 기획재정부 부동산세제 개선 발표자료(2023. 1. 26.)에 따라 2023. 1. 12. 이후 양도하는 경우부터 종전 주택을 보유한 1세대 1주택자가 신규 주택을 취득 후 종전 주택을 처분하면 지역과 관계없이 세제상 비과세 혜택을 볼 수 있다.

다만 1세대 1주택이라고 해도 12억원이 넘는 경우는 일정비율의 양도소득세를 내야 한다.

양도소득세는 신고납부제도로 운영되기 때문에 직접 세금을 계산하고 자진 신고, 납부를 해야 한다. 만약 양도소득세를 신고도, 납부도 하지 않거나 신고만 하고 납부를 하지 못한 경우에는 가산세 등의 추가부담이 생기므로 조심해야 한다. 양도소득세를 미리 계산할 수도 있는데 국세청 홈텍스 홈페이지에서 양도소득세 종합 안내 및 항목에서 미리 계산해 볼 수 있다.

사례로 돌아가 살피건대, A씨의 경우 양도소득세를 26,521,000원 내야 할 것으로 보인다. 그 이유는 2006. 1. 31. 이후 거래된 부동산의 경우 '부동산중개 및 거래신고에 관한 법률(현행 부동산거래신고 등에 관한 법률)'로 인해 실거래신고가 의무화되어 있기 때문이다. 그럼에도 불구하고 그 이후에 거래한 A씨가 실거래신고를 하지 아니해 놓고 나중에 이를 뒤집어 환산가액을 주장할 경우 과세관청에서 이를 인정하지 않을 가능성이 크다.

154 | 세법상 주택 보유기간 · 거주기간 계산법

Q A씨는 서울에 아파트 한 채를 소유하고 있다. 그런데 A씨는 전원주택을 하나 지으려고 2016. 11. 1. 지방에 다 쓰러져 가는 가정집 하나를 매수하여 그 집을 6개월간 보유하다가, 이를 헐고 새로운 집을 지었다. 새로운 집은 2017. 7. 15. 준공되었다. 이 경우 A씨가 1세대 1주택 과세 혜택을 받고 향후 장기보유특별공제적용을 받기 원하는데 1세대 2주택의 기준시점과 장기보유특별공제의 시점은 언제인가? 그리고 A씨는 아파트를 팔고 새로운 집에 실제로 2년 이상 거주해야만 하는가? 만약 2년 이상 보유만 해도 된다면 그 보유의 시점은 언제부터 기산되는가?

1세대 1주택 상황에서 노후주택 구입 후 철거, 멸실 신고 후 신축하는 경우 2주택으로 인정받는 시점은 노후 구입 주택 취득일부터 적용된다. 소득세법 상 거주기간 또는 보유기간을 계산함에 있어서 거주하거나 보유하는 중에 소실·도괴·노후 등으로 인하여 멸실되어 재건축한 주택인 경우에는 그 멸실된 주택과 재건축한 주택에 대한 거주기간 및 보유기간을 합산한다(소득세법 시행령 제154조 8항 1호). 한편 일시적 2주택에 대한 양도세 비과세특례를 적용할 때, 기존주택을 멸실하고 재건축한 주택은 기존주택의 연장으로 본다(소득세법 집행기준 89-155-3). 다만, 향후 양도소득세 계산 시 장기보유특별공제 적용을 위한 보유기간은 신축주택 취득일부터 계산한다.

결국 이 사례에 있어, A씨는 2016. 11. 1. 가정집을 매수한 순간 1세대 2주택이 되었고, 설사 그 가정집을 헐고 새로운 집을 지었다고 해도 이는 기존주택의 연장으로 본다. 따라서 가정집을 헐어 일시적으로 1세대 1주택으로 환원되었다고 해도 새로운 집을 준공하는 순간 헐린 집이 다시 소급해서 살아난 것과 같이 취급되는 것이다. 다만 비과세를 위한 2년 보유기간의 계산에 있어서는, 헐린 동안의 기간은 공제되며 실제로 주택을 보유한 시점만을 합산해서 계산하게 된다. 그 결과 시골집을 매수한 시점부터 3년 이내에 서울의 아파트를 팔아야만 1세대 2주택에서 제외될 수 있다. 한편 가정집을 헐고 새로 신축한 집에 대한 장기보유특별공제는 헐린 집에 대한 보유기간은 제외되며 신축한 집이 준공된 시점부터 계산된다(소득세법 집행기준 95-159의3-1).

2017. 8. 2. 부동산 대책 이전에 취득한 주택은 2년 실거주가 아닌, 2년 보유 조건만 충족하면 1세대 1주택 비과세 혜택을 적용받을 수 있는데 A씨가 신축한 집은 그 전이므로 그 집을 2년만 보유하면 1세대 1주택으로 양도소득세 혜택을 받을 수 있다. 이 경우 그 보유기간을 계산함에 있어서는 헐기 전에 보유했던 6개월도 포함되므로 신축 후 1년 6개월만 보유하면 2년 보유요건은 충족된다. 다만 그 신축한 집이 12억원이 초과되는 경우에는 그 초과분에 대해 양도소득세가 부과될 수 있다.

155 | 공동상속의 경우 상속세 부과절차

Q A씨는 최근 부친이 사망하여 다른 형제들인 B, C와 함께 유산을 30억원을 물려받았다. 그런데 어느 누구도 상속세 신고를 하지 않자, 강남세무서에서는 A, B, C씨에게 각 '상속세 납세고지서'와 '상속인별 납부세액 및 연대납세의무자 명단'을 보냈다. 납세고지서에는 공동상속인들에 대한 상속세 총액, 그 계산근거 및 공동상속인들이 연대납세의무자라는 취지를 기재했다. 명단에는 처분양식에 따라 각자의 상속비율과 그에 따라 납부할 세액을 기재하였다. 문제는 연대납세 의무의 한도(그 상속인이 받거나 받을 재산)를 따로 명시한 바가 없었다. A씨는 위 부과처분에 대한 취소소송을 제기하려고 하는데 승소할 가능성은?

공동상속인들 각자는 피상속인의 유산총액을 과세가액으로 하여 산출한 상속세 총액 중 상속비율에 따른 상속세를 납부할 의무가 있다. 또한 자기가 상속받았거나 받을 재산을 한도로 다른 공동상속인들의 상속세에 관하여도 연대하여 납부하여야 한다(상증세법 제3조의2 제3항).

이 사건에서 강남세무서는 공동상속인들이 상속세 신고를 하지 않자 부과처분에 나서 '상속세 납세고지서'와 '상속인별 납부세액 및 연대납세의무자 명단'을 보냈다. 납세고지서에는 공동상속인들에 대한 상속세 총액, 그 계산근거 및 공동상속인들이 연대납세의무자라는 취지를 기재했다. 명단에는 처분양식에 따라 각자의 상속비율과 그에 따라 납부할 세액을 기재하였다. 구체적으로 위 납세고지서를 살펴보면, △과세표준은 ○○○○원, △세율은 50%, △산출세액은 ○○○○원, △가산세는 ○○○○원, △각종 공제세액은 ○○○○원, △납기내 고지세액은 ○○○○원이라고 기재하였다. 또한 납세고지서에는 "귀하는 연대납세자 3인 중 1인입니다. 전체 연대납세자 중 한 분만 납부하시면 됩니다"라고 기재되어 있다.

문제는 연대납세 의무의 한도(그 상속인이 받거나 받을 재산)를 따로 명시한 바가 없다는 점이다. 어느 공동상속인 1인에게 연대납세의무의 이행으로서 전체 상속세액을 징수할 경우, 국가 입장에서는 간편하게 상속세 총액을 징수할 수 있지만 해당 상속인 입장에서는 남의 몫의 세금까지 내게 되어 불리한 지위에 놓이게 된다는 것이다. 물론 나중에 구상금 청구를 할 수 있겠지만 다른 공동상속인이 재산이 없는 경우 회수가 불가능해진다. 특히 자신이 상속받은 재산이 상속세 총액에 미치지 못하는 경우 상속으로 인해 오히려 손해를 볼 수도 있다는 모순에 빠진다.

이와 같이 상속세액 자체에 대해서는 다툼이 없다고 하더라도 자신이 부담할 연대납세 의무의 한도에 대해서 다툼이 있을 수 있다. 특히 상속 전 10년 이내 증여의 경우 소급하여 상속과세 대상에 포함시키는데 형제 중 누군가가 이에 해당될 경우 상속세가 엄청나게 누진 적용되게 된다. 이러한 경우 나중에 상속을 받은 다른 형제의 경우 자신의 상속지분이 전체 상속세에 못 미치는 경우가 발생하기 십상이다.

위 사건도 이 경우에 해당되어 공동상속인 중 1인이 과세관청의 상속세 납세고지가 연대납세의무의 한도를 초과하여 위법하다고 주장하면서 취소소송을 제기한 것이다. 이에 대하여 고등법원은 과세관청이 애초에 '연대납세의무의 한도'에 대해서는 어떠한 처분도 한 적이 없다고 보고 소를 각하하였지만 대법원의 견해는 달랐다. 대법원은 과세관청이 확정된 세액에 관한 징수고지를 하면서 연대납세의무의 한도를 명시하지 않았다면 이는 '한도가 없는' 징수고지를 한 것이라고 본 것이다. 즉, 과세관청은 다른 공동상속인들과 함께 부담할 상속세 총액에 대하여 징수고지를 한 것으로 보아야 하므로 이에 대하여 공동상속인은 한도를 넘는 부분에 대한 징수고지를 대상으로 취소소송을 제기할 수 있다고 판단하였다(대법원 2016. 1. 28. 선고 2014두3471 판결).

따라서 A씨는 강남세무서장을 상대로 상속세부과처분의 취소를 구할 수 있다.

공동상속인에 대한 납세고지 관련 대법원판례의 변경과정

1. 종전의 판례

상속세의 납세의무가 공동상속인의 연대에 속한다 하더라도 이는 각자의 상속세채무가 개별적으로 확정된 후 체납이 있는 경우에 그 체납세액에 대하여 각자 취득한 재산의 범위 내에서 상호 연대하여 납부할 책임이 있다는 것에 지나지 아니하므로 과세관청이 공동상속인에게 상속세의 과세처분을 함에 있어서 **각자가 부담할 세액을 개별적으로 특정**하여 고지하지 않았다면 이는 위법한 과세처분이라 할 것이며 이 경우 설령 과세관청이 납세고지서에 납세의무자별 세액구분계산서를 첨부하였더라도 이로써 각자가 부담할 세액을 개별적으로 특정 고지한 것으로 볼 수는 없다고 보았다(대법원 1990. 2. 27. 선고 89누6280 판결).

2. 변경된 전원합의체 판례

과세관청이 공동상속인에 대하여 상속세 등을 부과하는 과세처분을 함에 있어서 납세고지서에 납부할 총세액과 그 산출근거인 과세표준과 세율 공제세액 등을 기재함과 아울러 공동상속인 각자의 상속재산점유비율(상속분)과 그 비율에 따라 산정한 각자가 납부할 상속세액 등을 기재한 **연대납세의무자별 고지세액명세서를 그 납세고지서에 첨부**하여 납세고지서에 납세자로 표시된 공동상속인에게 각기 교부하였다면, 납세고지서에 납부할 총세액을 기재한 것은 상속세법 제18조 제1항에 따라 공동상속인이 연대하여 납부할 의무가 있는 총세액을 징수고지액으로 표시한 것이고, 공동상속인 각자가 납부하여야 할 세액은 납세고지서에 첨부되어 교부된 연대납세의무자별 고지세액명세서에 의하여 개별적으로 부과고지되었다고 봄이 상당하므로, 위와 같은 방식에 따라서 공동상속인에 대하여 한 납세고지는 적법한 부과고지와 징수고지로서의 효력을 아울러 가진다(대법원 1993. 12. 21. 선고 93누10316 판결).

3. 위 사례의 경우

위 사례의 경우는 과세관청이 확정된 세액에 관한 징수고지를 하면서 연대납세의무의 한도를 명시하지 않았다면 이는 '한도가 없는' 징수고지를 한 것이라고 본 것이다. 따라서 한도를 넘는 징수고지에 관하여는 취소가 가능하다는 것이다.

156 | 공사도중 합의 해지하면서 부가세 별도약정 없으면, 수급인이 부가세 부담

Q 시공업자 A씨는 도급인 B씨와 도급계약을 체결하게 되었고 그에 대한 공사비 1억 3,700만원(부가세 미포함)을 B씨로부터 지급받았다. 하지만 실제로 공사가 진행되는 과정에서 A씨와 B씨는 추가 공사대금 문제를 놓고 분쟁이 발생하였고 결국 공사는 중단되게 되었다. 두 사람은 공사 중단과 관련된 어떠한 법적 책임도 서로에게 묻지 않겠다는 내용의 합의를 진행하였고 A씨는 공사가 완료된 부분을 B씨에게 넘겼다. 이후 관할 세무서는 A씨에게 공사대금에 대한 부가가치세 1,600만원을 부과하였고 이에 부당함을 느낀 A씨가 부가가치세 취소소송을 제기하였는데 A씨의 주장은 타당한가?

공사 진행 도중에 공사 도중 합의해지된 경우 공사수급인이 그때까지 지급된 공사대금에 대하여 부가세를 도급인으로부터 지급받지 못한 경우가 발생할 수 있다. 이와 같이 **수급인이 부가세를 받지 못하였음에도 불구하고 세무서에서는 수급인에게 부가세를 부과할 수 있을까?** 언뜻 보면 A씨가 B씨로부터 부가세를 받지 못하였으니 A씨에게 부가세를 부과하는 것은 부당하게 보인다. 하지만 재판부는 이미 지급한 공사대금의 부가가치세는 수급인이 부담해야 한다고 보고 A씨에게 원고

패소 판결을 내렸다(울산지방법원 2013. 12. 12. 선고 2013구합1786 판결). 즉 재판부는, 대가를 받기로 하고 타인에게 용역을 공급한 이상 실제로 그 대가를 받았는지의 여부는 부가가치세 납부의무의 성립 여부를 결정하는데 아무런 영향을 미칠 수 없으므로 A씨가 B씨로부터 지급금과 별도로 부가가치세를 거래징수하지 않았다고 하여도 여전히 A씨에게 부가가치세 납부의무가 발생한다고 본 것이다.

이 사건에서 A씨는 B씨가 세무서장에게 거래사실의 확인을 신청한 시점은 양당사자가 법적 다툼을 벌이던 시기로 아직 세금계산서 교부시기가 도래하지 아니하여 거래사실 확인신청을 할 수 없으므로, 세무서에서 A씨에게 통보한 거래사실 확인통지는 무효이고, 이를 원인으로 한 이 사건 부가세 부과처분은 위법하다고 주장하였다. 하지만 재판부는 A씨가 이 사건 공사에 관하여 부가가치세 납부의무를 부담하는 것은 이 사건 도급계약에 따른 용역을 공급하고 그 대가로 이 사건 지급금을 지급받았기 때문이고, B씨가 세무서로부터 거래사실 확인을 받아 매입자발행세금계산서를 발행한 것에 비롯된 것이 아니라고 배척하였다.

한편 A씨와 B씨가 도급계약을 합의해지하면서 현 상태에 합의하고 이후에 서로 법적 책임을 묻지 않기로 약정하였으므로, 이 사건 도급인 B씨가 A씨에게 별도로 부가가치세를 지급할 의무가 남아있다고 단정하기도 어렵다. 따라서 A씨가 받은 공사대금에서 11분의 1을 공제한 나머지를 과세표준으로 본 것이 정당하다고 해석하였다. 결국 매출을 일으키는 사람은 반드시 매입자로부터 그때 그때 부가세를 함께 지급받아야만 안전한 것이다.

157 | 감정가 때문에 세금납부 지연, 가산세 부과가 정당한가?

Q A씨는 어머니인 B씨로부터 토지와 현금 1억 3천만원을 증여받았고 토지에 대한 감정가액을 산정하기 위해 두 단체에 문의를 하게 되었다. A씨의 토지 감정가액에 대해서 C단체는 14억 5천여만원을 감정하였고 이와는 달리 D단체는 15억 4천여만원을 감정하였다. 이에 A씨는 두 금액의 평균인 14억 9,500여만원을 증여재산의 가액으로 신고하였으나 이에 관할 세무서는 A씨가 신고한 증여재산의 감정가액은 개별공시지가의 64% 수준에 머무르고 있다는 이유에서 재감정을 의뢰한 것이다. 재감정 결과 A씨가 증여받은 토지의 감정가액은 16억 8,900여만원이 산정되었는데 이에 관할 세무서는 A씨에게 부족한 증여세와 더불어 납부지체에 대한 가산세를 부과한 것이다. 이에 부당함을 느낀 A씨는 가산세 부과처분에 대해 취소소송을 제기하였는데 A씨가 승소할 수 있나?

이 사건은 증여세 납부가 지체되면서 납세자가 가산세를 부과받았으나 납부가 지체된 사유가 과세관청의 가액평가와 납세자가 산정한 과세평가액이 서로 상이해 발생한 것이다. 이 소송에서 원심 재판부는 A씨에게 가산세를 부과한 관할 세무서의 행동은 적법하다고 보고 A씨에게 원고패소 판결을 내렸다. 하지만 대법원 재판부는 A씨에게 가산세를 부과한 것은 부당하다는 취지에서 사건을 관할 고등법원으로 돌려보냈다. 대법원의 이 같은 판결은 A씨의 경우 감정기관의 감정액을 신뢰할 수밖에 없었으며 재 감정 결과를 예측하기도 어려워 추가로 납부해야 할 금액을 알 수 없었다는 점을 고려한 것이다. 따라서 대법원 재판부는 정확한 납부액을 모르는 상황에서 납부가 지체되었다는 이유로 가산세를 부과하는 것은 부당하다고 보고 사건을 관할 고등법원으로 돌려보낸 것이다. 따라서 A씨에 대한 가산세는 부당하므로 A씨가 승소.

158 | 세금 체납하자 출국금지, 정당성 여부

Q A씨는 농산물 무역업을 하던 자로 사업을 폐업한 뒤 6억 3천여만 원의 국세를 체납했다. 이후 A씨는 B기업의 해외 농수산물 유통 관련 업무를 위임받게 되어 6차례에 걸쳐 해외로 출국하게 되었다. 이에 법무부는 A씨가 국세를 체납한 상태로 국외로 출입을 하는 것은 해외로 도피를 하거나 재산을 은닉할 우려가 있다며 A씨에게 출국금지 명령 6개월 처분을 내린 것이다. 나아가 이후에도 A씨는 법무부로부터 출국금지 처분의 갱신을 4차례 추가로 통보받게 되었고 이에 불만을 느끼게 되어 소송을 제기하였는데 A씨는 출국금지처분취소에서 승소할 수 있을까?

서울시는 2016. 5. 20. 자치구로부터 접수하는 지방세 체납자 출국금지 요청을 연 2회에서 4회로 늘리는 등 고액 체납자에 대한 출국금지를 강화한다고 밝혔다. '출국금지 공백'을 최소화하기 위한 조처로 보인다. 출국금지 대상은 지방세 5천만원 이상의 고액 체납자이다. 자치구는 서울시를 통해 법무부에 출국금지 요청을 해왔다. 출국금지가 이뤄지면 6개월 지속되지만, 연속적이지 않을 경우 출입국이 가능한 틈이 발생한다. 서울시는 출입국 실시간 모니터링 대상도 확대한다. 그간 호화 해외여행이 잦은 고액 체납자가 모니터링 대상이었으나, 해외 장기 거주형 체납자도 포함된다. 지방세기본법에 의해 고액상습 체납자로 명단이 공개된 이들, 최근 1년간 체납액이 5천만원 이상인데 나라 밖 출입횟수가 3차례 이상이거나 체류 기간이 여섯 달 이상인 경우 등이 포함됐다. 서울시는 한편 체납액을 분납 중이거나 납부를 약속한 경우 등엔 출금조치 해제를 위해 적극 대처한다는 입장이다.

하지만 이러한 행정기관의 출국금지조치에 대해 법원에서 제동을 걸었다. 위 사례 A씨의 경우와 같이, 세금체납을 이유로 출국금지 처분을 받게 된 지가 출국 목적 등을 살피지 않은 채 무조건 출국을 금지하는 것은 위법하다며 소송을 제기하였는데, 재판부는 해당 사건에 대해서 출국목적이 재산 해외도피가 아닐 경우 출국을 허용할 필요가 있다는 취지의 판결을 내렸다(대법원 2013. 12. 26. 선고 2012두18363 판결).

이 판결에서 재판부는 재산을 해외로 도피할 우려가 있는지 여부 등을 확인하지 않은 채 단순히 일정 금액 이상의 조세를 미납하였고 그 미납에 정당한 사유가 없다는 사유만으로 바로 출국금지 처분을 하는 것은 헌법상의 기본권 보장 원리 및 과잉금지의 원칙에 비추어 허용되지 않는다고 보았다. 나아가 재산의 해외 도피 가능성 유무에 관한 판단에서도 재량권을 일탈하거나 남용해서는 안 되므로, 조세 체납의 경위, 조세체납자의 연령과 직업, 경제적 활동과 수입 정도 및 재산상태, 그간의 조세 납부 실적 및 조세 징수처분의 집행과정, 종전에 출국했던 이력과 목적·기간·소요 자금의 정도, 가족관계 및 가족의 생활정도·재산상태 등을 두루 고려하여, 출국금지로써 달성하려는 공익목적과 그로 인한 기본권 제한에 따라 당사자가 받게 될 불이익을 비교형량하여 합리적인 재량권의 범위 내에서 출국금지 여부를 결정해야 한다고 판시하였다.

사례로 돌아가 살피건대, A씨가 출국하는 이유가 재산의 해외도피를 위한 것이 아님을 적극 해명할 경우 위 소송에서 승소할 것으로 보인다.

159 | 세금의 물납(物納)

Q A씨의 부친은 사망하면서 A씨에게 30억짜리 저택을 유산으로 물려주었다. A씨는 거액의 상속을 받게 되어 기분이 좋았지만 얼마 후 상속세로 10억원이 부과되었다. A씨는 당장 현금이 거의 없고, 정부의 DTI, LTV 규제에 묶여 은행으로부터 부동산담보대출

> 도 받지 못하는 형편이다. A씨는 세무서에 위 부동산을 대물로 납부하고 싶은데 가능한가? 만약 물납이 가능할 경우 A씨는 저택에 대한 1/3 지분으로 세금을 납부하거나, 아니면 전체를 물납한 후 2/3 지분에 대한 돈을 환불받을 수 있는가?

세무서장은 다음의 요건을 모두 갖춘 경우에는 납세의무자의 신청을 받아 물납을 허가할 수 있다(상증세법 제73조 1항 본문). 물납허가 요건으로는 △상속재산 중 부동산과 유가증권의 가액이 해당 상속재산 가액의 2분의 1을 초과할 것, △상속세 납부세액이 2천만원을 초과할 것, △상속세 납부세액이 상속재산가액 중 예금 등 유동자산의 가액을 초과할 것(즉 상속받은 재산 중 유동자산이 상속세보다 더 많을 경우에는 그 유동자산으로 납부해야 함).

다만, 물납을 신청한 재산의 관리·처분이 적당하지 아니하다고 인정되는 경우에는 물납허가를 하지 아니할 수 있는데(동항 단서), 물납이 허가되지 않는 재산으로는 △지상권·지역권·전세권·저당권 등 재산권이 설정된 경우 △물납 신청한 토지와 그 지상건물의 소유자가 다른 경우 △토지의 일부에 묘지가 있는 경우 △건축허가를 받지 아니하고 건축된 건축물 및 그 부수토지 △소유권이 공유로 되어 있는 재산 △상장이 폐지된 회사의 주식 등이 그 예이다(상증세법 시행령 제71조 1항, 동법시행규칙 제19조의4).

물납을 신청할 수 있는 납부세액은 상속재산 중 물납에 충당할 수 있는 당해 부동산 및 유가증권의 가액에 대한 상속세 납부세액을 초과할 수 없다(동법시행령 제73조 1항). 다만 상속재산인 부동산 및 유가증권 중 위 납부세액을 납부하는데 적합한 가액의 물건이 없을 때에는 세무서장은 예외적으로 해당 납부세액을 초과하는 납부세액에 대해서도 물납을 허가할 수 있다(동조 2항). 한편 통상적으로 세금을 물납으로 낼 경우 양도소득세가 부과되지 않는다고 생각하기 쉬운데, 양도소득세에서의 양도에는 세금 물납도 포함되므로 양도소득세가 부과된다.

그렇다면 과연 물납을 할 경우 그 물건이 세액보다 더 고가의 경우에 지분이전이나 잔금청산이 가능한가? 이 점에 관하여 상증법에 별도의 규정은 없으나 실무상으로 물납의 지분이전이나 잔금청산은 허락하지 않는다. 즉 물납의 경우 그 물건의 가격이 세금보다 모자랄 경우에는 나머지 부분에 관하여 세무서에서 세금징수를 하나, 그 반대로 물건의 가격이 더 클 경우에는 나머지 돈을 돌려주지 않는다. 결국 납세자가 상속세액을 초과하는 부동산으로 물납신청할 경우 상속세를 초과하는 재산가액을 포기하는 내용의 문서를 작성하여 기명날인하고 인감증명을 첨부하여 제출해야만 세무서에서 물납허가를 해준다(서면인터넷방문상담 4팀－265, 2008. 1. 29.). 따라서 차액 등은 국고로 귀속되며, 향후 납세자의 다른 세금 예컨대 종합부동산세 등의 선납으로 대체할 수도 없다.

그럼 예컨대 A씨가 위 저택을 헐고 나대지로 만든 후 이를 분할하는 조건으로 물납할 수 있을까? A씨가 상속받은 저택의 대지가 시가 25억원이고 주택의 가치는 불과 5억원이라고 가정해보자. 이 경우 A씨는 나대지로 만들어 그 대지를 1.5 : 1로 분할할 경우, 2필지의 가격은 각 15억, 10억원이 될 것이다. 따라서 A씨가 그와 같은 계산 하에 분할을 조건으로 물납하고자 한다면 이는 허용될까? 만약 A씨가 세무서에 이와 같이 재산을 분할하거나 재산의 분할을 전제로 하여 물납신청을 하는 경우, 물납을 신청한 재산의 가액이 분할 전에는 30억원짜리 저택이었는데 분할 후에는 나대지 25억원으로 변하므로 5억원 상당의 가치가 감소된다. 이렇듯 분할로 인해 가치가 감소되는 경우에는 물납이 허가되지 않는다(동법시행령 제70조 7항).

사례로 돌아가 살피건대, A씨의 물납신청은 허용되나 지분으로 쪼개서 이전하거나 잔금청산을 요구할 수 없으므로 위 저택 전체를 세금으로 내야 한다. 따라서 이러한 경우에는 A씨는 위 저택을 급히 매각하여 현금으로 상속세를 납부하는 편이 유리하다. 만약 급매로 팔리지 않더라도 차라리 공매를 당하는 편이 유리하다. 이렇듯 물납의 요건이 까다롭고 납세자에게 불리하기 때문에 현실적으로 물납을 하는 사람은 거의 없는 실정이다.

160 | 조세채권의 제척기간과 소멸시효

Q A사는 2009. 12. 1. B사로부터 부사료로 싼 값에 주류를 구입한 후 이를 시중에 판매하였고, 그 판매한 자료를 확보하기 위해 2010년도 1기 부가가치세 과세기간(2010. 1.~2010. 6.) 동안 H사로부터 가공의 매입세금계산서를 수취한 후 그것을 토대로 부가세 4억원을 환급받았다. 그런데 그러한 사실을 국세청에서 6년 후인 2016. 12. 1. 비로소 알게 되었다. 국세청에서는 A사에 대해 부가세 부정환급을 이유로 그 반환을 청구할 수 있는가?

가. 제척기간과 소멸시효 구분

일반적으로 사람들은 조세채권의 소멸시효는 5년이라고 생각한다. 하지만 먼저 조세에 대한 부과권의 제척기간과 징수권의 소멸시효에 관하여 구분해야 한다. 부과권이라 함은 납세의무가 성립은 되었으되 아직 확정되지 않은 단계의 조세채권을 말하고, 징수권이라 함은 과세표준과 세액이 확정된 조세채권을 의미한다.[67] 그리고 부과권 제척기간이라 함은 국세청에서 세금을 부과할 수 있는 날부터 일정기간이 경과하면 국세 부과 자체를 할 수 없는 것이고, 한편 징수권 소멸시효라

67 이창희, 세법강의, 박영사.

함은 국세청이 권리를 행사할 수 있는 때부터 일정기간 지나면 시효로 징수권이 소멸하는 것을 말한다. 전자는 제척기간이므로 중단사유가 없으나 후자는 과세관청의 납세최고나 압류 등을 이유로 시효가 중단된다.

제척기간은 원칙적으로 5년(단 상속·증여세는 10년), 납세자가 법정 신고 기간 내에 과세신고서를 제출하지 아니한 경우에는 7년, 납세자가 사기 기타 부정행위로 국세를 포탈하거나 환급 공제받은 경우에는 10년(단 상속·증여세는 15년[68])이다(국세기본법 제26조의2 제1항 1호 내지 4호). 소멸시효는 원칙적으로 5년이고, 5억원 이상의 국세는 10년이다(동법 제27조 1항).

나. 기산일

제척기간에서 말하는 '세금을 부과할 수 있는 날'이라 함은 예컨대 과세표준과 세액을 신고하는 세금에 있어서는 당해 신고기한 또는 신고서 제출기한, 즉 과세표준신고기한의 다음날을 의미하고, 종합부동산세 및 인지세의 경우는 해당 국세의 납세의무가 성립한 날이다(동법 시행령 제12조의3 제1항 1호, 2호). 한편 소멸시효에 있어서 말하는 '세금의 징수권을 행사할 수 있는 때'라 함은 과세표준과 세액의 신고에 의하여 납세의무가 확정되는 국세의 경우 **신고한 세액에 대해서는** 그 법정 신고납부기한의 다음 날을 의미한다(동법시행령 제12조의4 제1항 1호).

언뜻 보기에는 두 규정이 중복되는 것처럼 보이나 자세히 살펴보면 소멸시효는 "신고한 세액에 대해서는"이란 용어를 사용하였다. 그 말은 소멸시효는 신고납부 세금의 경우 신고를 전제로 기산된다는 것을 의미한다.[69] 왜냐하면 징수권은 확정된 조세채권을 의미하는데 납세자

---

68 예컨대 상속개시 전에 재산을 상속인 명의로 옮겨놓고 신고하지 않은 경우도 허위·누락신고에 해당된다(대법원 2004. 9. 24. 선고 2002두12137 판결).

69 국세기본법에서 부과권에 대한 제척기간과 징수권에 대한 소멸시효를 구분하는 내

의 신고자체가 제대로 이뤄지지 아니하였다면 아직 그 부분에 관하여는 조세채권이 확정되었다고 볼 수 없기 때문이다.

다. 구체적 계산방법

① 만약 과세신고를 제대로 제출한 경우라면 제척기간과 소멸시효는 신고기한 다음날부터 동시에 진행하게 되고 통상적으로 5년이 경과되면 동시에 두 기간이 완성하게 된다. 그래서 많은 선량한 납세자들이 조세의 소멸시효는 5년이라고 단순하게 생각하는 것 같다.

② 하지만 과세신고 자체를 하지 아니한 경우에는 징수권의 소멸시효는 신고자체를 하지 아니하였으므로 진행되지 않는다. 반면 부과권의 제척기간은 원래 과세신고기한 다음날부터 7년간이 된다. 만약 7년이 경과한 경우 당해 세금은 제척기간이 만료되어 그 이후의 세금부과는 무효이다(대법원 1999. 6. 22. 선고 99두3140 판결). 하지만 만약 6년만에 국세청에서 세금을 부과한 경우라면 납세고지서상 납부기한의 다음날부터 소멸시효가 진행된다.

③ 한편 과세기한 안에 나름대로 신고는 하였지만 사기 기타 부정행위로(예컨대 허위세금계산서를 발행하거나 수수하여) 적게 과세신고를 한 경우에는 어떻게 될까? 이 경우 조세부과권 제척기간은 10년인데, 반면 5억원 미만의 세금의 경우에는 징수권 소멸시효가 5년이므로 어느 것이 우선되는지 혼란이 올 수 있다. 이 경우에는 '포탈된 세액 부분'이 법적으로 문제가 되는데 그 이유는 그 부분에 한하여 세금이 부과되지 아니하였고 징수하지 못했기 때문이다. 그런데 그 포탈된 부분에

용이 신설된 것은 1984. 8. 7.이다. 그 전에는 판례에서 부과권이나 징수권 모두 소멸시효에 걸린다고 판시하였다(대법원 1984. 12. 26. 선고 84누572 전원합의체 판결 등). 하지만 그 두 기간이 구분된 이후에는 과세기간 도과로 부과권의 제척기간이 시작되는 것으로 보아야 한다(대법원 1990. 11. 9. 선고 90누5320 판결 참조).

관하여는 과세신고를 한 바가 없으므로 소멸시효가 진행되지 않는다. 즉 징수권 소멸시효는 정당하게 세금신고를 한 경우에 한하여 시효가 진행되는 것이다. 따라서 이러한 불법적으로 조세포탈을 한 사람의 경우 그 포탈세액에 한하여는 제척기간의 문제만 남게 되는데 이런 경우 제척기간을 10년으로 연장하였기 때문에 과세신고기한 다음날부터 10년 안에 국세청에서 세금을 부과할 수 있다. 다만 이러한 부정행위 등에 의해 장기간의 제척기간이 적용되는 세액의 범위는 부정행위에 의해 '면탈된 세액부분'에 한하는 것이다.[70]

라. 징수권 소멸시효의 중단과 정지(국세기본법 제28조)

① 시효중단

소멸시효는 납세고지,[71] 독촉 또는 납부최고, 교부청구, 압류에 의해 중단되나, 고지한 납부기간, 독촉이나 납부최고에 의한 납부기간, 교부청구 중의 기간, 압류해제까지의 기간이 지난 때부터 새로 진행한다.

② 시효정지

소멸시효는 세법에 따른 분납기간, 세법에 따른 징수 유예기간, 세법에 따른 체납처분유예기간, 세법에 따른 연부연납(年賦延納)기간, 사해행위(詐害行爲) 취소소송이나 채권자대위 소송을 제기하여 그 소송이

---

70 조세법총론, 사법연수원(2005).

71 납세고지로 인해 조세채권의 징수권이 발생하게 되는데 납세고지로 인해 또 시효중단이 된다는 것이 언뜻 보면 이상하게 느껴진다. 과거 제척기간에 관한 규정이 없던 시절에는 부과권 자체도 시효로 소멸하기 때문에 과세기간이 종료하면 그 때부터 부과권 시효가 진행하다가 고지로 인해 시효중단되었기 때문에 이 조문이 의미가 있었다. 하지만 현행법상으로는 납세고지로 인해 사실상 소멸시효가 시작되는 것이지 중단되는 것은 아니다. 단 한 가지 이 조항이 현행법상 의미가 있는 것은 납세의무자가 신고를 하고 세금은 안낸 경우 신고로 인해 세액은 특정되고 징수권이 발동하여 시효가 진행되는데 그 뒤 납세고지를 하면 시효가 중단된다는 것인데 사실상 그 간격이 매우 짧으므로 별 의미가 없다(이창희, 세법강의, 박영사 참조).

진행 중인 기간 등에 해당하는 기간에는 진행되지 아니한다.[72]

마. 사례해설

A사는 가공의 매입세금계산서를 수취한 후 그것을 토대로 부가세 환급을 받았으므로 이는 단순한 무신고 또는 과소신고가 아닌[73] 위장 가공거래에 의한 허위세금계산서를 제출한 것으로서 부정행위에 해당한다(대법원 1985. 5. 14. 선고 83도2050 판결). 따라서 A사에 대한 포탈세액에 관하여는 과세신고기한으로부터 10년간의 제척기간이 적용된다.

한편 포탈부분에 관하여는 제대로 된 과세신고 자체가 없었으므로 아직 조세채권이 확정되지 아니하여 소멸시효가 진행되지 아니한다. 따라서 설사 포탈액이 4억원이라도 해도 5년간의 시효로 징수권이 소멸되는 것이 아니다. 결국 A사에 대해 국세청은 부정하게 환급해준 부가세를 다시 반환받을 수 있다.

하지만 만약 A사가 가공의 허위세금계산서를 수취하였지만 그 후 다른 곳에 매출세금계산서를 발행하여 결과적으로 부가세환급을 받은 바가 없다면 제척기간 10년에 적용되지 않고 5년의 기간이 적용된다. 따라서 만약 6년 후 국세청에서 A사에 대해 과세기간에 대한 매출처 및 매입처별 세금계산서합계표 불성실가산세 부과처분을 하였다면 이는 부과제척기간이 경과한 후에 이루어진 것으로서 무효이다(대법원 2009. 12. 24. 선고 2007두16974 판결).

---

72 2017년 10월에 발의된 세금 소멸시효 개정안에는 시효정지 사유에 '해외체류기간'이 포함되었는데 이는 해외에 도피해 세금을 내지 않는 사람들에 대한 대책으로 보인다.

73 조세범처벌법 제9조 제1항 소정의 "사기 기타 부정한 행위"라 함은 조세포탈을 가능케 하는 사회통념상 부정이라고 인정되는 행위로서 조세의 부과, 징수를 불능 또는 현저하게 곤란하게 하는 위계 기타 부정한 적극적인 행위를 말하고, 어떤 다른 행위를 수반함이 없이 단순히 세법상의 신고를 아니하거나 허위의 신고 또는 고지를 하는 것은 부정행위에 해당되지 아니한다(대법원 1988. 12. 27. 선고 86도998 판결).

납세의무의 확정방법

1. 신고납세

신고납세라 함은 과세표준과 세액을 신고하는 세금(국세 + 지방세)을 말한다. 이는 납세의무자가 자기의 과세표준과 세액을 각 세법에 의하여 스스로 계산하여 정부에 신고하면 정부의 결정, 경정 없이 신고한 대로 납세의무가 확정된다. 이러한 납세방식을 스스로 부과한다고 하여 '자기부과방식'이라고도 한다. 소득세, 법인세, 부가가치세, 개별소비세, 주세, 증권거래세, 교육세, 교통에너지환경세와 이러한 세를 본세로 하여 부가되는 농어촌특별세가 신고납세방식의 조세이다.[74] 이러한 신고행위는 임의로 취소, 무효, 철회의 주장을 할 수 없고 세법에 의한 수정, 경청청구 등에 의하여만 번복이 가능하다. 하지만 국세기본법상 제척기간에 관하여 규정된 "과세표준과 세액을 신고하는 국세"에는 이러한 신고납세는 물론 부과과세방식의 조세에서 납세의무자에게 과세표준과 세액의 신고의무를 지우고 있는 조세(예컨대 상속세, 증여세)도 포함된다.[75]

2. 부과과세

부과과세란 과세요건의 충족으로 성립된 납세의무에 대하여 과세관청의 부과처분에 의하여 확정하는 세금을 말한다. 즉, 과세관청이 과세표준과 세액을 결정하는 때에 구체적인 납세의무가 결정된다(국세기본법 제22조). 상속세, 증여세 등이 대표적인 경우이다.[76] 지방세로는 재산세가 부과과세방식이다. 대법원은 납세고지는 조세채무를 확정짓고 그 효력을 발생시키는 부과처분으로서의 성질과 확정된 조세채무의 이행을 명하는 징수처분으로서의 두 가지 성격을 모두 가진다고 판시한 바 있다(대법원 1993. 12. 21. 선고 93누

---

74 예컨대 소득세의 과세표준과 세액에 대한 신고기한은 당해 소득금액이 있는 해의 다음해 5. 1.부터 5. 31.까지이므로(소득세법 제70조 1항, 제110조 1항 참조), 과세관청이 소득세를 부과할 수 있는 기간은 당해 과세연도 확정신고기한이 도과한 다음날인 다음해 6. 1.부터이다.

75 조세법총론, 사법연수원(2005).

76 다만 상속세와 증여세는 부과과세임에도 불구하고 제척기간에 있어서만큼은 신고납세와 같이 취급되는 점도 앞서 설명하였다.

10316 전원합의체 판결). 따라서 부과처분은 납세의무자에게 고지되어야 효력이 발생하고 납세고지가 없는 경우에는 부과처분으로서의 효력이 발생하지 않는다.

161 | 고속도로 건설을 위한 토지수용과 잔여지에 대한 손실보상청구 상대는?

Q A씨는 지방에 토지를 3천평 소유하고 있었는데 고속도로가 나면서 그 땅의 대부분이 수용되었다. A씨는 자투리 땅이 조금 있지만 아무짝에 쓸모없는 땅이 되어 버려 한국도로공사를 상대로 손실보상 청구를 하고 싶은데 승소할 수 있을까?

가. 대법원 판결 요지

고속도로 부지로 수용되고 남은 땅이 고속도로접도구역으로 지정돼 땅값이 떨어졌다면 누구를 상대로 손실을 보상받아야 할까, 그리고 적용법규는 무엇일까? 실제로 흔히 발생되는 사례인데 피고적격의 문제와 법규 선택이 소송의 승패를 가르는 핵심적인 요소이다. 멀쩡한 땅의 한 가운데 고속도로가 뚫려 수용될 경우 나머지 땅은 아무런 쓸모가 없게 될 수 있다. 고속도로 옆의 땅을 사용하기가 거의 힘들고 특히 땅의 모양이 이상하게 남아 자투리땅이 될 경우에는 땅의 가치는 형편없이 떨어질 수 있다. 이러한 경우 '토지보상법'이 아니라 '도로법'에 근거해 손실보상을 청구해야 한다. 따라서 피고를 고속도로를 건설한 '한국도로공사'가 아니라 '국토교통부'를 상대로 손실보상을 청구해야 한다.

대법원은 우모씨 등 14명이 "1억 3천여만원을 배상하라"며 도로공사를 상대로 낸 잔여지 가치하락 손실보상 청구소송에서 원고패소 판결한 원심을 확정했다(대법원 2017. 7. 11. 선고 2017두40860).[77] 재판부는 "고속도로 부지로 수용되고 남은 잔여지가 접도구역으로 지정돼 건축행위가 금지되어 사용가치 및 교환가치가 하락하는 손실이 발생한 것은 고속도로를 건설하는 공익사업에 우씨 등 원고들의 소유 토지 중 일부가 취득되거나 사용됨으로 인해 발생한 것이 아니라, 그와 별도로 국토교통부 장관이 접도구역으로 지정·고시한 조치에 기인한 것이므로 원칙적으로 토지보상법 제73조 1항에 따른 잔여지 손실보상 대상에 해당하지 않는다"고 밝혔다. 이어 "따라서 접도구역 지정으로 인한 잔여지 가격감소 손실은 도로법에 근거해 행정주체를 상대로 보상을 청구해야 한다"고 설명했다.

나. 토지보상법[78]과 도로법 규정

토지보상법 제73조(잔여지의 손실과 공사비 보상) 제1항에 의하면 "사업시행자는 동일한 소유자에게 속하는 일단의 토지의 일부가 취득되거나 사용됨으로 인하여 잔여지의 가격이 감소하거나 그 밖의 손실이 있을 때 또는 잔여지에 통로·도랑·담장 등의 신설이나 그 밖의 공사가 필요할 때에는 국토교통부령으로 정하는 바에 따라 그 손실이나 공사의 비용을 보상하여야 한다"라고 규정되어 있다.

한편 도로법 제41조(접도구역에 있는 토지의 매수청구) 제1항에 의하

---

77 우씨 등은 경기도 화성시 장안면 일대에 토지를 소유하고 있었는데, 토지 가운데 일부가 제2서해안고속도로에 편입됐다. 2008~2011년 편입토지에 대해 보상을 받은 우씨 등은 고속도로에 편입되지 않고 남아있는 땅의 가격이 떨어졌다며 도로공사에 보상을 청구했지만 도로공사가 거절하자 소송을 냈다. 1심은 "도로공사는 손실보상금을 지급할 의무가 있다"며 원고 일부승소 판결했다. 그러나 2심은 "획지조건 악화나 자동차 소음으로 인한 환경조건 악화로 인한 가치하락이 발생했다는 증거가 부족할 뿐만 아니라, 잔여지가 접도구역으로 지정돼 발생하는 손실은 공익사업에 토지가 편입돼 발생한 손실이 아니라 행정행위에 따라 발생한 손실이므로 도로공사가 보상할 손실에 해당하지 않는다"며 원고패소 판결했다.

78 '공익사업을 위한 토지 등의 취득 및 보상에 관한 법률'의 약칭.

면 "접도구역에 있는 토지가 종래의 용도대로 사용할 수 없어 그 효용이 현저하게 감소한 경우나 접도구역의 지정으로 해당 토지의 사용 및 수익이 사실상 불가능한 경우 해당 토지의 소유자는 도로관리청에 해당 토지의 매수를 청구할 수 있다"라고 규정되어 있고, 나아가 도로법 제99조(공용부담으로 인한 손실보상) 제1항에 의하면 "이 법에 따른 처분이나 제한으로 손실을 입은 자가 있으면 국토교통부장관이 행한 처분이나 제한으로 인한 손실은 국가가 보상하고, 행정청이 한 처분이나 제한으로 인한 손실은 그 행정청이 속해 있는 지방자치단체가 보상하여야 한다"라고 규정되어 있다.

다. 판례분석 및 사례해설

이 사건의 피고 한국도로공사는 고속도로 건설사업의 용지보상 업무를 맡은 사업시행자로서, 2008. 11. 4.부터 2011. 6. 21.까지 화성시 일대에 위치한 원고들 소유의 토지를 분할하여 협의 취득하였고, 그 뒤 국토해양부장관은 2011. 9. 5. 위 고속도로 양측의 도로구역 경계선으로부터 20m까지 부분을 접도구역으로 지정·고시하였다. 그런데 대법원의 위 판례취지는, 이 사건 토지가 주로 농경지인데 그 가운데 민자고속도로가 뚫리는 바람에 소음·공해 등으로 인해 농사에 지장을 입어 토지의 가치가 하락하게 된 것이므로, 그 가격하락의 직접적 원인은 토지수용 행위 때문이 아니라, 국토교통부장관의 '접도구역 지정' 때문이라고 본 것이다. 따라서 A씨가 한국도로공사가 아닌 국토교통부장관을 상대로 손실보상 청구할 경우에는 보상을 받을 수 있다.

하지만 만약 수용된 원고들의 땅이 농경지가 아니라 상가부지였고, 한국도로공사의 토지수용으로 인해 잔여지에 상가건물을 물리적으로 건축할 수 없게 된 경우라면 이는 수용행위로 인해 토지의 가치가 바로 하락한 것이므로 한국도로공사를 상대로 보상청구가 가능하였을 것이다.

162 | 용도변경과 이행강제금

Q A씨는 최근에 부동산중개업자 B씨를 통해 다세대주택 중 한 세대를 분양받았다. 그런데 B씨는 A씨가 구매한 호실은 근린생활시설로 건축허가가 난 것이라 다른 호실에 비해 싸다고 하였다. A씨는 찜찜해서 나중에 문제되는 것 아니냐고 묻자, 중개업자 B씨는 취득세가 좀 비싼데 그것도 건축주가 다 보전해주고 이행강제금도 5년 동안 대납해주겠다고 약속하여 이를 믿고 분양을 받은 것이다. 그런데 5년이 지나도 계속 이행강제금이 부과되는데 A씨는 위 매매계약을 취소할 수 있을까? 만약 취소가 어렵다면 누구를 상대로 손해배상을 받을 수 있나?

가. 용도변경하는 이유

같은 건물인데도, 유독 한두 층만 집값이 유난히 저렴한 경우가 있다. 이때 건축물대장을 확인해 보면 다른 층은 모두 주택인데 비해 저렴한 층만 근린생활시설로 되어 있는 경우가 다반사이다. 상가들이 들어서야 할 근린생활시설로 허가받고는 준공검사 뒤 욕실을 꾸미고 싱크대를 설치해 주택으로 분양하는 것이다. 다세대주택은 세대당 1대의 주차공간을 확보해야 하지만, 근린생활시설은 그런 제한이 없기 때문에 건축주 입장에서는 한두 층만 근린생활시설로 해두면 주차장 부지를 덜 확보해도 된다.

뿐만 아니라 다세대주택의 경우 660㎡(약 200평) 이하이어야 한다. 그런데 그 면적만 지을 경우 사실상 허용된 용적률을 다 사용하지 못하는 경우가 종종 있는데 건축주의 입장에서는 그 용적률을 다 채우기 위해 일부 근린생활시설을 추가하는데 그 면적 부분은 위 660㎡에 포함되지 않게 된다.

이러한 이유로 건축주가 위와 같은 다세대주택에 근린생활시설을 추가하여 건축, 준공검사를 받은 뒤에는 근생 부분을 불법적으로 주거용으로 개조해 분양하는 것이다. 또한 보통 근린생활시설보다 주거용일 경우 분양이 더 잘되기 때문이기도 하다.

나. 분양당시 싼 분양가로 현혹해, 고지의무 제대로 이행하지 않아

그럼에도 불구하고 분양 당시 이러한 사실을 수분양자들에게 제대로 고지하지 않는 경우가 비일비재하다. 통상 계약서에는 '근린생활시설'이라는 것을 표시한다. 또한 근린생활시설의 경우 취·등록세가 주거용의 경우보다 거의 두 배나 많이 부과되어 확연히 차이가 난다. 그러니 법에 무지한 일반인에게는 이러한 사실을 제대로 설명하지 않고 통상가격보다 10~20% 싸게 내놓아 현혹하는 것이다. 물론 사기죄를 피하기 위해 대강의 설명을 해준다. 분양가도 싼데다 취·등록세의 절반 가까이를 건축주가 지원하기 때문에 수분양자의 입장에서는 달콤한 유혹이 아닐 수 없다.

다. 근린생활시설을 주거용으로 불법 개조한 건물을 샀을 경우 피해는?

이러한 건물을 사서 주민등록을 이전하면 관할 구청에서는 바로 불법건물이라는 것을 알게 된다. 왜냐하면 건축물대장상에는 근린상가로 되어 있으므로 주민등록 이전을 한다는 것은 모순이기 때문이다. 뿐만 아니라 주위에서 민원을 제기할 경우도 있어 적발되는 것은 시간문제이다.

이러한 불법개조사실이 발각되면 구청에서 당장 시정명령과 벌금을 부과하고, 그래도 시정하지 않을 경우 이행강제금까지 부과한다. 법적으로는 행정대집행(강제철거)도 할 수 있다고 되어 있지만 구청에서 현실적으로 그렇게 하는 경우는 거의 없다. 나아가 건축물대장상에 "위반건축물"이라고 표시되는 경우도 있는데 이 경우에는 위반 부분에 대한 원상복구를 하지 않는 한 다른 부분에 관하여도 용도변경이 전혀 허용되지 않는다. 뿐만 아니라 당장 금전적 피해도 만만치 않다. 일단 근린생활시설의 경우 취·등록세는 물론 재산세도 주거용보다 고액이며, 금융권에서 대출조건도 훨씬 불리하다. 하지만 가장 큰 피해는 매년 부과되는 이행강제금이다.

라. 근린생활시설의 경우 이행강제금 계속 부과

이행강제금의 경우 "시가표준액 × 위반 부분의 면적 × 요율"로 계산되어 부과된다. 현행법으로는 년 2회 부과할 수 있다고 되어 있지만 대부분 지자체에서는 년 1회 부과하고 있다. 주택의 경우 특례법이 적용되어 연면적 85㎡ 이하는 최대 5회까지 부과되지만, 연면적 85㎡ 초과 주택이나 상가(근생 포함)의 경우는 횟수의 제한 없이 해마다 계속 부과하게 된다. 많은 사람들이 용도에 상관없이 무조건 5회만 부과된다고 오해하는 경우가 많지만, 건축법 제80조 제1항을 보면 명백하게 규정되어 있다. 따라서 근린생활시설의 경우 원상회복을 하지 않는 한 계속하여 매년 이행강제금이 부과되는 불이익을 당할 수밖에 없다. 따라서 이러한 건물을 산 사람은 분양가 몇 푼 아끼려다 이행강제금 폭탄 때문에 결과적으로 엄청난 손해를 볼 수도 있다.

마. 피해당할 경우 구제방법은?

위와 같이 비양심적인 분양자의 감언이설에 속아서 근린생활시설임에도 주거용으로 불법개조된 건물을 산 경우에는 어떻게 해야 할까? 일단 분양계약서상 근린생활시설임이 명시되지 않은 경우에는 사기죄로 형사고소하거나 민사상 계약취소도 가능할 수 있다. 하지만 계약서에 근린생활시설임이 명시되어 있는 경우에는 이러한 구제방법이 어려울 수 있다. 왜냐하면 나중에 이행강제금 부과된다는 점을 명백하게 고지하지 아니하였다고 해도 그러한 사정만으로 사기라고 단정할 수는 없기 때문이다(통상 거래관계에서 용인되는 과장 정도로 여겨질 수 있다).[79] 또한 설사 민사상 계약취소가 가능하다고 해도 분양사가 이미 폐업한 경우에는 피해를 배상받을 방법이 없다.

다만 부동산중개업자를 통해 매수한 경우라면 중개업자가 이러한 사정을 충분히 설명하지 아니한 점을 문제삼아 손해배상을 받을 수는 있다. 중개사의 경우 통상 1년에 1억 정도 공제를 가입하므로 공제조합을 통해 배상받으면 된다. 결국 "싼 게 비지떡"이란 속담처럼 다른 건물에 비해 저렴한 건물일 경우 일단 조심해야 한다. 따라서 다세대주택을 분양받을 경우에는 거래 전에 건축물대장을 떼어 보아 용도가 '주거용'인지 반드시 확인해야 한다.

바. 결어

사례로 돌아가 살피건대, A씨의 경우 중개업자의 감언이설에 속아 계약을 한 것이므로 건물주를 상대로 계약을 취소하거나 손해배상을 받기는 쉽지 않다. 또한 계약서에 분명히 '근린생활시설'이라고 건물의 용도가 특정되어 있기 때문에 계약해지 사유도 없다. 한편 부동산중개업자 B씨의 경우 허위로 잘못된 정보를 주었으므로 손해배상책임이 인정될 것이다. 다만 A씨에게도 부주의한 과실이 인정되므로 과실상계되어 일부 승소에 만족해야 할 것이다.

79 다만 매도인이 만약 공공주택을 분양하는 사업자라면 사정이 다르다. 즉 이러한 경우에는 사업자로서 당연히 수분양자에게 용도변경으로 예상되는 이행강제금에 관한 고지의무가 발생할 수 있기 때문에 사기죄가 성립될 수도 있다.

163 | 음주운전으로 인한 면허취소(정지)와 구제절차

Q 화물자동차 운전사인 A씨는 음주운전으로 적발되었는데 음주수치가 0.12%가 나와 운전면허가 취소되었다. 그런데 A씨는 음주운전을 처음 한 초범인데다 직업상 운전을 하지 아니하면 생계를 이어갈 수 없는 딱한 입장이다. 이 경우 A씨는 행정심판을 하여 면허를 정지로 바꾸고 싶은데 그 불복절차는 어떠한가?

가. 생계형 이의신청

음주운전으로 면허가 취소되거나 정지된 경우 행정심판에 앞서 또는 동시에 이의신청으로 다퉈볼 수 있다. 이의신청은 버스, 택시, 화물차 운전기사 등과 같이 운전을 직업으로 하는 사람들이 하는 것으로서 그들은 운전면허가 취소되면 생계에 치명적인 영향을 받게 되기 때문에 허용된다. 이런 이유로 이를 '생계형 이의신청'이라고 부르는 것이다. 단 과거 5년 내에 음주운전 전력이 있거나, 인사사고를 낸 경우, 음주수치가 0.12%를 초과하는 경우에는 이의신청이 기각될 확률이 높다. 반면 모범운전자로서 3년 이상 교통봉사활동에 종사하거나 교통사고를 일으키고 도주한 운전자를 검거하여 경찰서장 이상의 표창을 받은 사람의 경우에는 혜택이 있다.

이의신청은 처분청인 거주지 관할 지방경찰청에 면허취소(정지)결정 통지서를 받은 날부터 60일 이내 문서로 제기해야 한다. 처분청의 장은 이의신청을 받은 날부터 10일 이내에 그 이의신청에 대하여 인용 여부를 결정하고 그 결과를 민원인에게 지체 없이 문서로 통지하여야 한다. 다만, 부득이한 사유로 정하여진 기간 이내에 인용 여부를 결정할 수 없을 때에는 그 기간의 만료일 다음 날부터 기산(起算)하여 10일 이내의 범위에서 연장할 수 있으며, 연장 사유를 민원인에게 통지하여야 한다.[80] 이의신청한 사람은 이의신청 여부와 관계없이 행정심판 또는 행정소송을 제기할 수 있다(민원 처리에 관한 법률 제35조 1항 내지 3항).

나. 행정심판

행정심판은 취소심판, 무효 등 확인심판, 의무이행심판의 3가지로 구분된다. 심판기관으로는 일반적으로 심판청구의 대상에 따라 중앙행정심판위원회,[81] 시·도지사 소속으로 두는 행정심판위원회,[82] 직근 상급행정기관에 두는 행정심판위원회, 해당 행정청 소속 행정심판위원회 등이 있는데 이들이 심리·의결은 물론 최종적인 재결까지 한다(행정심판법 제43조 1항 내지 5항).[83] 음주운전으로 인한 면허취소(정지) 처분에 대한 행정심판은 이중 **취소심판**에 해당되며, 심판기관은 **중앙행정심판위원회**이다(행정심판법 제8조 6항).

심판청구는 서면으로 하며 처분이 있음을 안 날부터 90일 이내에 당해 지방경찰청장을 피청구인으로 하여 제기하여야 하며 행정심판은 원칙적으로 처분이 있었던 날부터 180일이 지나면 청구하지 못한다. 위 기간은 불변기간(不變期間)이므로 통상적으로 이의신청을 할 경우 행정심판도 동시에 진행하는 것이 관례이다.

80 하지만 실무적으로는 보통 음주운전으로 인한 면허취소(정지) 처분에 대한 이의신청 결과통보는 1달 정도 걸린다.

81 예컨대 행정자치부장관의 처분이나 서울특별시장의 처분에 대해서는 중앙행정심판위원회 관할이다.

82 예컨대 서울특별시 용산구청장의 처분에 대해서는 서울특별시행정심판위원회 관할이다.

83 2008. 2. 29. 개정되기 전의 구 행정심판법상 행정심판기관은 심판청구사건에 대하여 심리·의결하는 권한을 가진 행정심판위원회와 행정심판위원회의 심리·의결에 따라 재결만을 행하는 재결청의 2원적 구조였으나, 개정 법률은 재결청 제도를 폐지하고 행정심판위원회가 심리·의결과 재결을 모두 하도록 하는 1원적 구조를 취하고 있다.

행정심판의 결과는 원칙적으로는 피청구인인 행정청은 부득이한 사정이 없는 한 심판청구서를 받은 날부터 60일 이내에 재결하여야 하는데(행정심판법 제45조 1항), 운전면허 행정처분에 관한 재결은 실무적으로 통상 50일 정도 걸린다.

행정심판은 이의신청과는 달리 실질적이고 종합적인 사정을 모두 다 참고하게 된다. 예컨대 음주한 경위, 음주운전을 하게 된 경위, 운전한 거리, 단속절차상 문제점 등이 참고사항이 된다. 물론 생계형 운전인지 여부도 매우 중요한 자료가 되지만 반드시 생계형이 아니라고 해도 행정심판에서 다툴 수 있다. 이 점에 생계형 이의신청과 큰 차이점이다.

다. 사례해설

A씨는 먼저 생계형 이의신청을 해보고, 그것이 받아들여지지 않을 경우에는 행정심판을 통해 면허취소처분에 대한 취소를 구할 수 있다. 통상 면허취소처분에 대한 불복이 받아들여질 경우 110일 면허정지로 변경된다.[84]

84 운전면허 정지처분의 경우도 절반으로 일수가 주는 경우가 있다.

■ 도로교통법시행규칙 [별지 제87호서식] <개정 2014.12.31.>

운전면허처분 이의 신청서

접수번호		접수일자			처리기간	30일 (30일 연장가능)

신청인	성 명	주민등록번호
	주 소 (전화번호 :)	

면허종별 및 번호	지방경찰청	종별	번호

이의신청 사유	*운전면허 필요성, 생계곤란 등 신청이유 간단히 작성하시고 뒷장에 구체적으로 상세히 기재해도 됨.*

「도로교통법」 제94조 제1항 및 같은 법 시행규칙 제95조에 따라 위와 같이 운전면허처분 이의신청을 합니다.

년 월 일

신청인 (서명 또는 인)

○○지방경찰청장 귀하

첨부서류	운전면허처분서	수수료 없음

처리절차

신청서 작성 (신청인) → 민원실 접수 (지방경찰청장) → 심의위원회 결정 (지방경찰청장) → 심의결과 통지 (신청인)

210㎜×297㎜[백상지 80g/㎡(재활용품)]

164 | 대중음식점 영업정지처분 취소소송 [행정소송 절차와 사유]

Q A씨는 서울 강남구 H아파트 부근에서 대중음식점을 운영하여 오던 중 어느 날 영업마감시간인 24:00를 30분 정도 지난 상황에서 단골손님 등 약 20여명의 고객이 있었다. 이 와중에 고객 중 한 사람이 칸막이로 가려진 별실에서 술을 마시면서 종업원에게 노래반주를 해 줄 사람을 불러 달라고 요청하였고, 종업원이 기타 연주자 1명을 불러 주었다. 그런데 나중에 이 사실이 적발되어 A씨는 강남구청으로부터 2개월의 영업정지를 받았는데, A씨는 이에 불복하여 행정소송을 제기하였다. 이에 대한 재판 결과는?

가. 행정소송 절차

행정소송은 항고소송 · 당사자소송 · 민중소송 · 기관소송으로 대별되는데, 항고소송은 행정청의 공권적인 처분 등이나 부작위가 있은 뒤에 이를 다투는 소송이고, 당사자소송은 행정청의 처분 등을 원인으로 하는 법률관계에 관한 소송이나 그 밖에 공법상의 법률관계에 관한 소송으로서, 그 법률관계의 한쪽 당사자를 피고로 하는 소송이다.

항고소송의 중심이 되는 취소소송은 행정청의 위법한 처분 등의 취소 또는 변경을 구하는 소송으로서, 피고인 행정청의 소재지를 관할하는 행정법원이 제1심 관할법원으로 하고,[85] 그 재판에 대하여 고등법원에 항소할 수 있으며, 대법원에 상고할 수 있다(삼심제).

취소소송은 행정심판을 거치지 않고 처분 등이 있음을 안 날부터 90일 이내 제기할 수 있고(동법 제18조 1항), 행정심판의 재결을 거치는 경우에는 재결서의 정본의 송달을 받은 날부터 90일 이내 제기할 수

85 다만 토지의 수용 기타 부동산 또는 특정의 장소에 관계되는 처분 등에 대한 취소소송은 그 부동산 또는 장소의 소재지를 관할하는 행정법원에 이를 제기할 수 있다(행정소송법 제9조 3항).

있다. 다만 원칙적으로 처분이 있은 날부터 1년 이내에 제기하여야 한다(동법 제20조 1항, 2항). 두 기간 중 어느 하나의 기간만이라도 경과하면 제소하지 못한다(대법원 1989. 5. 9. 선고 88누5150 판결).

취소소송의 제기는 원칙적으로 처분 등의 효력이나 그 집행 또는 절차의 속행에 영향을 주지 아니하나, 취소소송이 제기된 경우에 처분등이나 그 집행 또는 절차의 속행으로 인하여 생길 회복하기 어려운 손해를 예방하기 위하여 긴급한 필요가 있다고 인정할 때에는 본안이 계속되고 있는 법원은 당사자의 신청 또는 직권에 의하여 처분 등의 효력이나 그 집행 또는 절차의 속행의 전부 또는 일부의 정지를 결정할 수 있다(동법 제23조 1항, 2항).[86]

나. 위 영업정지처분이 취소대상인지 여부

행정청의 허가, 면허, 인가, 특허 등과 같이 상대방에게 어떤 이익이 생기게 하는 소위 수익적 행정처분을 취소하거나 중지시키는 경우에는 이미 부여된 그 국민의 기득권을 침해하는 것이다. 따라서 비록 취소 등의 사유가 있다고 하더라도 그 취소권 등의 행사는 기득권의 침해를 정당화할 만한 중대한 공익상의 필요 또는 제3자의 이익보호의 필요가 있는 때에 한하여 상대방이 받는 불이익과 비교·교량하여 결정하여야 하고, 그 처분으로 인하여 공익상의 필요보다 상대방이 받게 되는 불이익 등이 막대한 경우에는 재량권의 한계를 일탈한 것으로서 그 자체가 위법이다(대법원 1990. 1. 23. 선고 89누6730 판결 참조).

위 사례에 있어 대법원은 “식품위생법시행규칙 제53조에서 별표 15로 식품위생법 제58조에 따른 행정처분의 기준을 정하였다고 하더라도, 이는 형식은 부령으로 되어 있으나 그 성질은 ‘행정기관 내부의 사무처리준칙’을 정한 것에 불과한 것으로서, 보건사회부장관이 관계

86 이를 통칭하여 “집행정지”라고 부르는데, 마치 민사집행에서의 가처분소송과 유사한 구조이다.

행정기관 및 직원에 대하여 그 직무권한행사의 지침을 정하여주기 위하여 발한 행정명령의 성질을 가지는 것이지 식품위생법 제58조 제1항의 규정에 의하여 보장된 재량권을 기속하는 것이라고 할 수는 없고, 대외적으로 국민이나 법원을 기속하는 힘이 있는 것은 아니므로, 식품위생법 제58조 제1항에 의한 처분의 적법여부는 위 규칙에 적합한 것인가의 여부에 따라 판단할 것이 아니고, 위 법의 규정 및 그 취지에 적합한 것인가의 여부에 따라 판단하여야 할 것이다"라고 하면서, A씨 식당의 경우 "종업원들이 영업시간을 30분 위반하였고, 유흥접객업소에서만 허용되는 유흥종사자인 기타 연주자를 두고 영업을 한 사실은 인정되나 △A씨 경영의 위 업소는 약 21억 1천만원의 시설비를 들였고, △약 15명 정도의 종업원을 두고 주로 경양식을 조리·판매해 왔으며 평소 유흥접객부 등 유흥종사자는 고용하지 않은 점, △이 사건 적발 당시는 그 밖에 다른 위반사실이 없이 모두 허가범위내의 영업행위를 하고 있었던 점, △1990. 4. 15. 서울특별시장으로부터 피고에게 단속강화지침이 시달되기 이전에는 이 사건과 같은 위반사안에 대하여 영업정지처분 대신 과징금을 부과해 왔던 점, △초과영업시간이 불과 30분 정도이고 업태위반의 점도 노래반주자 1명을 불러들인 것에 불과하여 그 위반정도가 비교적 가벼운 점, △이에 반해 2개월의 영업정지를 당하게 될 경우 15명 정도 되는 종업원들이 그 생계에 상당한 영향을 받게 되고, △거액의 시설비를 들인 위 업소 또한 정상적인 영업재개가 곤란한 점 등에 비춰 볼 때 1차의 위반사실에 대하여 바로 2개월의 영업정지를 명한 이 처분은 너무 가혹하여 재량권의 범위를 이탈한 위법이 있다"라고 판결하였다(대법원 1991. 5. 14. 선고 90누9780 판결).

형사 편

165 | 형사상 집행유예 요건

Q A씨는 2년 10개월 전 징역 2년에 집행유예 3년을 선고받았다. 그런데 최근 사기죄로 재판을 받게 되었는데 집행유예 기간이 불과 2개월이 남아있는 상황이다. A씨는 피해자와 원만히 합의가 성립되었고 피해금액도 경미한 편인데 이번에 다시 집행유예를 받을 수 있을까?

집행유예란 형을 선고함에 있어서 일정한 기간 동안 형의 집행을 유예하고 그 기간이 경과한 때에는 형의 선고의 효력을 잃게 하는 제도이다(형법 제65조). 형의 선고가 효력을 잃는다는 것은 법률적 효과가 없어진다는 것일 뿐, 형의 선고가 있었다는 기왕의 사실까지 없어진다는 것은 아니므로 범죄경력조회에는 나타나게 된다. 법원은 다음과 같은 요건이 구비되면 1년 이상 5년 이하의 기간 형의 집행을 유예할 수 있다(형법 제62조 1항).

① **3년 이하의 징역이나 금고 또는 500만원 이하의 벌금의 형을 선고할 경우**: 필요적 병과형의 경우 징역형에 대해서만 집행유예가 선고되고, 벌금형은 그대로 실형이 선고되는 경우가 종종 있다(형법 제62조 2항). 이 경우 만약 벌금을 납부하지 못할 경우에는 설사 징역형에 대해 집행유예 선고받았다고 해도 벌금 때문에 노역장유치를 받게 된다. 노역장유치는 체납유치(滯納留置)라고도 부르는데, 벌금을 선고할 때에는 납입하지 아니하는 경우의 유치기간을 정하여 동시에 선고한다. 벌금을 납입하지 아니한 자는 1일 이상 3년 이하 기간 노역장에 유치하여 작업에 복무하게 한다. 벌금의 선고를 받은 자가 그 일부를 납입한 때에는 벌금액과 유치기간의 일수(日數)에 비례하여 납입금액에 상당한 일수를 제한다.

한편 여기서 말하는 형은 실제로 선고되는 형을 의미하는 것이지

법정형이 3년 이하 징역이나 금고 또는 500만원 이하의 벌금일 필요는 없다.

② **정상에 참작할 만한 사유가 있을 것**: 형법상 양형참작 사유로는 범인의 연령, 성행, 지능과 환경, 피해자에 대한 관계, 범행의 동기, 수단과 결과, 범행 후의 정황이 있다(형법 제51조). 법원은 이러한 여러 가지 정상 참작사유를 종합하여 판단하는데 그중 가장 강력한 정상참작 사유로는 위 '범행 후의 정황'에 해당되는 대표적인 예인 '피해자와의 합의 여부'이다. 그러므로 만약 유죄판결이 예상될 경우에는 피해자와 합의를 보는 것이 절대적으로 유리하고, 그것이 도저히 어려울 상황이라면 형사공탁, 범죄신고자 면담신청, 양형조사 등의 제도를 활용해 피해자에 대한 반성의 뜻을 전달해야 한다.

③ **금고 이상의 형을 선고한 판결이 확정된 때로부터 그 집행을 종료하거나 면제된 후 3년까지의 기간에 범한 죄가 아닐 것**(형법 제62조 1항 단서): 범행시점이 기준점이 되므로 기왕에 받는 재판 1심에서 실형을 선고받았다고 해도 그 판결이 확정되기 전에 또 다른 범죄를 범했다면 두 번째 범죄에 대해서는 이론상 집행유예가 가능하다. 하지만 실무상 이런 경우에는 두 번째 범죄에 대해 빨리 재판을 진행하여 첫 번째 재판의 항소심에서 병합하여 한꺼번에 처벌받게 하는 것이 유리하다. 왜냐하면 두 번째 재판이 진행되는 과정 속에서 첫 번째 사건의 재판은 확정될 가능성이 크고, 그 후 두 번째 사건에 대해 집행유예를 받는다는 것은 현실적으로는 거의 어렵기 때문이다.

그럼 **집행유예 기간 중 범한 범죄에 대해 다시 집행유예 선고가 가능할까?** 형법 제62조 1항 단서 '금고 이상의 형을 선고한 판결이 확정된 때'라 함은 실형을 선고받은 경우뿐만 아니라 금고 이상의 집행유예를 선고받아 확정된 경우도 포함된다고 해석한다. 따라서 원칙적으로 집행유예 판결이 확정된 자가 그 유예기간 내에 다시 범죄를 저지른 경우에는 집행유예를 선고할 수 없다. 하지만 재판 도중 집행유예가 실효된 경우에는 집행유예 선고가 가능하다.

"집행유예 기간 중 다른 범죄를 저지른 경우에는 설사 그 집행유예 기간이 지나도 다시 집행유예 선고를 못 받는 것 아닌가요?" 많은 의뢰인들이 자주 하는 질문이다. 그러한 질문을 하는 이유는 예전에는 형법 제62조에서 집행유예 결격사유인 전과에 관해 '선고시'를 기준으로 판단하였는데 2005. 7. 29. 형법이 개정되면서 현재는 '범행시'를 기준으로 판단하기 때문이다.

그 질문에 대한 답은 "두 번째 범행에 관한 재판이 종료되기 전에 그 전에 선고받은 집행유예 기간이 지날 경우에는 두 번째 범행에 대해 다시 집행유예를 받을 수 있다"이다. 왜냐하면 집행유예가 실효 또는 취소됨이 없이 유예기간을 경과한 때에는, 형의 선고가 이미 그 효력을 잃게 되어 더 이상 '금고 이상의 형을 선고'한 경우가 아니기 때문이다. 그래서 통상 집행유예 기간 중인 경우 변호사들은 최대한 재판을 끌어서 유예기간을 도과시키려고 한다. 하지만 구속사건의 경우 구속기간 때문에 재판을 끄는데도 한계가 있고, 불구속 사건이라도 특별한 사유 없이 재판을 지연시킬 경우에는 오히려 괘씸죄가 추가되어 법정구속될 가능성을 배제할 수 없으니 조심해야 한다.

사례로 돌아가 살피건대, A씨의 경우 집행유예 기간이 얼마 남지 않았으므로 재판을 지연시켜 일단 집행유예기간을 도과시킬 경우, 합의가 성립되었고 피해금액이 경미한 정상을 참작받아 다시 집행유예 선고를 받을 수 있다.

선고유예 판결을 받아 유예기간 중에 다시 범죄를 범한 경우

선고유예를 받은 전과는 비록 그 판결 이유에서 유예된 형이 금고 이상의 형이라 하더라도 이를 '금고 이상의 형에 처한 판결이 확정된 죄'라고 볼 수 없다. 형법 제62조 제1항 단서는 집행유예의 결격사유로서 "금고 이상의 형을 선고한 판결이 확정된 때부터 그 집행을 종료하거나 면제된 후 3년까지의 기간에 범한 죄에 대하여 형을 선고하는 경우에는 그러하지 아니하다"고 하여 명문상으로 '금고 이상의 형을 선고한 판결'이 있음을 전제로 하고 있다. 하지만 선고유예 판결은 선고유예의 실효에 따라 형이 선고되기 전에는 여전히 형의 선고는 유예된 상태이므로 위 결격사유에 해당한다고 볼 수는 없어 선고유예 기간 중에도 집행유예의 판결을 선고할 수 있다(대구지방법원 2006. 4. 28. 선고 2006고합119 판결).

166 | 형사절차상 구속기간

Q A씨는 절도죄로 구속재판을 받고 있는데 공소제기가 된 후 6개월이 거의 다 되어 실형을 선고받았다. 그 후 A씨는 구속 상태에서 항소를 제기하였는데 A씨에 대한 구속기간은 구체적으로 어떻게 계산되는가?

가. 수사기관의 구속기간

사법경찰관이 피의자를 구속한 때에는 10일 이내 피의자를 검사에게 인치하지 아니하면 석방해야 한다(형사소송법 제202조). 즉 경찰의 구속기간은 최장 10일이다. 검사의 구속기간도 원칙적으로 10일이지만 한 차례 10일이 초과하지 않는 한도에서 구속기간을 연장할 수 있다(동법 제205조 1항). 결국 검사의 구속기간은 최장 20일이다. 만약 수사기관에서 체포영장에 의한 체포, 긴급체포, 현행법 체포에 의하여 체포하거나 구인을 위한 구속영장에 의하여 구인한 경우 실제로 체포하거나 구인한 날부터 구속기간을 기산한다. 수사기관에 의해 구속되었다가 석방된 자는 다른 중요한 증거를 발견한 경우를 제외하고는 동일한 범죄사실에 대해 재차 구속하지 못한다(동법 제208조 1항).

나. 법원의 심급별 구속기간(동법 제92조 1항, 2항)

법원에서의 피고인에 대한 구속기간은 2개월이 원칙인데, 1심에서는 2차에 한하여 갱신할 수 있으므로 최장 6개월을 구속할 수 있다. 항소심과 상고심의 경우는 3차 갱신할 수 있으므로 최장 6개월인데 만약 원심에서 구속기간을 다 채우지 못한 채 상소된 경우에는 그 잔여기간까지 구속할 수 있게 되므로 실제로 "6개월 + α"가 되는 것이다. 예컨대 1월 1일 구속 기소된 피고인에 대해 1심에서 2차 구속기간을 갱신한 경우 총 6개월이 되므로 6월 30일이 최종 구속만기가 된다. 그런데 6월 2일 피고인에게 실형을 선고할 경우 항소심에서 6월 30일 이전에 기록을 송부받아 구속기간을 연장할 시간적 여유가 없을 수 있다. 이 경우 1심 판사는 6월 3일 항소심판사를 대신하여 구속기간을 연장하는 결정을 한다. 이를 실무상 "**대행갱신**"이라고 부른다. 1심 판사는 2차에 한해 구속기간을 연장 가능하므로 선고를 한 뒤 항소심 판사를 대리해 갱신하는 것이다. 1심판사는 형을 선고하기 전에는 연장할 수 없는데 그 이유는 그 경우 1심판사가 3차 갱신하는 꼴이 되므로 법에 위반되기 때문이다. 사건이 항소심에 6월 20일 송부될 경우 항소심에서는 7월 1일부터 구속기간이 시작되므로 그 때부터 3차 다시 갱신할 수 있다. 그런데 1차 갱신은 1심 판사가 이미 대행갱신을 하였고, 8월말에 2차 갱신, 10월 말에 3차 갱신을 하여 결국 12월 말까지 구속할 수 있다. 즉 항소심에서의 구속기간은 "6개월 + 항소심에 기록이 넘어간 6월 20일부터 10일간" 즉 최장 6개월 10일을 구속할 수 있는 것이다. 상고심 역시 항소심과 마찬가지 구조이다. 법원의 구속기간의 기산일은 1심은 기소될 날부터 시작되며, 수사기관에서의 구속기간은 포함되지 않는다(동법 제92조 3항). 그리고 갱신되는 구속기간은 갱신날짜부터 갱신되는 것이 아니라 2개월이 지난 다음날부터 이어서 갱신이 되는 것이다. 따라서 1심에서 2차 갱신하고 2심에서 3

차 갱신한 경우 결국 구속기간은 만 1년이 되고, 대법원에서도 3차 갱신할 경우 도합 1년 6개월을 법원에 의해 구속되는 것이다. 과거에는 1심 구속기간은 6개월, 2심과 상고심은 각 4개월이었는데 상소심 구속기간이 너무 짧다고 2007년 6월에 형사소송법이 개정된 것이다.

167 | 형사공탁제도

Q A씨는 최근 사기죄로 형사재판을 받게 되었는데 피해자가 피해원금인 2억원에 이자와 위자료조로 1억원을 추가로 요구하고 있다. 결국 합의가 성립되지 아니하여 고소취소장을 받지 못하는 상황인데 이 경우 A씨가 형사공탁을 하면 처벌을 가볍게 받을 수 있는가?

형사사건에서 피해자가 요구하는 합의금이 너무 고액이거나 아예 합의를 해줄 생각이 없는 경우에 가해자 입장에서는 어떻게 해야 하나? 이 경우에는 형사공탁제도를 활용할 수 있다. 형사공탁제도는 형사합의금을 일방이 공탁하는 것인데 상대방이 수령하는지 여부와 상관없이 그 금액 상당이 지급된 것으로 취급된다.

형사공탁을 할 경우에는 반드시 공탁금회수제한신고서를 제출하여야 한다. 공탁금회수제한신고서라 함은 형사사건의 변제공탁에 있어서 공탁자가 법원에서 무죄 혹은 검찰에서 불기소처분(무혐의, 죄안됨 처분이 이에 해당됨, 단 기소유예 처분은 제외됨)을 받는 경우가 아니면 공탁금을 회수하지 않겠다는 신고서를 말한다. 이것은 피고인(피의자)이 형사사건에서 형사공탁을 하고 그 공탁서를 법원(검찰)에 제출하여 선처를 받아 놓고 피해자가 그 공탁금을 찾아가기 전에 다시 그 공탁금을 회수하여 법원이나 검찰을 속이는 것을 방지하기 위함이다.

예전에는 공탁금회수제한신고서를 공탁서와 별도의 양식으로 함께 제출하였으나, 지금은 공탁서 양식 안에 '회수제한신고' 란이 있어 여기에 이름을 적고 서명 혹은 날인하면 된다. 한편, 공탁자가 형사사건에서 무죄판결이 확정되거나, 불기소 처분(기소유예는 제외)을 받은 경우에는 그 증명서를 첨부하여 공탁금을 회수할 수 있다.

일단 형사공탁이 되면 그 사실이 피해자에게 알려지는데, 이 경우 피해자는 설사 그 공탁금이 충분하지 않다고 해도 공탁금의 '일부수령'이라는 조건을 걸고 수령할 수 있다. 왜냐하면 이를 수령하지 않고 있다가 만약 공탁자가 위와 같이 무죄나 불기소처분을 받으면 바로 공탁금을 회수해가기 때문에 일단 수령을 하는 편이 유리하기 때문이다. 일부수령이라는 단서를 붙여서 수령할 경우 피해자는 가해자에게 그 이상의 금액을 민사상 청구할 권리가 유지되며, 형사적으로도 미합의 상태를 주장하면서 가해자에 대한 엄벌을 요구하는 탄원을 할 수도 있다.

어찌됐든 형사공탁을 하면 실제로 합의에 버금가는 효과는 있다. 하지만 종래에는 개인정보보호법에 의해 피해자의 인적사항을 알기가 쉽지 않았다. 다행히 계약서 등에 피해자의 인적사항이 있으면 형사공탁이 가능하나, 성범죄 등과 같은 경우 피해자의 인적사항을 알 길이 없어 사실상 형사공탁은 불가능하였다. 그래서 이 경우에는 변호인이 수사기관에 합의의사를 전달하여 피해자로 하여금 변호인에게 연락이 오게끔 하는 우회적 방법으로 합의를 보았다. 하지만 이렇듯 형사공탁 제도의 실효성에 문제점이 제기 되자, 최근 형사공탁에 관한 업무처리지침(2022. 12. 9. 시행, 대법원 행정예규 제1321호)에 의하여 제도가 개선되었다. 개정된 지침에 따르면, 공소장 등에 피해자의 성명이 기재되어 있는 경우에는 공탁서에 그 성명을 기재하고, 공소장 등에 피해자의 성명 중 일부가 비실명 처리되어 있거나 가명으로 기재되어 있는 경우에는 공탁서에도 그대로 기재하되, 가명으로 기재되어 있는 경우에는 괄호하여 가명임을 표시방법으로 공탁을 할 수 있게 함으로써 공탁을 할 수 있는 기회를 부여하였다(형사공탁에 관한 업무처리지침 제4조).

168 | 게으른 피공탁자는 손해를 본다 [형사공탁금 수령요령]

Q A씨는 B씨를 배임죄로 고소하였는데 피해금액은 1억원이었다. 그런데 B씨는 검찰에서 수사받는 도중 A씨를 피공탁자로 하여 3천만원을 형사공탁하였다. 그런데 A씨는 그 공탁금을 찾게 되면 합의로 간주될까봐 이를 찾지 않고 있다. A씨는 이 형사공탁금을 그대로 놔둬야 하나?

피공탁자가 공탁제도에 관해 잘 이해하지 못해 손해를 보는 경우가 종종 있다. 이 사례는 필자가 몇 해 전에 B씨를 대리했던 실제 사건인데, 의뢰인 B씨는 배임죄의 피고소인이었다. 그런데 B씨는 필자를 만나기 전에 다른 변호사를 먼저 선임했었는데 그 전임 변호사가 아무래도 검찰에서 기소될 것 같으니 일단 공탁을 하자고 권유했다고 한다. 불안한 심정에 B씨는 급히 3천만원을 형사공탁을 하였는데 고소인 A씨는 1억원을 요구하면서 이를 수령하지 않고 있었다. A씨도 변호사가 선임된 사건이었는데 왜 이를 수령하지 않았는지는 모르지만 현명하지 못한 처사였다. 왜냐하면 A씨의 입장에서는 일단 '일부수령'이라는 단서를 걸고 공탁금을 수령한 뒤 B씨에 대한 엄벌을 계속 요구할 수도 있었기 때문이다. 아마도 A씨의 입장에서는 형사공탁금을 자신이 찾아가면 B씨에게 유리하게 작용할 것을 우려했기 때문에 안 찾아간 것으로 보인다. 하지만 검찰에서는 고소인이 공탁금을 찾아갔는지 여부를 확인도 하지 않고 일단 공탁된 돈은 고소인에게 지불된 것으로 취급되기 때문에 A씨의 생각은 현실과 동떨어진 기우에 불과했다.

어쨌든 그 와중에 필자가 이 사건을 선임받아 기록을 자세히 검토해 보니 B씨의 배임죄는 법리상 문제가 있었다. 이에 필자는 B씨에 대해 무혐의에 관한 법리주장을 하는 상세한 내용의 변호인의견서를 검찰에 제출하였고, 그 결과 검찰에서는 B씨에 대해 무혐의 결정을 하였다. 필자는 B씨에게 공탁법원에다 무혐의결정문을 제출하고 공탁금을 찾을 수 있다고 알려줬고 그는 그 즉시 공탁금 3천만원 전액을 되찾았다.

이 사건은 피공탁자(고소인)가 공탁제도에 관한 이해부족으로 인해 손해를 본 사건이었다. 피해자의 입장에서는 자신 앞으로 형사공탁이 되면 설사 그 공탁금이 충분하지 않다고 해도 공탁금의 '일부수령'이라는 조건을 걸고 수령하는 것이 유리하다. 왜냐하면 이를 수령하지 않고 있다가 만약 공탁자가 위와 같이 무죄나 불기소처분(기소유예 제외)을 받으면 바로 공탁금을 회수해가기 때문이다. 일부수령이라는 단서를 붙여서 수령할 경우 민·형사적으로 모두 여전히 합의가 성립되지 않은 상태로 취급된다.

사례로 돌아가 살피건대, A씨는 일부수령이라는 표시를 하고 공탁금 3천만원을 즉시 출급받는 것이 유리하다.

[공탁금출급청구서 양식]

※ 굵은 글씨 부분은 반드시 기재하시기 바랍니다.

공 탁 번 호	년 금 제 호	공 탁 금 액	한글
			숫자

공탁자	성 명 (상호, 명칭)		피공탁자	성 명 (상호, 명칭)	
	주민등록번호 (법인등록번호)			주민등록번호 (법인등록번호)	

청구내역	청구금액	이자의 청구기간	이자 금액	합계금액	비 고
	한글		(은행)	(은행)	
	숫자		※ '이자 금액' 및 '합계금액' 란은 보관은행에서 기재함.		

보 관 은 행	은행 법원 지점

청구 및 이의유보사유	출급청구시	회수청구시
※ 해당란에 ☑ 하시거나 기타란에 간단히 기재하시기 바랍니다.	※ 출급청구시 이의가 있으면 이의유보란에, 이의가 없으면 공탁수락란에 ☑하시기 바랍니다. ☐ 공탁을 수락하고 출급함 ☑ 이의를 유보하고 출급함 ☐ 담보권 실행 ☐ 배당에 의함 ☐ 채권양수에 의함 ☐ 기타( )	☐ 민법 제489조에 의하여 회수 ☐ 착오공탁(착오증명서면 첨부 필요) ☐ 공탁원인소멸(담보취소, 본압류이전, 가압류취하·취소·해제 등)

비고 (첨부서류 등)	☐ 공탁통지서 ☐ 공탁서 ☐ 신분증 사본 ☐ 위임장 ☐ 인감증명서 ☐ 주민등록등·초본 ☐ 법인등기사항증명서 ☐ 채권압류·추심명령 정본 및 송달증명 ☐ 채권압류·전부명령 정본 및 확정증명 ☐ 동의서·승낙서·보증서 ☐ 채권양도 원인서면 ☐ 증명서 ☐ 착오증명서면 ☐ 담보취소결정 정본 및 확정증명 ☐ 가압류 취하·해제증명 등 ☐ 기타 ( )
계좌입금	☐ 포괄계좌입금(금융기관 : 계좌번호 :) ☐ 계좌입금신청(금융기관 : 계좌번호 :) : 공탁금 계좌입금신청서 첨부

위와 같이 청구합니다.

년 월 일

청구인	대리인
주소 : 주민등록(사업자등록)번호 : 성명 : 인(서명) (전화번호 :)	주소 : 성명 : 인(서명) (전화번호:)

위 청구를 인가합니다.

년 월 일

법원 지원 공탁관 (인)

위 공탁금과 공탁금 이자(공탁금 출급·회수청구서 1통)를 수령하였습니다.

년 월 일

수령인(청구인 또는 대리인) 성명 (인)

※ 1. 청구인의 인감증명서를 첨부하여야 합니다(인감을 날인하고 인감증명서를 첨부하여야 하는 경우, 이를 갈음하여 서명을 하고 본인서명사실확인서를 제출할 수 있습니다). 다만, 1,000만원 이하의 공탁금을 본인이 직접 청구하는 때에는 인감증명서를 제출하지 않아도 되며(신분증을 확인) 날인 대신 서명할 수 있습니다.
2. 대리인이 청구하는 경우(1,000만원 이하인 경우 포함) 대리인의 성명, 주소(자격자대리인은 사무소)를 적고 날인(서명)하여야 하며, 이 때에는 본인의 인감을 날인한 위임장과 그 인감증명서를 첨부하여야 합니다.
3. 공탁금이 5,000만원 이하인 사건에 대하여 전자공탁시스템을 이용하여 출급·회수 청구하는 경우에는 인감증명서를 첨부하지 아니하며, 서명은 공인인증서에 의한 전자서명 방식으로 합니다.
4. '계좌입금'란은 계좌입금을 신청하는 경우에만 기재합니다.

169 | 자수감경을 잘 활용하자

A씨는 사기죄로 현재 지명 수배되어 있는데 증거가 너무 명백하여 자백해야만 한다. A씨가 형을 줄이기 위해서는 어떤 식으로 대응해야 하나?

죄를 범한 후 수사책임이 있는 관서에 자수한 때에는 그 형을 감경 또는 면제할 수 있는데(형법 제52조 1항), 이를 자수감경이라고 한다. 자수는 피의자 본인이 자발적으로 수사기관에 자신의 죄를 고하고 그 처분을 구하는 의사표시를 해야만 된다. 자수감경은 임의적 감경사유에 불과하여 법원에서 반드시 감경을 해줘야 할 의무는 없다. 하지만 만약 법정형이 7년 이상일 경우에는 일단 집행유예를 받을 수 있는 모든 조건을 만들어 놓는 편이 유리하므로 자수감경과 작량감경을 모두 받을 수 있도록 노력할 필요가 있다.

문제는 자수감경을 받기 위해서는 일정한 요건이 필요한데, 먼저 수사기관에 자수서를 작성해서 제출해야 하고, 다음으로 범행일체를 자백해야만 한다. 물론 이론상으로는 자수서를 제출하지 않고 자수해도 무방하지만 실무상 경찰에서 업무실수로 피의자를 체포한 것으로 잘못 보고하는 경우가 종종 있어 유의해야 한다. 이럴 경우 피고인은 나중에 자수감경을 받기 위해 본인이 자수한 사실을 입증해야만 하므로 절차가 복잡해진다. 또한 가령 경찰에서 수사보고서에 자수했다는 기재를 해도 법원에서 형을 선고함에 있어 간과될 수 있으므로 반드시 자수서를 제출하여 확실하게 증거로 남겨야 한다.

또한 자수만 하고 막상 조사받으면서 범행의 일부라도 부인할 경우에는 자수로 인정되지 않으므로 범행일체를 깨끗하게 자백해야만 자수감경을 받을 수 있다. 일단 범행을 부인한 이상 그 이후의 수사과정이나 재판에서 마음을 바꿔 범행을 시인했다 하더라도 새롭게 자수가 성립되지 않는다. 한편 수사기관의 직무상의 질문 또는 조사에 응하여 범죄사실을 진술하는 것은 자백일 뿐 자수로는 인정되지 않는다.

170 | 형사재판기록에 대한 정보공개절차

Q 중감금죄 등으로 징역 9년형이 확정된 H씨는 2011년 9월 재심 준비에 필요하다며 대전지검에 증인신문조서 등 자기사건과 관련된 소송기록을 정보공개해 달라고 요청했지만 거절당하였다. 그러자 H씨는 정보공개법 제10조 제1항에 의거하여 검찰청을 상대로 형사재판의 소송기록에 대한 정보공개청구 소송을 냈다. H씨가 이 소송에서 승소할 가능성과 다른 대안은?

보통은 공무소에서 보관하고 있는 자료는 타인의 개인정보를 침해하지 않는 한 정보공개청구를 통해 확인할 수 있다. 하지만 확정된 형사재판 기록은 **정보공개법**(공공기관의 정보공개에 관한 법률)상의 정보공개 청구 대상에 포함되지 않으므로 재판확정기록의 열람·등사 절차 등을 규정하고 있는 **형사소송법** 절차에 따라야 한다.

위 사례는 실제 사건인데 1심에서는 H씨가 패소했지만, 2심은 "재판확정기록도 정보공개청구 대상"이라며 "관련 정보를 공개함으로써 수사기관의 직무수행이 현저히 곤란하게 된다고 인정할 만한 상당한 이유가 있다고 보기 어렵다"면서 사건관계인의 개인정보가 포함된 내용을 제외한 정보를 공개하라고 판결했다.

하지만 대법원은 H씨가 대전지검장을 상대로 낸 정보공개 기각처분 취소소송(대법원 2016. 12. 15. 선고 2013두20882 판결)에서 원고승소

판결한 원심을 깨고 사건을 대전고법으로 돌려보냈다. 대법원 재판부는 "정보공개법 제4조 1항은 '정보의 공개에 관하여는 다른 법률에 특별한 규정이 있는 경우를 제외하고는 이 법이 정하는 바에 의한다'라고 규정하고 있다"며, "다른 법률에 특별한 규정이 있는 경우에 해당해 정보공개법의 적용을 배제하기 위해서는 그 특별한 규정이 '법률'이어야 하고, 나아가 그 내용이 정보공개의 대상 및 범위, 정보공개의 절차, 비공개대상정보 등에 관해 정보공개법과 달리 규정하고 있는 것이어야 한다"고 밝혔다. 이어 "재판확정기록의 열람 또는 등사는 그 절차와 제한사유 등을 **형사소송법 제59조의**2가 규정하고 있기 때문에 정보공개법의 적용이 배제돼 정보공개법에 의한 공개청구가 허용되지 아니하므로 그 공개를 거부한 이 사건 비공개결정은 정당하다"고 설명했다.

한편 형사소송법 제59조의2는 국가의 안전보장이나 사건관계인의 명예 또는 사생활의 비밀 등을 현저히 해할 우려가 있는 경우 등이 아닌 한 누구든지 권리구제·학술연구 또는 공익적 목적으로 재판이 확정된 사건의 소송기록을 보관하고 있는 검찰청에 그 소송기록의 열람 또는 등사를 신청할 수 있도록 하고 있다.

대법원판결은 재판확정기록의 열람·등사 등 공개는 정보공개법보다 형사소송법이 특칙이라는 점을 명확히 한 것에 불과하다. 한편 검사의 열람·등사 제한에 대하여는 당해 기록을 보관하고 있는 검찰청에 대응한 법원에 그 처분의 취소 또는 불복을 신청할 수 있되, 그 불복신청에 대하여 준항고의 절차를 준용하도록 규정하고 있다(형사소송법 제59조의2 제6항, 7항).

사례로 돌아가 살피건대, H씨가 제기한 정보공개법에 의한 재판확정기록의 열람·등사 청구는 결국 기각되었다. 하지만 만약 H씨가 검찰청의 비공개처분에 대해 형사소송법상 '준항고' 절차를 통해 불복하였다면 (2심 법원 판시 내용[87]으로 보아) 법원에서 재판확정기록의 열람·등사청구가 허용되었을 가능성이 크다고 생각한다.

171 | 중지미수와 장애미수의 차이점

Q A군(남, 20세)은 오토바이를 타고 집으로 향하던 중 혼자서 귀가 중인 B양(만 16세)을 발견하였고 자신의 오토바이에 태운 뒤 인근 학교 운동장으로 향하였다. 이후 A군 등은 B양의 핸드폰을 빼앗고 강간을 시도하였으나 B양의 격한 반항으로 인해 범행이 발각될까 두려워 도망을 갔다. A씨의 범행포기 행위는 중지미수인가 아니면 장애미수인가?

중지미수란 범인이 자의로 실행에 착수한 행위를 중지하거나 그 행위로 인한 결과의 발생을 방지한 경우로서 형을 필요적으로 감경 또는 면제하게 되어 있다(형법 제26조). 반면 장애미수란 범죄의 실행에 착수하여 행위를 종료하지 못하였거나 결과가 발생하지 아니한 경우로서 형의 임의적 감경사유에 불과하다(형법 제25조). 즉 중지미수는 범인이 실행에는 착수하였지만 스스로 마음을 바꿔 중도에 범행을 포기한 것이고, 장애미수는 범인이 뜻하지 않은 장애 등으로 인해 할 수 없이 범행을 포기하거나 외부의 요인에 의해 결과가 발생하지 아니한 것이다. 그래서 전자는 형을 반드시 감면하도록 하였고 후자는 형의 감경을 해 줄 수도 있고 안 해 줄 수도 있게 한 것이다.

그러면 사례와 같이 피해자를 간음하려 하였으나 피해자의 강력한

---

87 위 사건의 항소심은 관련 정보를 공개함으로써 수사기관의 직무수행이 현저히 곤란하게 된다고 인정할 만한 상당한 이유가 있다고 보기 어렵다고 보아 재판확정기록의 열람 등사 청구를 허용하였다.

저항으로 인해 범행을 중단한 것이 중지미수인가 아니면 장애미수인가? 위 사건에서 A군은 1심에서 징역 3년을 선고받았으나 2심 재판부는 피고인이 피해자와 합의한 사실, **범행을 스스로 중지**한 점 등을 고려하여 형을 감경할 필요가 있다고 보고 징역 1년 6월을 선고하였다. 즉 2심에서는 A군이 스스로 범행을 중지한 중지미수로 판단한 것이다.

하지만 대법원은 A군이 범행을 중단한 것을 두고 원심의 판단처럼 중지미수로는 볼 수는 없다고 판시하였다. 즉 대법원은 A군이 범행을 중단한 것은 B양이 울며 소리를 지르는 등 격한 반응을 보인 것이 원인이며 그렇기에 이를 두고 스스로의 판단에 따라 범행을 중단한 것이라고 봐선 안 된다고 밝힌 것이다. 따라서 대법원은 이 사건의 경우처럼 피해자의 격한 반항으로 인해 범행이 발각될까봐 두려워 범행을 포기한 것은 중지미수가 아니라 장애미수에 해당된다고 법리적 해석을 한 것이다. 결국 범인이 범행을 충분히 실행할 수 있음에도 스스로 이를 포기하였다면 중지미수이고, 범인이 외부적 요인에 의해 범행을 강행하기 힘든 상황이어서 어쩔 수 없이 포기한 것이라면 장애미수로 봐야 한다.

172 | 집에 침입한 도둑을 폭행하면 무조건 정당방위?

Q A씨는 새벽시간에 귀가를 하던 중 자신의 집 서랍장을 뒤지던 도둑 B씨를 발견한 후 주먹으로 얼굴을 수차례 때려 넘어뜨렸다. 이후 A씨는 넘어진 상태에서 도망가려 하는 B씨의 뒤통수를 수차례 발로 찼고, 더 이상 반항을 하지 않던 B씨를 빨래건조대와 차고 있던 벨트를 이용해 계속해서 때렸다. 이로 인해 도둑 B씨는 의식불명에 빠졌고 결국 사망하였다. A씨의 폭행행위는 정당방위인가?

형법에서는 자신이나 타인의 법익에 대한 부당한 침해를 방어하기 위한 행위로 이익을 침해하려 하는 자에게 맞서는 행동을 처벌하지 않는데 이것이 우리가 흔히 말하는 정당방위이다. 하지만 상대방의 침해행위에 비해 지나칠 정도로 큰 반격을 가할 경우 정당방위로 인정되지 않을 수 있다.

위 사건에서 A씨는 흉기 등 상해 및 상해치사 혐의로 기소되었는데 A씨는 자신의 행동은 정당방위였다고 주장하였다. 즉 도둑 B씨가 자신의 어머니와 누나를 해쳤을 수도 있다는 생각에 이를 막기 위해 B씨를 공격하였다는 것이다.

하지만 이러한 정당방위에 대한 A씨의 주장은 재판에서 받아들여지지 않았다. 아무런 저항 없이 도망가려는 B씨의 머리를 오랜 시간 동안 수차례 심하게 공격하여 의식불명에 빠지게 만든 것은 도를 넘어선 행동이라는 것이 재판부의 의견이었다. 다만 재판부는 사건의 발단원인이 도둑 B씨에게 있고 A씨가 B씨를 제압하는 과정에서 흥분해 우발적으로 범행을 저지른 점 역시 고려되어야 한다고 보고 A씨에게 징역 1년 6월에 집행유예 3년을 선고하였다.

형법 제21조에 의하면 “방위행위가 그 정도를 초과한 때에는 정황에 의하여 그 형을 감경 또는 면제할 수 있다. 다만 그 행위가 야간 기타 불안스러운 상태 하에서 공포, 경악, 흥분 또는 당황으로 인한 때에는 벌하지 아니한다”라고 규정되어 있다. 사실 이 사안은 야간 기타 불안한 상태에서 흥분 또는 당황하여 벌어진 일이라 정당방위로 볼 수도 있었는데 도둑 B씨가 사망하여 피해정도가 너무 심해 유죄가 선고된 것으로 분석된다. 만약 B씨가 사망에 이르지 않고 단순 상해에 이르렀다면 아마 정당방위로 무죄가 선고되었을 가능성도 있었을 것이다.

173 | 정당방위 기준, 개가 달려들면?

Q A씨는 애견 진돗개를 목줄에 메어 집근처를 산책하고 있었다. 그런데 A씨가 목줄을 잠시 느슨하게 잡은 사이 A씨의 진돗개는 B씨의 어린 자녀들에게 달려들어 그들을 크게 놀라게 만들었다. 갑작스런 상황에 크게 분개한 B씨는 A씨의 진돗개를 발로 차려 했으나 A씨는 이를 막아섰고 이에 B씨는 A씨 얼굴을 주먹으로 쳐 전치 1주의 치아파절상해를 입혔다. B씨는 자신이 한 폭력행위는 A씨의 진돗개가 먼저 자기 자녀들에게 달려들어 이를 막아서기 위한 정당방위라고 주장하였는데 그 주장은 타당한가?

애견인구가 점점 증가하면서 공원을 산책 나온 애완견과 그 주인들을 자주 접할 수 있다. 그 중에는 애완견이 불편해 한다거나 쉽게 사람을 물지 않는다는 이유로 목줄을 제대로 하지 않은 채 산책을 하는 사람들도 종종 눈에 띈다. 하지만 평소에 아무리 얌전한 개라 할지라도 갑작스럽게 평소엔 안하던 행동을 할 수 있어 목줄 착용을 하는 등의 주의를 기울일 필요가 있다.[88]

위 사례에서 재판부는 B씨가 A씨의 신체를 침해하는 불법행위를 저질러 그에 대한 손해배상을 할 책임이 인정되나, 그 발단이 A씨의 진돗개에 있었다는 점이 인정되어 B씨의 책임은 50%로 한정하였다. 재판부는 A씨가 고의로 진돗개를 이용해 B씨와 B씨 자녀들에게 위해

---

88 2017년 10월초 유명 연예인 C씨의 애견인 프렌치블독이 아파트 엘리베이터에서 인근 주민을 물어 피해자가 패혈증으로 사망케 한 사건이 발생하였다. 현행 동물보호법은 반려견을 동행하고 외출할 때는 목줄 등 안전조치를 해야 한다. 이를 어길 경우 견주는 50만 원의 과태료를 부과받는다. 또 동물보호법 시행규칙은 목줄의 길이를 '다른 사람에게 혐오감을 주지 않는 범위'로 규정하고 있고, 맹견의 경우 입마개를 해야 한다. 여기서 맹견은 아메리칸 핏볼 테리어, 아메리칸 스태퍼드서 테리어, 스태퍼드셔 볼 테리어, 로트왕일러와 이들의 잡종, 그 밖에 상해를 입힐 가능성이 있는 개 등이다.

를 가할 경우엔 B씨의 행동이 정당방위 기준을 충족할 수 있겠으나, A씨의 행동에 그런 고의성이 없기 때문에 정당방위가 성립되지 않는다고 본 것이다. 만약 이 사건의 경우 진돗개가 B씨의 자녀들을 공격하는 순간 B씨가 그 진돗개를 발로 걷어찬 것이라면 정당방위가 인정될 수 있었을 것이다. 하지만 B씨는 이미 그러한 위급상황을 벗어난 상태에서 홧김에 진돗개를 걷어차려고 했고, 이를 만류하는 진돗개 주인 A씨와 시비를 벌이다 그에게 상해를 입힌 것이므로 정당방위는 성립되지 않은 것이다. 다만 A씨에게도 애완견의 관리책임을 다하지 못한 과실이 있어 50% 과실상계로 피해금액을 감액해 준 것이다.

174 | 형법상 반의사불벌죄

A씨는 지역구 국회의원인데, B신문사가 A씨에 대해 뇌물수수 의혹을 제기하는 신문기사를 사회면 톱기사로 냈다. A씨는 억울하다며 B신문사의 기자와 편집국장을 '출판물에 의한 명예훼손죄'로 형사고소를 하여 재판을 받게 되었다. 1심 재판에서 B신문사 기자와 편집국장은 각 벌금 500만원을 선고받았는데, 2심 재판 도중 A씨와 B신문사는 상호 합의가 성립되어 A씨는 형사고소를 취소하였다. 그럼에도 불구하고 B신문사 관계자들은 형사처벌받게 되는가?

'반의사불벌죄'란 국가기관이 수사와 공판을 독자적으로 진행할 수 있지만 피해자가 처벌을 원하지 않는다는 명시적인 의사표시를 하는 경우에는 그 의사에 반하여 형사소추를 할 수 없도록 한 범죄를 말한다. 흔히 법조문에 '위 죄는 피해자의 명시한 의사에 반하여 공소를 제기할 수 없다'는 형태로 규정된다. 반의사불벌죄는 처벌을 원하는 피해자의 의사표시 없이도 일단 검찰에서 공소할 수 있다는 점에서 고소·고발이 있어야만 공소를 제기할 수 있는 친고죄(親告罪)와 구별된다.

형법상 반의사불벌죄로 규정된 범죄로는 외국 원수에 대한 폭행·협박 등의 죄(제107조), 외국사절에 대한 폭행·협박 등의 죄(제108조), 외국의 국기·국장 모독죄(제109조), 단순·존속폭행죄(제260조 3항), 과실치상죄(제266조 2항), 단순·존속협박죄(제283조 3항), 명예훼손죄 및 출판물 등에 의한 명예훼손죄(제312조 2항) 등이 있다.

이러한 반의사불벌죄는 피해자의 의사와 관계없이 공소제기를 할 수는 있지만, 그 후 피해자가 처벌을 원하지 않는다는 의사를 표시하거나, 처벌의 의사표시를 철회한 경우에는 공소기각의 판결을 선고하여야 한다. 이때 처벌을 원하는 의사표시의 철회는 **1심 판결 전까지** 해야 하고, 일단 고소를 취소하면 다시 고소할 수 없다(형사소송법 제232조 1항, 2항). 따라서 항소심에서는 피해자가 처벌불원 의사표시를 하여도 공소기각이 선고되지 않는다.

사례로 돌아가 살피건대, B신문사 기자와 편집국장에 대한 출판물에 의한 명예훼손죄는 반의사불벌죄이므로 1심 선고 전에 피해자가 고소취소를 하였다면 바로 공소기각이 될 수 있었다. 고소취소 역시 처벌을 불원한다는 의사표시의 일종이기 때문이다. 하지만 이 사건에서는 2심 재판 도중에 고소취소가 되었으므로 공소기각 선고는 되지 않고 양형에서 참작받아 감형을 받을 수 있을 뿐이다.

교통사고범죄 중 12대 예외사항

반의사불벌죄로 규정되어 있지만 일정한 경우에는 피해자의 의사표시에 관계없이 공소를 제기할 수 있도록 한 범죄도 있다. 즉 교통사고처리특례법 제3조 제2항에 따르면 차의 운전자가 제1항의 죄 중 업무상과실치상죄 또는 중과실치상죄를 범하고 피해자를 구호하는 등 도로교통법 제54조 제1항의 규정에 의한 조치를 하지 아니하고 도주하거나 피해자를 사고장소로부터 옮겨 유기하고 도주한 때, 같은 죄를 범하고 도로교통법 제44조 제2항을 위반하여 음주측정 요구에 불응(운전자가 채혈측정을 요청하거나 동의한 때에는 제외한다)한 때와 교통사고처리특례법 제3조 제2항 각호의 1에 해당하는 '교통사고 12대 예외행위'로 인하여 동죄를 범한 때에는 피해자의 의사표시에 관계없이 공소를 제기할 수 있다. 여기서 12대 예외행위라 함은 구체적으로 ① 신호위반, ② 중앙선침범 등 ③ 20킬로 초과과속, ④ 앞지르기·끼어들기 금지 위반, ⑤ 철길건널목 통과방법 위반, ⑥ 횡단보도 사고, ⑦ 무면허운전, ⑧ 음주운전, ⑨ 보도침범, ⑩ 승객추락방지의무 위반, ⑪ 어린이보호구역 사고, ⑫ 화물에 필요한 조치 미흡을 말한다.

175 | 형의 시효와 중단

Q A씨는 2011. 1. 5. 형사재판에서 징역 1년, 벌금 1천만원과 추징금 500만원을 각 선고받았는데 법원에서 법정구속을 당하지는 않았다. A씨는 항소를 제기하지 아니하여 1주일 뒤인 2011. 1. 12. 그 형은 확정되었다. A씨는 그 후 바로 3년 반 도주생활을 하다가 2014. 7. 12. 일본으로 건너가 2년 반을 살았다. 그 후 A씨는 2017. 1. 12. 다시 귀국하다가 공항에서 경찰에 붙잡혔다. 검찰은 A씨가 도주한 사이인 2014. 1. 5. 추징금 500만원을 집행하기 위해 그의 예금통장을 압류 및 추심명령을 신청하였다. A씨에게 선고된 형이 모두 집행 가능할까?

뇌물수수죄나 배임수재죄 등으로 유죄판결을 받게 되면 법원에서 징역형과 함께 몰수나 추징을 선고한다. 불법적인 배임행위, 직무수행의 대가로 취득한 현금이나 재물을 보관하고 있을 때에는 이를 환수하여 국가에 귀속시켜 몰수하여야 하고, 이를 처분하거나 사용하여 몰수할 수 없을 때에는 가액을 추징하게 된다. 몰수의 경우에는 몰수할 금전이나 물건이 존재하기 때문에 그대로 국고에 귀속시키면 되지만, 추징의 경우는 피고인이 스스로 납부하도록 하거나 납부하지 않을 경우 강제로 집행을 하게 된다.

민사사건에도 소멸시효가 있듯이 형 집행에도 시효가 있다. 즉 형을 선고하는 재판이 확정된 후 그 집행을 받음이 없이 일정한 기간이 경과하면 그 형의 집행이 면제된다(형법 제77조). 구체적으로 사형은 30년, 무기징역(금고)은 20년, 10년 이상 징역(금고)은 15년, 3년 이상의 징역(금고) 또는 10년 이상의 자격정지는 10년, 3년 미만의 징역(금고) 또는 5년 이상의 자격정지는 5년, 5년 미만의 자격정지, 벌금, 몰수 또는 추징은 3년, 구류 또는 과료는 1년이다(형법 제78조).

하지만 이러한 형의 시효는 형이 확정된 후 그 형의 집행을 받지 아니한 자가 형의 집행을 면할 목적으로 국외에 있는 기간 동안은 진행되지 아니한다(형법 제79조 2항). 이를 '**시효의 정지**'라고 부른다. 예전에는 형의 집행에 대해 외국에 있는 동안 시효의 정지가 인정되지 아니하였다. 하지만 공소시효와 비교하여 볼 때 형평에 맞지 않다는 비판이 일자, 2014. 5. 14. 형법 제79조가 개정되어 현재는 시효정지 사유가 되었다. 나아가 개정법이 시행된 시점에 그 시효가 완성되지 아니한 경우도 신법을 적용받게 되어 형의 시효가 정지된다(개정 형법 부칙 제2조 2항).

한편 형의 시효는 강제처분을 개시함으로 인하여 중단된다(형법 80조). 이를 '**시효의 중단**'이라고 부른다. 그래서 통상적으로 수사기관에서 추징이나 벌금형이 선고된 사람의 재산을 압류함으로써 시효를 중단하는 것이다.

사례로 돌아가 살피건대, A씨는 2011. 1. 12. 형이 확정되었으므로 그 때부터 징역 1년 형은 5년, 벌금 1천만원과 추징금 500만원은 3년의 시효로 각 형 집행이 면제된다. 따라서 A씨에 대한 징역형은 2016.

1. 12.자로 시효가 완성되는데, 문제는 A씨가 2014. 7. 12. 일본으로 건너갔기 때문에 시효가 정지된다. 특히 A씨의 경우 법이 개정된 2014. 5. 14. 기준으로 시효가 완성되지 아니하였으므로 신법의 적용을 받아 외국에 있는 동안은 시효가 진행되지 아니한다. 따라서 A씨에 대한 징역형은 형의 시효가 완성되지 아니하여 A씨는 그대로 형을 살아야 한다. 반면 벌금형은 A씨가 외국에 나가기 전인 2014. 1. 12. 이미 3년의 시효가 완성되었으므로 형 집행이 면제된다. 다만 추징금에 대해서는 검찰이 시효가 완성되기 전인 2017. 1. 5. 추징보전을 해 놓았으므로 시효가 중단되어 형 집행이 가능하다.

176 | 전과기록 말소방법

Q A씨는 미국에 이민을 가려고 하는데 과거 범죄경력조회서가 필요하다. 그런데 A씨는 7년 전 음주운전으로 징역 6개월에 집행유예 1년을 선고받은 전과가 있다. 그런데 이주공사 측에서는 음주운전 전력은 이민에 결격사유가 될 수 있다고 하는데 A씨는 과거 전과기록을 말소할 방법은 없는가?

가. 형의 당연실효

통상 범죄경력자료 조회서는 이민이나 공직에 출마할 때 필요하다. 또한 공무원을 채용할 때에도 국가기관에서 전과기록을 조회한다. 많은 분들이 전과가 있으면 일반 사기업에서도 이를 이유로 취업이 거절될 것이라는 우려를 하는데, 사기업은 전과조회를 할 권한도 없고 요구할 수도 없다.[89] 그런데 한 번의 실수로 영원히 전과자가 되는 것

89 다만 예외적으로, 아동·청소년 관련기관 등의 장은 직원의 동의를 받아 그에 대한 성범죄의 경력조회를 경찰서장에게 요청해야 한다(아동·청소년의 성보호에

은 너무 가혹하다. 그래서 <형의 실효 등에 관한 법률>은 수형인이 자격정지 이상의 형을 받음이 없이 형의 집행을 종료하거나 그 집행이 면제된 날부터 일정기간이 경과한 때에는 그 형이 실효된다고 규정하고 있다. 구체적으로 △3년을 초과하는 징역·금고는 10년, △3년 이하의 징역·금고는 5년, △벌금은 2년이 경과한 때에, △구류·과료는 형의 집행을 종료하거나 그 집행이 면제된 때에 각 그 형이 자동으로 실효된다(동법 7조 1항).90 이를 형의 '당연실효'라고 부른다(다만 개별 법률에서 명문으로 '형실효법'의 적용을 배제하고 별도의 결격기간을 정하는 경우도 있기는 하다). 따라서 위 기간이 경과하면 (본인 또는 검사의 신청에 의해) 법원이 재판의 실효를 선고하는 절차 없이 그 형이 자동으로 실효된다.

나. 형의 재판상 실효

한편 3년을 초과하는 징역(금고)이라고 해도 징역(금고)의 집행을 종료하거나 집행이 면제된 자가 피해자의 손해를 보상하고, 자격정지 이상의 형을 받음이 없이 7년을 경과한 때에는 본인 또는 검사의 신청에 의하여 그 재판의 실효를 선고할 수 있도록 하고 있다(형법 제81조). 이를 형의 '재판상 실효'라고 부른다. 재판상 실효는 당연실효 기간이 10년인 경우 피해자에 대한 손해보상을 전제로 기간을 단축시켜준 것이다. 법문에는 "선고할 수 있다"고 적혀 있지만 실제로 법원은 요건이 갖추어진 경우 당연하게 실효·복권의 선고를 하고 있다.

다. 전과기록 말소절차

위와 같이 형이 실효되면 수형인의 본적지 시·구·읍·면사무소에서 관리하는 수형인명표는 이를 폐기하고 검찰청 등에서 관리하는 수

관한 법률 제56조 3항, 동법시행령 제25조 1항·2항).

90 여기서 형은 실제로 선고된 형을 말하는 것이고, 법정형을 말하는 것이 아니다.

형인명부는 해당란을 삭제하게 된다(형의 실효 등에 관한 법률 제8조 1항). 다만 재판상 실효의 경우는 법원의 판결문을 갖고 경찰청 종합민원실에 가서 직접 범죄경력의 말소를 신청해야 한다. 하지만 이렇게 실효되는 것은 대외적으로 효과가 있는 '범죄경력자료'에 불과하고, 수사기관이 내부적으로 수사에 참고하기 위해 관리하는 '수사경력자료'에는 여전히 전과기록이 남아 있다.

라. 사례해설

A씨의 경우 당연실효에 해당되므로 별도의 신청 없이 전과가 말소된다. 하지만 만약 범죄경력조회를 하였는데 여전히 말소되지 않았다면 재판상 청구를 통해 신속하게 실효시키는 방안도 검토해 볼 수 있을 것이다.

177 | 친족인 피해자의 고소 없는 횡령죄 기소는 공소기각 [상속관련 분쟁]

Q A씨와 B씨(P씨 생모)는 사촌자매간이었는데 수십 년 전 호적공무원의 실수로 P씨가 사촌이모인 A씨의 아들로 잘못 등재되었다. 그런데 A씨가 잘못된 호적을 정리하지 않고 사망하자 수십억 원대의 상속재산이 호적상 친자관계인 P씨에게 물려졌다. P씨는 상속받은 재산 중 상당 부분을 사용하였고 이를 알게 된 A씨의 의붓아들 C씨는 P씨를 횡령죄로 고소하였다. P씨는 횡령죄로 처벌받게 되는가?

재산죄에 있어서 친족 간의 범죄의 경우 형을 면제하거나 고소가 있어야 공소를 제기할 수 있는 특례가 인정되고 있는데 이를 '친족상도례(親族相盜例)'라고 한다. 형법이 이러한 특례를 인정한 취지는 가족적 정의를 고려하여 가정 내에 발생한 일은 되도록 법이 개입하지 않겠다는 것이다.

위 사례는 필자가 직접 피고인 P씨를 변호한 실제 사건이었는데, P씨는 '특정경제범죄가중처벌 등에 관한 법률위반' 상의 횡령죄로 기소되어 1심에서 징역 2년 6월의 실형을 받았다가 항소심에서 '친족상도례'를 통한 공소기각판결을 선고받았다(서울고등법원 춘천 제1형사부 2013. 12. 4. 선고 (춘천)2013노137 판결).

P씨의 항소심 변호를 맡은 필자는 '특정경제범죄 가중처벌 등에 관한 특례법' 상의 횡령죄도 일반 횡령죄와 마찬가지로 '친족상도례'에 해당되어 피해자와 범인 사이에 친속관계가 있을 경우 고소가 있어야 검찰에서 공소를 제기할 수 있다는 점을 주장하였다. 이 사안에서 P씨가 A씨와 실질적으로 친자관계가 아니므로 상속권이 없게 될 경우, 차순위 상속인인 A씨의 형제자매들이 피해자로서 고소권자이다. 그런데 그 형제자매들이 직접 고소하지 않고 A씨의 의붓아들 C씨가 고소한 것이 문제였다. A씨와 C씨의 친아버지는 오래 전 혼인하여 어린 시절부터 C씨를 실제로 키워왔지만 C씨를 호적에 올리거나 입양하지 않았기 때문에 A씨와 C씨 역시 친자관계가 성립되지 않았다. 따라서 C씨가 A씨에 대한 상속권자가 아니므로 C씨의 고소는 횡령죄에 있어 친족상도례의 고소요건을 충족시키지 못하는 것이다.[91]

이에 항소심 법원은 필자의 의견을 받아들여 친고죄에 있어 고소권자(A씨 형제자매)가 아닌 제3자(C씨)가 제기한 고소는 부적법하다고 판

91 실제 사례에서 망인 A씨의 의붓아들 C씨는 A씨의 형제자매들(상속인)로부터 무상으로 상속재산을 양도받는 계약서를 작성하였기 때문에 C씨가 이 사건의 피해자라고 생각하여 P씨를 고소한 것이고, 검찰과 1심 법원 역시 같은 취지로 생각하였다. 하지만 그럼에도 불구하고 횡령죄의 피해자는 상속인인 A씨의 형제자매이며, 그들로부터 상속재산을 양수받은 사람인 C씨와 피고인 P씨 사이에는 아무런 위탁관계가 성립되지 아니하므로 C씨를 횡령죄의 피해자라고 볼 수 없어 위와 같이 항소심에서 P씨에 대해 공소기각판결이 선고된 것이다.

단, 원심을 파기하고 형사소송법 제327조 제2호에 의해 피고인들 진원에 대해 공소기각을 선고하였고, 검찰의 상고포기로 항소심 판결은 그대로 확정되었다.

친족상도례의 친족 범위와 적용 범위

이처럼 직계혈족, 배우자, 동거친족, 동거가족 또는 그 배우자 간에 범한 재산죄의 경우는 형을 면제하고 그 외의 친족의 경우는 고소가 있어야 공소제기를 할 수 있다(형법 제328조). 친족상도례가 적용되는 재산죄라 함은 절도, 횡령, 배임, 사기, 공갈, 장물, 권리행사방해 등을 의미하고 반면 강도, 손괴, 강제집행면탈죄 등은 이에 해당되지 않는다. 또한, 그 적용에 있어서 친족관계가 객관적으로 존재하면 이에 대한 인식을 요하지 않고 친족관계에 대한 착오는 고의에 영향을 미치지 않으며 범죄성립에 지장을 주지 않는다. 아울러 행위 시에 친족관계에 있는 이상 그 후에 그 친족관계가 없어지더라도 친족상도례는 적용된다.

여기서 친족의 범위는 민법의 규정에 따라 정해지는데, 사돈지간은 친족으로 볼 수 없다. 이는 민법상 친족의 범위는 8촌 이내의 혈족, 4촌 이내의 인척, 배우자만이 적용되기 때문이다. 또 수인의 공범(共犯)이 재산범죄를 범한 경우 친족상도례는 친족관계가 있는 자에게만 적용된다. 친족상도례에 관한 규정은 범인과 피해물건의 소유자 및 점유자 사이에 친족관계가 있는 경우에만 적용되고, 절도범인이 피해물건의 소유자나 점유자의 어느 일방과 사이에서만 친족관계가 있는 경우에는 그 적용이 없다. 이처럼 친족 간에 재산범죄의 경우에는 친족상도례 규정을 사전에 잘 검토해야 한다.

특히 친족상도례와 같은 친고죄에 해당하는 범죄를 고소하는 입장에서는 고소기간을 간과해서는 안 되는데, 범인을 안 날부터 6개월 내에 고소를 해야만 한다(형사소송법 제230조).

178 | 횡령죄와 친족상도례의 적용범위

Q A씨는 B씨에게 200만원을 C씨에게 전달해달라고 부탁하면서 그 돈을 맡겼다. 그런데 피고인 P씨(A씨의 삼촌)는 B씨에게 그 200만원을 자신이 직접 C씨에게 전달해주겠다면서 이를 전달받아 놓고 임의로 소비해 횡령하였다. 위 사건은 C씨가 피고인 P씨를 상대로 수사기관에 횡령죄로 고소를 제기하여 수사가 시작되었고 검찰은 피해자를 고소인인 C씨로 여겨서 기소하였다. 그런데 피고인 P씨는 A씨와 친족관계인데 위탁자이자 피해자인 A씨의 고소가 없었으니 공소기각 판결이 선고되어야 한다고 주장하였다. 피고인 P씨의 주장은 타당한가?

친족상도례란 강도죄, 손괴죄 및 강제집행면탈죄를 제외한 재산관련 범죄가 친족 간에 발생할 경우 그 형을 면제해 주거나 고소가 있을 경우에 한하여 공소를 제기하는 것을 말한다. 이는 친족 내부의 문제의 경우 국가권력이 개입하여 사건화시키는 것보다 친족 내부에서 해결하는 것이 바람직하다는 취지에서 비롯된 제도이다. 이 경우 범인과 피해자 사이에 친족관계가 있어야 하는 것은 당연하다. 그런데 횡령죄의 경우처럼 피해자의 개념에 실제 재산의 소유자인 최종적인 피해자말고도 중간에 또 다른 피해자가 존재하는 경우에는 법리가 복잡해진다.

위 사건에 대해 법원은 심급별로 견해가 갈렸는데 먼저 1심에서는 피고인에게 횡령죄에 대한 벌금 100만원을 선고하였는데 2심 재판부는 피고인에 대한 공소를 기각했다. 2심 재판부의 이 같은 판결은 이 사건을 친족상도례 적용 대상으로 판단하였기 때문이다. 즉 2심 재판부에서는 검사가 고소인 C씨를 피해자로 보고 공소를 제기한 것으로 보이나, A씨가 위탁한 200만원은 C씨에게 전달되기까지는 여전히 A

씨의 소유이므로 횡령죄의 피해자를 A씨로 본 것이다. 그런데 피해자 A씨와 피고인 P씨는 친족관계인데 조카인 A씨가 삼촌인 P씨를 고소한 적이 없다는 이유로 공소기각 판결을 선고한 것이다.

하지만 대법원의 견해는 항소심과 달랐다. 대법원 재판부는 소유자를 위해 보관 중이던 물건을 위탁자로부터 보관받아 이를 횡령할 경우의 친족상도례는 사건의 범인과 피해물건 소유자 및 위탁자 쌍방이 서로 친족관계에 있을 경우에만 적용된다고 밝혔다.

그런데 위 사건은 두 번의 위탁관계가 성립되는데 첫째로 A씨가 B씨에게 위탁하였고 다음으로 B씨가 피고인 P씨에게 재위탁한 것이다. 문제는 피고인 P씨의 경우 조카인 A씨와는 친족관계이나 자신에 대한 위탁자인 B씨와는 친족관계가 아니다. 따라서 대법원 재판부는 P씨에게 친족상도례를 적용해 공소를 기각한 원심의 판결은 잘못되었다고 보고 사건을 관할 고등법원으로 돌려보냈다(대법원 2008. 7. 24. 선고 2008도3438 판결).

즉 대법원은 이 사건의 피해자는 최초 위탁자이자 소유권자인 A씨뿐만 아니라 실제로 피고인 P씨에 대한 재위탁자인 B씨 역시 피해자로 여길 수 있는데 P씨와 B씨 사이에는 친족관계가 없으므로 이 사건은 친족상도례의 적용대상이 될 수 없다고 판단한 것이다

179 | 소송사기와 친족상도례 [피기망자와 피해자가 다른 경우]

Q A씨는 2010년 보험에 가입해 주겠다며 어머니 B씨에게 백지를 주고 서명 · 날인을 받았다. 그런데 A씨는 그 종이로 B씨가 자신으로부터 2천만원을 빌렸다는 내용의 가짜 차용증을 만들어 B씨를 상대로 소송을 냈다. 이 경우 A씨가 법원을 기망하여 사기를 하려고 했으니 사기미수죄로 처벌받을까?

소송사기란 법원을 속여 자기에게 유리한 판결을 얻음으로써 상대방의 재물 또는 재산상 이익을 취득함으로써 성립되는 사기죄를 말한다. 소송사기의 주체에는 적극적 소송당사자인 원고뿐만 아니라 방어적인 위치에 있는 피고라 하더라도 가능하다. 가령 피고가 허위내용의 서류를 작성하여 이를 증거로 제출하거나 위증을 시키는 등의 적극적인 방법으로 법원을 기망하여 착오에 빠지게 한 결과 승소확정판결을 받음으로써 자기의 재산상의 의무이행을 면하게 된 경우에는 그 재산가액 상당에 대하여 사기죄가 성립한다(대법원 2004. 3. 12. 선고 2003도333 판결).

사기죄에서 처분행위자와 피기망자는 동일인이어야 하지만, 처분행위자와 피해자가 동일인일 필요는 없다. 피기망자와 피해자가 일치하지 않지만 피기망자의 행위에 의하여 재물 또는 재산상의 이익을 취득하였으므로 소송사기가 사기죄를 구성한다는데 대하여는 의문이 없다. 소송사기에 있어서 피기망자인 법원의 재판은 '피해자의 처분행위에 갈음하는 내용과 효력'이 있기 때문이다.[92]

그럼 사기죄에 있어 피기망자와 재산상 피해자가 다른 경우 피기망자도 피해자로 볼 수 있는가? 형법은 사기죄와 같은 재산범죄는 가해자와 피해자가 직계혈족, 배우자, 동거친족, 동거가족 또는 그 배우자 관계인 경우 형을 면제하고, 그 외의 친족의 경우는 피해자의 고소가 있어야만 기소할 수 있도록 '친족상도례' 규정하고 있다(형법 제354조, 제328조). 만약 피기망자도 피해자라고 하면 사기죄에 있어 친족상도례 적용이 되기 위해서는 피기망자 및 피해자 모두와 친족이어야만 한다는

---

92 하지만 피해자의 처분행위에 갈음하는 내용과 효력이 없다면 이는 착오에 의한 재물의 교부행위가 있다고 할 수 없어 소송사기죄가 성립되지 않는다. 예컨대 **이미 사망한 자를 상대로 허위 소송을 제기한 경우** 그 판결은 그 내용에 따른 효력이 생기지 아니하여 상속인에게도 그 효력이 미치지 아니하므로 소송사기죄가 성립되지 않는다(대법원 1986. 10. 28. 선고 84도2386 판결).

결론이 된다. 하지만 이 점에 관하여 대법원은 "사기죄의 보호법익은 재산권이라고 할 것이므로 사기죄에 있어서는 재산상의 권리를 가지는 자가 아니면 피해자가 될 수 없다. 그러므로 법원을 기망하여 제3자로부터 재물을 편취한 경우에 피기망자인 법원은 피해자가 될 수 없고 재물을 편취당한 제3자가 피해자라고 할 것이므로 피해자인 제3자와 사기죄를 범한 자가 직계혈족의 관계에 있을 때에는 그 범인에 대하여는 형법 제354조에 의하여 준용되는 형법 제328조 제1항에 의하여 그 형을 면제하여야 할 것이다"라고 판결하였다(대법원 2014. 9. 26. 선고 2014도8076 판결).

사례로 돌아가 살피건대, A씨가 B씨 명의 서류를 위조·행사한 점에 관하여 사문서위조 및 위조사문서행사죄가 성립됨은 당연하다. 하지만 소송사기미수죄에 대하여는 피기망자인 법원을 피해자로 볼 수 없고, 피해자인 B씨는 직계혈족 관계에 있기 때문에 그 형을 면제한다.

관련 문제

1. 은행직원 기망하여 예금인출

소송사기와 마찬가지로 은행직원을 기망하여 예금인출한 경우 사기죄가 성립된다. 예컨대 예금주로부터 강취한 은행예금통장을 이용하여 은행직원을 기망하여 진실한 명의인이 예금의 환급을 청구하는 것으로 오신케 함으로써 예금의 환급 명목으로 금원을 편취하는 것은 사기죄를 구성한다(대법원 1990. 7. 10. 선고 90도1176 판결).

2. 등기공무원 속여 부동산소유권 이전등기

이에 반해 타인 명의의 등기서류를 위조하여 등기공무원에게 제출함으로써 피고인 명의로 소유권이전등기를 마쳤다고 하여도 피해자의 처분행위가 없을 뿐 아니라 등기공무원에게는 위 부동산의 처분권한이 있다고 볼 수 없어 사기죄가 성립하지 않는다(대법원 1981. 7. 28. 선고 81도529 판결).

180 | 경매절차에서 허위유치권 신고와 소송사기죄 성부

Q 공사업자 A씨는 B씨의 집을 건축하였고 이미 공사대금을 모두 다 받았다. 그런데 집이 완공이 되자마자 B씨의 집은 경매로 넘어가게 되었다. A씨는 B씨의 부탁을 받고 마치 A씨가 위 집에 아직도 공사대금채권이 남아있는 것처럼 허위의 유치권신고를 하였다. 그 둘은 나중에 낙찰자로부터 그 채권액을 받게 되면 이를 나눠 쓰기로 공모한 것이다. 경매절차에서 허위유치권 신고를 한 A씨는 소송사기죄에 해당되나?

이와 같은 일은 경매절차에서 비일비재한 일이다. 오죽하면 허위유치권을 감별하는 것이 경매절차에서 가장 중요한 과제로 취급되겠는가? 유치권은 사전에 등기부에 등록할 필요도 없고, 심지어는 근저당권보다 뒤에 성립되어도 경매개시 기입등기 전에만 유치권주장을 시작하면 유효하게 취급되므로 이렇듯 남용되는 경우가 많은 것이다.

실제로 검찰은 이와 같이 부동산 경매절차에서 허위로 유치권을 신고한 사람을 법원을 피기망자 겸 처분행위자로 구성하여 소송사기 미수죄로 기소한 바 있었다. 하지만 대법원은 "유치권자가 경매절차에서 유치권을 신고하는 경우 법원은 이를 매각물건명세서에 기재하고 그 내용을 매각기일공고에 적시하나, 이는 경매목적물에 대하여 유치권 신고가 있음을 입찰예정자들에게 고지하는 것에 불과할 뿐 처분행위로 볼 수는 없고, 또한 유치권자는 권리신고 후 이해관계인으로서 경매절차에서 이의신청권 등 몇 가지 권리를 얻게 되지만 이는 법률의 규정에 따른 것으로서 재물 또는 재산상 이득을 취득하는 것으로 볼 수도 없다는 점을 근거로 들어, 허위 공사대금채권을 근거로 유치권 신고를 하였더라도 이를 소송사기 실행의 착수가 있다고 볼 수는 없다는 이유로, 피고인들에 대한 이 부분 공소사실을 무죄로 판단하였다

(대법원 2009. 9. 24. 선고 2009도5900 판결). 따라서 이런 경우 경매채권자들은 사기미수죄가 아닌 경매·입찰방해죄(형법 제315조)로 고소하여야 한다.

하지만 만약 유치권신고를 한 사람이 더 나아가 나중에 낙찰자로부터 돈을 받았다면 이는 사기죄가 성립될 것이다. 또한 단순히 경매절차에서 유치권신고를 한 것이 아니라, 적극적으로 **유치권에 기한 경매신청**을 한 경우라면 이는 소송사기죄에 있어 실행의 착수가 있다고 봐야 하므로 사기미수죄가 성립한다(대법원 2012. 11. 15. 선고 2012도9603 판결).

181 | 경매진행 사실을 숨긴 채 임대차보증금을 받은 건물주는 사기죄 성립

Q A씨는 서울 동작구 흑석동 소재 감정가 17억 5,000여만원인 지하 및 지상 2층 다가구 건물의 소유자인데 그 건물에 관하여 임의경매 개시결정이 내려져 경매가 진행 중이었다. 문제는 설정된 근저당권의 채권최고액 합계가 18억 1,000만원이고, 게다가 대항력을 갖춘 임대차보증금 합계가 4억여 원이었다. 그럼에도 불구하고 A씨는 세를 들려는 피해자들에게 경매진행 사실을 숨긴 채 임대차보증금 반환에는 아무런 문제가 없는 것처럼 거짓말하여 13회에 걸쳐 임대차보증금 합계 5억 4,900만원을 교부받았다. 이렇듯 자신의 건물이 이미 경매절차에 진행 중임에도 불구하고 이를 숨긴 채 임대차를 놓고 보증금을 받았을 경우 사기죄가 성립될까?

세입자가 임대차계약을 체결할 때에는 반드시 부동산등기부등본을 확인하여 부동산의 권리관계를 파악하여야 한다. 요즘에는 인터넷을 통해 부동산등기부등본을 열람, 등사할 수 있으므로 부동산등기부등본을 확인하는 일이 어려운 일도 아니다. 그러나 세입자가 부동산등기부등본을 확인하여 스스로 위험을 회피할 필요가 있는 것과 별도로 건물주는 일정한 사항을 세입자에게 고지하여야 하고, 만약 고지하지 않았다면 세입자를 기망하여 임대차보증금을 편취한 것으로 인정될 수 있다. 즉 임차인들이 입주하려는 건물에 관하여 경매가 진행되고 있다는 사실을 알았다면 임대차보증금을 지급하지 않을 것임이 경험칙상 명백하므로, 건물주인 A씨로서는 신의칙에 따라 임차를 희망하는 사람들에게 경매진행 사실을 고지할 법률상 의무가 있는 것이다.

이 사건에서 A씨가 피해자들에게 경매진행 사실을 고지하지 않았을 뿐만 아니라, 부동산등기부등본의 제시를 요구하는 일부 피해자들에게는 경매진행 내역을 지운 부동산등기부등본을 제시하였으므로 사기죄의 죄책을 피할 수 없다. 피해자들이 직거래를 하면서 스스로 부동산등기부등본을 열람하여 권리관계를 확인하지 아니한 과실이 있으나, 그렇다고 하더라도 사기죄의 성립에는 영향이 없는 것이다.

한편 이 사건에서 임대차계약을 갱신하면서 임대차보증금을 증액한 경우에 증액된 보증금뿐만 아니라 종전 임대차계약에 기한 보증금도 편취한 것으로 인정하였다. 기존 임차인이 경매진행 사실을 알았거나 A씨가 임대차보증금을 돌려 줄 능력이 없다는 사실을 알았다면 임대차계약을 갱신하지 않고 임대차보증금을 돌려받았을 것임이 경험칙상 명백하다는 이유에서이다.

이른바 '깡통주택'의 증가에 따른 세입자들의 피해가 우려되는 상황에서 법원은 건물주의 신의칙에 따른 고지의무 위반의 형사책임을 엄중하게 물어 A씨에게 징역 3년의 중형을 선고하였다.

182 | 무속인의 굿, 기망행위인가? [사기죄 성립요건]

Q A씨는 성공적인 사업을 위해 무속인 B씨를 찾아가 굿을 문의하였다. 당시 A씨는 운영 중인 모텔이 영업정지를 받았으며 아들이 병에 걸리는 등 집안에 안 좋은 일이 지속적으로 발생하고 있었다. 무속인 B씨는 A씨에게 조금만 더 빨리 왔어도 상황이 악화되지 않았을 것이라 말하였으며 이와 함께 A씨의 아들이 죽을 위기에 처하였다는 말을 하며 A씨에게 굿을 권유하였다. 이러한 B씨의 말을 믿은 A씨는 22차례에 걸쳐 굿을 받았고, B씨는 그 대가로 도합 1억 2,400만원을 받았다. B씨의 행위는 기망행위인가?

우리 주변에서는 여전히 무속인의 도움을 바라는 사람들이 많다. 그럼 사례와 같이 수 억원의 복채를 주고 무속인에게 굿을 받았으나 그 효과를 보지 못하였다면 무속인을 상대로 돈을 돌려받을 수 있을까?

위 사건에서 A씨는 B씨의 행위가 기망행위로서 취소사유에 해당되므로 이미 받은 굿값을 돌려달라고 민사소송을 제기하였다. 그런데 담당 재판부는 B씨는 굿에 대한 대가는 A씨에게 반환할 필요가 없다며 무속인 B씨의 손을 들어주었다. 즉 재판부는 "굿을 비롯한 무속행위는 마음의 위안과 평정이 그 목적이기에 그로 인한 결과가 발생하지 않았더라도 이를 두고 기망행위라 판단해선 안 되며, 굿과 같은 무속행위의 목적을 고려해 볼 때 그 효과가 없었다고 해도 무속인 B씨는 A씨에게 굿 대금을 반환할 필요가 없다"라는 취지로 판결하였다(서울동부지방법원 2008. 5. 22. 선고 2007가합7018 (확정)판결).

무속인 관련 형사 사기사건에서도 무죄가 선고된 사례가 다수 있다. 2014년도에는 '재수굿을 하면 좋은 직장에 취직 된다'는 말을 믿고 570만원을 들여 굿을 했음에도 효험이 없다는 이유로 무속인을 사기죄로 고소한 사건에서 법원이 무죄를 선고한 바 있다. 재판부는 "무당이 객관적으로 어떤 목적 달성을 위해 무속업계에서 일반적으로 행해지는 무속행위를 하고, 주관적으로 그러한 목적 달성을 위한 의사로 이를 행한 이상 비록 원하는 목적이 달성되지 않은 경우라도 이를 가지고 시행자인 무당이 굿 등의 요청자를 기망했다고 볼 수 없다"고 무죄이유를 밝혔다. 나아가 2017년도에도 낙태한 쌍둥이를 위해 133차례에 걸쳐 씻김굿(원혼을 위로하는 무속행위) 등을 해주는 대가로 5억 6천여만원을 받은 혐의로 재판에 넘겨진 무속인에게도 무죄가 선고됐다(서울남부지방법원 2016고합474).

결국 무속인에게 굿을 맡겼다가 결과가 좋지 않았다고 해도, 무속인이 사기죄로 처벌받거나 민사배상책임을 부담하지 않는다는 것이다. 하지만 무속인이 받은 굿값이 지나치게 고액이거나 무속 자체를 하지 않고도 한 것처럼 기망하였다면 사기죄가 성립된다는 판례도 있다. 즉 서울고등법원 항소심에서는 피해자로부터 2008년 말부터 2011년 5월까지 굿값 명목으로 149차례 17억 9천만원을 뜯은 피고인에 대하여 사기죄로 징역 2년에 집행유예 3년을 선고한 바 있다.[93] 결국 무속인의 굿이라고 무조건 사기죄가 성립되는 것은 아니고 구체적 사례를 통해 결정될 것으로 보인다.

183 | 예금의 현금인출과 강제집행면탈죄

Q A씨는 B씨로부터 민사소송을 당할 처지에 놓이자, 불안한 마음에 은행에 있는 예금 1억원을 모두 현금 인출하고, A씨 본인 명의 아파트에 근저당을 설정한 후 은행으로부터 3억원을 대출받아 이 역시 현금으로 인출하였다. A씨 행위는 강제집행면탈죄에 해당되나?

93 연합뉴스 기사 2015. 12. 31.자.

강제집행면탈죄는 강제집행을 면할 목적으로 재산을 은닉, 손괴, 허위양도 또는 허위의 채무를 부담하여 채권자를 해한 경우를 말하며, 법정형은 3년 이하의 징역 또는 1천만원 이하의 벌금에 처한다(형법 제327조). 그런데 강제집행을 당할 위기에 처한 사람이 은행의 예금을 모두 인출하여 현금화한 경우에 채권자의 입장에서는 강제집행할 기회를 잃게 된다. 왜냐하면 은행에 있는 예금채권은 재산조회가 가능하고 압류하기 쉬운 반면, 현금은 압류가 사실상 불가능하기 때문이다. 따라서 이러한 현금 인출행위는 재산의 은닉행위의 일종이므로 강제집행면탈죄가 성립된다(대법원 2005. 10. 13. 선고 2005도4522 판결 참조). 다만 찾은 돈 중에서 생활비 등으로 사용하기 위하여 정상적으로 인출한 경우는 사회상규에 어긋나지 않는 정당행위로서 처벌하지 않는다(형법 제20조). 예컨대 은행에 있는 예금을 매달 300만원씩 인출하여 생활비로 사용하였다면 이는 처벌할 수 없다.

사례로 돌아가 살피건대, A씨는 단기간 내에 1억원의 예금을 현금으로 인출하였고, 나아가 부동산에 담보를 설정한 후 3억원을 대출받은 후 다시 이를 현금으로 인출하는 등 도합 4억원의 현금을 인출하였다. 통상적으로 그렇게 거액의 현금을 인출하다는 것은 상식에 반하므로 A씨가 그 돈의 사용처에 대한 충분한 해명을 하지 못하는 한 강제집행면탈죄가 성립될 가능성이 크다.

184 | 가등기 설정과 강제집행면탈죄

Q B씨는 부인인 A씨로부터 이혼 및 재산분할 소송을 당하게 되자, 친구인 C씨와 짜고 B씨의 부동산에 C씨 명의로 가등기를 설정해 놓았다. 가등기 자체는 매매예약을 원인으로 해 놓았지만 나중에 담보가등기를 주장할 수 있도록 마치 B씨가 C씨에게 2억원의 채

> 무가 있는 것처럼 허위차용증도 작성해 놓았다. A씨가 B씨를 강제집행면탈죄로 고소할 경우 B씨는 처벌되나?

위 사건에 대해 항소심에서는 B씨가 C씨 앞으로 이 사건 각 가등기를 마쳐준 행위만으로는 강제집행을 면탈할 목적으로 허위채무를 부담하여 채권자를 해한 것이라고 할 수 없다는 이유로 무죄를 선고하였다.[94]

하지만 대법원의 견해는 달랐다. 즉 형법 제327조의 강제집행면탈죄는 위태범으로서 현실적으로 민사집행법에 의한 강제집행 또는 가압류, 가처분의 집행을 받을 우려가 있는 객관적인 상태 아래, 즉 채권자가 본안 또는 보전소송을 제기하거나 제기할 태세를 보이고 있는 상태에서 주관적으로 강제집행을 면탈하려는 목적으로 재산을 은닉, 손괴, 허위양도하거나 허위의 채무를 부담하여 채권자를 해할 위험이 있으면 성립하는 것이고, 반드시 채권자를 해하는 결과가 야기되거나 행위자가 어떤 이득을 취하여야 범죄가 성립하는 것은 아니다. 그 결과 현실적으로 강제집행을 받을 우려가 있는 상태에서 강제집행을 면

94 항소심판결은 종전의 대법원판례(대법원 1982. 5. 25. 선고 81도3136 판결)의 취지에 따른 것으로 보인다. 그 판례에 의하면 "채권자의 권리가 지분이전청구권이고 금전채권이 아닌 경우에 채무자가 허위의 금전채무를 부담한 사실만으로는 채권자의 지분이전청구권의 집행에 어떠한 침해가 된다고 볼 수 없고 또 가등기는 본등기를 위한 순위보전의 효력밖에 없으므로 채무자가 허위의 금전채무를 부담하고 가등기를 경료한 것만으로는 채권자에 대하여 강제집행면탈죄가 성립되지 아니한다"고 판시하였다. 하지만 최근의 대법원판례의 경향은 강제집행면탈죄는 위태범으로 해석하여 가등기설정행위 자체로도 강제집행면탈죄를 인정하는 추세이다. 가등기는 순위보전가등기인지, 담보가등기인지 가등기설정한 당사자들만 그 내막을 안다. 더욱이 통상 가등기는 매매예약을 원인으로 한 순위보전가등기로 설정한 뒤 언제든지 경매절차에서 담보가등기를 주장하여 배당에 참여할 수 있고, 반대로 순위보전가등기로 주장할 수도 있는 점에 비춰볼 때 허위채무부담과 가등기설정행위는 채권자의 권리가 금전채권이든 소유권이전등기청구권이든 불문하고 강제집행면탈죄로 처벌해야 한다고 생각한다.

탈할 목적으로 허위의 채무를 부담하는 등의 행위를 하는 경우에는 달리 특별한 사정이 없는 한 채권자를 해할 위험이 있다고 보아야 한다(대법원 2008. 6. 26. 선고 2008도3184 판결).

더욱이 위 사건에 있어, B씨는 C씨에게 돈을 차용한 것처럼 꾸미기 위해 C씨가 B씨 명의의 농협예금계좌로 돈을 송금하고, B씨는 다시 이를 현금으로 인출해 C씨에게 반환하는 등 적극적인 방법으로 허위채무를 부담하기도 하였다. 따라서 B씨는 현실적으로 가압류 등 집행을 받을 우려가 있는 상태에서 강제집행을 면탈할 목적으로 허위의 채무를 부담하고 이 사건 각 가등기를 마쳤다고 할 것이므로 B씨의 행위는 강제집행면탈죄를 구성한다고 본 것이다. 나아가 강제집행면탈죄는 친족상도례에 해당되지 아니하므로(형법 제328조 참조), A씨가 B씨와 C씨를 함께 고소할 경우 둘 다 강제집행면탈죄의 공범으로 처벌받게 된다.

가등기에 기한 본등기 경료와 불가벌적 사후행위

허위의 금전채무를 부담하고 아울러 소유권이전등기청구권 보전을 위한 가등기를 설정하였다면 그 자체로도 강제집행면탈죄가 성립함은 앞서 살펴본 바와 같다. 그럼 나아가 그 가등기를 타인에게 양도해 주고, 그로 하여금 본등기를 경료하게 한 경우에 이를 불가벌적 사후행위로 볼 수 있을 것인가가 문제된다. 대법원은 "최초 가등기설정행위 자체를 강제집행면탈 행위로 본다고 하더라도, 그 가등기를 양도하여 본등기를 경료하게 함으로써 소유권을 상실케 하는 행위는 면탈의 방법과 법익침해의 정도가 훨씬 중하다는 점을 고려할 때 이를 불가벌적 사후행위로 볼 수는 없다"라고 판시하였다(대법원 2008. 5. 8. 선고 2008도198 판결). 따라서 가등기에 기해 본등기를 경료한 행위 자체도 별도의 강제집행면탈죄가 성립될 수 있고, 이 경우 가등기설정행위와 경합범으로 처벌될 것으로 보인다.

185 | 주민등록증 도용된 경우 대처방법

Q A씨는 중국에서 B씨와 거래를 하게 되었다. B씨는 A씨에게 여러 핑계를 들어 A씨의 주민등록증을 잠시 복사만 하겠다고 해서 이에 속은 A씨가 주민등록증을 B씨에게 빌려주었다가 바로 되돌려 받았다. 그런데 그 후 B씨는 A씨 명의의 통장을 개설해 보이스피싱 범죄의 대포통장으로 사용하였다. 이러한 경우 A씨는 어떻게 대처해야 하나?

이 사례의 경우 B씨는 A씨의 주민등록증을 단지 복사를 한 것이 아니라 실제로 똑같이 실물로 하나 더 만들었을 가능성이 있다. 그 결과 A씨의 주민등록증은 진본과 사본 두 개가 동시에 사용되게 되므로 B씨의 추가 범죄가 예상된다. 이런 사례와 같이 주민등록증이나 운전면허증을 도용당하여 범죄에 이용될 경우 바로 분실신고 및 재발급을 받아야 한다. 많은 사람들은 주민등록증이나 운전면허증을 재발급받아도 원래의 것이 악용되는 것을 막지 못할 것으로 생각하기 쉽다. 하지만 주민등록증이나 운전면허증은 재발급될 경우 그 이전의 것은 무효 처리된다. 은행에서도 통장개설을 위해 주민등록증 혹은 운전면허증을 요구할 경우 현재 유용하게 사용되는 것인지를 반드시 확인한다.

최근에는 중국이나 북한 등에서 대한민국의 주민등록증을 (다른 사람의 사진을 넣은 채) 완전히 똑같이 복사할 수 있는 기술이 있다고 한다. 그렇게 위조된 주민등록증을 가지고 보이스피싱에 사용되는 대포통장을 개설하거나 신용카드를 만들어 사용하기도 한다. 그러므로 주민등록증과 같은 신분증은 잘 관리해야만 하고, 혹시 장시간 분실했다가 다시 찾게 되면 번거롭더라도 반드시 재발급받아야 한다.

유효한 신분증 확인방법

보통 금융기관에서 주민등록증이나 운전면허증을 제출받을 경우에는 반드시 유효한 것인지 여부를 확인한다. 이 경우 이미 도난 내지 분실신고된 과거의 주민등록증이나 운전면허증의 경우는 발급일자가 이전의 것이므로 진위판정에서 "불일치"로 나오게 된다. 통상 주민등록증의 경우는 행정안전부, 운전면허증의 경우는 도로교통공단 사이트에서 유효 여부에 대한 확인이 가능한데, 주민등록증의 경우는 간편하게 전화번호 "1382"로 걸어 ARS 확인도 할 수 있다.

186 | 집단적 명예훼손 · 모욕죄 성립요건

Q 몇 해 전 국회의원 K씨가 "(아나운서 지위를 유지하거나 승진하기 위하여) 다 줄 생각을 해야 하는데, 그래도 아나운서할 수 있겠느냐. ○○여대 이상은 자존심 때문에 그렇게 못하더라"라는 등의 말을 함으로써 여자 아나운서 협회 등으로부터 모욕죄로 고소당한 사례가 있었다. 그 판결은 1, 2심은 유죄가 선고되었지만 대법원에서 무죄취지로 파기 환송된 바 있다. 그러면 이러한 집단 전체에 대해 명예훼손이나 모욕을 하는 경우 어느 경우에도 다 무죄인가?

결론부터 말하자면 집단적 명예훼손이나 모욕의 경우 모두 다 무죄는 아니다. 법원의 판례들을 살펴보면 집단적 명예훼손 등의 죄가 성립하려면 그 집단의 규모가 어느 정도의 범위로 특정되어야 한다. 명예훼손에 의한 불법행위가 성립하려면 피해자가 특정되어 있어야 하지만, 그 특정을 함에 있어서 반드시 사람의 성명을 명시하여야만 하는 것은 아니고, 사람의 성명을 명시하지 않은 경우라도 그 표현의 내용을 주위 사정과 종합해 볼 때 그 표시가 누구를 지목하는가를 알아

차릴 수 있을 정도이면 피해자가 특정되었다 본다.

아울러 직업, 학력, 지연, 출신 등에서 유래하는 공통성을 가지는 사람들의 집단에 대하여 그 집단에 속하는 일부 구성원들에게만 해당될 수 있는 명예훼손 사실이 보도된 경우 그 보도로 인하여 그 집단에 속한 구성원 개개인 모두에 대하여 명예훼손이 성립하는지는 그 집단에 속한 구성원의 수(집단의 크기), 그 집단을 다른 집단이나 단체와 구별하게 하는 구성원들 사이의 공통 요소, 보도 내용 등을 종합하여 판단하여야 한다. 즉 구성원 개개인에 대한 것으로 여겨질 정도로 구성원 수가 적거나 당시의 주위 정황 등으로 보아 집단 내 개별구성원을 지칭하는 것으로 여겨질 수 있는 때에는 집단 내 개별구성원이 피해자로서 특정된다고 보아야 할 것인데, 구체적인 기준으로는 집단의 크기, 집단의 성격과 집단 내에서의 피해자의 지위 등을 들 수 있다(대법원 2014. 3. 27. 선고 2011도15631 판결).

예컨대 A법원의 판사들, B경찰서 경찰관, 모든 국회의원 등의 경우 구성원의 수가 수백 명 이내로 특정될 수 있으므로 모욕이나 명예훼손죄의 객체가 될 수 있다. 하지만 단순히 "학자, 경찰관, 서울시민, 여자 또는 기업가" 등과 같은 포괄적 명칭의 경우 집단 내 개별구성원을 지칭하는 것으로 여겨질 수 없다고 봐야 한다.

실제 사례로 "학교 교사 66명 중 37명이 소속하고 있는 3.19동지회 소속 교사들이 학생들을 선동하여 무단 하교하게 하였다"라고 적시한 때에는 그 개별 구성원 모두에 대한 명예훼손죄가 성립된다(대법원 2000. 10. 10. 선고 99도5407 판결).

만약 위에서 언급한 사례에서 국회의원 K씨가 "A방송국의 아나운서"라고 특정했다면 모욕죄가 성립되었을 것이다.

187 | 남이 만든 대포폰 사용, 형사처벌 대상

Q A씨는 인터넷사이트를 통해 알게 된 B씨로부터 일명 대포폰을 구입해 단순히 이용하였다. A씨는 전기통신사업법 상 이동통신단말장치 부정이용방지죄에 해당되는가?

대포폰이란 타인의 명의를 도용하여 개통한 휴대전화를 말한다. 대포폰은 다양한 범죄에서 경찰의 추적을 따돌리고자 하는 용도로 사용되는 사례가 많다. 때문에 이러한 대포폰의 사용은 법적인 책임이 수반된 경우가 많다. 그런데 **과연 이 대포폰을 범죄에 사용하지 않고 단순히 휴대전화 용도로 사용하였을 경우에도 처벌될까?**

위 사례에서 A씨는 대포폰 사용으로 인해 전기통신사업법위반 등으로 기소됐는데, 사건의 쟁점은 **A씨가 스스로 자금 등을 제공하고 대포폰을 개통했는가 여부**였다. A씨는 전기통신사업법 제32조의4 제1항 1호에서는 자금을 제공하는 등의 조건으로 타인의 명의로 개통된 이동통신단말장치를 사용하는 행위를 금지하고 있을 뿐, 개통된 대포폰을 구입해 단순히 이용한 것에 대해서는 처벌 대상이 아니라고 주장했다. 그러나 재판에서 이러한 A씨의 주장은 받아들여지지 않았다.

재판부는 A씨가 인터넷 사이트를 통해 알게 된 B씨로부터 타인 명의의 휴대전화(이른바 '대포폰')를 돈을 주고 구입한 것은 유죄라고 본 것이다. 즉 전기통신사업법 제32조의4 제1항 1호의 제목이 '이동통신단말장치 부정이용방지 등'이고, 대포폰의 '개통'은 위 조항 신설 전에도 실무상 같은 법 제97조 제7호, 제30조에 의하여 별도로 처벌되고 있었으므로, 위 조항은 '개통'보다는 '이용'에 초점이 있는 점, 문언상 반드시 개통을 스스로 해야 한다고 해석되지는 않는 점, 같은 법 제32조의4 신설에 관한 개정이유도 본인이 대포폰을 직접 개통하여 이용한 경우뿐 아니라 다른 사람을 통해 개통된 대포폰을 교부받아 이용하는 것도 처벌하고자 한 취지인 점 등을 종합하면, 대포폰을 직접 개통하지 않았더라도 다른 사람을 통해 개통된 대포폰을 교부받아 사용하는 것 역시 같은 법 제32조의4 제1항 1호를 위반한 것이다(서울중앙지방법원 2016. 5. 26. 선고 2016노276 판결). 그 결과 재판부는 A씨에게 징역 1년 2개월을 선고했다.

핸드폰 관련 팁

핸드폰은 이처럼 남의 명의로 사용해도 안 되지만, 남에게 자신의 명의를 빌려줬을 때도 민·형사적으로 문제가 될 수 있다. △민사적으로 볼 때, 친구 등 지인에게 자신의 명의로 핸드폰을 사용하도록 허락했는데 그 친구가 전화 요금을 내지 않을 경우가 종종 있다. 이 경우 결국 핸드폰 명의자가 최종적 책임을 지게 되므로 사용자가 내지 않을 경우 명의자가 핸드폰 비용을 지급해야 한다. 물론 나중에 명의자는 실제 사용한 친구를 상대로 민·형사상 소송을 제기하여 보상받을 수는 있지만 친구지간에 쉽지 않고 시간과 절차도 번거롭다. △다음으로 형사적으로도 문제가 될 수 있는데, 특히 형사 피의자인 지인에게 자신의 명의로 핸드폰을 개통해줘서 사용하게 한 경우에는 형사상 '범인도피죄'로 처벌받을 수도 있으니 주의해야 한다.

188 | '접대한다'는 말도 명예훼손죄 성립가능

Q A씨는 회사 화장실에서 직장동료인 B씨에게 C씨가 송년회에 불참한 이유는 "C씨가 이사장과 팀장들에게 접대를 하러 갔기 때문"이라는 내용을 말하였다. 그런데 A씨의 이 말은 명예훼손죄에 해당되는가?

회사 생활을 하다보면 직장 동료들 간의 대화 도중 여러 이야기가 오가게 된다. 이러한 이야기들 중에는 직장동료의 업무적인 능력이나 인성을 높이 평가하는 이야기도 많겠지만 종종 본의 아니게 험담을 하게 될 수도 있다. 이와 관련해 회사 동료들에게 직장동료가 "접대를 하러 갔다"는 취지의 험담을 한 것을 두고 명예훼손 고소가 가능한지에 대한 분쟁이 발생한 바 있다. 이 사건의 경우 "접대"라는 표현이 과연 사회적인 평가를 저해할 수 있는 표현인지 여부가 쟁점이 되었다.

A씨는 접대에 대한 사전적 의미를 제기하며 "손님을 맞아 시중을 듦"이라는 표현이기에 흔히 일상에서 상급자를 대접하는 행위를 말한 뿐이라고 보고 명예훼손 성립을 부정하였으며 대화 자체도 화장실이라는 공간에서 B사원에게 전달하였을 뿐이기에 공연성도 인정되지 않는다고 주장하였다. 그러나 이러한 A씨의 주장에도 불구 재판부는 A씨의 행동은 명예훼손죄가 성립한다고 판단하였다.

재판부는 A씨에게 이야기를 전해들은 B씨와 B씨에게 또다시 이야기를 전해들은 회사 동료들이 모두 "C씨가 술을 접대하러 갔다는 이야기를 A씨에게 들었다"고 진술을 한 점을 놓고 볼 때 A씨가 사용한 접대의 의미는 유흥업소에서의 접대를 의미하는 것으로 해석될 여지가 있으며 이는 사회적 평가를 저해시킬 수 있다고 본 것이다. 또한 재판부는 A씨가 한사람에게 이야기를 하였기에 공연성이 없다고 주장하지만 회사라는 단체의 특성상 불특정 다수에게 이야기가 전파될 가능성이 크기에 공연성 또한 인정된다고 보고[95] A씨의 행동에 대한 명예훼손 성립을 인정하였다.

---

95 특정집단(인터넷 사이트모임도 포함됨) 내의 구성원들 중 한 사람에게 얘기해도 그것이 구성원들 사이에 쉽게 퍼질 수 있다는 점 때문에 공연성이 인정된 것이다(전파성이론). 따라서 특정집단이라는 폐쇄성이 없다면 한 사람에게 얘기한 것이 모두 공연성이 인정되는 것은 아니다. 다만 그 한 사람이 기자 등 언론인일 경우에는 전파성이 매우 강하므로 바로 공연성이 인정된다.

189 | 일대일 대화도 명예훼손 성립가능

Q A씨는 자신이 운영하는 인터넷 블로그에 B라는 여성이 회사 상무로부터 돈을 받는 조건으로 상사의 사생활을 보고한다는 내용의 소설을 게재하였고 이 소설에 등장인물인 B씨가 같은 블로그 회원인 b씨임을 암시하는 듯 한 내용을 서술하였다. 이에 C라는 아이디를 사용하는 한 회원이 A씨에게 일대일 대화를 걸어 B씨가 누구냐는 질문을 던졌고 이에 A씨는 등장인물 B씨는 사실 b씨이며 필요하다면 증거를 줄 수도 있다고 답하였다. A씨의 행위는 명예훼손죄에 해당될까?

명예훼손죄란 공연히 구체적인 사실이나 허위사실을 적시하여 사람의 명예를 훼손하는 범죄 유형이다. 공연성이라 함은 '불특정 또는 다수인이 인식할 수 있는 상태'를 의미한다. 그런데 최근 명예훼손죄와 관련된 동향을 살펴보면 인터넷상의 대화로 인한 명예훼손죄 소송이 급격히 늘어났음을 알 수 있다. 그럼 **이러한 인터넷상에서 일대일 대화를 한 사건도 과연 공연성이 인정될까?**

A씨는 위와 같은 행위로 인해 명예훼손죄로 기소되었으나 1심과 2심은 일대일 비밀대화는 불특정 다수가 인식할 수 있는 대화가 아니기에 공연성이 인정되지 않는다며 무죄를 선고하였다. 하지만 최종적으로 대법원은 A씨에게 무죄 판결을 내린 원심을 파기하고 A씨의 행동은 명예훼손죄 성립요건을 충족한다는 취지로 사건을 돌려보냈다(대법원 2008. 2. 14. 선고 2007도8155 판결).

명예훼손죄의 구성 요건인 '공연성'은 불특정 또는 다수인에게 인식될 수 있는 상태를 의미하며 비록 한 사람에게만 사실을 유포하였더라도 이러한 내용이 다수인에게 전파될 가능성이 있다면 공연성이 인정된다는 것이 대법원의 판단이었다. 아울러 대법원은 인터넷 대화기 일대일로 이뤄졌다고 해서 상대방이 이를 다수에게 전파할 가능성이 없다고 할 수는 없으며 또한 비밀을 지키겠다는 약속을 하였더라도 이 역시 다수에게 전파될 가능성이 전혀 없다고 보기는 어렵다고 덧붙였다.

대법원의 이러한 해석은 강학상 '전파성이론'이라고도 하는데, 예컨대 기자에게 제보하여 기사화될 경우에는 전파성이론에 의해 명예훼손죄가 바로 성립된다. 위 사례의 경우도 같은 인터넷 블로그 회원들끼리 벌어진 일이라서 전파될 가능성이 크므로 유죄가 선고된 것으로 보인다. 만약 그렇지 않은 경우 예컨대 피해자의 친한 친구 한 사람에게 피해자의 험담을 개인적으로 한 경우라면 그 친한 친구가 이를 외부에 떠들고 다니지 않을 것이므로 공연성이 인정되지 않아 명예훼손죄가 성립되지 않게 된다. 하지만 반대로 피해자와 원한이 가득한 사람에게 험담을 하게 되면 그 사람이 동네방네 떠들고 다닐 것을 충분히 예견할 수 있으므로 명예훼손죄가 성립될 수도 있을 것이다.

190 | 대물변제예약과 배임죄 성부

Q A씨는 B씨로부터 5억원을 빌리면서 차용증을 작성하였고, 그 담보로 만약 변제기에 돈을 갚지 못할 경우 A씨가 소유하고 있는 35평형 아파트 한 채로 빚을 갚기로 하는 대물변제약정을 했다. 그 후 A씨는 변제기 내에 돈을 갚지 못하였음에도 위 대물변제로 약정한 아파트를 C씨에게 팔아서 사업비용으로 다 써버렸다. A씨의 이러한 행위는 B씨에 대한 배임죄에 해당되나?

배임죄란 '타인의 사무를 처리하는 사람'이 그 임무에 위배하는 행위로써 재산상의 이익을 취득하거나, 제3자로 하여금 이를 취득하게 하여 본인에게 손해를 가하는 범죄이다. 배임죄는 '재산죄' 중 재물 이외의 재산상의 이익만을 객체로 하는 순전한 '이익죄'이다. 대표적인 배임 사례로는 부동산의 매도인이 중도금까지 수령하고 부동산을 2중으로 매매한 경우에 부동산 매도인은 배임죄에 해당한다(대법원 1990. 10.16. 선고 90도1702 판결). 그러나 배임죄를 적용하기 위해서는 가해자가 '타인의 사무를 처리하는 자'의 지위에 있어야 하는데, 실무상 이에 대한 해석이 법리적으로 매우 까다롭다.

이와 관련해 2011년에는 동산(動産) 매도인의 이중매매는 부동산이중매매와 달리 배임죄로 처벌할 수 없다는 첫 전원합의체 대법원 판결이 나와 주목을 끌고 있다(대법원 2011. 1. 20. 선고 2008도10479 판결). 재판부는 "매매계약의 당사자가 계약상 채무를 이행하는 것은 원칙적으로 자신의 사무에 해당할 뿐 상대방의 사무라고 볼 수 없고, 동산 매도인은 매수인의 재산 보전 혹은 관리에 협력할 의무가 없으므로 배임죄의 주체인 '타인의 사무를 처리하는 자'에 해당하지 않는다"고 밝혔다. 즉, 동산 매도인이 매매목적물을 이중으로 매도하는 경우 민사상 손해배상책임을 지는 데 그칠 뿐, 형사상 배임죄 처벌 대상에 해당되지 않는다. 이처럼 최근의 판례 동향은 채무불이행에 대한 분쟁에 관하여는 배임죄의 성립요건을 엄격히 해석, 형벌의 개입을 최소화하려는 경향이 있다.

배임죄에 있어서는 가해자의 행위가 과연 '타인의 사무'인지 '자신의 사무'인지에 대한 엄격한 잣대가 적용되어 배임죄의 성부 여부가 결정된다. 같은 맥락에서 부동산대물변제약정의 경우 대법원은 "채권담보를 위해 부동산에 관한 대물변제예약을 체결한 채무자는 배임죄에서 말하는 '타인의 사무를 처리하는 자'에 해당한다고 볼 수 없고, 그러한 채무자가 채무를 변제하기 전에 대물로 제공하기로 한 부동산을 제3자에게 처분한 경우에도 배임죄는 성립하지 않는다"고 판결했다(대법원 2014. 8. 21. 선고 2014도3363 전원합의체 판결). 이 전원합의체 판결로 인해 종래의 채권담보를 위한 대물변제예약 사안에서 배임죄의 성립을 인정하였던 대법원판결들(2000. 12. 8. 선고 2000도4293 판결 등)은 모두 폐기됐다.

사례로 돌아가 살피건대, A씨가 대물변제약정을 어기고 담보로 제공한 아파트를 다른 사람에게 팔아서 그 대금을 유용하였다고 해도 이는 민사상 채무불이행에 불과할 뿐 B씨에 대한 배임죄에 해당되지 않는다.

191 | 부동산의 이중매매와 배임죄 성부 [후순위 매수인에게는 배임죄 불성립]

Q A씨는 2001. 5. 29. 자신의 상가건물을 B씨에게 5억원에 매도하고 그 계약금 5천만원 및 중도금 2억원을 수령하였다. 그 후 같은 해 6. 27. A씨는 C씨에게 위 부동산을 금 6억원에 이중으로 매도하여 계약금 6천만원을 수령하였다. 그 이틀 뒤인 같은 해 6. 29. A씨는 B씨로부터 잔금 2억 5천만원을 교부받았고, 같은 해 7. 15. C씨로부터 잔금을 지급받았다. A씨는 같은 해 9. 6. 최종적으로 B씨에게 위 부동산에 대한 소유권이전등기를 해주었다. 이 경우 A씨가 C씨에게 한 행위가 배임죄에 해당되나?

통상적으로 부동산을 타인에게 매도한 후 중도금을 지급받게 되면 타인의 사무를 처리하는 자의 지위에 놓이게 되어 이를 제3자에게 이중으로 양도하거나 담보를 설정해 준 경우 배임죄가 성립된다(대법원 1975. 12. 23. 선고 74도2215 판결; 대법원 1990. 10. 16. 선고 90도1702 판결).[96] 이 경우 만약 제3자(후매수인)가 선매수인을 해할 목적으로 이

96 다만 선 매매계약이 **통정허위표시에 의하여 무효인 경우**(대법원 1983. 7. 12. 선고 82도2941 판결), 혹은 **토지거래허가지역 내의 토지에 대한 거래허가 전에 이중으로 양도한 경우**(대법원 1996. 8. 23. 선고 96도1514 판결)에는 매도인이 배

중양도를 교사한 경우에는 배임죄의 공범으로 함께 처벌받는다(대법원 2005. 10. 28. 선고 2005도4915 판결). 다만 부동산 이중양도에 있어서 매도인이 제2차 매수인(후매수인)으로부터 계약금만을 지급받고 중도금을 수령한 바 없다면 선매수인에 대해 배임죄의 실행의 착수가 있다고 볼 수 없다(대법원 1983. 10. 11. 선고 83도2057 판결; 대법원 2003. 3. 25. 선고 2002도7134 판결 등 참조). 결국 부동산 이중매매에 있어서 실행의 착수시점은 후매수인으로부터 중도금을 지급받은 때이다.

하지만 반대로 매도인이 이중으로 부동산을 매도한 뒤 선매수인에게 부동산을 이전한 경우에는 **후매수인에 대해 배임죄**가 성립되지 않는다. 대법원은 "부동산을 이중으로 매도한 경우에 매도인이 선매수인에게 소유권이전의무를 이행하였다고 하여 후매수인에 대한 관계에서 그가 임무를 위법하게 위배한 것이라고 할 수 없어 배임죄가 성립되지 않는다"고 판결하였다(대법원 1992. 12. 24. 선고 92도1223 판결).

여기서 '선매수인'이라 함은 통상적으로는 매매계약을 체결하고 계약금과 중도금을 지급한 매수인을 의미한다. 왜냐하면 매도인의 입장에서 이중양도를 하는 것은 후매수인에 대한 매매가격이 더 비싼 경우인데, 만약 선매수인으로부터 계약금만 지급받은 경우라면 계약을 해제하고 계약금의 배액을 물어주면 그만이기 때문에 실무상 계약금만 지급한 선매수인에게 (후매수인이 있음에도 불구하고) 소유권을 이전해 주는 경우는 거의 없기 때문이다.[97]

사례로 돌아가 살피건대, A씨는 선매수인으로서 중도금을 먼저 지급한 B씨에게 위 부동산에 대한 소유권이전을 해준 것이므로 후매수

임죄의 주체인 타인의 사무를 처리하는 자에 해당한다고 할 수 없어 배임죄가 성립하지 않는다.

97 하지만 위 대법원판례의 취지상 극단적으로 선매수인으로부터 계약금만 지급받은 후 후매수인으로부터 계약금 및 중도금을 지급받은 경우 이를 무시하고 다시 선매수인에게 그 후 소유권을 넘겼다고 해도 후매수인에 대해 배임죄가 성립되지 않는다고 해석된다.

인인 C씨에 대해 배임죄가 성립하지 않는다.

192 | 신탁관리와 배임행위 성부

Q 건축분양회사인 A사는 시행중인 아파트 27세대에 대하여 B신탁회사와 부동산관리처분신탁계약을 체결하고 같은 날 위 각 아파트에 대한 소유권을 B사에게 이전하였다. 신탁계약의 내용 중에는 A사가 B사의 사전승낙 없이 위 아파트를 임대하는 등 권리를 설정하거나 아파트의 가치를 저감하는 행위를 할 수 없다고 약정되어 있었다. 그럼에도 불구하고 A사는 B사의 사전승낙 없이 2005. 7. 중순경 위 아파트를 C사에 매도하여 그로 하여금 아파트를 임대하고 보증금을 받게 함으로써 합계 10억원의 재산상 이익을 취득하게 하였다. A사는 B신탁회사에 대해 배임죄가 성립되는가?

위 사건에 대해 1심과 2심은 배임죄가 성립된다고 판결하였다. 즉 위탁자(A씨)는 이 사건 부동산을 계속 점유하고 보존 및 관리하는 업무만을 해야 할 뿐이고 B신탁회사의 승낙 없이 신탁부동산에 대하여 임대차 등 권리의 설정 또는 그 현상을 변경하는 등의 방법으로 신탁부동산의 가치를 저감하는 행위를 하여서는 아니 될 임무가 있다고 할 것인데, 그 임무에 위배하여 B사의 승낙을 받지 아니한 채 위 아파트를 C사에 매도하여 이를 임대하고 보증금을 받게 하여 스스로 재산상의 이익을 취득하거나 제3자로 하여금 이를 취득하게 하고 신탁부동산의 가치를 저감하고 B사의 임대차 및 입주자 관리, 수익금 운영, 처분 등의 업무를 방해하여 손해를 가한 이상 배임죄가 성립한다고 판단하였다. 이는 부동산의 이중매매와 같은 법리를 신탁행위에까지

적용한 것으로 해석된다.

하지만 대법원의 견해는 달랐다. 대법원은 "위 신탁계약은 부동산에 관하여 담보를 위하여 체결된 것으로서, B사에게 소유권이전등기가 경료됨으로써 C사가 위 아파트를 유효하게 처분할 가능성이 없게 되어 그 목적은 이미 달성되었고, 위탁자인 A사가 신탁목적물인 위 아파트를 계속 점유·사용하면서 그 보존 및 관리의 비용을 부담하고 아파트의 가치를 유지하는 것은 기본적으로 A사 자신을 위한 사무라고 할 것이다. 그리고 신탁목적물의 가치를 저감하는 행위를 하여서는 안 된다는 의무조항은 단순히 신탁계약상의 채무에 그친다. 따라서 신탁계약 내용만으로는 A사가 B사의 재산을 보호하거나 관리할 임무가 있다고 볼 수 없어 A사에 대해 배임죄의 주체가 되는 '타인의 사무를 처리하는 자'의 지위에 있다고 할 수 없다"라고 판결하였다(대법원 2009. 2. 26. 선고 2008도11722 판결).

사례로 돌아가 살피건대, 결국 A사가 신탁계약 내용을 위반하여 C사에게 매도하여 그를 통해 이익을 얻었다고 해도 이는 신탁계약상 채무불이행에 해당됨에 그칠 뿐 B사에 대한 배임죄는 성립되지 않는다. 결국 이 경우 B사는 신탁계약위반을 이유로 A사와의 신탁계약을 해지하고 A사에게 이에 따른 손해배상을 청구하면 된다.

수탁자의 배임행위와 신탁계약해지

반대로 수탁자의 배임행위로 인한 **신탁계약 해지 여부**를 다투는 경우도 있다. 이와 관련해 대법원은 "신탁법 제15조, 제55조의 규정에 따라 신탁의 목적을 달성할 수 없을 때에는 신탁이 절대적으로 종료하나, 그 목적의 달성이 가능하지만 단지 **수탁자의 배임행위 등으로 인하여 신뢰관계가 무너진 경우**에는 위탁자 등의 청구에 따라 법원이 수탁자를 해임하거나 또는 위탁자가 수탁자에 대하여 손해배상 등을 청구할 수 있을 뿐, 이행불능을 원인으로 하여 신탁계약을 해지할 수는 없다"고 판결하였다(대법원 2002. 3. 26. 선고 2000다25989 판결).

193 | 음주측정 전 음주감지기검사 거부도 음주측정거부죄에 해당

Q K씨는 2014년 9월 차를 길가에 주차해놓고 인근 편의점에서 지인들과 얘기를 나누다 음주운전 단속을 나온 경찰관의 음주감지기 검사 요구를 거부한 혐의로 기소됐다. K씨는 음주측정기가 아닌 음주감지기 검사를 거부한 것임에도 불구하고 음주측정거부죄로 처벌받게 되는가?

운전하다가 길거리에서 불시에 음주단속을 당한 경험은 모두 있을 것이다. 경찰은 통상 음주감지기를 대고 불어보라고 하여 음주여부만 일단 검사를 한다. 예전에는 종이컵 등에 숨을 내쉬라고 요구하고 코로 냄새를 맡는 경우도 있었다. 즉 음주감지기는 측정기 전 단계에서 하는 1차적 검사로서 술을 마셨는지 여부만 테스트하는 것이고, 여기서 술을 마신 것으로 드러난 경우 정확한 수치를 재기 위해 음주측정기를 사용하는 것이다.

그렇다면 이러한 **음주감지기 검사를 거부한 경우에도 음주측정을 거부한 경우에 해당될까?** 대법원은 체내 알코올 농도 수치를 측정하는 '음주측정기'가 아니라 단순히 음주를 했는지 여부만을 확인하는 '음주감지기'에 의한 검사를 거부한 것도 음주측정거부죄에 해당한다고 보았다(대법원 2017. 6. 8. 선고 2016도16121 판결). 재판부는 "음주측정의 전 단계에 실시되는 음주감지기 시험을 요구한 경우 음주측정기에 의한 측정이 예정돼 있고, 운전자가 그런 사정을 알고도 감지기 검사를 거부했다면 측정거부 의사를 표명한 것"이라고 밝혔다.

한편 도로교통법 제148조의2 제1항 2호에서 말하는 '경찰공무원의 측정에 응하지 아니한 경우'란 전체적인 사건의 경과에 비추어 술에 취한 상태에 있다고 인정할 만한 상당한 이유가 있는 운전자가 음주측정에 응할 의사가 없음이 객관적으로 명백하다고 인정되는 때를 의미한다. 운전자의 측정불응의사가 객관적으로 명백하였는지는 음주측정을 요구받을 당시의 운전자의 언행이나 태도 등을 비롯하여 경찰공무원이 음주측정을 요구하게 된 경위, 그 측정 요구의 방법과 정도, 주취운전자 적발보고서 등 측정불응에 따른 관련 서류의 작성 여부, 운전자가 음주측정을 거부한 사유와 태양 및 거부시간 등 전체적 경과를 종합적으로 고려하여 신중하게 판단하여야 한다(대법원 2015. 12. 24. 선고 2013도8481 판결 참조). 그런데 위 사례의 경우 경찰이 음주감지기에 의한 시험을 요구하였을 당시 K씨가 이미 운전을 종료한 지 약 2시간이 경과하였던 점, K씨가 자신의 차량을 운전하여 이 사건 현장에 도착한 이후 일행들과 40분 이상 편의점 앞 탁자에 앉아 있었고 그 위에는 술병들이 놓여 있었으므로, K씨가 운전을 마친 이후 이 사건 현장에서 비로소 술을 마셨을 가능성도 없지 않았던 점 등을 종합적으로 고려하여 보면, K씨가 술에 취한 상태에서 자동차를 운전하였다고 인정할 만한 상당한 이유가 있다고 하기에 부족하다고 무죄를 선고하였다.

결국 음주감지기 검사에 불응한 행위 자체만 보자면 음주측정거부죄로 처벌되나, K씨의 경우 음주운전을 하였다고 인정할만한 상당한 이유가 있어야만 음주측정에 응할 의무가 생기는 것인데 당시 사정으로 보아 음주운전을 하였다고 인정하기 부족하여 무죄가 선고된 것이다.

194 | 가처분명령과 공무상표시무효죄

Q A씨는 결혼식장의 지분을 소유하고 있는데 동업자인 B씨가 영업이익을 제대로 분배하지 않는다는 이유로 건물을 무단침입하고 점거하는 등의 방법으로 B씨의 영업을 방해하였다. A씨의 건물 점거행위에 대해서 B씨는 법원을 상대로 가처분신청을 냈고 법원은 이를 받아들여 A씨에게 B씨의 건물에 침입하여 영업을 방해하는 행위를 멈출 것을 명령하였다. 하지만 법원의 가처분명령에도 불구하고, A씨는 계속해서 용역업체를 동원해 B씨의 결혼식장을 점거하였고 이로 인해 공무상표시무효죄 등으로 기소되었다. A씨의 행위는 공무상표시무효죄에 해당되는가?

금전 채권 이외의 특정물의 급여나 인도를 목적으로 하는 청구권을 보전하기 위해서 또는 다툼이 있는 권리에 대한 지위를 임시로 설정하기 위해서 법원이 일시적으로 명령하는 것을 가처분이라고 부른다.

그럼 법원의 건물점거금지 가처분명령 등을 어기고 건물에 들어간 경우 공무상표시무효죄에 해당될까? 위 사례의 경우 1심 재판부는 A씨에게 공무상표시무효죄에 대해 유죄판결을 내렸지만, 2심 재판부는 집행관이 가처분 결정내용을 게시하며 다른 구체적인 집행행위를 하지 않았다는 이유에서 공무상표시무효죄 부분에 대해서는 무죄를 선고했고, 대법원 역시 2심과 같은 의견으로 무죄판결을 확정했다(대법원 2010. 9. 30. 선고 2010도3364 판결).

공무상표시무효죄(형법 제140조 1항)는 공무원이 그 직무에 관하여 봉인, 동산의 압류, 부동산의 점유 등과 같은 구체적인 강제처분을 실시하였다는 표시를 손상 또는 은닉하거나 기타 방법으로 그 효용을 해함으로써 성립하는 범죄이다. 하지만 가처분명령의 공시서는 집행관이 법원으로부터 피신청인에 대하여 부작위를 명하는 가처분이 발령

되었음을 고시하는 데 그치는 것이다. 따라서 봉인 또는 물건을 자기의 점유로 옮기는 등의 구체적인 집행행위를 하지 아니하였다면, 단순히 피신청인이 위 가처분의 부작위명령을 위반하였다는 것만으로는 공무상표시의 효용을 해하는 행위에 해당하지 않는다.

따라서 A씨에 대한 공무표시무효죄는 무죄.

195 | 권리금 차액 챙긴 부동산중개업자를 처벌할 수 있나? [기망행위 불성립]

Q A씨는 부동산중개업을 하는 사람으로서 부산에 있는 독서실 매매를 중개하게 되었다. 이 과정에서 매도인 甲은 중개업자 A씨에게 매수인인 乙로부터 권리금 3,000만원을 추가로 받아달라고 요청하였고 A씨는 이를 승낙하였다. 그러나 A씨는 사실 乙로부터 권리금 명목으로 4,000만원을 받은 뒤 매도인 甲에게는 그 중 3,000만원만 전달하였고 나머지 1,000만원은 자신이 가졌다. A씨는 사기죄로 처벌받을까?

주로 상가 등의 부동산 거래를 진행할 때 임차인이 임대인에게 임차료나 계약금 외에 그 장소에 대한 권리 등을 양수하는 대가로 권리금을 지불하는 경우가 많다. 그런데 권리금의 경우 부동산계약과는 다르게 관행적으로 지불하는 금액이며 계약서에 명시되는 일이 드물어 그로 인한 논란이 종종 발생할 수 있다.

위 사례의 경우 매도인 甲은 이 사실을 뒤늦게 알고는 A씨를 사기죄로 고소하였고 결국 A씨는 권리금 차액을 챙긴 혐의로 기소되었다. 이에 대해 A씨는 계약 당시 매도인 甲과 합의 하에 3,000만원 이상의 권리금을 받아낼 경우 그 차액은 본인이 갖기로 약속했다는 주장을 하였고, 대법원 재판부는 A씨의 주장을 받아들여 A씨에 대해 벌금 200만원을 선고한 원심을 깨고 무죄 취지로 파기 환송하였다(대법원

2015. 5. 28. 선고 2014도8540 판결).

재판부의 이러한 판단은 매도인 甲이 권리금으로 3,000만원을 달라고 했음에도 불구하고, A씨가 매수인 乙에게 금액을 부풀려 5,000만원이라 말한 뒤 1,000만원을 깎아주겠다고 한 것은 중개과정에서 허용되는 과장된 표현일 뿐 사기죄에 해당되는 기망행위는 아니었다고 판단했기 때문이다.

따라서 A씨는 사기죄에 대해 무죄.

196 | 김영란법 총정리

Q 부정청탁 및 금품 등 수수의 금지에 관한 법률(속칭 '김영란법')은 지난 2015년 3월 법안이 통과돼 같은 해 9월 28일부터 시행되고 있다. 그런데 세간에서는 김영란법에 대한 지나친 오해로 법적용 대상이 아님에도 법을 과도하게 확대해석하는 경향이 있다. 그럼 김영란법의 핵심적인 내용은 무엇이고 그 적용은 어떻게 되는가?

가. 적용대상 및 처벌규정

김영란법의 적용대상은 공직자(공무원, 공기업, 공공기관)를 비롯해 사립학교 교직원, 언론인이다. 교직원 등에는 초·중등교육법, 고등교육법, 유아교육법 및 그 밖의 다른 법령에 따라 설치된 각 급 학교의 장을 포함한 교직원 및 사립학교법에 따른 학교법인의 임직원을 의미한다. 따라서 국립유치원(국가가 설립·경영), 공립유치원(지방자치단체가 설립·경영하는 시립 및 도립유치원)은 물론 사립유치원의 장 및 교직원도 해당된다. 다만 사설학원은 이에 해당되지 않는다.

한편 언론사란 방송사업자, 신문사업자, 잡지 등 정기간행물사업자,

뉴스통신사업자 및 인터넷신문사업자를 말한다. 다만 프리랜서 방송인의 경우에는 이러한 언론사의 임직원에 해당되지 않는다.

이들이 '**직무관련성과 상관없이**' 1회에 100만원을, 매 회계연도 기준으로 합계 300만원을 각 초과하는 금품 등을 받으면 3년 이하의 징역 또는 3천만원 이하의 벌금으로 **형사처벌**받게 된다. 한편 이들이 **직무관련성이 있는 사람**으로부터 위 금액 이하의 금품 등을 받을 경우에는 받은 금품 등 가액의 2배 이상 5배 이하에 상당하는 금액의 **과태료**를 부과한다. 과태료 사안의 경우 직무관련성만 있으면 해당되고 대가성까지 요구되지는 않는다. 하지만 음식은 3만원, 선물과 경조사비는 각 5만원, 결혼식·장례식에 보내는 화환과 농축산물 선물비는 각 10만원까지는 과태료 대상에서 제외된다. 그 결과 요즘 고급식당에 가면 29,000원 짜리 메뉴가 쏟아져 나오고 있다.

나. 회계연도, 접대비용 계산방법

매 회계연도는 크게 두 가지로 구분될 수 있는데 보통 국가기관, 지방자치단체, 공직유관단체 등의 회계연도는 매년 1월 1일에 시작하여 12월 31일에 종료되는 것이 일반적이고, 학교의 회계연도는 다른 공공기관과 달리 매년 3월 1일에 시작하여 다음 해 2월 말일에 종료된다. 여기서 '1회'라 함은 행위가 시간적·장소적으로 근접성이 있거나 시간적 계속성이 있는 경우 1회로 평가될 수 있으므로 이 경우에는 합산하고 그 결과 100만원 초과 시에는 형사처벌 대상이 된다. 예를 들어 설명하겠다. 회계법인 대표 A씨와 공기업 직원 B씨가 저녁에 만나 식대 40만원 상당의 식사를 하고, 바로 이어서 술집에 갔는데 그곳에서 세무공무원 C씨가 합류했고 셋이서 300만원 상당의 술을 마셨다. 물론 그 모든 비용은 회계법인 대표 A씨가 지불했다. 이 경우 식사와 술은 비록 장소와 시간이 다르다고 해도 연속성이 인정돼 하나의 접대로 취급해 합산된다.

그럼 이 경우 각각의 접대비용은 어떻게 계산될까? 먼저 각자 먹은 비용은 1/n로 나눈다. 그 결과 식사는 A씨와 B씨 둘이서 먹었으니 각각 20만원씩 먹은 셈이다. 그런데 술집에는 셋이서 먹었으니 각자 먹은 몫은 100만원씩이다. 그럼 B씨의 경우 120만원 상당을 접대받았으니 직무관련성 여부와 무관하게 형사처벌 대상이 된다. 물론 직무관련성이 있을 경우에는 뇌물죄로 가중처벌될 것이다. 반면 C씨의 경우 정확히 100만원을 접대 받아 100만원이 초과되지 않았지만 세무공무원과 회계법인은 직무관련성이 인정될 가능성이 크므로 과태료 대상이 된다.

다. 직무관련성 여부와 관련

① 직무관련성이 있는 경우

이 경우는 수수자가 비공무원인 경우와 공무원인 경우에 따라 다소 차이가 난다. 먼저 비공무원인 경우는 1회 100만원, 회계연도 300만원을 초과하는 경우에는 형사처벌되나, 그 이하의 금액일 경우에는 과태료 대상이 된다. 예컨대 학부모가 사립학교 교사에게 1회 100만원의 촌지를 준 경우에는 설사 대가성이 전혀 없는 순수한 선물이었다고 해도 직무관련성이 있으므로 과태료 대상이 된다는 것이다.

그럼 직무관련성이 있고 상대방이 공무원인 경우에는 어떻게 될까? 예컨대 술집주인이 관내 경찰관에게 추석선물로 100만원 상당의 선물을 했을 경우에는 직무관련성이 있고 대가성 역시 인정될 수 있다. 따라서 형법상 뇌물죄로 형사처벌되고, 김영란법 상 과태료 대상이 되지 않는다. 이 경우 당사자들이 설사 대가성이 없다고 주장한다고 해도 (예컨대 당시 술집주인에 대한 단속 내지 수사가 전혀 없었다고 해도) 통상의 선물치고는 고액에 해당되므로 이를 단순한 사교적 의례로 볼 수 없어 대가성이 인정되는 것이다. 한편 만약 술집주인이 관내 경찰관의 아들 결혼식에 참석하여 축의금으로 20만원을 줄 경우에는 설사 직무관련성이 있다고 해도 사교적 의례로 보아 대가성이 인정되지 않을 것이므로 형법상 뇌물죄는 성립되기 어렵고 김영란법 상 과태료 처분은 가능할 것이다. **그럼 대가성의 기준은 어떻게 평가될까?** 통상의 사교적 의례로 볼 수 있는 금액이라면 대가성이 없을 수 있으나, 그 금액을 초과할 경우에는 직무관련 대가성이 인정된다.

② 직무관련성이 없는 경우

직무관련성이 전혀 없는 경우에는 1회 100만원, 매 회계연도 300만원을 초과하는 경우에만 형사처벌이 되고, 그 금액 이하의 경우에는 과태료 처분도 안 된다. 예컨대 서울에 사는 세탁소를 운영하는 자영업자인 A씨가 자신의 친구인 부산 해운대구청 건축과 직원 B씨에게 추석에 50만원 상당의 선물을, 같은 건축과 직원 C씨에게 110만원 상당의 선물을 하였다면 어떻게 될까? 먼저 B씨의 경우 직무관련성이 전혀 없으므로 과태료 처벌대상도 되지 않는다. 하지만 C씨의 경우 직무관련성이 없더라도 1회 100만원이 초과되었으므로 형사처벌 대상이 된다.

라. 제3자를 통해 부정청탁하면 과태료 대상

금품을 주지 아니하여도 누구든지 공직자 등에게 부정청탁을 하면 안 되고 부정청탁을 받은 공직자 등은 부정청탁을 한 자에게 부정청탁임을 알리고 이를 거절하는 의사를 명확히 표시하여야 한다. 그럼에도 불구하고 동일한 부정청탁을 다시 받은 경우에는 이를 소속기관장에게 서면 또는 전자문서로 신고하여야 한다. 만약 부정청탁을 받은 공무원이 이런 절차를 밟지 않고 그 부정청탁을 들어준 경우에는 2년 이하 징역 또는 2천만원 이하의 벌금형에 처해진다. 그리고 제3자를 위하여 다른 공직자 등에게 부정청탁을 한 공직자, 제3자를 위해 부정청탁을 대신 해준 일반인, 제3자를 통해 공직자 등에게 부정청탁을 한 일반인 모두 3천만원 이하의 과태료에 처해진다. 다만 본인이 스스로 자신의 이익을 위해 부정청탁을 한 당사자는 과태료처분 대상에서 제외된다. 이마저 제한할 경우 일반인이 공공기관에 원활한 의사소통을 할 통로가 막힐 수 있기 때문에 정책적으로 예외를 둔 것이다. 하지만 이 경우에도 그 상대방인 공직자 등이 그 부정청탁을 들어주는 경우 그 공직자 등은 위와 같이 형사처벌받게 된다.

마. 외부 강의 등 비용 제한

공무원과 공직유관단체 임직원이 받을 수 있는 시간당 외부강의 등에 대한 사례금 상한액을 공무원, 공무원으로 인정된 사람, 공직유관단체 및 기관의 장과 그 임직원은 40만원으로 규정했다. 단 사례금 총액은 강의 시간과 관계없이 1시간 상한액의 150%를 초과해서는 안 된다. 사립학교 교직원, 학교법인 임직원, 언론사 임직원의 외부강의 등의 사례금 상한액은 시간당 100만원이다.

197 | 불구속 피고인도 무죄확정되면 재판비용 보상받을 수 있다

A씨의 경우 불구속 상태에서 재판을 받아 결국 무죄판결을 받긴 했지만 재판이 진행되는 2년 동안 17차례에 걸쳐 법원에 출석해야 했고, 1 · 2심에서 변호인을 선임하는 등 자신의 무고함을 입증하기 위해 많은 비용을 들여야 했다. A씨는 그런 비용에 대하여 국가로부터 보상을 받을 수 있나?

구속 상태에서 재판을 받아 무죄가 확정되면 형사보상을 받을 수 있다는 것은 주지의 사실이다. 그렇다면 **불구속 상태에서 무죄가 확정된 경우에는 한 푼도 보상받지 못할까?** 과거에는 보상받지 못했지만 2008년 1월 개정된 형사소송법에 의하면 이 경우도 재판비용을 보상받을 수 있게 되었다(형사소송법 제194조의2 제1항).

위 사례의 경우 A씨는 1심에서 무죄를 선고한 서울중앙지법에 비용 보상을 청구했다. 서울중앙지법 합의부는 국가가 A씨에게 355만원을 지급하라는 결정을 내렸다(서울중앙지방법원 2012. 4. 19.자 2011코17 결정). 재판부는 A씨가 법정에 출석할 때마다 소요된 여비와 일당을 1회당 5만원으로 계산해 85만원으로 하고, 변호인 선임 비용은 270만원으로 산정했다. 비용보상의 범위는 피고인이었던 자 또는 그 변호인이었던 자가 공판준비 및 공판기일에 출석하는데 소요된 여비·일당·숙박료와 변호인이었던 자에 대한 보수에 한한다. 이 경우 보상금액에 관하여는 「형사소송비용 등에 관한 법률」을 준용하되, 피고인이었던 자에 대하여는 증인에 관한 규정을, 변호인이었던 자에 대하여는 국선변호인에 관한 규정을 준용한다. 피고인이 공판 과정에 출석한 여비와 일당은 거주지와 재판을 받은 법원의 거리에 따라 차이가 있지만 대략 1회에 5만원 안팎에서 결정된다.

한편 변호인 선임료는 국선변호인의 보수를 기준으로 지급한다. 따라서 원칙적으로 30만원이 기준이지만 사건의 난이도 등에 따라 최대 5배인 150만원까지 보상받을 수 있다. 1~3심까지 모두 변호인을 선임했다면 최대 450만원까지 받을 수 있는 셈이다.

무죄를 선고받은 피고인은 무죄판결이 확정된 사실을 안 날부터 3년, 무죄판결이 확정된 때부터 5년 이내에 무죄판결을 선고한 법원의 합의부에 비용보상을 청구해야 한다(형사소송법 제194조의3 제2항). 청구할 수 있는 비용에는 피고인이 공판 준비 및 공판 기일에 출석하는 데 든 여비와 일당, 변호인 선임료 등이 포함된다. 합의부는 결정으로 비용보상을 정하며 그 결정에 대해 즉시항고를 할 수 있다. 소송비용보상은 피고인이 수사나 재판과정에서 구속됐는지 여부를 따지지 않기 때문에 불구속 피고인도 청구할 수 있다.

구속 피고인은 구금일수에 따른 형사보상과 함께 소송비용 보상을 추가로 청구할 수도 있다. 하지만 △피고인이 수사 또는 재판을 그르칠 목적으로 거짓 자백을 하거나 다른 유죄의 증거를 만들어 기소된 경우 △경합범 일부에 대해 무죄판결이 확정되고 다른 부분에 대해서는 유죄판결이 확정된 경우 △형사미성년자(14세 미만) 또는 심신상실을 이유로 무죄판결이 확정된 경우 △소송비용 지출이 피고인에게 책임지울 사유로 발생한 경우 등에 해당하면 소송비용의 전부 또는 일부를 보상받을 수 없다(형사소송법 제194조의2 제2항).

198 | 기소중지 상태의 해외교포, 귀국 없이 재기신청 가능 [해외에서 여권갱신 문제]

Q A씨는 1997년 11월에 IMF가 터지자 그 여파로 사업이 실패하여 경제적으로 거의 파산 지경에 이르렀다. 그래서 카드빚과 지인에게 빌린 돈 등 1,000여만원을 갚지 못하고 부랴부랴 미국행 비행기를 탔다. 미국에서 다행히 사업이 성공하여 현재는 경제적으로 여유가 생겼는데 미국에서 비자가 없어 불법체류자로 불안한 나날을 보내야만 했다. 그러던 중 여권기간이 만료되어 영사관에 가서 여권갱신을 신청하였는데 한국에서 사기죄로 고소가 되어 기소중지된 상태라 여권갱신이 불가능하다는 통보를 받았다. A씨가 한국에 귀국하여 사건을 해결하려고 했지만 한국으로 올 경우 미국에 재입국이 불가능하다. 이 경우 A씨는 어떻게 사건을 해결하여야 하나?

많은 재외국민들이 해외로 이주한 뒤에 국내에 있었을 때 빌린 돈을 갚지 못해 사기죄 등으로 고소당하는 경우가 있다. 특히 IMF 시기에 많은 사람들이 국내에 있던 빚을 미처 처리하지 못한 채 다급히 해외로 이주했다가 나중에 여권갱신을 하려고 외국 소재 한국영사관 가서 비로소 자신이 고소당한 사실을 알게 되는 경우가 많다. 해외에 있는 한국영사관에서 여권을 갱신하려고 할 때, 영사관에서는 여권발급 과정에서 경찰청에 신원조회를 의뢰하게 되는데, 이때 여권갱신 신청자가 국내에서 기소중지가 되어 있을 경우 '신원조회 미회보'로 처리되어 여권갱신이 거부된다. **이렇게 여권갱신이 거절된 사람의 경우 한국으로 귀국하지 않은 상태에서 사건해결이 가능할까?**

기소중지란 피의자의 소재불명 등의 사유로 수사를 종결할 수 없는 경우에 검사가 그 사유가 해소될 때까지 하는 임시처분이다. 이때 피의자가 외국에 있는 경우 그 기간 동안 공소시효가 정지되므로 수십년이 지나도 기소중지 처분이 그대로 남게 된다. 이 때문에 여권갱신이 안 되고, 유효한 한국 여권이 없이는 외국에서 영주권이나 시민권 취득도 어렵게 된다. 따라서 이 경우 기소중지를 풀기 위해서는 원칙적으로 국내에 들어와 수사기관에 자수를 하면서 재기신청을 해야 한다. 즉 피의자 신문조서를 받은 후 불기소 혹은 기소처분 등 종국처분을 받아야만 여권갱신이 가능하게 되는 것이다.

그런데 여권기간이 만료되었다 해도 임시로 단수여권을 발급받아 일단 귀국은 가능하나 문제는 외국에 다시 돌아가는 일이다. 비자 유효기간이 지난 상태에서 외국에 거주한 경우에는 불법체류자로 분류되기도 하고, 때론 비자 자체의 성격상 일정 기간 출국에 제한 있는 경우도 있는데, 이러한 경우 한국에 들어와 여권을 갱신한다 해도 외국에 재입국이 거절되는 경우가 많다. 특히 가족 모두 외국에 살고 삶의 터전을 그곳에 두고 있는데 외국으로 돌아가지 못하는 것은 심각한 문제가 된다.

'재기신청'이란 기소중지된 피의자가 수사기관에게 그 사건에 대한 수사를 재개하여 종국처분을 해달라는 의사표시이다. 그런데 만약 피의자가 국내에 들어오지 않고 재기신청을 할 경우 수사기관에서는 계속적으로 소재불명을 이유로 '재기불요' 처분을 할 수도 있다. 따라서 이런 경우 변호인이 대리하여 재기신청을 하는 편이 유리하다. 변호인은 피의자가 외국에서 귀국하지 못하는 사유를 충분히 소명하고, 가능한 고소취소를 받아 무혐의나 기소유예 처분을 받게 하거나, 최악의 경우 벌금으로 처리해달라고 탄원을 한다. 때로는 우편진술제도나 이메일 수사, 외국에서 인증받은 진술서 제출 등을 통해 피의자가 귀국하지 않고 조사를 받을 수도 있다. 변호인이 대리할 경우 고소인의 인적사항과 연락처를 파악해 고소취소도 대행해서 받아낼 수 있는데, 필자의 경우 지난 몇년간 이런 사례로 성공한 경우가 많았다. 특히 돈 1천만원 빚 때문에 미국으로 건너간 여자의 경우, 미국에서 버젓한 사업가인 미국인과 사랑에 빠져 결혼을 하게 되었는데 기소중지 상태라서 한국여권이 갱신되지 못하여 미국시민권도 신청할 수 없었다. 그런데 필자의 도움으로 지금은 미국시민권을 취득해 미국신랑과 행복하게 살고 있다.[98]

199 | 가석방 요건 및 절차

Q 기업인 A씨는 횡령죄로 징역 3년을 선고받고 현재 2년 넘게 복역 중이다. A씨가 가석방을 받기 위한 조건과 그 절차는 어떤가?

보통 공식기념일 등에는 정치화합 또는 경제위기 극복을 이유로 특별사면 및 가석방을 주장하는 경우가 많다. 특별사면의 경우 '대통령의 고유 권한'이지만 가석방은 '법무부 장관의 권한'으로서 일정한 요건 하에 형의 집행이 정지되는 임시적 처분이라는 점에서 차이가 있다. 가석방은 현행법상에는 형법 및 **형의 집행 및 수용자의 처우에 관한**

98 'IMF 상처' 기소중지자에 햇빛을…, 고소인 찾아 합의 이끄는 강민구 변호사 [2014. 3. 28.자 LA중앙일보].

법률(이하 '동법'으로 약칭) 등을 근거로 여러 조건을 종합적으로 심사하여 결정하는 행정처분 중 하나다.

가석방 적격심사의 기준으로는 △수형자의 나이, △범죄동기, △죄명, △형기, △교정성적, △건강상태, △가석방 후의 생계능력, △생활환경, △재범의 위험성, △그 밖에 필요한 사정을 고려해 형기의 3분의 1을 마친 사람에게 가석방 대상 자격을 부여하도록 규정되어 있다(동법 제121조 2항).

이처럼 각 교정기관에서 해당 여러 조건들을 중심으로 수형자에 대한 예비심사를 실시, 교정성적이 우수하고 뉘우치는 빛이 뚜렷하여 재범의 위험성이 없다고 인정되는 경우에는, 법무부에 가석방심사를 신청하고 신청된 수형자들을 대상으로 법무부 가석방심사위원회의 심사를 거쳐 허가여부를 결정하게 된다(동법시행규칙 제245조 1항). 이를 통해 위원회는 가석방 적격결정을 한 경우 5일 이내에 법무부장관에게 가석방 허가를 신청하며 법무부장관은 위원회의 가석방 허가신청이 적정하다고 인정하면 허가할 수 있다(동법 제122조 1항, 2항).

현행법상에는 징역 또는 금고의 집행 중에 있는 자가 그 행상이 양호하여 개전의 정이 현저한 때에는 무기에 있어서는 20년, 유기에 있어서는 형기의 3분의 1을 경과한 수형자에게 가석방 대상 자격을 부여하기는 하지만, 실상 통계에 의하면 적어도 70% 이상의 형기를 마친 사람들만이 가석방된 사실을 알 수 있다.

가석방이 된 수형자는 가석방됐더라도 징역 또는 금고형의 집행 중에 있는 사람으로서 출석 및 신고 의무를 지닌다. 가석방자는 가석방자 관리규정에 따라 가석방증에 적힌 기한 내에 관할경찰서에 출석하여 가석방증에 출석확인을 받아야 하는 출석의무가 있다. 다만, 천재지변, 질병, 그 밖의 부득이한 사유로 기한 내에 출석할 수 없거나 출석하지 아니하였을 때에는 지체 없이 그 사유를 가장 가까운 경찰서의 장에게 신고하고 관련 서식의 확인서를 받아 관할경찰서의 장에게 제출하여야 한다(가석방자관리규정 제5조).

가석방자는 그의 주거지를 관할하는 경찰서(경찰서의 지구대 포함)의 장의 보호와 감독을 받는다(동규정 제3조). 관할경찰서의 장은 6개월마다 가석방자의 품행, 직업의 종류, 생활 정도, 가족과의 관계, 가족의 보호 여부 및 그 밖의 참고사항에 관하여 조사서를 작성하고 관계기관의 장에게 통보하여야 한다(동규정 제8조).

수형자의 가석방 적격심사신청을 위해서는 소장이 관련 사항을 사전에 조사하게 되는데 이 경우 필요하다고 인정할 때에는 수형자, 가족, 그 밖의 사람과 면담 등이 이루어지기도 한다. 특히 가족이나 변호인 등 직·간접 주변인의 경우 '**보호에 관한 사항**'에 대한 면담을 하게 되는데 △동거할 친족·보호자 및 고용할 자의 성명·직장명·나이·직업·주소·생활 정도 및 수형자와의 관계, △가정환경, △접견 및 서신의 수신·발신 내역, △가족의 수형자에 대한 태도·감정, △석방 후 돌아갈 곳, △석방 후의 생활계획 등 다양한 요건에 대해 적극적이고 진솔한 대응이 필요하다(동법시행규칙 제246조 3호).

참고로 소장의 사전면담은 보호에 관한 사항 외에 신원에 관한 사항, 범죄에 관한 사항이 특히 중요하다. **신원에 관한 사항**은 △건강상태, △정신 및 심리 상태, △책임감 및 협동심, △경력 및 교육 정도, △노동 능력 및 의욕, △교정성적, △작업장려금 및 작업상태, △그 밖의 참고사항 등이 포함된다. **범죄에 관한 사항**에는 △범행 시의 나이, △형기, △범죄횟수, △범죄의 성질·동기·수단 및 내용, △범죄 후의 정황, △공범관계, △피해 회복 여부, △범죄에 대한 사회의 감정, △그 밖의 참고사항이 속한다(동법시행규칙 제246조 1호, 2호).

가석방 대상이 되는 것은 수형자가 수용되어 있는 해당기관의 기관장만이 신청할 수 있는 권한이 있지만, 위와 같이 가석방의 요건이 매우 까다롭기 때문에 변호사를 선임하여 가석방에 도움이 되는 참고자료를 그 기관장에게 제출할 경우 가석방의 확률이 높아질 수 있다.

성범죄 편

200 | 볼을 잡아당기면 성추행? [강제추행 성립요건]

Q A씨는 경륜장에 경비원인데 근무를 하던 중 경륜장을 방문한 B씨(여, 38세)를 만났다. B씨는 지적장애 3급으로 평소 남편인 C씨와 함께 경륜장을 찾는 일이 많아 A씨와 B씨는 서로 친분이 있는 상태였다. A씨는 B씨의 남편 C씨 앞에서 B씨의 볼을 손가락으로 꼬집었다. 또한 이어서 "부부관계를 하루에 3번 이상하냐?" "부부관계를 너무 많이 하면 몸에 좋지 못하다" 등의 발언을 했다. A씨의 행위는 강제추행죄에 해당되나?

아기들이 예쁘다면서 아기의 볼을 잡아당기거나 만지는 행동을 하는 사람들이 많다. 예전에는 심지어 어린 남자아이의 경우 귀엽다며 성기를 만지는 등 짓궂은 장난을 하는 사람들도 종종 있었다. 하지만 요즘 그런 행동을 하였다가는 큰 망신은 물론, 형사처벌까지 받을 수 있으니 조심해야 한다.

위 사례와 같이 성인 여성의 볼을 만진 행위도 어떤 경우에는 강제추행죄가 성립될 수 있다. 위 사례에 있어 검찰은 A씨를 성폭력범죄처벌법 위반으로 기소하였으나 1심 재판부는 피해자인 B씨가 볼을 꼬집히면서 성적 수치심을 느꼈다고 생각되거나 일반인들이 성적 수치심을 느낄만한 행동은 아니라며 A씨의 행동이 성추행 성립요건을 충족치 못한다고 무죄판결을 내렸다. 하지만 항소심의 판단은 달랐다.

항소심 재판부는 A씨와 B씨 사이에 특별한 친분이 있었다고 보기엔 어려움이 있고 범행장소가 불특정 다수의 사람들이 오가는 경륜장 내부라는 점과 사회통념상 여성의 볼을 만지는 행위가 성적인 의미를 내포하는 경우가 많다고 보았다. 이 밖에도 재판부는 수사 과정에서 B씨가 "기분이 찝찝하다" "무섭다" 등 자신이 느낀 성적 수치심을 표현하였다는 점 역시 지적하였다. 그 결과 재판부는 A씨가 B씨의 얼굴을 만질 당시 성적 발언을 하지 않았다고 해도 성추행 성립요건을 충족한다며 A씨에게 벌금 1천만원을 선고하였다(서울고등법원 2014. 5. 1. 선고 2014노53 판결).

결국 형법상 강제추행죄의 성립 여부는 단순히 외부로 들어나는 범인의 행위만을 보는 것이 아니라 그 의도, 피해자와의 친분관계, 범행 장소 및 범행 당시 및 범행 후 정황, 피해자가 느끼는 성적 수치심 등을 종합적으로 고려해 결정된다.

위 사례의 경우 피해자가 지적장애인인 점과 피해자의 남편 앞에서 성적인 발언을 한 점이 유죄판단의 자료로 쓰인 것 같다. 이제는 옆자리에 앉은 동성 간에도 허벅지나 엉덩이를 만지는 행위를 할 경우 성추행범으로 몰릴 수 있는 세상이다. 갈수록 엄해지는 성범죄에 대한 법원의 판단을 고려해 볼 때 이성은 물론 동성 간에도 신체적 접촉은 가능한 피하는 것이 좋을 듯하다.

201 | 기습적 유사성행위도 유사강간죄 성립

Q A씨는 2015년 5~6월 인터넷 카페 등에 무료로 전신 마사지를 해준다는 광고를 낸 뒤 찾아 온 여성 손님 4명에게 마사지를 해주면서 "몸속 나쁜 노폐물을 빼내야 한다"며 누워있는 여성들의 성기에 갑자기 손가락을 집어넣었다. A씨는 무슨 죄에 해당되나?

강제추행죄에 있어서는 기습적인 행위 역시 폭행·협박의 일종으로 보아 '기습추행죄'로 인정하여 처벌한다. **그렇다면 기습적으로 유사성행위를 하였을 경우도 마찬가지로 유사강간죄가 성립될까?** 유사강간죄라 함은 '폭행 또는 협박'으로 사람에 대하여 구강, 항문 등 신체(성기는 제외한다)의 내부에 성기를 넣거나 성기, 항문에 손가락 등 신체(성기는 제외한다)의 일부 또는 도구를 넣는 행위인데 2년 이상의 유기징역에 처해진다.

이러한 유사강간죄는 종전에는 강제추행죄로 처벌되던 것이었는데 피해자가 느끼는 성적 수치심이 강간죄와 다를 바가 없다는 이유로 2012년 12월 신설해 강간죄에 준하게 가중 처벌토록 한 것이다. 하지만 본질적인 면에서 강제추행죄와 다를 바가 없으므로 기습 유사강간죄 역시 성립될 수 있는 것이다.

유사강간죄가 강제추행죄와의 큰 차이점은 벌금형이 없다는 점이고, 비슷한 점은 동성 간에도 흔히 벌어질 수 있다는 점이다. 기습적 유사강간죄는 피해자가 방어할 틈도 없이 기습적으로 유사성교행위를 하는 경우를 말하는데, 예컨대 갑자기 타인의 항문이나 성기에 손가락을 넣거나 타인의 항문이나 입 안에 성기를 넣는 경우 등을 일컫는다. 이러한 갑작스런 행위는 피해자가 부지불식간에 당하기 때문에 그 자체가 유사강간죄의 구성요건인 '폭행 또는 협박'으로 취급되어야 당연하다.

사례로 돌아가 살피건대, A씨가 한 기습적 추행행위 자체가 폭력에 해당하고 여성의 성기 안에 손가락을 넣은 것이므로 이는 유사강간죄에 해당된다.

남자 찜질방에서 벌어진 '똥침' 사건

필자가 변호사로서 몇 년 전에 변론했던 사건으로 요지는 이렇다. 40대의 중년의 남성 피고인이 새벽에 남성용 찜질방에 들어가 잠을 청했다. 그런데 당시 피고인의 옆에 60대 후반의 피해자인 노신사가 같이 잠을 자고 있었는데, 피해자는 잠을 자던 중 항문이 따끔해서 잠을 깼고, 일어나 보니 피고인이 옆에서 옷을 다 벗은 채로 앉아있었던 것이다. 피해자는 화가 머리끝까지 치밀어 피고인을 끌고 카운터로 내려와 "피고인이 피해자의 항문에 손가락을 넣었다"라는 내용으로 경찰에 신고하였다. 결국 피고인은 징역형밖에 없는 유사강간죄로 기소되었는데, 문제는 피고인은 집행유예 결격자로서 죄가 인정될 경우에는 무조건 실형을 살아야 하는 딱한 입장이었다. 이런 사안이 예전 같으면 강제추행죄로 기소되어 합의만 하면 공소 기각되고, 설사 합의가 안 되어도 벌금형이 가능했는데, 이제는 유사강간죄가 신설되면서 징역형밖에 없기 때문에 문제였다.

필자는 피고인의 손가락이 피해자의 항문 안에 들어갔는지 여부를 밝히는 데 주력하여 피해자를 증인으로 신청하였는데 그가 법정에서 "피고인이 손가락을 항문에 넣은 것으로 신고하였지만 정확하게 삽입되었는지는 모르겠다"라고 애매하게 증언하였다. 필자는 피해자의 불확실한 증언을 토대로 유사강간죄에 대해 무죄를 강력하게 주장하였고, 검찰에서는 고민 끝에 "피고인이 손가락으로 피해자의 항문 주위를 찔렀다"라고 강제추행죄로 공소장을 변경하였다. 결국 법원에서 피고인에 대해 강제추행죄로 벌금형이 선고되어 피고인은 실형을 면할 수 있었다. 한편 최근 이 사건과 매우 유사한 사례[99]에 대해 법원에서 유사강간죄로 징역 2년을 선고한 경우가 있었다(대법원 2016도15085 판결 참조).

이와 같이 유사강간죄가 신설되면서 손가락이 항문 안에 조금이라도 들어갔는지 여부에 따라, 징역형과 벌금형의 갈림길에 놓이게 되었다.

202 | 술 취한 여성 모텔에 데려갔다면 준강간죄? [준강간죄의 실행의 착수시점]

Q A씨(남, 42세)는 술자리에서 동석한 B씨(여, 43세)가 만취되자 그녀를 모텔로 데려갔다. 그런데 A씨가 B씨를 모텔로 데려가는 과정에서 B씨의 몸에는 상해가 발생하였다. 이 사건으로 인해 A씨는 강간상해 혐의를 받게 되었는데 소송의 결과는?

99 이 사건 역시 필자가 담당했던 사건과 마찬가지로 서울의 사우나 수면실에서 누워 있던 60대 남성의 항문에 손가락을 넣은 혐의로 유사강간죄로 기소된 사건이었다.

번화가를 돌아다니다 보면 술에 취해 동료들의 부축을 받는 분들을 심심치 않게 볼 수 있다. 이렇듯 챙겨줄 사람이 옆에 있다면 다행이겠으나 만약 혼자 있을 때 만취하여 몸을 못 가누는 상태가 된다면 여러 범죄의 표적이 될 수 있다. 특히 여성분들의 경우 성범죄의 표적이 될 수도 있기에 더욱 각별한 주의를 해야 한다.

위 사례는 만취한 여성을 데리고 모텔에 들어간 행위가 준강간죄로 인정될 수 있는지 여부를 놓고 분쟁이 난 사건이었는데, 1심 재판부는 A씨에게 강간상해 혐의를 인정하여 징역 3년에 집행유예 4년을 선고하였다. 하지만 A씨는 강간의 고의는 없었다며 항소하였는데 항소심 재판부는 A씨에게 유죄를 선고한 원심을 파기하고 무죄를 선고하였다.

항소심 재판부는 사건이 발생한 모텔 업주가 접수대에 앉아서 현장을 파악 가능했던 상황에서 B씨가 스스로 접수대에 찾아와 남편에게 연락해 달라 부탁을 하였을 뿐 급박한 도움을 청하진 않았고, A씨 역시 B씨가 남편과 연락이 되자 B씨를 모텔 객실로 데려가려는 행동을 멈췄다는 점을 지적하였다. 다시 말해 항소심 재판부는 피해자를 모텔 객실로 데려가려 시도한 것만으로는 준강간죄의 실행의 착수를 인정할 수 없다고 판단한 것이다. 이외에도 항소심 재판부는 B씨가 술자리에서 A씨에게 호의적인 모습을 보인 점 등을 놓고 볼 때 A씨가 B씨를 강제적인 방법이 아닌 설득을 통해 성관계를 가지려 했을 가능성 역시 배제할 수 없다고 덧붙이며 A씨에게 무죄를 선고하였다.

통상 강간죄의 경우 강간의 목적으로 폭행·협박을 하였을 때 실행의 착수가 있다고 해석한다. 그런데 이 사안과 같이 준강간죄의 경우 실행의 착수시점이 언제인지가 애매한 경우가 종종 있다. 통상적으로 실무상 성관계의 의사를 가지고 항거불능 상태의 피해자를 모텔로 데려가 피해자의 가슴을 만지거나 옷을 벗기는 등 어느 정도의 신체접촉이 있는 경우 준강간죄의 실행의 착수를 인정하고 있다.

203 | 모텔방에서 목숨 걸고 뛰어내린 여자의 강간고소 [강간죄 허위고소 사례]

Q 노래방 카운터 직원인 A양(여, 30세)은 손님인 B씨(남, 40세)와 모텔에 들어갔다가 모텔 창밖으로 뛰어 내려 다리 골절 등 중상을 입었다. A양은 엉금엉금 기어가서 인근에 있는 누군가의 도움으로 경찰에 신고했고, 모텔에 함께 투숙했던 B씨는 강간치상죄로 구속되었다. B씨는 무죄를 주장하는데 실체적 진실은 어떻게 밝혀졌나?

이 사례는 실제로 필자가 검사시절 수사했던 사건이다. 필자가 B씨를 직접 조사하였는데 그의 진술에 의하면, 자신은 A양과 30만원에 성관계 하기로 합의하에 모텔방으로 들어갔는데, 자신이 먼저 샤워를 마치고 나오자 A양이 갑자기 다가오지 말라고 소리치면서 모텔 창밖으로 뛰어내렸다는 것이다. 반면 A양의 진술에 의하면, 자신은 술에 취한 상태에서 B씨에게 이끌려 모텔에 들어갔는데 정신을 차리고 보니 B씨가 샤워를 마치고 나오는 것을 보고 자신을 강간하려는 것으로 생각하여 이를 모면하기 위해 기겁을 하고 창밖으로 뛰어내렸다는 것이다.

그런데 그들이 묵은 모텔방은 2층이고 더욱이 A양이 뛰어내린 장소는 건축폐자재와 철근 등 예리한 물건들이 널려있는 위험한 곳이어서, 운이 없을 경우 생명에 위험이 있을 수도 있었다. 그래서 사실 처음에는 A양의 진술에 더욱 신빙성이 있어 보였다. 하지만 B씨가 "만약 자신이 강간할 생각이었다면 샤워를 했겠느냐"며 간곡하게 억울함을 호소하기에 필자는 사건의 구성을 처음부터 다시 되짚어 가기로 했다. 먼저 사건의 단서는 최초 상황에서 답을 찾을 수 있다는 생각에, A양이 뛰어내린 뒤 기어가서 신고한 장소를 알아봤는데 인근 만두집이었다. 그래서 만두집 여주인과 최초로 현장에 출동한 경찰관을 조사했다. 그런데 그들 진술에서 의외의 사실이 발견된 것이다. A양이 만두집에 기어가서는 그곳 여주인의 도움으로 전화를 빌려 경찰에 신고했는데 막상 경찰관이 그곳에 출동하자, A양은 그 출동한 경찰관에게 만두집 여주인이 자신을 인신매매할 목적으로 납치했다고 황당한 진술을 했던 것이다.

결국 이 사건은 A양이 술에 취할 경우 망상에 빠지는 정신착란증세가 있는 것으로 결론이 나서 B씨를 무혐의 석방하면서 끝이 났다. 만약 필자가 만두집 여주인과 최초 출동한 경찰관을 조사하지 아니하였다면 아마 B씨는 강간죄의 실행의 착수가 인정되어 꼼짝없이 '강간치상'이란 중죄로 수년간 억울한 옥살이를 하였을 것이다. 이렇듯 성범죄와 관련된 사건의 경우 상상치 못하는 변수가 작용하는 경우가 많으므로 항상 조심해야만 된다.

204 | 여자화장실에서의 성폭행 [주거침입 강간죄 성립요건]

Q A씨(남, 35세)는 산책을 하던 중 빌딩 건물 내에 화장실을 가던 B양(여, 25세)을 발견하고 뒤따라 들어가 안에서 문을 잠근 뒤, B양에게 소리를 지르면 죽이겠다는 협박을 하여 그녀를 성폭행하였다. A씨의 강간행위는 단순강간죄에 해당되나 아니면 주거침입 강간죄에 해당되나?

성범죄 사건은 그 유형별로 다양한 법률이 적용된다. 예를 들어 성관계로 인해 강간 혐의를 받게 되었더라도 사안에 따라서 폭행 등의 행동으로 상처를 입혔을 경우 강간치상죄로 처벌될 수 있고 술에 취해 몸을 가누지 못하는 피해자를 강간하였을 경우엔 준강간죄가 적용될 수 있다. 그렇기 때문에 성범죄 사건의 경우 사건 발생 당시 상황이 매우 중요하다.

이 사례에서 검찰은 A씨에 대해 '주거침입 강간죄' 등을 적용하여 기소하였다. 형법상 강간죄의 경우 3년 이상의 유기징역에 해당되나, 주거침입 강간죄의 경우 성폭력범죄의 처벌 등에 관한 특례법 위반으로 무기징역 또는 5년 이상의 징역으로 가중 처벌받게 된다.

A씨는 재판과정에서 빌딩건물의 화장실은 공중이 이용할 수 있는 장소이기에 건조물이라고 볼 수 없고 따라서 주거침입 강간죄가 성립될 수 없다고 주장하였다. 하지만 대법원은 화장실 입구에 명백히 여성용이라고 표시된 여자화장실은 여성이나 유아 등에게만 사용이 허락되며 성인 남성의 출입은 원칙적으로 허용되지 않는다고 밝혔다. 따라서 재판부는 A씨가 범죄의 목적으로 화장실에 들어간 이상 화장실을 이용하던 B양이 점유하는 방실을 A씨가 침입한 것으로 보아야 하므로 '주거침입 강간죄'가 성립된다며 피고인의 주장을 배척하고, 피고인에게 징역 3년에 집행유예 5년을 선고한 원심을 확정했다(대법원 2012. 8. 23. 선고 2012도815 판결).

간통 목적 주거침입죄의 성립 여부

부부가 공동으로 주거하는 집에 남편이 없는 틈을 타 부인과 간통을 하려고 들어간 행위가 남편에 대한 주거침입죄가 성립하는가에 관하여 대법원 판례가 변경되었다. 최근 대법원은 피고인이 피해자의 부재중에 피해자의 처와 혼외 성관계를 가질 목적으로 피해자의 처가 열어 준 현관 출입문을 통하여 피해자와 피해자의 처가 공동으로 거주하는 아파트에 들어간 사안에서, 피고인의 주거 출입이 부재중인 피해자의 의사에 반하는 것으로 추정되더라도 주거침입죄가 성립하지 않는다고 선고하였다(대법원 2021. 9. 9. 선고 2020도12630 전원합의체 판결). 이는 남편이 일시 부재중 간통의 목적 하에 그 처의 승낙을 얻어 주거에 들어간 경우 주거침입죄가 성립한다는 종전 판례(대법원 1984. 6. 26. 선고 83도685 판결, 이하 '종전 판결'이라 함)를 37년 만에 변경한 것이다.

205 | 강제추행과 정당한 의료행위의 구분

Q A씨는 자신이 운영하는 병원에 변비증상으로 찾아온 여중생 B양을 진찰하는 과정에서 자신의 양다리를 벌린 뒤 진료실 의자에 앉아 있던 B양의 양 무릎에 접촉하였고 그로 인해 B양에 무릎에 A씨의 성기가 밀착되었다. 또한 이 밖에도 A씨는 B양을 침대에 눕힌 뒤 B양의 속옷 깊숙이 손을 넣기도 하였다. 검찰은 A씨의 이 같은 행동은 진료행위의 영역에서 벗어난 행위라는 이유에서 A씨를 강제추행죄로 기소하였다. A씨의 행위는 정당한 의료행위인가 아니면 의료행위를 빙자한 강제추행인가?

환자의 몸을 살피는 과정에서 의료인은 필요에 따라서 신체접촉을 하거나 환자에게 일정 수준의 노출을 요구하기도 한다. 이는 진료과정에서 반드시 필요한 행동이지만 문제는 이를 악용하는 경우도 분명 존재한다. 위 사례는 의사인 A씨가 변비증상을 호소하는 환자 B양(중학생)을 진료하는 과정에서 신체접촉으로 인해 성추행으로 기소된 사건이었다.

A씨에 대해 1심에서는 유죄가 선고되었다가, 항소심에서 정반대로 무죄가 선고되었는데 **정당한 의료행위와 성추행의 구분**은 어떻게 이뤄지는가가 사건의 쟁점이었다.

먼저 1심 재판부는 A씨가 B양의 무릎에 밀착할 당시 A씨의 성기가 발기된 상태였던 것으로 보이며 B양이 자신의 증상을 변비라고 명확히 말하였음에도 불구하고 굳이 부분촉진을 이유로 간이침대에 눕히고 손을 속옷에 집어넣어야만 했는지에 대한 의문이 든다고 밝혔다. 따라서 1심 재판부는 A씨의 행동이 변비 환자에게 시행되는 의료행위를 넘어선 행동으로 볼 수 있다는 이유에서 A씨에 혐의를 모두 유죄로 판단하였다.

하지만 항소심 재판부에 따르면, 환자의 신체를 대상으로 이뤄진 의료행위의 경우 추행으로 오해를 받을 소지가 있으므로 그에 대한 판단은 신체접촉이 치료와 무관하거나 피해자의 성적 자유를 침해했는지 여부를 고려해야 한다. 그런데 A씨가 B양을 진료한 진료실은 B양이 A씨의 행위에 항의할 경우 바로 외부로 문제가 노출되는 개방된 환경을 갖추었으며 B양 역시 진료 직후 불쾌함을 표현하지 않았다. 또한 B양이 A씨의 성기가 자신의 무릎에 닿았다고 주장하고 있지만 당시 B양이 입고 있던 옷이 두께감이 있는 청바지였다는 점을 고려해보면 성기가 닿았다는 진술은 주관적인 추측일 가능성이 크다. 이 밖에도 재판부는 A씨의 경우 의과대학을 졸업하고 수련의 과정을 마친지 얼마 안 된 상태였기에 진단에 대한 경험이 많지 않았으며 때문에 보다 정확한 진단을 위해 여러 신체접촉을 했을 가능성 또한 충분하다고 보고 최종적으로 A씨에게 성추행 무죄판결을 내렸다. 그리고 이 판결은 대법원에서 그대로 확정되었다.[100]

결국 정당한 의료행위와 성추행의 구분이 매우 애매하고 주관적인 면이 있기 때문에, 여러 정황을 파악해서 객관적으로 결정해야 하고 환자의 주관적인 감정에 치우쳐 결정되어서는 안 된다는 것이 판례의 기본적인 태도로 보인다.

206 | 강제키스하는 남자의 혀를 절단한 행위 [정당방위의 성립요건]

Q A양(여, 28세)은 밤 10시경 귀가하다가 주택가에 있는 자신의 집 근처에서 우연히 B씨(남, 41세)을 만났다. B씨는 A양을 인근에

---

100 반면 대법원은 최근 혈액배양검사를 위해 채혈을 해야 한다며 20대 여성환자의 바지와 속옷을 강제로 끌어내린 대학병원 수련의에게 강제추행죄가 성립한다고 유죄판결을 내렸다.

있는 골목으로 끌고가서 강제로 키스하였다. A양은 B씨의 혀가 자신의 입안으로 들어오자 깨물어 B씨의 혀 일부가 절단되었다. 이 경우 A양은 정당방위에 해당되어 형사처벌을 면할 수 있나?

억지로 완력을 써서 키스하려는 범인의 혀를 깨물어 절단한 행위가 정당방위인가 아니면 과잉방위인가 문제된다. 비슷한 사례에서 판례는 크게 정당방위로 본 경우와 과잉방위로 본 경우로 나뉜다. 무엇이 달라서 이렇게 상반된 결론이 나온 것일까?

먼저 정당방위로 인정한 사례를 살펴보면 다음과 같다. 범인 2명은 공동으로 새벽에 혼자 귀가중인 여자를 어두운 골목길로 끌고 들어가 범인 중 한 명이 피해자의 음부를 만지고, 반항하는 그녀의 옆구리를 무릎으로 차고 강제로 키스를 하면서 혀를 집어넣었는데 피해 여성이 그 자의 혀를 깨물어 절단케 하였다. 법원은 이 사안에서 피해여성의 정당방위를 인정하였다(대법원 1989. 8. 8. 선고 89도358 판결).

반면 정당방위가 부인된 사례는, 남성 혼자서 피해여성의 집 부근에서 강제로 키스를 하려다가 혀 일부가 절단된 경우이다(부산지방법원 1965. 1. 12. 선고 64고6813 판결).

첫 번째 사례는 범인이 두 명이고 심한 폭행과 추행행위가 있었다. 그리고 피해장소도 어두운 골목길로서 피해자가 누군가의 도움을 받을 수 없는 상황이었다. 반면 두 번째 사례의 경우, 범행장소가 피해자의 집에서 아주 가까운 장소이므로 피해여성이 소리를 지를 경우 누군가의 도움을 받을 수 있는 상황이었고, 범인이 혼자라서 다른 방법으로도 저항할 수 있는 상황이었음에도 그러한 구호요청 없이 바로 혀를 절단한 것은 지나치다는 것이다. 결국 강제키스당하였다고 구호요청을 하지도 아니한 채 바로 가해자의 혀를 깨물어 절단하는 경우 때로는 과잉방위가 되어 처벌될 수도 있다.

사례로 돌아가 살피건대, 범행장소가 주택가 골목이고 범행시간이 밤 10시인 점, 범인이 한 사람이고 키스 외에 달리 폭행이나 추행행위 등에 이르지 아니한 점 등에 비춰볼 때, A양이 소리를 질러 구호요청도 하지 아니한 채 범인의 혀를 바로 절단한 것은 과잉방위에 해당되어 형사처벌될 가능성이 높다.

207 | 기습추행 성립요건 [성추행과 성희롱의 구분]

Q A씨는 골프장에서 함께 근무하는 B양(여, 20세)의 쇄골 바로 아래 가슴 부분을 손가락으로 한 번 찌르고 그녀의 어깻죽지 부분을 손으로 한 번 만졌다가 강제추행죄로 기소되었다. A씨의 행위가 기습추행에 해당되나?

강제추행죄에 있어 폭행행위 자체가 바로 추행이 되는 경우도 있는데, 이를 '기습추행'이라고 부른다. 예컨대 지나가는 여자를 뒤따라가서 갑자기 여자를 뒤에서 끌어안거나 유방을 만지는 행위, 허리를 숙인 자세에 있는 사람의 뒤에서 갑자기 똥침을 놓는 행위 등이 이에 해당된다. 이는 폭행행위 자체가 추행행위에 해당되어 강제추행죄로 처벌받게 된다. 왜냐하면 피해자는 기습추행 행위에 대비하거나 항거할 시간적 틈도 없이 당하기 때문이다. 그래서 이 경우에는 폭행행위의 대소 강약을 불문하고 바로 강제추행죄가 성립된다. 하지만 이러한 기습적인 신체접촉이 모두 강제추행죄가 성립되는 것은 아니다.

이 사례의 경우는 기습추행죄가 인정되지 않는다. 그 이유는 여성의 쇄골은 상대방의 허락 없이 만질 수 있는 부분은 아니더라도 젖가슴과 같이 성적으로 민감한 부분은 아니며, 만진 시간도 1초도 안 되는 극히 짧은 순간에 이뤄져 이러한 행위는 (성희롱에는 해당될지언정) 강제추행죄는 성립되지 않는다(대구지방법원 2012. 6. 8. 선고 2011고합686 판결). 다만 만약 B양이 A씨를 직장 내 성희롱으로 신고할 경우 A씨는 징계처분을 받을 수는 있다.

208 | 억울하게 성범죄자로 몰린 경우 대처요령

Q K씨(남, 29세)는 평소 친하게 지내던 L양(여, 23세)과 밤늦게까지 데이트를 하다가 서로 좋아서 모텔에 들어가 합의하에 성관계를 하였다. 그런데 얼마 뒤 L양이 K씨를 준강간죄로 고소하였다. 억울하게 고소당한 K씨는 어떻게 대처하여야 하나?

필자가 검사시절 경험했던 인상 깊은 사건이 있었다. K씨(우체국 직원)와 L양은 각자 신랑·신부의 친구로서 결혼식에 하객으로 참석했다가 연회자리에서 한 눈에 서로 반했다. 둘은 그 날 저녁 바로 강릉에 있는 모텔에서 성관계를 하였고, L양은 다음날 집에 들어갔다. L양 집에서는 난리가 났고 그녀의 부모는 다 큰 딸이 외박했다고 L양을 다그쳤다. 그러자 L양은 부모의 추궁을 모면하고자 강간을 당했다고 거짓말을 하였고, 결국 며칠 뒤 부모의 강권에 못 이겨 K씨를 강간죄로 허위고소하였다. 그런데 모텔에서 당했다고 하면 안 믿어줄 것 같으니 남한강 모래사장에서 강간당했다고 정황까지 변경해 무고한 것이다.

K씨는 화간이라며 무죄를 주장했지만 구속재판을 받아 6개월 동안 구치소에 수감되었다. 재판결과 K씨는 무죄를 받았는데 결정적 단서는 K씨가 강릉에 있는 모텔에 숙박할 때 작성한 숙박계가 발견되었기 때문이다.

그 후 K씨는 L양을 상대로 무고죄로 고소하였는데 필자가 그 사건의 수사를 담당하게 되었다. 필자의 조사 결과 여자의 고소 내용은 전부 거짓임이 드러났다. L양은 K씨의 차에 동승해 고속도로를 이용하여 강릉에 있는 모텔에 갔는데 톨게이트를 통과할 때, 모텔에 투숙할 때 충분히 구호요청을 할 수도 있었는데 전혀 구호요청을 한 바가 없었다. 더욱이 모텔 방 안에서의 상황에 대한 L양의 진술은 가관이었다. 그녀의 말에 의하면 모텔에 들어가자마자 K씨가 욕탕에 들어가 30분 정도 샤워를 했다고 했다. 필자는 L양에게 "그럼 그 사이에 왜 도망가지 않았냐?"고 질문하였는데 L양은 "너무 무서워서 방구석에 앉아 30분 동안 떨고 있었다"는 황당한 답변을 하였다.

필자는 L양의 허위고소로 억울한 옥살이를 한 K씨를 위해 L양을 구속하려고 했지만, 그녀는 이미 그 사이 다른 남자에게 시집가서 만삭의 몸이 되어 있었기에 하는 수 없이 무고죄로 불구속 기소하였다. 이와 같이 성범죄 사건 중 상당수가 상호 합의하에 성관계를 해놓고도, 돈을 목적으로 혹은 자신의 명예를 보호하기 위해(예컨대 유부녀가 간통해놓고 남편이 다그칠 경우 강간당했다고 거짓말하곤 함) 허위고소하는 경우가 많다.

사례로 돌아가 살피건대, K씨와 같이 준강간죄로 허위고소당할 경우 당황하여 갈팡질팡하다가 고소인의 덫에 걸릴 수 있다. 보통의 경우 성범죄로 고소당하면 창피하여 주위에 알리지도 못하고 혼자 전전긍긍하게 된다. 만약 K씨가 불안한 마음에 L양에게 섣불리 사과를 하거나 문자메시지를 남길 경우 나중에 불리한 증거로 사용될 수 있으므로 조심해야 한다. 따라서 이런 경우 침착하게 형사전문변호사의 도움을 받아 현명하게 대처해야 한다.

209 | 성범죄로 고소당한 경우 무죄입증 요령

Q A군(남, 21세)은 B양(여, 19세)과 채팅사이트에서 만나 한 달 동안 채팅으로 친해졌다. 채팅하는 과정 속에서 둘은 서로 성관계를 하고 싶다는 문자메시지를 주고받았다. 그 후 둘은 만나 자연스럽

> 게 서로에 대한 애정을 확인하고 모텔에 가서 성관계를 하고 동침하였다. 그런데 다음날 B양이 집에 들어가자 B양의 부모는 외박 이유를 다그쳤고, 당황한 B양은 A군에게 강제로 납치 · 강간당했다고 거짓말을 하였다. 결국 B양은 부모의 강권에 못 이겨 A군을 강간죄로 허위고소하기에 이르렀다. 이 경우 A군은 어떻게 자신의 무죄를 입증할 수 있나?

이 사례는 필자가 직접 변호했던 사건이었는데, 필자는 그 둘 사이의 채팅 대화내용을 복원하여 검찰단계에서 A군에 대해 무혐의처분을 받았다. 통상 컴퓨터나 핸드폰으로 메시지나 채팅 등을 주고받은 경우 수년 간 그 자료가 장치 안에 보관되기도 한다(대화내용이 많을 경우에는 수개월 정도만 보관됨). 따라서 둘 사이의 채팅 대화내용을 파일 복원을 통해 찾아내 둘이 서로 좋아해서 성관계를 하였다는 점을 입증하면 된다. 문제는 그 대화내용은 사용한 컴퓨터나 핸드폰 안에 저장되어 있으므로 그것들을 잃어버리면 안 된다. 통신사의 서버에는 그 자료가 남아 있지 않기 때문이다. 요즘은 수사기관에서도 피의자의 핸드폰이나 컴퓨터를 압수해 디지털포렌식 기법으로 파일복원을 해서 범죄수사에 활용한다.

디지털포렌식 기법은 매우 효과적이므로 피의자가 직접 수사기관에 핸드폰 메시지 내용의 복원을 요청할 수도 있다. 하지만 대화내용이 확실하지 않을 경우 수사기관에 섣불리 핸드폰을 제출하여 대화내용의 복원을 요청하였다가 오히려 불리한 대화내용이 튀어나와 낭패를 보는 경우도 있다. 따라서 일단 사설 디지털포렌식 센터를 찾아가서 복원을 시도한 뒤 그 대화내용이 자신에게 유리하다고 확신할 경우 수사기관에 정식으로 복원을 요청하는 방안이 현명할 것이다.

그 외 성범죄의 입증은 범행 직후 피해자의 태도, 고소한 시기와 경위, 가해자의 태도와 피해자와의 관계 등이 매우 중요한 자료이고,

주변 CCTV, 블랙박스, 참고인진술, 범행 전후의 문자메시지 내역 등이 객관적 증거가 된다. 성범죄는 피해자와 가해자 둘 사이에서 은밀하게 발생하는 경우가 많고 대부분 친분이 있는 사이므로 강제성 여부 판단이 매우 어렵다. 따라서 객관적 증거와 자료를 통해 어느 쪽이든 억울한 사람이 발생하지 않도록 해야 한다.

한편 피의자의 입장에서 정 억울할 경우에는 거짓말탐지기검사를 자청하여 무죄를 입증하는 방안도 고려할 수 있다. 거짓말탐지기검사가 비록 형사재판에서 유죄의 증거로 사용되는 경우가 거의 없지만 종종 무혐의 자료로는 활용된다. 수사기관에서는 거짓말탐지기 결과를 95% 이상 정확하다고 신뢰하기 때문에 성범죄자로 고소당한 사람에 대한 거짓말탐지기 검사에서 진실반응이 나올 경우에는 무혐의 처분할 확률이 높다.

210 | 성범죄를 당한 경우 대처방법 [원스톱 서비스와 과학적 증거수집]

Q A양(여, 22세)은 어두운 밤에 괴한으로부터 성폭력을 당하였다. 그런데 범인의 인상착의를 정확하게 알 길이 없는데 이런 경우 어떻게 해야 하나?

국민적 공분을 산 신안군 흑산도 여교사 성폭행 사건 중 피고인 K씨에 대한 9년 전 여죄는 경찰이 K씨에게서 구강 상피를 채취해 국과수에 감정을 의뢰했는데, 감정결과 K씨의 DNA와 지난 2007년 1월 대전에서 발생한 20대 여성 성폭행 사건 피의자 DNA가 일치한 것으로 드러났다. 해당 사건은 피의자를 특정하지 못해 그때까지 미제로 남은 사건이었다.

요즘은 성범죄 피해자가 고소할 경우 해바라기센터[101]를 통해 '원스톱 서비스'를 받을 수 있다. 그 결과 고소와 동시에 바로 의사에게 가서 진단서를 받거나 질내 정액, 타액 및 음모 채취 등은 물론 손톱 밑에 있는 가해자의 피부조직 등에 대한 DNA 검사 등을 통해 증거를 확보할 수 있다. 보통 피해자가 거부하지 않을 경우에는 원칙적으로 하는 것이 통례이다.

강간사건의 경우 질내 정액채취는 기본이고, 여성의 입주위, 목부위, 가슴 등에 남은 가해자의 침까지 채취하여 DNA 검사를 한다. 상습적인 성범죄자의 경우 정부에서 DNA를 보관하고 있으며, 가령 보관되지 않는 DNA라도 용의신상에 있는 남성에 대한 DNA을 채취하여 피해자의 몸에서 추출된 DNA와 비교하는 방법으로 범인을 검거한다.

통상 신체에 묻은 침은 씻어내지 않을 경우 1주일 이상 보존되기도 한다. 그러므로 성폭행을 당한 경우에는 몸을 씻지 말고 바로 경찰서에 가서 DNA 채취를 해야 한다. 여성의 질내 있는 정액은 완전히 소멸되려면 약 3일 정도가 필요하다고 한다. 다만 콘돔을 끼고 성관계를 할 경우에는 질내 정액반응 검사가 불가능하다. 따라서 이런 경우 만약 콘돔이 현장에 있다면 이를 반드시 확보해 수사기관에 제출하는 것이 좋다.

성범죄의 피해자가 해바라기센터에 신청할 경우 국선변호인의 조력도 받을 수 있어 편리하다. 변호인으로부터 법률적 조언 및 재판지원을 받을 수 있으며, 변호인에게 가해자와 합의도 대행하게 할 수 있다.

---

101 해바라기센터는 성폭력 및 가정폭력 피해자의 상담과 지원을 위해 만들어진 기구이다. 전국 중소도시 이상의 지역 거점 병원에 보통 병설되어 있다. 보통 심리지원(심리평가, 심리치료)과 함께 법적·행정적 및 의료적 지원을 한다. 임상심리전문가, 사회복지사, 여성 경찰관, 행적직원이 함께 24시간 지원근무를 한다. 또한 온라인을 통해 비공개상담도 가능하다.

211 | 파탄나지 않은 부부 사이에도 강간죄가 성립

Q A씨(남, 45세)는 아내인 B씨(여, 40세)와 잇따른 부부싸움을 해서 각방을 사용하고 있었다. 그러던 중 하루는 A씨가 늦은 밤 귀가하였다가 성욕이 생겨 B씨가 자고 있는 방에 들어가 부엌용 가위를 들이대며 완력을 써서 강제로 성관계를 하였다. 이 경우 A씨는 강간죄로 처벌받을 수 있나?

필자가 대학교 2학년 때의 일이다. 당시 형법각론 시간이었는데 강간죄에 대해 교수님께서 열강을 하고 계셨다. 필자는 수업 전에 본 월간지 기사에서 부부간에 강간죄가 성립되는 외국사례를 본 기억이 나서 교수님에게 "잡지에서 본 바에 따르면 외국에서는 부부간에도 강간죄가 성립되는 경우가 있다던데 우리나라에서도 마찬가지인가요?"라고 질문하였다. 교실은 잠시 정적이 감돌았고 약간 당황한 듯한 교수님께서는 웃으시며 "부부간에는 성관계에 응해줘야 할 의무가 있으니 강간죄는 성립되지 않습니다"라고 답변하셨고, 그와 동시에 교실은 떠나갈 듯 웃음바다가 되었다. 물론 질문을 한 필자는 얼굴이 빨게졌고 더 이상 아무 말을 하지 못하였다.

이 문제에 대해서는 그 동안 논란이 많았던 것도 사실인데, 그 동안 대법원은 법적인 부부간이라도 사실상 파탄되어 더 이상 실질적인 부부관계가 지속되지 않는 경우에만 극히 예외적으로 강간죄를 인정해 왔다. 그런데 필자의 도발적(?) 질문이 있고 약 28년이 지난 최근 대법원은 실질적인 부부간에도 강간죄가 성립된다고 판시하였다. 즉 혼인관계가 파탄되어 실질적인 부부가 아닌 경우는 물론 정상적인 혼인 관계라고 해도 남편이 반항을 불가능하게 하거나 현저히 곤란하게 할 정도의 폭행이나 협박으로 성관계를 갖게 되면 강간죄로 처벌받게 된다. 다만 남편의 아내에 대한 폭행 또는 협박이 피해자의 반항을 불가능하게 하거나 현저히 곤란하게 할 정도에 이른 것인지 여부는, 부부 사이의 성생활에 대한 국가의 개입은 가정의 유지라는 관점에서 최대한 자제하여야 한다는 전제에서, 그 폭행 또는 협박의 내용과 정도가 아내의 성적 자기결정권을 본질적으로 침해하는 정도에 이른 것인지 여부, 남편이 유형력을 행사하게 된 경위, 혼인생활의 형태와 부부의 평소 성행, 성교 당시와 그 후의 상황 등 모든 사정을 종합하여 신중하게 판단하여야 한다(대법원 2013. 5. 16. 선고 2012도14788·2012전도252 전원합의체 판결).

사례로 돌아가 살피건대, A씨와 B씨가 사실상 파탄에 이른 부부관계는 아니지만 잦은 부부싸움으로 각방을 사용한 점, A가 흉기로 위협하여 폭행·협박으로 성관계를 맺은 점 등에 비춰볼 때 특수강간죄가 성립될 것으로 보인다.

212 | 아청법상 아동·청소년 개념과 성폭법상 친족의 개념

Q A씨(남, 50세)는 홀아비로 살다가 얼마 전 B씨(여, 45세)와 결혼했는데 B씨에게는 딸 C양(만 19세)이 있었다. A씨는 어느 날 B씨가 없는 틈을 이용하여 의붓딸인 C양을 강간하였다. A씨는 성폭력범죄의 처벌에 관한 특례법(약칭 '성폭법') 상 '친족관계에 의한 강간죄'로 가중처벌 받게 되는가?

미성년자에 대한 성범죄는 가중처벌되는데 그 중에서도 아청법상 아동·청소년에 대한 성범죄나 성매매는 특별법에 의해 처벌된다. 아청법상 "아동·청소년"이란 19세 미만의 자를 말한다. 다만, 19세에 도달하는 연도의 1월 1일을 맞이한 자는 제외한다(아청법 제2조 1호).[102]

102 간단하게 말하면 아청법상 아동·청소년이란 한국 나이로 20세에 이르지 아니한,

통상 민법상 미성년자는 19세 미만의 자를 의미한다(민법 제4조). 그러므로 만 18년 364일 저녁 12시까지는 미성년자이다. 그런데 아청법상 아동·청소년의 개념은 민법상 미성년자의 개념보다 더 어린 개념이 된다. 예컨대 1995년 12월 1일이 생일인 사람이 성년이 되는 시점은 2014년 12월 1일 새벽 0시이다. 이 시점이 정확히 만 19세에 도달하는 시점이 된다. 그렇다면 아청법상 아동·청소년에서 제외되는 시점은 언제일까? 2014년 1월 1일 새벽 0시가 된다. 이때가 19세에 도달하는 연도(2014년)의 1월 1일을 맞이한 시점이 되기 때문이다. 이에 반해 아동복지법상 "아동"이란 18세 미만인 사람을 말한다(아동복지법 제3조 1호). 결국 아청법상 아동은 18세 미만의 사람, 청소년은 19세 미만의 사람 중 19세에 도달하는 연도의 1월 1일을 맞이하지 않은 자, 미성년자는 19세 미만의 사람 중 청소년의 범주에서 벗어난 사람이라고 해석된다.[103]

한편 성폭법상 '친족'의 범위는 민법상 친족과 구별되는데, 민법상 친족의 범위는 △8촌 이내의 혈족, △4촌 이내의 인척, △배우자를 일컫는다(민법 제777조). 그런데 성폭법상 친족의 범위는 △4촌 이내의 혈족·인척, △동거하는 친족, △사실상의 관계에 의한 친족이다(성폭법 5조 4항, 5항). 따라서 4촌 이내의 혈족과 인척의 경우는 동거 여부와 상관없이 친족 관계가 성립되고, 그 이외 5촌에서 8촌까지의 혈족은 동거할 경우에만 친족에 포함된다. 다만 민법상 친족의 개념에 포함되지 않는 **'사실상의 관계에 의한 친족'**이 추가되어 있다. 그러므로 예컨대 계부가 의붓딸을 강간한 경우 민법상 친족에는 해당되지 않지만, '사실상의 관계에 의한 친족'에 해당되므로 성폭법상 친족관계에

즉 한국 나이 19세까지를 뜻한다.

103 이렇게 아동, 청소년, 미성년자를 몇 달 차이로 지나치게 세분하여 형사적으로 달리 취급하는 것은 입법론적으로 문제가 있어 보인다. 개인적 생각으로는 17세 미만, 19세 미만 이렇게 두 단계로 구분하는 것이 간명하지 않을까 여긴다.

의한 강간죄로 가중 처벌받게 된다.

사례로 돌아가 살피건대, A씨는 C양과 성폭법상 친족관계에 해당되므로 일반 강간죄가 아닌 '친족관계 의한 강간죄'가 성립된다. 법정형도 일반 강간죄가 3년 이상의 유기징역인데 반해, 친족강간죄의 경우는 7년 이상의 유기징역으로 가중처벌 된다(성폭법 제5조 1항).

213 | 카메라 등 이용 촬영죄의 성립요건

Q A씨는 지하철에서 옷을 입고 있는 B양의 상반신을 몰래 사진 촬영하였다. 하지만 B양의 상의는 노출이 심한 옷은 아니었다. A씨는 지하철몰카 범죄로 처벌받게 되는가?

카메라나 그 밖에 이와 유사한 기능을 갖춘 기계장치를 이용하여 성적 욕망 또는 수치심을 유발할 수 있는 다른 사람의 신체를 그 의사에 반하여 촬영하거나 그 촬영물을 제공, 공공연하게 전시한 자는 7년 이하의 징역 또는 5천만원 이하의 벌금에 처한다(성폭법 제14조). 속칭 '지하철몰카'라고 불리는 성범죄가 여기에 해당된다.

특히 여름 휴가철에는 전국적으로 해수욕장 등 피서지에서 이 범죄가 기승을 부린다. 지하철이나 버스 등 대중이 모인 곳 혹은 육교 밑 등에서 짧은 치마를 입은 여자의 허벅지나 치마 속을 촬영한 사건의 경우 보통 초범은 100만원에서 500만원 사이의 벌금형과 아울러 성폭력 치료프로그램의 이수명령을 받게 된다. 다만 특별한 경우를 제외하고는 신상정보까지 공개·고지되지는 안 된다.

하지만 죄질이 극히 불량하거나 상습적으로 이러한 범행을 저지를 경우에는 징역형으로 처벌받을 수 있다. 몇 해 전 발생한 '워터파크 몰카사건'의 경우 범인은 여성의 나체 전신을 촬영하였고 영리목적인 점 등을 감안하여 구속되었다. 뿐만 아니라 제주지법에서는 과거 동종범죄로 집행유예 전과가 있는 택시기사가 자신의 택시 안에 몰래 카메라 장비를 설치하여 여성승객들의 은밀한 신체부위를 상습적으로 촬영한 경우 실형 1년이 선고되기도 했다.

이 죄에서 말하는 '성적 욕망 또는 수치심을 유발할 수 있는 타인의 신체'에는 여성의 무릎 위 허벅다리도 포함된다. 하지만 옷을 입고 있는 여자의 상반신은 여기에 해당되지 않는다. 대법원은 "특별히 가슴 부위를 강조하거나 가슴 윤곽선이 드러나 있지 않으며, 몰래 촬영한 것이긴 하지만 사람의 시야에 통상적으로 비춰지는 부분을 그대로 촬영한 것이어서 성적 욕망 또는 수치심을 유발할 수 있는 신체 촬영으로 단정하긴 어렵다"고 설명했다(대법원 2016. 1. 14. 선고 2015도16851 판결).

한편 이 죄는 **타인의 신체를 촬영할 경우** 성립되는 것이다. 그 결과 여성이 자신의 나체셀카 사진파일을 애인에게 전송했는데 그 후 이별 통보를 하자, 그 애인이 홧김에 여성의 나체셀카 사진파일을 인터넷에 공개한 경우 이 죄에 해당되지 않는다.[104] 왜냐하면 이 죄는 타인의 신체를 촬영할 경우 성립되는 것인데 스스로 자신의 몸을 찍은 나체 셀카는 여기에 해당되지 않기 때문이다.

사례로 돌아가 살피건대, 위 대법원 판례의 취지로 보아 A씨의 경우 카메라 등 이용 촬영죄가 성립되지 않는다. 하지만 만약 A씨가 B양의 가슴부위를 클로즈업(close-up)해서 찍었다면 위 죄에 해당될 수도 있다.

---

104 다만 이런 행위는 성폭법 제13조(통신매체를 이용한 음란행위)에 해당될 수 있다. 동조에 따르면, 자기 또는 다른 사람의 성적 욕망을 유발하거나 만족시킬 목적으로 전화, 우편, 컴퓨터, 그 밖의 통신매체를 통하여 성적 수치심이나 혐오감을 일으키는 말, 음향, 글, 그림, 영상 또는 물건을 상대방에게 도달하게 한 사람은 2년 이하의 징역 또는 500만원 이하의 벌금에 처한다.

어느 여배우 사례

영화촬영과 관련하여 여배우로부터 촬영에 대한 동의는 구하였으나 촬영 대상자의 의사에 반하는 촬영물의 상영이 이뤄지면서 분쟁이 발생한 사례가 있었다. 이 경우도 카메라등이용촬영죄로 처벌될 수 있을까? L씨는 영화감독으로 영화 '전망좋은 집'을 촬영하는 도중 주연 여배우인 K씨의 동의를 얻어 상반신 노출장면을 촬영하였으나 이를 IPTV와 파일 공유사이트 등에 유료로 제공하면서 노출장면이 담긴 영상을 판매하는 것에 대한 K씨의 동의를 구하지 않아 카메라등이용촬영죄 혐의를 받게 되었다.

이번 사건의 경우 촬영당시 K씨가 상반신 노출에 대한 거부 의사를 밝혔으나 극의 흐름상 상반신 노출이 꼭 필요하다는 L씨의 요청에 의해 촬영이 이뤄졌으며 편집 과정에서 K씨의 요구가 있을 경우 노출장면을 삭제하기로 구두로 합의한 사실이 있었다.

이번 사건을 담당한 재판부는 불특정 다수에게 상영된 영화의 한 장면을 배우의 요구에 따라 삭제하고 배포한다는 약정은 이례적이며 상반신 노출에 대한 합의가 있었다고 보기보다는 K씨가 촬영 후 노출장면이 상영되는 것에 부담을 느껴 L씨에게 울면서 삭제를 부탁하자 L씨가 이를 마지못해 응했을 가능성을 배제할 수 없다고 밝혔다. 또한 재판부는 영화에 대한 계약서를 살펴보면 영화에 대한 모든 지적재산권의 권리자는 L씨로 되어 있으며 그렇기에 설령 L씨가 K씨의 요구에 따라 상반신 노출장면을 영화에서 삭제하였더라도 이후 개봉될 수 있는 감독판이나 무삭제판에서도 노출장면을 삭제하고 배포할 권리를 포기한 것으로 보기에는 어려움이 있다고 밝혔다. 따라서 위 카메라등이용촬영죄 처벌과 관련된 사건을 담당한 재판부는 L씨를 카메라등이용촬영죄 처벌 대상이 아니라고 판단해 그에게 무죄를 선고하였다. 요즘은 이러한 성인용 영화 출연계약을 체결할 때 아예 '상반신 전면 노출한다' 혹은 '뒷모습 전라 장면을 찍는다'는 식으로 세부사항을 기재하는 경우도 있다.

214 | 나체 사진 저장된 웹페이지 링크 전송도 통신매체이용음란죄

Q K씨(남, 55세)는 L씨(여, 39세)와 내연관계였는데 L씨의 나체사진 2장이 저장돼 있는 드롭박스 어플리케이션에 접속할 수 있는 인터넷주소 링크를 카카오톡 메신저로 L씨에게 보냈다. A씨는 통신매체이용음란죄에 해당되는가?

통신매체이용음란죄란 자기 또는 다른 사람의 성적 욕망을 유발하거나 만족시킬 목적으로 전화, 우편, 컴퓨터, 그 밖의 통신매체를 통하여 성적 수치심이나 혐오감을 일으키는 말, 음향, 글, 그림, 영상 또는 물건을 상대방에게 도달하게 한 것을 말하며 법정형은 2년 이하의 징역 또는 2천만원 이하의 벌금에 처한다(성폭력범죄의 처벌 등에 관한 특례법 제13조).

위 사례에 있어 그림, 영상에 그림 등을 직접 접하는 경우뿐만 아니라 인터넷주소를 링크하도록 하는 간접적인 전송방법도 이 죄에 해당되는 것인지가 문제가 되었다. 1심은 K씨의 혐의를 인정해 벌금 200만원을 선고했다. 하지만 2심은 "피해자에게 사진의 영상을 직접 전송한 것이 아니라 사진이 저장돼 있는 드롭박스 애플리케이션에 접속할 수 있는 인터넷 주소를 링크하였을 뿐이므로 성적 수치심을 느끼게 할 의도가 있었다고 인정하기 부족하다"며 "K씨는 피해자에 대한 호감을 유지한 채 관계를 유지하기 위해 피해자의 동의하에 촬영한 사진을 전송한 것으로 판단되고, 피해자의 성적 욕망을 유발하거나 만족시킬 목적이 있었다고 보기 어렵다"면서 무죄를 선고했다.

그러나 대법원의 판단은 달랐다. 음란 사진이 저장된 웹페이지 주소를 휴대전화 메시지로 보내는 것도 통신매체이용음란죄에 해당해 처벌대상이라는 것이다. 대법원은 성폭력범죄의 처벌 등에 관한 특례법상 통신매체이용음란 혐의로 기소된 K씨에게 무죄를 선고한 원심을 깨고 유죄 취지로 최근 사건을 서울동부지법으로 돌려보냈다. 재판부는 "성폭력범죄의 처벌 등에 관한 특례법 제13조에서 '성적 수치심이나 혐오감을 일으키는 말, 음향, 글, 그림, 영상 또는 물건(이하 '성적 수치심을 일으키는 그림 등'이라 함)을 상대방에게 도달하게 한다'는 것은 '상대방이 성적 수치심을 일으키는 그림 등을 직접 접하는 경우뿐만 아니라 상대방이 실제로 이를 인식할 수 있는 상태에 두는 것'을 의미한다. 따라서 행위자의 의사와 그 내용, 웹페이지의 성격과 사용된 링크기술의 구체적인 방식 등 모든 사정을 종합하여 볼 때, 상대방에게 성적 수치심을 일으키는 그림 등이 담겨 있는 웹페이지 등에 대한 인터넷 링크(Internet link)를 보내는 행위를 통해 그와 같은 그림 등이 상대방에 의하여 인식될 수 있는 상태에 놓여 실질에 있어서 이를 직접 전달하는 것과 다를 바 없다고 평가되고, 이에 따라 상대방이 이러한 링크를 이용하여 별다른 제한 없이 성적 수치심을 일으키는 그림 등에 바로 접할 수 있는 상태가 실제로 조성되었다면, 그러한 행위는 전체로 보아 성적 수치심을 일으키는 그림 등을 상대방에게 도달하게 한다는 구성요건을 충족한다"고 판시했다(대법원 2017. 6. 8. 선고 2016도21389 판결).

결국 K씨의 행위는 통신매체이용음란죄에 해당된다.

215 | 성매매와 스폰서의 차이점

Q A양(여, 28세)은 친구의 소개로 사업가인 유부남 B씨(40세)를 만났다. 그 둘은 서로 교제하면서 같이 만나 영화도 보고 밥도 먹으면서 매회 100만원을 받는 조건으로 성관계를 하였다. A씨와 B씨는 성매매죄로 처벌되는가?

몇 해 전 인기 여배우 S양이 상대방 남자로부터 5천만원을 반고 성관계를 하였다는 이유로 성매매로 기소된 적이 있었다. 그 일로 S양은 벌금형으로 약식기소되었는데 당시 신원조차 공개되지 않았기에 S양이 문제 제기를 하지 않으면 벌금만 내고 조용히 끝날 수도 있었다. 하지만 S양은 무죄를 강력 주장, 직접 이름을 내걸고 재판에 나서 크게 화제를 모은 바 있다.

S양은 상대방으로부터 5천만원을 받았지만 대가성은 없었다고 주장하는 반면, 검찰 측은 성관계의 대가성이 있다고 반박했다. 1, 2심 법원은 그 대가성을 인정해 S양에게 벌금 200만원을 선고했으나 대법원의 판단은 달랐다. 대법원은 불특정 상대가 아니라 '진지하게 재혼 상대방으로 생각하고 교제하던 과정이었다'고 함으로써 불법적인 성매매가 아니라고 판단, 그녀에게 무죄를 선고한 것이다. 대법원은 "피고인(S양)으로서는 진지한 교제를 염두에 두고 채 모 씨를 만났을 가능성이 충분히 있다는 점과 금품을 받을 의사로 채 모 씨를 만났다고 단정하긴 어려우므로 피고인이 불특정인을 상대로 성매매를 했다고 볼 수 없다"라고 무죄이유를 달았다.

그렇다면 만약 나아가 **특정한 상대와 결혼을 고려하지 않은 채 단지 스폰서계약을 맺은 뒤 정기적으로 돈을 받고 성관계를 했다면 성매매에 해당될까?** 이 역시 상대방이 누구라도 상관없다는 마음을 먹고 돈 받고 성관계를 한 것이 아니라면 성매매로 처벌할 수 없을 것이다. 성매매알선 등 행위의 처벌에 관한 법률 제2조에 성매매의 정의가 되어 있다. 즉 성매매란 불특정인을 상대로 금품이나 그 밖의 재산상의 이익을 수수(收受)하거나 수수하기로 약속하고 성교행위나 유사성교 행위(오랄섹스, 항문섹스 등)를 하거나 그 상대방이 되는 것을 말한다.

결국 성매매 여부는 불특정인을 상대로 성을 팔고 사는 경우에 성립되는 범죄이지 성관계와 금전적 대가가 있다고 해서 무조건 성매매로 취급될 수 없다. 예컨대 한 사람과 결혼을 전제로 하지 않고 사귀면서 정기적으로 용돈을 받는 관계, 소위 말하는 '스폰서관계'는 (가령 누구든지 돈만 주면 성관계를 하겠다는 의사가 없다면) 불특정인을 상대로 성을 파는 것이 아니므로 성매매에 해당되지 않는다는 것이다. 하지만 전문 성매매 브로커가 개입된 경우나 인터넷 성매수 사이트를 통해 만나 돈을 받고 성관계를 갖게 되는 경우에는 성매매가 될 가능성이 높다.

따라서 성매매인지 여부는 최초 만나게 된 경위나 배경, 성매매브로커가 소개비를 챙겼는지 여부, 성관계를 갖게 된 시점과 과정, 성매매의 대가로 금전을 지급하게 된 시점과 경위 등을 종합적으로 판단해서 결정된다.

사례로 돌아가 살피건대, 비록 B씨가 유부남이라 결혼을 전제로 만난 것이 아니라고 해도 A양이 불특정 다수인을 상대로 몸을 파는 것이 아니라 B씨라는 특정인과 성관계를 하면서 용돈을 받은 것이라면 스폰서에는 해당될 뿐 성매매에 해당되지는 않을 것이다.

216 | 아동·청소년과 돈을 주고 성관계한 경우

Q A씨(22세)는 핸드폰 채팅앱을 통해 우연히 B양을 만나 사귀게 되었다. 처음에는 B양이 대학생이라고 말해 성인으로 알았는데 나중에 알고 보니 B양은 만 17세의 고등학생이었다. A씨는 B양과 6개월 정도 사귀면서 성관계를 갖기 시작하였는데 미안한 마음에 매번 성관계를 할 때마다 용돈으로 5만원씩 주었다. A씨는 성매매로 처벌받게 되나?

성관계 상대방이 아동·청소년의 경우에는 반드시 불특정인을 상대로 한 성매매일 필요가 없다. 따라서 아동·청소년이 특정인을 상대로 용돈을 받고 성을 파는 경우에도 그 상대방은 성을 사는 행위에 해당된다. 이것이 성인 대상 성매매와 큰 차이점이다. 즉 19세 미만의 자로서 19세가 되는 해의 1월 1일을 맞이하지 아니한 청소년일 경우(한국 나이 19세 이하)에는 성관계의 대가로 돈을 주고받으면 아청법상 성매매에 해당되게 된다. 따라서 아동·청소년의 성을 사는 행위를 한 자는 1년 이상 10년 이하의 징역 또는 2천만원 이상 5천만원 이하의 벌금에 처한다(아청법 제13조 1항). 심지어는 아동·청소년에게 숙소의 제공과 기타 차비 명목의 금전 교부를 한 것만으로도 성에 대한 대가 제공으로 본다. 그 이유는 아청법상 성매매 처벌규정은 "아동·청소년의 성을 사는 행위"라고 규정되어 있어 불특정인을 상대로만 성립되는 성인 대상 '성매매'와 차이점이 있기 때문이다. 뿐만 아니라 아동·청소년의 성을 사기 위하여 아동·청소년을 유인하거나 성을 팔도록 권유만 하여도 3년 이하의 징역 또는 3천만원 이하의 벌금에 처한다(동조 2항). 따라서 한국 나이 20세 미만의 아동·청소년에게 인터넷이나 전화 등으로 '조건만남'을 제의만 해도 처벌된다.105

한편 아동·청소년에 대한 인식은 '미필적 고의'로도 충분하다. 따라서 만약 아동·청소년이 적극적으로 주민등록증을 위조해서 성인으로 오인케 하였다면 몰라도, 단순히 성인인 양 행동하였다고 해도 객관적으로 아동·청소년으로 의심할 수 있는 상황이라면 미필적 고의가 인정된다(대법원 2013. 6. 28. 선고 2013도3793 판결 참조).

따라서 A씨는 아청법상 성매매죄로 처벌받게 된다. 또한 이와 같이 아동·청소년의 성을 매수한 경우에는 신상정보 등록대상이 됨은 물론 심한 경우에는 신상정보가 공개·고지될 수도 있다.

---

105 특히 채팅앱을 통해 성매매를 할 경우에는 수사기관의 함정수사에 걸릴 확률이 매우 높다. 예컨대 경찰관이 마치 성구매자인 것처럼 가장하여 조건만남으로 성매매 여성을 만난 뒤 그 여성의 핸드폰을 압수하여 추적할 경우 그 여성과 성매매를 한 남자들이 모두 검거된다.

217 | 직장 내 성희롱 문제

Q A씨(남, 40세)는 새롭게 입사한 직원 B씨(여, 29세) 등과 회식 후 노래방을 갔다. 이 자리에서 A씨는 B씨의 허벅지를 만지고 등을 쓰다듬는 등의 신체접촉을 하였고 심지어는 B씨의 어깨가 밖으로 노출될 정도로 옷을 잡아당기기도 하였다. A씨의 행위는 성희롱에 해당되나?

위 사례는 실제 사건인데, A씨는 성희롱으로 정직 3개월의 징계를 받았다. 하지만 3개월의 정직에 대해서도 과도하다고 느낀 A씨는 자신의 행동은 성희롱 처벌 대상이 아니라면서 소송을 제기하였다. 즉 자신의 행동은 어디까지나 B씨에게 회식자리에 어울려 줄 것을 권하며 발생한 일이라며 이로 인해 성적 굴욕감이나 혐오감을 느끼게 하진 않았다는 것이 A씨의 입장이었다. 하지만 재판부는 A씨의 주장을 받아들이지 않았다.

재판부는 성희롱 처벌대상을 판단하는데 있어 반드시 행위자가 성적 동기를 가졌는지 여부가 중요한 것은 아니라고 본 것이다. 즉 A씨의 행위가 일반적이고 평균적인 사람들이 객관적으로 봤을 때 성적 굴욕감이나 혐오감을 느낄 정도인지를 판단해야 하는데 A씨의 행위는 이러한 기준으로 판단했을 때 성희롱에 해당된다는 것이다. 따라서 재판부는 A씨에 대한 3개월 정직처분은 정당하다는 판결을 내렸다.

직장 안에서 성희롱으로 징계를 받게 될 경우 그 징계처분 전력은 계속 이어지므로 나중에 승진 시 결정적인 흠결이 되어 경쟁에서 밀릴 수가 있다. 또한 정도가 지나칠 경우 성추행 등으로 형사처벌 받게 되니 직장 안에서 신체적 접촉은 물론 성적 발언조차도 각별히 주의해야 한다.

직장 내 성희롱의 개념

성희롱 문제는 주로 직장 안에서 성적 굴욕감 또는 혐오감을 느끼게 하거나 성적 언동 또는 그 밖의 요구 등에 따르지 아니하였다는 이유로 고용에서 불이익을 주는 것을 말한다. **남녀고용평등과 일 · 가정 양립 지원에 관한 법률 시행규칙 제2조**에서 규정하는 성희롱의 예시는 다음과 같다.

먼저 ① 육체적 행위로서 △입맞춤, 포옹 또는 뒤에서 껴안는 등의 신체적 접촉행위 △ 가슴·엉덩이 등 특정 신체부위를 만지는 행위 △안마나 애무를 강요하는 행위 ② 언어적 행위로서 △음란한 농담을 하거나 음탕하고 상스러운 이야기를 하는 행위(전화통화를 포함) △외모에 대한 성적인 비유나 평가를 하는 행위 △성적인 사실 관계를 묻거나 성적인 내용의 정보를 의도적으로 퍼뜨리는 행위 △성적인 관계를 강요하거나 회유하는 행위 △회식자리 등에서 무리하게 옆에 앉혀 술을 따르도록 강요하는 행위 ③ 시각적 행위로서 △음란한 사진 · 그림 · 낙서 · 출판물 등을 게시하거나 보여주는 행위(컴퓨터통신이나 팩시밀리 등을 이용하는 경우를 포함) △성과 관련된 자신의 특정 신체부위를 고의적으로 노출하거나 만지는 행위 등 사회통념상 성적 굴욕감 또는 혐오감을 느끼게 하는 것으로 인정되는 언어나 행동을 의미한다.

성희롱 여부를 판단하는 때에는 피해자의 주관적 사정을 고려하되, 사회통념상 합리적인 사람이 피해자의 입장이라면 문제가 되는 행동에 대하여 어떻게 판단하고 대응하였을 것인가를 함께 고려하여야 한다.

218 | 성희롱과 징계해고의 판단기준

Q 어느 대학교 지방캠퍼스의 교수인 A씨는 학생들과의 뒤풀이 장소에서 여학생을 성희롱을 한 것으로 해고를 당하였다. 해고는 징계 중에서도 최고수위의 징계라서 A씨는 이에 대해 해고라도 면하고자 소송을 하고 싶어 한다. 그럼 징계해고는 어느 정도의 중한 사안에 대해 적용될까?

직장 내 성희롱으로 인하여 징계해고를 할 경우, 판례는 "징계해고는 사회통념상 고용관계를 계속할 수 없을 정도로 근로자에게 책임 있는 사유가 있는 경우에는 그 정당성이 인정된다"고 하였다(대법원 2003. 7. 8. 선고 2001두8118 판결 등). 한편 사용자가 근로자에 대하여 징계처분을 할 때 취업규칙 등에서 징계사유를 규정하면서 동일한 사유에 대하여 여러 등급의 징계가 가능한 것으로 규정한 경우에 그 중 어떤 징계처분을 선택할 것인지는 징계권자의 재량에 속한다. 하지만 경미한 징계사유에 대하여 가혹한 제재를 과하는 것은 징계권의 남용으로서 무효이다. 그럼 구체적 징계해고의 판단기준은 무엇일까?

① **첫째, 반복적 행위인지 여부이다.** 성희롱 행위가 고용환경을 악화시킬 정도로 매우 심하거나 반복적으로 행해지는 경우, 징계해고처분이 객관적으로 명백히 부당하다고 인정되는 경우가 아닌 한 쉽게 징계권이 남용되었다고 볼 수 없다.

② **둘째, 피해자의 수 및 피해정도이다.** 성희롱이 일정한 기간에 걸쳐 반복적으로 이루어지고 피해자도 다수라면 이를 우발적이라고 평가할 수 없고, 비위행위의 정도가 성희롱을 넘어 형법상 강제추행에까지 이르는 경우에는 더욱 엄격히 판단하여야 한다.

③ **셋째, 성희롱을 한 사람이 우월적 지위에 있는지 여부이다.** 특히 직장 내 성희롱을 방지하여야 할 지위에 있는 사업주나 사업주를 대신할 지위에 있는 자가 오히려 자신의 우월한 지위를 이용하여 성희롱을 하였다면 더욱 엄격히 취급하여야 한다.

④ **넷째, 여직원이 대다수인 경우에는 성희롱을 더욱 엄격하게 방지해야 한다.** 업무의 특성상 여직원이 많아서 회사가 특히 성희롱 교육에 힘써왔으며 취업규칙 등을 통하여 성희롱 행위를 엄격히 금지하고 있는 경우 비난가능성이 더 크다.

⑤ **다섯째, 회사의 이미지 실추 및 영업손실 여부이다.** 직장 내 성희롱 사건으로 인하여 공적기관의(방송·언론기관, 공사, 대학교 등) 이미지

가 실추된 경우, 회사 특성상 그 운영에 막대한 영향을 받은 경우(여성 대상 헬스클럽) 더욱 엄격히 판단하여야 한다.

⑥ **여섯째, 피해자의 용서 여부이다.** 가해 근로자가 해고되지 않고 같은 직장에서 계속 근무하는 것이 성희롱 피해자들의 고용환경을 감내할 수 없을 정도로 악화시키는 결과를 가져 올 수 있는지 살펴보아야 한다. 특히 가해 근로자가 피해 근로자로부터 용서를 받았는지 여부 등을 고려하여야 한다.

징계에 대한 불복기간

부당한 혹은 가혹한 징계에 대한 불복을 하려는 근로자는 지방노동위원회에 3개월 이내 구제신청을 할 수 있다. 그리고 근로자가 지방노동위원회로부터 해고에 대한 구제명령을 받지 못하게 될 경우에는 10일 이내에 중앙노동위원회에 재심을 신청할 수 있다. 그리고 이러한 재심에 대해서 다시 불복하려고 할 경우에는 재심판정서를 송달받은 날부터 15일 이내에 행정소송을 제기할 수 있다. 위 각 기간 이내에 재심을 신청하지 아니하거나 행정소송을 제기하지 아니하면 그 구제명령, 기각결정 또는 재심판정은 확정된다.

219 | 바바리맨은 무슨 죄에 해당되나?

Q A씨, B씨, C씨는 모두 바바리맨이다. 그런데 A씨는 여고 앞에서 신체의 중요부위를 노출하였고, B씨는 여자대학교 앞에서 같은 행위를 하였고, C씨는 엘리베이터 안에서 같이 탄 소녀(만11세)에게 같은 행위를 하였다. A씨, B씨, C씨는 각각 어떤 죄로 처벌받게 되나?

흔히 여학교 앞에서 바바리를 입고 있다가 여성 앞에서 갑자기 알

몸을 드러내는 사람들을 속칭 '바바리맨'이라고 부른다. 그럼 이러한 행위에 대해서는 형사상 어떠한 처벌이 내려질까? 사람들이 많은 공공장소에서 그러한 행위를 할 경우 '공연음란죄'가 성립됨은 당연하다. 그런데 **이러한 행위를 강제추행죄로 처벌할 수 있을까?**

법원은 성기노출한 장소가 공공장소인지 아니면 밀폐된 공간인지 여부에 따라 강제추행죄의 성립여부를 달리 보고 있다. 먼저 '공공장소에서 성기노출 행위'는 강제추행죄가 성립되지 않는다. 강제추행죄에 있어 추행은 통상은 어느 정도 신체적 접촉을 동반해야 성립되는데, 공중장소에서 자신의 성기를 노출시켜 상대방에게 보여주는 행위는 공연음란죄는 될 수 있을지 몰라도 강제추행죄는 성립되지 않는 것이다(다만 '여고 앞의 바바리맨'처럼 피해자가 만 18세 미만의 아동일 경우에는 아동복지법위반으로 가중 처벌됨).

즉 대법원은 "피고인이 피해자 Y씨(여, 48세)에게 욕설을 하면서 자신의 바지를 벗어 성기를 보여주는 방법으로 강제추행하였다는 내용으로 기소된 사안에서, Y씨의 성별·연령, 행위에 이르게 된 경위, Y씨에 대한 어떠한 신체 접촉도 없었던 점, 행위장소가 사람 및 차량의 왕래가 빈번한 도로로서 공중에게 공개된 곳인 점, 피고인이 한 욕설은 성적인 성질을 가지지 아니하는 것으로서 '추행'과 관련이 없는 점, Y씨가 자신의 성적 결정의 자유를 침해당하였다고 볼 만한 사정이 없는 점 등 제반 사정을 고려할 때, 단순히 피고인이 바지를 벗어 자신의 성기를 보여준 것만으로는 폭행 또는 협박으로 '추행'을 하였다고 볼 수 없다"고 강제추행죄의 성립을 부인하였다(대법원 2012. 7. 26. 선고 2011도8805 판결).

하지만 이와 달리 '밀폐장소에서의 성기노출'은 강제추행죄가 성립된다. 왜냐하면 이 경우는 신체적 접촉이 없어도 예외적으로 밀폐된 공간의 경우 피해자가 성적결정의 자유를 침해당한 것으로 보기 때문이다. 예컨대 아파트 엘리베이터 안에서 어린 여자아이(만 11세)와 단들이 있는 상황에서 성기를 꺼내 잡고 흔들다가 피해자 쪽으로 다가가는 행위는 위력에 의한 13세 미만자에 대한 강제추행죄(성폭법 제7조 5항)가 성립된다(대법원 2013. 1. 16. 선고 2011도7164, 2011전도124 판결).

사례로 돌아가 살피건대, A씨는 아동복지법위반, B씨는 공연음란죄, C씨는 위력에 의한 13세 미만자에 대한 강제추행죄(성폭법 제7조 5항)에 해당된다. 참고로 C씨가 범한 죄는 법정형이 5년 이상의 유기징역에 처해진다.

220 | 꽃뱀에 대처하는 방법

Q 요즘에는 성범죄 사건의 피의자로 입건된 사람들 중 상당수가 여자의 계획적인 꼬임에 빠져 억울하게 고소당했다고 호소하는 경우가 많다. 어떤 경우에는 처음부터 돈을 받아낼 목적으로 남자를 유혹하여 성범죄로 몰아넣는 여자들, 소위 말하는 '꽃뱀'까지 등장하고 있다. 그럼 이러한 여자들을 조심하려면 어떻게 해야 할까?

꽃뱀에게 일단 걸려들면 사실상 그 늪에서 빠져나오는 것이 생각보다 힘들다. 따라서 그들의 수법을 사전에 알고 미리 대처하는 것이 현명하다.

① 첫째, 성범죄 양산을 유혹하는 SNS를 조심하라.

근래 들어 성범죄를 양산하는 스마트폰 채팅 어플리케이션이 사회적 문제로 떠오르고 있다. 심지어는 자신이 위치한 곳에서 인근 수십 km 내의 사람들을 랜덤으로 찾아 채팅이 가능하게 하는 어플이 등장하면서 이러한 어플을 이용한 청소년 성범죄가 급증하고 있는 추세이다. 꽃뱀의 경우, 통상 어플을 이용해 주위의 남자를 유혹하는데, 그들은 주로 대문사진을 아주 야한 옷차림과 표정으로 남자들의 시선을 사로잡는다. 일단 만남이 성사되면 함께 술을 마시고, 술에 취한 척하면서 허점을 드러낸다. 그렇게 남자를 유혹해 성관계를 맺고는 다음날 바로 준강간죄로 고소하는 것이 대표적인 수법이다.

그들은 특히 모텔 근처에서는 완전히 인사불성된 것처럼 쓰러져 버려 남자로 하여금 자신을 업거나 부축하게끔 유도한다. 남자들은 처음에는 여자가 술에 만취되어 인사불성이니 인근 모텔이라도 데려가 자게 해주려고 하였다가 일단 모텔에 들어가면 성욕이 발동하여 성관계를 맺기가 십상이다. 문제는 통상 모텔 부근의 경우 보안상 CCTV가 설치된 곳이 많으므로 나중에 여자가 남자를 준강간죄로 고소할 경우 유력한 증거가 남게 된다. CCTV에 찍힌 모습을 보면 여자는 인사불성 상태이고 남자가 여자를 업고 모텔에 들어간 장면이 선명하게 나온다. 그렇게 되면 수사기관과 법원은 여자의 진술을 믿고 남자를 준강간죄로 처벌하게 된다.

② 둘째, 먼저 유혹하는 여자를 조심해라.

꽃뱀들의 경우 수법이 아주 지능적이고 교활하여 언뜻 보기에는 평범한 여자로 보일 수 있다. 그들은 남자를 유혹하는데 그 수법이 생각보다 교묘하다. 처음부터 대놓고 남자를 유혹하면 남자들이 의심을 하고 경계를 하므로 우연을 가장하거나, 은밀한 추파를 던져 남자 스스로 여자에게 다가서게 한다. 때로는 채팅앱을 통해 성매매로 남자를 유혹하기도 한다. 흔히 말하는 조건만남을 통해 남자를 유혹해 성관계를 맺은 후 나중에 강간을 당했다고 주장하거나, 성매매를 한 점을 약점 삼아 돈을 갈취하기도 한다. 특히 남자가 핸드폰 번호를 알려주거나 명함을 건넬 경우, 꽃뱀들은 이를 토대로 인터넷에서 남자에 대한 직장·가족 정보를 입수한 후 가정과 사회에서 매장시키겠다고 협박하기도 한다. 그러므로 만약 처음 본 여자가 적극적으로 남자에게 명함을 요구하거나 직장 정보를 꼬치꼬치 캐묻는다면 조심해야 한다.

③ 셋째, 만남 장소를 집요하게 주도하는 여자를 조심하라

꽃뱀들의 경우 장소는 매우 중요한 요소이다. 왜냐하면 모텔이 어디 위치하고 있는지, CCTV가 어디 설치되어 있는지, 파출소가 어디 있는지 등 각종 정보를 알고 있을 경우 작업(?)하기 매우 유리하기 때문이다. 또한 꽃뱀들은 대부분 남자공범이 존재하는 경우가 많은데 이 경우 그 남자공범의 역할은 쫓아다니면서 사진을 촬영하여 증거를 수집하거나, 아니면 나중에 피해남자에게 협박하는 역할을 담당하곤 한다. 따라서 이러한 공범이 있을 경우 꽃뱀들은 그 공범과의 접촉장소나 어디서 성관계를 하는지 등 장소정보를 서로 주고받기가 용이하게 하기 위해 자신이 잘 아는 장소를 선택하려는 경향이 강하다.

필자에게 의뢰했던 꽃뱀피해자들의 사건들도 거의 예외 없이 여자가 자신이 아는 곳으로 남자를 오게 하였다. 그러므로 만약 여자가 집요하게 자신이 원하는 곳으로 남자를 오게 하는 경우에는 일단 의심할 필요가 있다.

④ 넷째, 녹음·녹화를 조심해라

꽃뱀들의 경우 대부분 카톡을 하는 척하면서 사진을 찍거나 녹음·녹화를 한다. 그러므로 필요 이상으로 카톡을 많이 하면서 주위가 산만하거나, 카톡을 하면서 핸드폰을 남자 쪽 방향으로 계속 들고 있는 경우는 조심해야 한다. 더욱이 공범이 있을 경우 꽃뱀들은 공범과 계속적으로 정보를 주고받으면서 작업을 한다. 그러므로 여자가 필요 이상으로 카톡을 많이 하거나 핸드폰을 만지작거릴 경우에도 일단 의심해야 한다.

필자가 상담했던 사건 중에는 꽃뱀이 남자와 실제 있었던 장면을 녹화한 뒤, 다른 곳에서 공범과 따로 연출한 영상물을 짜깁기해서 마치 하나의 영상물인 것처럼 남자를 속인 경우가 있었다. 피해 남자는 어두운 곳에서 찍힌 장면이라 순간적으로 착각을 하여 마치 자신과 꽃뱀 사이의 모든 장면이 촬영된 것으로 오인하여 두려움에 떨고 있

었다. 하지만 필자가 두 장면 사이에서 침대의 방향이 다른 것을 발견하여 그 중 한 장면이 실제상황이 아니라 꽃뱀이 공범 남자와 연출해서 찍어놓은 장면인 것을 밝힌 적이 있었다. 그런데 언뜻 보기에는 감쪽같아 속기 십상이다. 특히 협박을 받게 되면 피해남자는 당황하여 갈팡질팡하게 되고, 결국 꽃뱀이 요구하는 돈을 모두 지급하게 된다.

⑤ 문자메시지 함부로 보내지 마라

보통 꽃뱀들이 상대방을 제압하는 수법은 일단 상대를 불안하게 만드는 고도의 심리전이다. 그들은 합의하에 성관계를 한 후 다음날 갑자기 상대방에게 성범죄로 고소하거나 가족 혹은 직장에게 성관계 사실을 알릴 것 같은 애매한 표현의 문사를 보낸다. 그 후 한동안 핸드폰을 꺼놓거나 답을 하지 않아 상대를 극도로 불안하게 만는다. 이렇게 되면 상대방은 불안한 마음에 일단 여자를 달래주려고 계속하여 사과 문자를 발송하게 되는데 이것이 나중에 수사와 재판과정에서 결정적으로 불리하게 작용할 수 있다. 따라서 꽃뱀에게 걸렸다고 생각하면 함부로 사과 문자를 보내 스스로 자신을 옭아매는 일을 하지 말고 바로 형사전문변호사를 찾아 자문을 구한 후 침착하게 대처해야 한다.

사항색인

저자소개

고려대학교 법학과 졸업
미국 노스웨스턴 로스쿨(LL.M.) 졸업
제31회 사법시험 합격(사법연수원 21기)
미국 뉴욕주 변호사시험 합격
제33회 공인중개사 시험 합격
법무법인(유한) 태평양 기업담당 변호사
부산지방검찰청 동부지청 검사
수원지방검찰청 여주지청 검사
서울중앙지방검찰청 특수부 검사
미국 듀크 로스쿨 Visiting Scholar
울산지방검찰청 특수부 검사
수원지방검찰청 안산지청 검사
Wagners Law Firm 캐나다 근무
대한변호사협회 전문분야등록(부동산, 형사법)
TV로펌 법대법 고정출연(부동산법 자문)
분당경찰서 경우회 자문변호사
예스폼 법률서식 감수변호사
TV조선 '강적들' 고정진행
SBS생활경제 '부동산 따라잡기' 법률해설
일요서울신문 '생활속 법률톡톡' 칼럼니스트
매경부동산사업단 법률분과 위원장
서울주택도시(SH)공사 제도개선자문위원회 위원
부동산태인 경매전문 칼럼니스트
현재) 법무법인(유한) 진솔 대표변호사

수상) 법무부장관 최우수 검사상 수상(2001년)
저서) 뽕나무와 돼지똥(아가동산 사건 수사실화 소설)
핵심부동산분쟁(부동산전문변호사가 말하는 법률필살기)
형사전문변호사가 말하는 성범죄 · 성매매 · 성희롱
부동산 · 형사소송 변호사의 생활법률 Q&A
강민구 변호사의 인생연애상담

개정판
부동산·형사소송 변호사의 생활법률 Q&A

초판발행 2018년 1월 30일
개정판발행 2023년 2월 28일

지은이 강민구
펴낸이 안종만·안상준

편 집 김선민
기획/마케팅 정연환
표지디자인 우윤희
제 작 우인도·고철민·조영환

펴낸곳 (주) 박영사
서울특별시 금천구 가산디지털2로 53, 210호(가산동, 한라시그마밸리)
등록 1959. 3. 11. 제300-1959-1호(倫)
전 화 02)733-6771
f a x 02)736-4818
e-mail pys@pybook.co.kr
homepage www.pybook.co.kr
ISBN 979-11-303-4430-0 03360

정 가 24,000원